7년 연속

전체 수석

합격자 배출

박문각

박문각 감정평가사

PREFACE
이 책의 머리말

감정평가이론은 많은 수험생들이 힘들어하는 과목에 해당합니다. 우선적으로는 감정평가이론의 시험범위가 대체 어디까지인지가 애매하며, 항상 시험에서는 새로 접하는 논점과 관련된 내용들이 출제되기 때문입니다.

따라서, 반드시 시험을 준비하는 수험생의 입장에서는 이러한 점에 대해서도 대비가 되어야 합니다. 다만, 그러한 준비는 단순히 이때까지 출제되었던 논점을 암기하는 것에만 그치는 것이 아닌, 기본서에 있는 내용을 활용하여 완벽한 답안은 아니더라도 수험생이 시험장에서 할 수 있는 최소한의 방어적인 답안은 작성할 수 있는 연습을 하셔야 합니다.

그런 점에 있어서 기출문제는 기본서에서 중요한 내용을 정리하고, 새로운 문제에 대해 대처하는 연습을 할 수 있는 가장 좋은 문제라고 생각합니다.

본 교재는 최근 기출문제(제35회~제1회)부터 나열하였으며, 비교적 오래전 기출문제에 해당하는 15회 이전 문제에 대해서는 현재 시험범위와 관련성이 높은 문제만 선별하여 수록하였습니다.

단순히 감정평가이론을 암기형 과목으로 접근하지 않으시기를 바라며,
본 기출문제 교재가 조금이나마 합격에 도움이 되는 충분한 연습용 교재가 되기를 기원합니다.

감정평가사란?

감정평가란 토지 등의 경제적 가치를 판정하여 그 결과를 가액으로 표시하는 것을 말한다. 감정평가사(Certified Appraiser)는 부동산·동산을 포함하여 토지, 건물 등의 유무형의 재산에 대한 경제적 가치를 판정하여 그 결과를 가액으로 표시하는 전문직업인으로 국토교통부에서 주관, 산업인력관리공단에서 시행하는 감정평가사시험에 합격한 사람으로 일정기간의 수습과정을 거친 후 공인되는 직업이다.

시험과목 및 시험시간

가. 시험과목(감정평가 및 감정평가사에 관한 법률 시행령 제9조)

시험구분	시험과목
제1차 시험	❶ 「민법」 중 총칙, 물권에 관한 규정 ❷ 경제학원론 ❸ 부동산학원론 ❹ 감정평가관계법규(「국토의 계획 및 이용에 관한 법률」, 「건축법」, 「공간정보의 구축 및 관리 등에 관한 법률」 중 지적에 관한 규정, 「국유재산법」, 「도시 및 주거환경정비법」, 「부동산등기법」, 「감정평가 및 감정평가사에 관한 법률」, 「부동산 가격공시에 관한 법률」 및 「동산·채권 등의 담보에 관한 법률」) ❺ 회계학 ❻ 영어(영어시험성적 제출로 대체)
제2차 시험	❶ 감정평가실무 ❷ 감정평가이론 ❸ 감정평가 및 보상법규(「감정평가 및 감정평가사에 관한 법률」, 「공익사업을 위한 토지 등의 취득 및 보상에 관한 법률」, 「부동산 가격공시에 관한 법률」)

나. 과목별 시험시간

시험구분	교시	시험과목	입실완료	시험시간	시험방법
제1차 시험	1교시	❶ 민법(총칙, 물권) ❷ 경제학원론 ❸ 부동산학원론	09:00	09:30~11:30(120분)	객관식 5지 택일형
	2교시	❹ 감정평가관계법규 ❺ 회계학	11:50	12:00~13:20(80분)	

<table>
<tr><td rowspan="5">제2차
시험</td><td>1교시</td><td>❶ 감정평가실무</td><td>09:00</td><td>09:30~11:10(100분)</td><td rowspan="5">과목별
4문항
(주관식)</td></tr>
<tr><td colspan="4">중식시간 11:10 ~ 12:10(60분)</td></tr>
<tr><td>2교시</td><td>❷ 감정평가이론</td><td>12:10</td><td>12:30~14:10(100분)</td></tr>
<tr><td colspan="4">휴식시간 14:10 ~ 14:30(20분)</td></tr>
<tr><td>3교시</td><td>❸ 감정평가 및 보상법규</td><td>14:30</td><td>14:40~16:20(100분)</td></tr>
</table>

※ 시험과 관련하여 법률 · 회계처리기준 등을 적용하여 정답을 구하여야 하는 문제는 시험시행일 현재 시행 중인 법률·회계처리기준 등을 적용하여 그 정답을 구하여야 함

※ 회계학 과목의 경우 한국채택국제회계기준(K-IFRS)만 적용하여 출제

다. 출제영역 : 큐넷 감정평가사 홈페이지(www.Q-net.or.kr/site/value) 자료실 게재

응시자격 및 결격사유

가. 응시자격 : 없음

※ 단, 최종 합격자 발표일 기준, 감정평가 및 감정평가사에 관한 법률 제12조의 결격사유에 해당하는 사람 또는 같은 법 제16조 제1항에 따른 처분을 받은 날부터 5년이 지나지 아니한 사람은 시험에 응시할 수 없음

나. 결격사유(감정평가 및 감정평가사에 관한 법률 제12조, 2023. 8. 10. 시행)

다음 각 호의 어느 하나에 해당하는 사람

1. 파산선고를 받은 사람으로서 복권되지 아니한 사람
2. 금고 이상의 실형을 선고받고 그 집행이 종료(집행이 종료된 것으로 보는 경우를 포함한다)되거나 그 집행이 면제된 날부터 3년이 지나지 아니한 사람
3. 금고 이상의 형의 집행유예를 받고 그 유예기간이 만료된 날부터 1년이 지나지 아니한 사람
4. 금고 이상의 형의 선고유예를 받고 그 선고유예기간 중에 있는 사람
5. 제13조에 따라 감정평가사 자격이 취소된 후 3년이 지나지 아니한 사람. 다만 제6호에 해당하는 사람은 제외한다.
6. 제39조 제1항 제11호 및 제12호에 따라 자격이 취소된 후 5년이 지나지 아니한 사람

합격자 결정

가. 합격자 결정(감정평가 및 감정평가사에 관한 법률 시행령 제10조)

- 제1차 시험
  영어 과목을 제외한 나머지 시험과목에서 과목당 100점을 만점으로 하여 모든 과목 40점 이상이고, 전 과목 평균 60점 이상인 사람
- 제2차 시험
  - 과목당 100점을 만점으로 하여 모든 과목 40점 이상, 전 과목 평균 60점 이상을 득점한 사람
  - 최소합격인원에 미달하는 경우 최소합격인원의 범위에서 모든 과목 40점 이상을 득점한 사람 중에서 전 과목 평균점수가 높은 순으로 합격자를 결정

  ※ 동점자로 인하여 최소합격인원을 초과하는 경우에는 동점자 모두를 합격자로 결정. 이 경우 동점자의 점수는 소수점 이하 둘째 자리까지만 계산하며, 반올림은 하지 아니함

나. 제2차 시험 최소합격인원 결정(감정평가 및 감정평가사에 관한 법률 시행령 제10조)

공인어학성적

가. 제1차 시험 영어 과목은 영어시험성적으로 대체

- 기준점수(감정평가 및 감정평가사에 관한 법률 시행령 별표 2)

시험명	토플		토익	텝스	지텔프	플렉스	토셀	아이엘츠
	PBT	IBT						
일반응시자	530	71	700	340	65 (level-2)	625	640 (Advanced)	4.5 (Overall Band Score)
청각장애인	352	-	350	204	43 (level-2)	375	145 (Advanced)	-

- 제1차 시험 응시원서 접수마감일부터 역산하여 2년이 되는 날 이후에 실시된 시험으로, 제1차 시험 원서 접수 마감일까지 성적발표 및 성적표가 교부된 경우에 한해 인정함

※ 이하 생략(공고문 참조)

CONTENTS
이 책의 차례

PART 01 최신기출문제

제35회~제16회 기출문제 답안

PART 02 최신기출문제

제15회~제01회 기출문제 답안

부록 출제위원강평 및 감정평가에 관한 규칙

합격까지 박문각

PART 01

최신기출문제

제35회~제16회 기출문제 답안

제35회 기출문제 답안

01 원가법에 대한 다음 물음에 답하시오. 40점

1) 비용성의 원리에 기초한 원가법은 비용과 가치 간의 상관관계를 파악하는 것으로 가치의 본질을 원가의 집합으로 보고 있다. 이에 맞춰 재조달원가를 정의하고, 재생산원가 측면에서 재조달원가의 구성요소 및 산정방법에 대하여 설명하시오. 15점

2) 평가목적의 감가수정과 회계목적의 감가상각을 비교하여 설명하시오. 10점

3) 건물은 취득 또는 준공으로부터 시간의 경과나 사용 등에 따라 경제적 가치와 유용성이 감소된다. 이에 대한 감가요인을 설명하시오. 15점

1 기출문제 논점분석

Ⅰ. 『물음 1』

기본적으로 각각의 물음마다 형식적으로 목차를 맞춰서 구분해 주시는게 필요합니다. 추가적으로 재조달원가의 구성요소에서 핵심적인 부분은 논란이 되고 있는 도급인의 적정이윤 포함여부에 대해서는 누락 없이 작성해주셔야 하며 기회비용의 관점에서 비용에 포함하는 것이 타당하다는 관점으로 작성해주셔야 합니다.

또한 재조달원가의 산정방법에 있어서는 기본적으로 직접법과 간접법의 서술도 가능하나 구체적으로 작성하신다면 총량조사법과 구성단위법·단위비교법·비용지수법을 활용해주실 수도 있습니다.

Ⅱ. 『물음 2』

감가수정과 감가상각의 차이점은 기본적으로 감가수정과 관련해서 다루는 내용입니다. 문제유형 자체가 '비교하여 설명하시오' 이므로 공통점과 차이점으로 나눠주시면 좋지만 만약 어렵다면 차이점을 중심으로 정리되어 있는 기본서의 내용을 활용해주셔도 됩니다.

Ⅲ. 『물음 3』

감가요인은 최유효이용에 미달하는 부분을 반영하는 절차로 물리적 감가와 기능적 감가 및 경제적 감가를 모두 포함하는 작업입니다. 시간의 경과가 제시되었다고 해서 물리적 감가에 대해서만 언급하면 안 된다는 점을 주의하셔야 합니다.

2 예시답안 목차

Ⅰ. 서

Ⅱ. 『물음 1』

1. 재조달원가의 정의
2. 재조달원가의 구성요소
   (1) 표준적인 건설비용
   (2) 통상적인 부대비용
   (3) 도급인의 적정이윤
3. 재조달원가의 산정방법
   (1) 총량조사법
   (2) 구성단위법
   (3) 단위비교법
   (4) 비용지수법

Ⅲ. 『물음 2』

1. 감가수정과 감가상각의 개념
2. 감가수정과 감가상각의 비교
   (1) 목적과 기준 측면의 비교
   (2) 방법 및 감가요인 측면의 비교
   (3) 적용범위 및 대상 측면의 비교
   (4) 잔존가액 및 내용연수 측면의 비교

Ⅳ. 『물음 3』

1. 물리적 감가요인
   (1) 의의 및 발생원인
   (2) 비상각자산 발생 여부 및 관련 가격제원칙
   (3) 치유가능성 및 유의사항
2. 기능적 감가요인
   (1) 의의 및 발생원인
   (2) 비상각자산 발생 여부 및 관련 가격제원칙
   (3) 치유가능성 및 유의사항

3. 경제적 감가요인

(1) 의의 및 발생원인

(2) 비상각자산 발생 여부 및 관련 가격제원칙

(3) 치유가능성 및 유의사항

Ⅴ. 결

3 예시답안

Ⅰ. 서

과거의 건축물과 달리 최근의 건축물들은 각종 부대설비나 도급인의 적정이윤과 같은 항목들의 포함으로 인해 독자적인 경제적 가치를 지니고 있다. 따라서 건축물만이 별도의 감정평가 대상이 되기도 하며 토지의 가치를 초과하는 경우도 발생하고 있다. 감정평가는 대상물건의 경제적 가치를 판정하는 작업인 만큼 건축물의 경제적 가치에 영향을 미치는 다양한 요소들에 대한 이해는 중요하다. 이하 건축물을 감정평가하는 원칙적인 감정평가방법인 원가법과 관련한 물음에 답한다.

Ⅱ. 『물음 1』

1. 재조달원가의 정의

재조달원가란 대상물건을 기준시점에 재생산하거나 재취득하는 데 필요한 적정원가의 총액을 말한다.

2. 재조달원가의 구성요소

(1) 표준적인 건설비용

재조달원가는 표준적인 건설비용으로 구성되며, 이러한 표준적인 건설비용에는 기초공사나 목공사에 해당하는 주체공사비와 부대설비공사비를 포함한 직접공사비와 간접공사비로 구성된다. 또한, 재조달원가 산정 시에는 도급방식을 전제로 하는 만큼 수급인의 적정이윤 역시 표준적인 건설비용의 구성요소에 해당한다.

(2) 통상적인 부대비용

재조달원가는 통상적인 부대비용의 합으로 구성된다. 이러한 통상적인 부대비용에는 등기비용이나 감독비용 및 제세금과 같은 세금만이 아니라 건설기간 중의 금리와 같은 이자비용 항목 등이 구성요소에 해당한다.

(3) 도급인의 적정이윤

재조달원가에 도급인의 적정이윤이 포함되는지 여부와 관련하여 논란이 있을 수 있으나 도급인이 개발과정에서 기여한 노력의 대가 또한 기회비용의 관점에서 보면 비용으로 인정할 수 있으므로 재조달원가의 구성요소에 해당한다고 보는 것이 타당하다고 판단된다.

3. 재조달원가의 산정방법

(1) 총량조사법
총량조사법이란 건축에 관계되는 모든 항목에 대해서 투입되는 원자재와 노동량을 세세히 조사하여 비용을 추계하는 산정방법을 말한다.

(2) 구성단위법
구성단위법이란 건물을 벽과 바닥 및 지붕 등과 같은 몇 개의 중요한 구성부분으로 나누고, 각 구성부분별로 측정단위에다 단가를 곱하여 비용을 추계하는 방법으로, 총량조사법이 간략하게 수정된 산정방법을 말한다.

(3) 단위비교법
단위비교법이란 평방미터나 입방미터와 같이 총량적 단위를 기준으로 비용을 산출하는 방법으로 평당 건설비용이 얼마이므로 총량비용은 얼마가 된다는 식으로 추계하는 산정방법을 말한다.

(4) 비용지수법
비용지수법이란 대상부동산의 최초의 건물비용을 알 수 있을 때 사용되는 방법으로, 신뢰성 있는 기관으로부터 발표된 건물비용에 대한 지수를 사용하여 재생산비용을 추계하는 산정방법을 말한다.

Ⅲ. 『물음 2』

1. 감가수정과 감가상각의 개념

① 감가수정이란 대상물건에 대한 재조달원가를 감액하여야 할 요인이 있는 경우에 물리적 감가, 기능적 감가 도는 경제적 감가 등을 고려하여 그에 해당하는 금액을 재조달원가에서 공제하여 기준시점에 있어서의 대상물건의 가액을 적정화하는 작업을 말한다.

② 감가상각이란 가치의 소모를 반영하는 회계상의 절차로 시간의 흐름에 따른 유형자산의 가치감소를 회계상의 장부에 반영하는 것을 말한다.

2. 감가수정과 감가상각의 비교

(1) 목적과 기준 측면의 비교

① 감가수정은 감정평가와 관련하여 기준시점에 있어서의 대상물건의 가치평가에 목적이 있으며 감가상각은 원가의 체계적인 배분으로 인한 합리적인 손익계산에 목적이 있다.

② 감가수정은 재조달원가는 기준으로 하나 감가상각은 취득원가를 기준으로 한다.

(2) 방법 및 감가요인 측면의 비교

① 감가수정은 내용연수를 표준으로 정액법과 정률법 및 상환기금법을 적용할 수 있고 이와 병용하여 관찰감가법이 인정된다. 반면 감가상각은 직선법과 같이 법적으로 허용되고 있는 방법만 가능하며, 관찰감가법은 인정되지 않는다.

② 감가수정은 물리적・기능적・경제적 감가요인이 인정되며 시장성을 고려하나, 감가상각에서는 경제적 감가요인은 인정되지 않으며, 시장성 역시 고려되지 않는다.

(3) 적용범위 및 대상 측면의 비교

① 감가수정은 상각자산만이 아니라 토지와 같은 비상각자산에도 적용되나, 감가상각은 상각가능자산에만 인정되어 토지에는 감가가 불인정된다.

② 감가수정은 현존하는 물건만 대상으로 하나, 감가상각은 자산으로 계상될 경우 멸실되어도 감가상각의 대상이 된다.

(4) 잔존가액 및 내용연수 측면의 비교

감가수정 시 잔존가격은 대상물건마다 개별적으로 파악되며, 경제적인 장래 보존연수에 중점을 둔다. 반면, 감가상각의 경우 잔존가액은 물건마다 동일하게 파악되고, 대상물건의 경과연수에 중점을 둔다.

Ⅳ. 『물음 3』

1. 물리적 감가요인

(1) 의의 및 발생원인

물리적 감가요인이란 대상물건의 물리적 상태 변화에 따른 감가요인으로서, 시간의 경과에 따른 노후화, 자연적 적응, 사용에 따른 마모, 구성요소의 작동, 재해발생에 의해 발생한다.

(2) 비상각자산 발생 여부 및 관련 가격제원칙

물리적인 감가는 비상각자산에서 발생하지 않으며, 시간의 경과에 따른 노후화 등이 발생원인이라는 점에서 토대가 되는 원칙과 관련된다.

(3) 치유가능성 및 유의사항

물리적인 감가는 치유가 가능한 감가의 성격을 지니며, 물리적 감가를 파악함에 있어 감가요인에 대한 체계적인 조사가 이루어져야 한다. 이때 물건의 개별성에 따라 감가의 형태가 다양하게 나타날 수 있다.

2. 기능적 감가요인

(1) 의의 및 발생원인

기능적 감가요인이란 대상물건의 기능적 효용 변화에 따른 감가요인으로서, 기술진보, 디자인이나 시대적 감각의 변화, 새로운 원자재의 개발, 설계불량, 설계과잉이나 부족, 건물과 부지의 부적합, 형식의 구식화, 능률의 저하 등으로 발생한다.

(2) 비상각자산 발생 여부 및 관련 가격제원칙

기능적인 감가는 비상각자산에서 발생하지 않으며, 내부적인 기능적 효용 변화에 따른 감가요인이라는 점에서 내부 측면의 원칙과 관련된다.

(3) 치유가능성 및 유의사항

기능적인 감가는 치유가 가능한 감가의 성격을 지니며, 기능적 감가를 파악함에 있어 구체적인 기준이 설정되어야 하는데, 이는 시장을 통해 파악해야 한다. 예를 들면 시장에서 선호되는 설계나 시설수준 등이 유용한 기준으로 작용할 수 있다.

3. 경제적 감가요인

(1) 의의 및 발생원인

경제적 감가요인이란 인근지역의 경제적 상태, 주위환경, 시장상황 등 대상물건의 가치에 영향을 미치는 경제적 요소들의 변화에 따른 감가요인으로서, 인근지역의 쇠퇴, 주위환경의 부적합, 시장성 감퇴, 지역지구제, 최유효이용의 변화 등에 의해 발생한다.

(2) 비상각자산 발생 여부 및 관련 가격제원칙

경제적인 감가는 비상각자산에서도 발생하며 주위환경이나 시장상황 등의 변화에 의해 발생한다는 점에서 외부 측면의 원칙과 관련된다.

(3) 치유가능성 및 유의사항

경제적인 감가는 치유가 불가능한 감가의 성격을 지니며, 경제적 감가는 외부적인 요인 및 시장상황에 의해 큰 영향을 받게 되므로 다양한 외부요인의 파악, 시장의 확인, 시장특성 및 시장변화의 추세 파악 등에 유의해야 한다.

Ⅴ. 결

원가법의 경우에는 도급인의 적정이윤과 같은 비용 항목의 추계가 어려운 점과 공급자 측면의 성격으로 시장 거래 관행을 직접적으로 반영하기 어렵다는 한계가 있다. 따라서 감정평가 시 이러한 원가법을 적용하는 경우에는 원가법의 한계가 존재한다는 점을 유의해야 할 것이다.

02 감정평가와 관련된 다음 자료를 참고하여 물음에 답하시오. 30점

1. 본건은 토지와 건물로 구성된 부동산으로 「집합건물의 소유 및 관리에 관한 법률」 시행 이전에 소유권이전등기가 되어, 현재 '건물'은 각 호수별로 등기 되어 있고, '토지'의 경우도 별도로 등기되어 있음
2. 본건 부동산은 1층(101호, 102호, 103호, 104호, 105호)과 2층(201호, 202호, 203호, 204호, 205호)이 각각 5개호로 구성된 상가로, 현재 건물소유자는 교회 A(101호~204호)와 개인 B[205호(교회에 임대됨)]임
3. 상가 전체가 교회로 이용 중이며, 이 중 202호, 203호, 204호는 교회의 부속 시설로 소예배실, 성경공부방, 교회휴게실로 이용 중이고, 용도상 불가분의 관계가 있을 수 있음
4. 202호는 5년 전에, 203호는 3년 전에, 204호는 1년 전에 교회 앞으로 각각 소유권이전등기가 되었고, 건물과 함께 토지 역시 일정 지분이 동시에 교회 앞으로 소유권이전등기됨
5. 건물은 각 호 별로 구조상 독립성과 이용상 독립성이 유지되고 있음
6. 토지는 각 호별 면적에 비례하여 적정한 지분으로 각 건물소유자들이 공유하고 있음
7. 평가대상 물건은 202호, 203호, 204호이며, 평가목적은 시가참고용임

1) 감정평가사 甲은 평가 대상물건을 개별로 감정평가하기로 결정하였다. 주어진 자료에 근거하여 감정평가사 甲이 개별평가로 결정한 이유를 설명하시오. 10점

2) 반면, 감정평가사 乙은 평가 대상물건을 일괄로 감정평가하기로 결정하였다. 주어진 자료에 근거하여 감정평가사 乙이 일괄평가로 결정한 이유를 설명하시오. 10점

3) 개별평가와 일괄평가의 관점에서 대상물건에 부합하는 평가방법을 설명하시오. 10점

1 기출문제 논점분석

Ⅰ. 『물음 1』

개별평가로 결정한 이유와 유사한 문제유형은 'A의 타당성을 설명하시오'입니다. 해당 문제유형의 경우에는 타당성을 검토하기 위한 요건을 충족하는지를 중심으로 작성하셔야 합니다.
개별평가 자체는 『감정평가에 관한 규칙』 제7조에 의한 원칙에 해당하므로 직접적인 요건이 없다면 대응되는 개념인 일괄평가의 요건에 충족하지 않는다는 점을 활용하여 검토하시는 것도 가능합니다.

Ⅱ. 『물음 2』

마찬가지로 일괄평가로 결정한 이유에 해당하는 문제유형은 'A의 타당성을 설명하시오'입니다. 따라서 일괄평가를 하기 위해 충족해야 하는 요건들을 중심으로 검토하시면 됩니다.

충족해야 하는 요건들은 규정상의 내용이 중심이 되어야 하는 만큼 『감정평가에 관한 규칙』 제7조 제2항에서 규정하고 있는 일체로 거래되거나 용도상 불가분의 관계에 있는지 여부가 검토되어야 합니다. 특히 출제 기반이 된 판례의 내용인 개별적인 효용의 합보다 일체로의 효용의 크기가 더 커야 한다는 점은 누락하셔서는 안됩니다.

Ⅲ. 『물음 3』

개별 평가의 경우에는 각각의 호수를 개별적으로 구하여 합산해야 한다는 점을 반영해야 하고, 일괄 평가의 경우에는 202호 내지 204호를 일괄로 평가해야 한다는 관점에서 서술하시면 됩니다.
감정평가방법을 서술하시는 경우에는 결국 일괄 거래사례비교법을 적용해야 할 것이며 구분소유부동산이라는 점과 수익성 부동산이 아닌 교회라는 대상물건의 특징을 고려한다면 원가법이나 수익환원법은 적절하지 않은 감정평가방법에 해당하게 될 것입니다.

2 예시답안 목차

Ⅰ. 서

Ⅱ. 『물음 1』

1. 개별평가의 의의 및 근거
2. 감정평가사 甲이 개별평가로 결정한 이유
   (1) 일체 거래 여부
      1) 소유권이전등기
      2) 거래시점
   (2) 용도상 불가분의 관계 여부
      1) 용도상 불가분의 관계의 의미
      2) 용도상 불가분의 관계 여부

Ⅲ. 『물음 2』

1. 일괄평가의 의의 및 근거
2. 감정평가사 甲이 일괄평가로 결정한 이유
   (1) 일체 거래 여부
   (2) 용도상 불가분의 관계 여부
      1) 용도상 불가분의 관계 판단기준
      2) 용도상 불가분의 관계 여부

Ⅳ. 『물음 3』

1. 개별평가의 관점

(1) 개별평가

(2) 일괄 거래사례비교법의 적용

(3) 수익환원법과 원가법의 적용 가능성

2. 일괄평가의 관점

(1) 일괄평가

(2) 일괄 거래사례비교법의 적용

(3) 수익환원법과 원가법의 적용 가능성

Ⅴ. 결

3 예시답안

Ⅰ. 서

『감정평가에 관한 규칙』 제7조에서는 감정평가 시 원칙과 관련하여 개별 감정평가를 규정하고 있다. 다만 일체로 거래되거나 용도상 불가분의 관계에 있는 경우에는 개별 감정평가의 예외로 일괄 감정평가에 대해서 규정하고 있다. 개별 혹은 일괄 감정평가는 대상물건의 경제적 가치에 영향을 주는 만큼 중요한 요소에 해당한다. 이하 개별 및 일괄평가와 관련되는 물음에 답한다.

Ⅱ. 『물음 1』

1. 개별평가의 의의 및 근거

개별평가란 감정평가 시에는 감정평가의 대상이 되는 물건마다 개별적으로 감정평가를 해야 한다는 것을 의미한다. 『감정평가에 관한 규칙』 제7조 제1항에서는 감정평가 시 개별평가를 원칙으로 규정하고 있다.

2. 감정평가사 甲이 개별평가로 결정한 이유

(1) 일체 거래 여부

1) 소유권이전등기

현재 대상물건의 등기사항전부증명서상으로도 건물은 각 호수별로 등기가 되어있으므로 개별적인 호수별로 소유권이전등기가 가능하므로 개별거래가 가능하다는 점에서 개별평가로 결정했다고 판단된다.

2) 거래시점

감정평가의 대상이 되는 202호 내지 204호의 경우에는 일체로 거래되지 않고 각각 5년 전과 3년 전 및 1년 전에 거래가 되었다는 점에서 일체 거래가 되는 대상에 해당하지 않으므로 개별평가로 결정했다고 판단된다.

(2) 용도상 불가분의 관계 여부

1) 용도상 불가분의 관계의 의미

용도상 불가분의 관계란 일체로 이용되고 있는 상황이 사회적・경제적・행정적 측면에서 합리적이고 해당 토지의 가치형성적 측면에서도 타당하다고 인정되는 관계에 있는 경우를 말한다.

2) 용도상 불가분의 관계 여부

건물은 각 호 별로 구조상 독립성과 이용상 독립성이 유지되고 있으며 개별적인 소예배실이나 성경공부방 및 교회휴게실로 이용되고 있으므로 각각의 호수별로 독립적인 용도로 이용되고 있다. 따라서 용도상 불가분의 관계에 있다고 보기 어려워 개별평가로 결정했다고 판단된다.

Ⅲ. 『물음 2』

1. 일괄평가의 의의 및 근거

일괄평가란 둘 이상의 대상물건이 일체로 거래되거나 대상물건 상호 간에 용도상 불가분의 관계가 있는 경우에 일괄하여 감정평가하는 것을 말한다. 『감정평가에 관한 규칙』 제7조 제2항에서는 개별평가의 예외로 일괄평가를 규정하고 있다.

2. 감정평가사 甲이 일괄평가로 결정한 이유

(1) 일체 거래 여부

202호 내지 204호의 경우에는 모두 교회 A가 소유하고 있으므로 소유자의 동일성이 인정되며 이로 인해 거래가 되는 경우라면 개별로 거래하지 않고 일체로 거래할 수 있다는 점과 감정평가 목적이 시가참고로 시장참가자들의 거래관행을 고려하여 일괄평가로 결정했다고 판단된다.

(2) 용도상 불가분의 관계 여부

1) 용도상 불가분의 관계 판단기준

용도상 불가분의 관계에 있는지 여부는 최유효이용의 판단기준을 활용하여 일체로 이용하는 것이 최대수익성에 있는지를 기준으로 판단할 수 있다. 판례 역시 일체로 이용함에 의한 효용이 개별적인 효용의 합보다 크다면 일괄 감정평가가 타당하다고 판시한 바 있다.

2) 용도상 불가분의 관계 여부

본건 부동산은 전체적으로 교회로 이용되고 있으며, 202호 내지 204호의 경우에는 교회의 부속시설로서 소예배실과 성경공부방 및 교회휴게실로 사용되고 일체의 교회시설로서의 효용을 창출하고 있다는 점에서 일체 이용으로 인한 증분가치가 있다면 용도상 불가분의 관계에 있으므로 일괄평가로 결정했다고 판단된다.

Ⅳ. 『물음 3』

1. 개별평가의 관점

(1) 개별 평가

개별 평가의 경우에는 202호 내지 204호를 개별적인 물건으로 보고 202호와 203호 및 204호를 각각 개별적으로 감정평가하여 합산해야 한다.

(2) 일괄 거래사례비교법의 적용

평가대상 물건은 구분소유 부동산에 해당하므로 『감정평가에 관한 규칙』 제16조에 의하여 일괄 거래사례비교법을 적용해야 한다. 이 경우에는 종교시설로 이용 중인 것과 같이 평가대상 물건과 유사하다고 인정되는 거래사례에 본 건은 2층에 위치해 있다는 층별·위치별 효용비에 관한 가치형성요인 비교 등을 거치는 감정평가방법을 적용할 수 있다.

(3) 수익환원법과 원가법의 적용 가능성

대상물건은 종교시설로 이용되고 있으며 임대료가 발생하고 있는 205호와 달리 임대료나 혹은 매출액이 발생하고 있지 않으므로 수익환원법의 적용은 타당하지 않다. 또한 원가법의 경우에도 대지사용권과 전유부분이 일체로 거래되는 거래관행을 반영하기 어려우므로 원가법의 적용 역시 어렵다고 판단된다.

2. 일괄평가의 관점

(1) 일괄 평가

일괄 평가의 경우에는 202호 내지 204호가 용도상 불가분의 관계에 있는 것으로 개별적으로 각각의 호를 합산하는 것이 아닌 전체 호를 기준으로 감정평가하여야 한다.

(2) 일괄 거래사례비교법의 적용

일괄 평가의 경우에는 일괄 거래사례비교법을 적용해야 한다. 이 경우도 마찬가지로 종교시설로 이용 중인 것과 같이 평가대상 물건과 유사하다고 인정되는 거래사례에 본 건은 2층에 위치해 있다는 층별·위치별 효용비에 관한 가치형성요인 비교 등을 거치는 감정평가방법을 적용할 수 있다.

(3) 수익환원법과 원가법의 적용 가능성

수익환원법은 일괄 평가에 부합하는 감정평가방법이나 대상물건은 수익성 부동산이 아니며 원가법 역시 개별 평가의 관점이므로 일괄 평가의 논리와 부합하지 않으므로 두 가지 감정평가방법 모두 적용이 어렵다고 판단된다.

Ⅴ. 결

개별 평가와 일괄 평가의 경우에는 대상물건의 경제적 가치에 영향을 미치는 요소이므로 감정평가 시 주관적인 판단이 아닌 일괄 평가를 할 수 있는 요건에 해당하는 용도상 불가분의 관계에 있는지를 판단하여 적용해야 할 것이다.

03 **탁상자문과 관련한 다음 물음에 답하시오.** 20점

1) 탁상자문의 개념 및 방식에 대하여 설명하시오. 10점

2) 탁상자문과 정식 감정평가와의 차이를 설명하시오. 10점

1 기출문제 논점분석

Ⅰ. 『물음 1』

탁상자문의 방식에 대해서는 정형화된 절차가 있지는 않으나 구분을 한다면 문서로 진행하는 절차와 전화 및 구두로 진행하는 방식들로 나눌 수 있습니다.

다만 실무적인 절차를 모른다면 정식 감정평가의 절차라도 활용이 가능합니다. 즉 탁상자문의 의뢰인은 누구인지와 같은 기본적 사항 확정에서 어떠한 방식으로 진행하는지와 같은 것들을 활용하시면서 방어적인 서술도 가능합니다.

Ⅱ. 『물음 2』

정식 감정평가는 기본적으로 감정평가 이론 교재에서 다루는 내용들이나 탁상자문은 다루고 있지 않은 내용입니다.

따라서 이러한 경우에는 익숙하신 정식 감정평가를 기준으로 차이점을 찾으시는 게 좋습니다. 기본적 사항 확정단계에서 수수료의 차이는 있는지 혹은 현장조사는 진행하는지와 같이 정식 감정평가에서의 절차를 기준으로 접근하시면 됩니다.

2 예시답안 목차

Ⅰ. 서

Ⅱ. 『물음 1』

1. 탁상자문의 개념
   (1) 탁상자문의 개념
   (2) 정식 감정평가와의 관계
2. 탁상자문의 방식
   (1) 구두 탁상
   (2) 문서 탁상

Ⅲ. 『물음 2』

1. 결과물의 명칭과 분량 측면의 차이
2. 절차 및 요건의 차이

3. 수행자 및 감정평가서의 서명 유무의 차이

4. 소요시간 및 현장조사의 차이

5. 수수료의 수취 여부의 차이

Ⅳ. 결

3 예시답안

Ⅰ. 서

탁상자문의 경우에는 정식 감정평가가 의뢰되기 이전에 진행되는 절차로서 정식 감정평가와 밀접한 관계가 있다. 하지만 탁상자문의 경우에는 정식적인 감정평가의 업무영역으로 분류되어 있지는 않아 실무적으로 어려움이 있다. 이하 탁상자문과 관련한 물음에 답한다.

Ⅱ. 『물음 1』

1. 탁상자문의 개념

(1) 탁상자문의 개념

탁상자문이란 대상 부동산에 대한 실지조사를 통해 확인 과정을 거치지 않고 사무실 내에서 서류 검토를 통해 진행되는 업무를 의미한다.

(2) 정식 감정평가와의 관계

탁상자문은 정식 감정평가를 의뢰하기 이전에 사전적으로 대상물건에 대해 파악하기 위해 진행하는 과정에 해당한다. 즉 정식 감정평가를 진행하기 이전에 선행적으로 이루어진다는 관계가 있다.

2. 탁상자문의 방식

(1) 구두 탁상

탁상자문의 경우에는 전화와 같은 구두를 통해 진행할 수 있다. 이 경우에는 별도로 문서 작성과 같은 과정이 없이 유선이나 무선과 같은 구두의 방식으로 대상물건에 대한 대략적인 탁상의 결과를 통보할 수 있다.

(2) 문서 탁상

탁상자문의 경우에는 문서를 통해 진행할 수 있다. 이 경우에는 대상물건에 대한 대략적인 탁상의 결과를 서류로 작성하여 통지할 수 있으며 문서의 형식은 반드시 정해져 있는 것은 아니고 자유로운 양식으로 통보할 수 있다.

Ⅲ. 『물음 2』

1. 결과물의 명칭과 분량 측면의 차이

탁상자문의 경우에는 결과물의 명칭에 탁상자문이나 의견서 혹은 예상가액 산정 회보서 등과 같은 것들을 사용하나 정식 감정평가의 경우에는 감정평가서라는 명칭을 사용한다는 차이가 있다. 또한 탁상자문의 경우에는 결과물의 분량이 1쪽 내외이나, 감정평가서는 통상 20 내지 60쪽 정도라는 차이가 있다.

2. 절차 및 요건의 차이

탁상자문의 경우에는 별도로 절차나 요건을 규정하고 있지 않으나 정식 감정평가를 하는 경우에는 국토교통부령에 정하는 원칙 및 기준 등과 관련되는 『감정평가에 관한 규칙』 등을 준수하여 작성해야 한다는 차이가 있다.

3. 수행자 및 감정평가서의 서명 유무의 차이

탁상자문의 경우에는 감정평가사나 사무직원이 수행하나 정식 감정평가의 경우에는 감정평가사가 수행한다는 차이점이 있다. 또한, 탁상자문의 경우에는 별도로 서명이나 날인이 포함되지 않으나 감정평가서의 경우에는 감정평가사 및 심사자의 서명 및 날인이 포함된다는 차이가 있다.

4. 소요시간 및 현장조사의 차이

탁상자문의 경우에는 통상 30분 내외로 소요되나 감정평가서의 경우에는 통상 2일 내지 4일 정도가 소요된다는 차이가 있다. 또한, 탁상자문의 경우에는 별도로 현장조사를 진행하지 않으나 감정평가서의 경우에는 『감정평가에 관한 규칙』 제10조에 의하여 현장조사를 수행하게 된다는 차이가 있다.

5. 수수료의 수취 여부의 차이

탁상자문의 경우에는 정식 감정평가가 아닌 만큼 별도의 수수료는 발생하지 않으나 정식 감정평가의 경우에는 수수료가 발생한다는 차이가 있다.

Ⅳ. 결

탁상자문의 경우에는 별도로 수수료를 수취하거나 하지 않는다는 점에서 정식 감정평가업무로 분류되지 않고 있다. 따라서 이 경우 역시 대상물건에 관한 대략적인 가격 정보를 파악한다는 점에서 감정평가 업무영역에 포함하는 것과 같이 업무구조에 대한 개선이 필요하다고 판단된다.

04 **최근 투자의사결정과 관련된 판단기준 중 지속가능한 성장을 판단하는 종합적 개념으로 ESG가 있으며, 부동산가치의 평가에도 영향을 미치고 있다. ESG는 환경(Environment)요인, 사회(Social)요인 및 지배구조(Governance)의 약칭이다. ESG의 각각에 해당하는 구성요소를 설명하고, 친환경 인증을 받은 건축물의 감정평가 시 고려해야 할 내용을 설명하시오.** 10점

1 기출문제 논점분석

ESG의 각각에 해당하는 구성요소의 경우에는 일종의 가치형성요인을 물어보는 문제이므로 다양한 가치형성요인을 제시해주시면 됩니다.
추가적으로 건축물의 감정평가 시 고려해야 할 내용의 경우에는 'A의 감정평가 시 유의사항'에 해당하는 문제유형이므로 다양한 감정평가 절차를 작성하시면서 감정평가 3방식과 관련되는 내용은 누락 없이 작성해주셔야 합니다. 특히 감정평가 3방식과 관련해서는 건축물이라는 점에서 주된 감정평가방법인 원가법에 대해서만 언급해주시면 됩니다.

2 예시답안 목차

Ⅰ. 서

Ⅱ. ESG의 구성요소

1. 환경요인의 구성요소
2. 사회요인의 구성요소
3. 지배구조의 구성요소

Ⅲ. 감정평가 시 고려해야 할 내용

1. 기본적 사항 확정 시 고려해야 할 내용
2. 감정평가방법 적용 시 고려해야 할 내용

3 예시답안

Ⅰ. 서

과거의 건축물은 경제적 가치가 미미했으나 최근에는 친환경 인증과 같은 부수적인 요인들로 인해 건축물의 가치가 증대되고 있으며, 이로 인해 건축물 그 자체 역시 독자적인 감정평가의 대상으로 증가하고 있다. 이하, 건축물 중 친환경 인증을 받은 건축물과 관련한 물음에 답하고자 한다.

Ⅱ. ESG의 구성요소

1. 환경요인의 구성요소

환경요인은 기추변화 및 탄소배출, 환경오염·환경유제, 생태계 및 생물 다양성, 자원 및 폐기물 관리, 에너지효율 및 친환경제품의 사용 등과 같은 요인으로 구성된다.

2. 사회요인의 구성요소

사회요인은 고객만족, 지역사회와의 관계, 데이터 보호프라이버시, 공급망 관리, 인권이나 성별에 따른 차별제한과 근로자의 안전 등과 같은 요인으로 구성된다.

3. 지배구조의 구성요소

지배구조는 이사회 및 감사위원회의 구성, 기업윤리, 뇌물 및 반부패, 로비 및 정치적 거부나 공정 경쟁 등과 같은 요인으로 구성된다.

Ⅲ. 감정평가 시 고려해야 할 내용

1. 기본적 사항 확정 시 고려해야 할 내용

감정평가 대상에 관한 공부서류를 확인하는 과정에서 건축물의 감정평가 시에는 건축물 대장을 확인해야 하며, 이러한 건축물 대장에는 에너지 효율 등급에 해당하는 내용들이 기재되어 있다. 이러한 등급에 따라 건축물의 가치를 증액시킬 수 있으므로 감정평가 시 건축물 대장을 고려해야 한다.

2. 감정평가방법 적용 시 고려해야 할 내용

친환경 인증을 받은 건축물의 경우에는 친환경 인증과 관련되는 행정적인 비용이나 에너지 효율 시설과 같은 부대설비들이 들어가는 만큼 재조달원가 산정 시 이러한 항목들을 고려해야 한다. 또한, ESG 구성요소들로 인해 내부 에너지 효율성이 극대화되며 시장참가자들도 선호하는 건축물이 되는 만큼 기능적이거나 경제적인 감가의 비중이 줄어든다는 점을 고려해야 한다.

제34회 기출문제 답안

01 수익환원법에는 직접환원법과 할인현금흐름분석법(DCF법)이 있다. 다음 물음에 답하시오. 40점

1) 직접환원법과 할인현금흐름분석법의 개념 및 가정에 대하여 비교 · 설명하시오. 15점

2) 직접환원법과 할인현금흐름분석법의 투하자본 회수의 인식 및 처리방법에 대하여 비교 · 설명하시오. 15점

3) 할인현금흐름분석법의 한계에 대하여 설명하고, 이를 극복하는 측면에서 확률적 할인현금흐름분석법에 대하여 설명하시오. 10점

1 기출문제 논점분석

Ⅰ. 『물음 1』

수익환원법의 자본환원방법인 직접환원법과 할인현금흐름분석법을 비교하는 문제입니다. 주의하실 점은 개념에 대하여 비교하는 경우에는 개념 자체에서 파악할 수 있는 내용들이 제시되어야 한다는 점입니다. 대표적으로 단일 기간의 순수익인지 아니면 복수 기간의 순수익인지와 같은 것들이 제시되어야 합니다.

Ⅱ. 『물음 2』

직접환원법과 할인현금흐름분석법의 자본회수와 관련되는 내용입니다. 각각의 자본회수방법은 상이하나 그 이유 자체는 경제적 내용연수 기간 동안 보유를 가정하는지 아니면 전형적인 보유기간 동안 보유를 가정하는지에 대한 것에서 파생되었기 때문입니다. 결국은 양자의 자본환원방법의 가정차이를 물어보는 『물음 1』의 내용과 연관됩니다.

Ⅲ. 『물음 3』

확률적 할인현금흐름분석법이라는 용어에 대한 해석이 중요한 문제입니다. 할인현금흐름분석법은 정적인 방식과 동적인 방식 두 가지로 구분되므로 이 중에서 동적인 할인현금흐름분석법을 의미하는 용어로 해석을 해주셔야 합니다.

2 예시답안 목차

Ⅰ. 서

Ⅱ. 『물음 1』

1. 직접환원법과 할인현금흐름분석법의 개념
   (1) 직접환원법의 개념
   (2) 할인현금흐름분석법의 개념
2. 직접환원법과 할인현금흐름분석법의 개념 비교
   (1) 공통점
      1) 수익성의 원리
      2) 가액을 산정하는 감정평가방법
   (2) 차이점
      1) 순수익의 산정 기간
      2) 적용하는 자본환원율의 종류
3. 직접환원법과 할인현금흐름분석법의 가정 비교
   (1) 보유기간에 대한 고려
   (2) 부동산의 가치변동에 대한 고려
   (3) 가치구성요소에 대한 고려

Ⅲ. 『물음 2』

1. 직접환원법의 투하자본 회수의 인식 및 처리방법
   (1) 직접환원법의 투하자본 회수의 인식
   (2) 직접환원법의 투하자본 회수의 처리방법
      1) 직선법
      2) 상환기금법
      3) 연금법
2. 할인현금흐름분석법의 투하자본 회수의 인식 및 처리방법
   (1) 할인현금흐름분석법의 투하자본 회수의 인식
   (2) 할인현금흐름분석법의 투하자본 회수의 처리방법
      1) 내부추계법
      2) 외부추계법

Ⅳ. 『물음 3』

1. 할인현금흐름분석법의 한계

(1) 할인율 산정 시 불확실성 반영의 주관성

(2) 확률적인 개념의 반영 한계

2. 극복하는 측면에서 확률적 할인현금흐름분석법

(1) 확률적 할인현금흐름분석법의 의의

(2) 극복하는 측면에서 확률적 할인현금흐름분석법

1) 할인율 산정 시 무위험률 적용

2) 확률적인 개념 반영을 통한 구간 표현

Ⅴ. 결

3 예시답안

Ⅰ. 서

과거와는 달리 매기의 임대료와 같은 소득수익에 대한 관심이 증가하고 있으며, 컨설팅과 같은 비가치 추계 영역에 대한 업무수요가 늘어남으로 인해 수익환원법에 대한 관심이 증가하고 있다. 이러한 수익환원법을 적용하는 경우 가장 먼저 선정해야 하는 것이 자본환원방법인바, 이하 자본환원방법에 해당하는 직접환원법과 할인현금흐름분석법에 관한 물음에 답한다.

Ⅱ. 『물음 1』

1. 직접환원법과 할인현금흐름분석법의 개념

(1) 직접환원법의 개념

직접환원법이란 단일기간의 순수익을 적절한 환원율로 환원하여 대상물건의 가액을 산정하는 방법을 말한다.

(2) 할인현금흐름분석법의 개념

할인현금흐름분석법이란 대상물건의 보유기간에 발생하는 복수기간의 순수익과 보유기간 말의 복귀가액에 적절한 할인율을 적용하여 현재가치로 할인한 후 더하여 대상물건의 가액을 산정하는 방법을 말한다.

2. 직접환원법과 할인현금흐름분석법의 개념 비교

(1) 공통점

1) 수익성의 원리

직접환원법과 할인현금흐름분석법은 모두 장래의 수익을 활용한다는 점에서 수익성의 원리를 고려하는 수익방식에 해당한다는 공통점이 있다.

2) 가액을 산정하는 감정평가방법

직접환원법과 할인현금흐름분석법은 모두 부동산의 가치 중 사용·수익에 대한 대가인 임대료를 산정하는 것이 아니라 소유권의 가치인 가액을 산정하는 방법이라는 공통점이 있다.

(2) 차이점

1) 순수익의 산정 기간

자본환원대상이 되는 순수익과 관련하여 직접환원법은 단일기간의 순수익을 환원하지만 할인현금흐름분석법에서는 여러 기간의 순수익인 복기의 순수익을 환원한다는 차이점이 있다.

2) 적용하는 자본환원율의 종류

적용하는 자본환원율의 종류와 관련하여 직접환원법은 환원율을 적용하지만 할인현금흐름분석법은 할인율과 기출환원율을 적용한다는 차이점이 있다.

3. 직접환원법과 할인현금흐름분석법의 가정 비교

(1) 보유기간에 대한 고려

직접환원법은 건물의 경제적 내용연수 기간 동안 부동산을 보유한다고 가정한다. 반면, 할인현금흐름분석법의 경우에는 투자자들은 부동산을 경제적 수명 동안 보유하는 것이 아니라 비교적 짧은 기간만 보유한다고 보아 가장 전형적인 보유기간을 가정한다는 차이점이 있다.

(2) 부동산의 가치변동에 대한 고려

투자자는 대상 부동산의 가치가 상승 또는 하락할지에 대한 가능성을 판단하고, 대상 부동산의 가치를 결정한다. 직접환원법의 경우에는 매기 순영업소득만 수익으로 고려하며 기간 말 처분을 통해 얻을 수 있는 수익에 대해서는 고려하지 않으나, 할인현금흐름분석법의 경우에는 보유기간 동안 가치가 얼마나 변화할 것인지를 가정한다는 차이점이 있다.

(3) 가치구성요소에 대한 고려

직접환원법의 경우에는 순수익으로 가치가 구성된다고 가정하지만, 할인현금흐름분석법의 경우에는 지분투자자가 향유하는 수익은 매 기간 순수익에서 지분투자자의 몫으로 돌아오는 지분수익과 보유기간 말 예상되는 부동산의 가치 증감 및 보유기간 동안 원금 상환에 의한 지분형성분의 세 가지로 이루어진다고 가정한다는 차이점이 있다.

Ⅲ. 『물음 2』

1. 직접환원법의 투하자본 회수의 인식 및 처리방법

(1) 직접환원법의 투하자본 회수의 인식

직접환원법의 경우에는 경제적 내용연수 기간 동안 부동산을 보유하며, 경제적 내용연수 기간 이후에는 상각자산의 가치가 존재하지 않아 매기 순영업소득 중 일부분을 자본회수에 할당해야 한다. 이 경우에는 수익에서 감가상각비를 차감하지 않고 환원율에 자본회수율을 포함하여 처리하는 것이 일반적이다.

(2) 직접환원법의 투하자본 회수의 처리방법

1) 직선법

직선법은 상각전 순수익을 상각후 환원율에 상각률을 가산한 상각전 환원율로 환원하여 수익가액을 구하는 방법이다. 직선법은 순수익과 상각자산의 가치가 동일한 비율로 일정액씩 감소하고 투자자는 내용연수 말까지 자산을 보유하며, 회수자본은 재투자하지 않는다는 것을 전제한다.

2) 상환기금법

상환기금법은 상각전 순수익을 상각후 환원율과 축적이율 및 내용연수를 기초로 한 감채기금계수를 더한 상각전 환원율로 환원하여 수익가액을 구하는 방법이다. 상환기금법은 순수익은 유지되나 상각자산의 가치가 일정액씩 감소하고, 자본회수분을 안전하게 회수할 수 있는 곳에 재투자하는 것을 가정하여 해당 자산에 대한 상각후 환원율보다 낮은 축적이율에 의해 이자가 발생하는 것을 전제한다. 상각자산의 내용연수 만료 후 재투자를 통해 수익력을 유지할 수 없는 광산 등에 적용된다.

3) 연금법

연금법은 상각전 순수익을 상각후 환원율과 상각후 환원율 및 내용연수를 기초로 한 감채기금계수를 더한 상각전 환원율로 환원하여 수익가액을 구하는 방법이다. 연금법은 순수익은 유지되나 상각자산의 가치가 일정액씩 감소하고, 매년의 상각액을 해당 사업이나 유사사업에 재투자한다는 가정에 따라 상각후 환원율과 동일한 이율에 의해 이자가 발생한다는 것을 전제한다. 상각자산의 내용연수 만료 후 재투자를 통해 수익력을 유지할 수 있는 어장 등에 적용된다.

2. 할인현금흐름분석법의 투하자본 회수의 인식 및 처리방법

(1) 할인현금흐름분석법의 투하자본 회수의 인식

할인현금흐름분석법의 경우에는 전형적인 보유기간 이후에 매도하는 것을 가정하며 직접환원법과 달리 부동산의 가치 상승도 고려한다. 따라서 할인현금흐름분석법의 경우에는 기본적으로 기말복귀가액을 통해 투하자본을 회수하며, 부동산의 가치가 하락한 경우에는 매기 순영업소득 중 일부분을 자본회수분에 할당하게 된다.

(2) 할인현금흐름분석법의 투하자본 회수의 처리방법

1) 내부추계법

보유기간 경과 후 초년도의 순수익을 추정하여 최종환원율로 환원하여 재매도가치를 추계하는데, 이러한 내부추계법의 논리는 부동산잔여법으로 대상 부동산의 잔여가치를 구하는 것과 같다.

2) 외부추계법

외부추계법은 가치와 여러 변수의 관계 및 과거의 가치성장률 등을 고려하여 보유기간 말의 복귀가액을 산정하는 방법이다. 여기서 과거의 성장추계로부터 복귀가액을 산정할 경우에는 성장률과 인플레이션의 관계 등에 유의해야 한다.

Ⅳ. 『물음 3』

1. 할인현금흐름분석법의 한계

(1) 할인율 산정 시 불확실성 반영의 주관성

할인현금흐름분석법을 적용하는 경우에는 수익의 변동성은 분자에 반영하며, 수익에 대한 위험 혹은 불확실성은 할인율에 반영하게 된다. 다만, 이러한 위험 혹은 불확실성을 할인율에 반영하게 되면 위험성을 가산하는 과정에서 주관성이 개입될 가능성이 크며, 이는 객관적인 성격의 시장가치를 추계함에 있어서 한계가 발생하게 된다.

(2) 확률적인 개념의 반영 한계

수익환원법의 적용을 통해 구하고자 하는 값은 시장가치이며, 시장가치는 성립될 가능성이 가장 높다고 인정되는 대상물건의 가액으로 확률적인 개념이 포함된 최빈치로 보는 것이 타당하다. 하지만 위험 혹은 불확실성을 분모에 해당하는 할인율에 반영하게 되면, 확률적인 개념의 반영이 어려워 적절한 시장가치를 산정하기 어렵다는 한계가 있다.

2. 극복하는 측면에서 확률적 할인현금흐름분석법

(1) 확률적 할인현금흐름분석법의 의의

확률적 할인현금흐름분석법이란 할인현금흐름분석법의 일종으로 미래환경의 변동성을 변수로 하여 미래의 불확실성을 수익에 반영하는 방식을 통해 가치를 산정하는 감정평가방법을 말한다.

(2) 극복하는 측면에서 확률적 할인현금흐름분석법

1) 할인율 산정 시 무위험률 적용

확률적 할인현금흐름분석법을 적용하는 경우에는 수익의 변동에 수반하는 위험이나 불확실성을 할인율에 반영하는 것이 아니라 분자에 해당하는 수익에 반영한다. 이를 통해서 할인현금흐름분석법에서 발생했던 할인율에 위험을 가산함으로 인해 발생한 주관성을 극복하였다.

2) 확률적인 개념 반영을 통한 구간 표현

확률적 할인현금흐름분석법에서는 수익의 변동성과 이러한 변동성에 수반하는 위험성을 분자 측면에서 모두 반영하여 수익을 구간의 범위로 표시할 수 있게 된다. 시장가치의 개념은 확률적인 개념으로 구간 및 범위로 보는 것이 타당한바, 확률적 할인현금흐름분석법을 통해 확률적인 개념에 부합할 수 있도록 한계를 극복하였다

Ⅴ. 결

수익환원법의 경우에는 수익성 부동산의 증가와 단순 가치추계가 아닌 컨설팅과 같은 비가치추계영역으로 업무가 확대되는 만큼 그 중요성이 증가하고 있다. 하지만 기존의 직접환원법의 한계를 극복한 할인현금흐름분석법의 경우에도 불확실성의 처리 방법으로 인한 한계가 발생하고 있다. 이를 극복하기 위해 동적 DCF와 같은 확률적 할인현금흐름분석법에 대한 도입이 필요하며 실물옵션과 같은 새로운 감정평가방법에 대한 활용도 필요하다 판단된다.

02 감정평가와 관련한 다음 물음에 답하시오. 30점

1) 기준가치의 중요성에 대하여 설명하고, 택지비 목적의 감정평가서에 기재할 기준가치에 대하여 논하시오. 15점

2) 감정평가사 甲은 한국감정평가사협회가 설치·운영하는 감정평가심사위원회의 심사위원으로서 택지비 목적의 감정평가서를 심사하고 있다. 감정평가서에 기재된 공시지가기준법상 그 밖의 요인 보정에 관한 내용은 다음의 표와 같으며, 甲은 심사결과 감정평가서의 보완이 필요하다고 판단하고 있다. 甲의 입장에서 공시지가기준법상 그 밖의 요인 보정에 있어 '지역요인 비교 내용의 적절성'에 대하여 세부 심사의견을 기술하시오. 15점

1) 그 밖의 요인 보정치 산정 방법 : 인근지역 또는 동일수급권 내 유사지역의 가치 형성요인이 유사한 감정평가사례 중 적정한 비교사례를 선정하여 비교사례기준 비교표준지의 감정평가액과 비교표준지 공시지가에 시점수정을 한 가액의 비율을 기준으로 산정함
2) 인근지역 또는 동일수급권 내 유사지역의 택지비 감정평가사례

기호	소재지 및 지번	용도지역	이용상황	도로조건	면적(m^2)	감정평가 단가(원/m^2)	기준시점
㉮	서울특별시 A구 ㄱ동 65	제3종 일반주거	아파트	광대소각	234,000	18,900,000	2022.08.20.
㉯	서울특별시 B구 ㄹ동 10	제3종 일반주거	아파트	광대소각	150,000	21,000,000	2022.09.20.

3) 비교사례의 선정 : 감정평가사례 중 비교표준지(A구 ㄱ동 5)와 지리적으로 근접하고(A구와 B구는 서로 인접함), 토지이용계획 및 감정평가목적이 동일하거나 유사하여 비교가능성이 높은 기호 ㉯를 비교사례로 선정하였음
4) 시점수정치의 산정 : (감정평가서에 기재되어 있으나 생략함)

5) 지역요인의 비교

<table>
<tr><th rowspan="2">조건</th><th rowspan="2">항목</th><th rowspan="2">세항목</th><th colspan="2">격차율</th><th rowspan="2">비교 내용</th></tr>
<tr><th>사례</th><th>표준지</th></tr>
<tr><td rowspan="2">가로조건</td><td rowspan="2">가로의 폭, 구조 등의 상태</td><td>폭, 포장, 보도</td><td rowspan="2">1.00</td><td rowspan="2">1.00</td><td rowspan="2">유사함</td></tr>
<tr><td>계통 및 연속성</td></tr>
<tr><td rowspan="3">접근조건</td><td>도심과의 거리 및 교통시설의 상태</td><td>인근 교통시설의 편의성, 인근 교통시설의 도시중심 접근성</td><td rowspan="3">1.00</td><td rowspan="3">1.20</td><td rowspan="3">표준지는 사례 대비 도시철도와의 거리 및 편익시설 배치 상태에서 우세함</td></tr>
<tr><td>상가의 배치상태</td><td>인근 상가의 편의성, 인근 상가의 품격</td></tr>
<tr><td>공공 및 편익시설의 배치상태</td><td>학교, 공원, 병원, 관공서 등</td></tr>
<tr><td rowspan="6">환경조건</td><td>기상조건, 자연환경</td><td>일조, 온도, 조망, 지반, 지질 등</td><td rowspan="6">1.00</td><td rowspan="6">1.20</td><td rowspan="6">표준지는 사례 대비 조망 및 획지의 상태에서 우세함</td></tr>
<tr><td>사회환경</td><td>거주자의 직업, 학군 등</td></tr>
<tr><td>획지의 상태</td><td>획지의 표준적인 면적, 획지의 정연성, 주변의 이용상황 등</td></tr>
<tr><td>공급 및 처리시설의 상태</td><td>상수도, 하수도, 도시가스 등</td></tr>
<tr><td>위험 및 혐오시설</td><td>변전소 등의 유무, 특별고압선 등의 통과 유무</td></tr>
<tr><td>재해발생 위험성, 공해발생의 정도</td><td>홍수, 절벽붕괴, 소음, 대기오염</td></tr>
<tr><td rowspan="2">행정적 조건</td><td rowspan="2">행정상의 규제정도</td><td>용도지역, 지구, 구역 등</td><td rowspan="2">1.00</td><td rowspan="2">1.00</td><td rowspan="2">유사함</td></tr>
<tr><td>기타 규저</td></tr>
<tr><td>기타조건</td><td>기타</td><td>장래의 동향, 기타</td><td>1.00</td><td>1.00</td><td>유사함</td></tr>
<tr><td colspan="3">합계</td><td>1.00</td><td>1.44</td><td></td></tr>
</table>

6) 개별요인의 비교 : (감정평가서에 기재되어 있으나 생략함)

7) 그 밖의 요인 보정치의 산정 : (감정평가서에 기재되어 있으나 생략함)

1 기출문제 논점분석

Ⅰ. 『물음 1』

전제조건 중 택지비 목적의 감정평가가 제시되었으므로 이러한 감정평가 목적을 반영해주셔야 합니다. 특히나 기준가치를 물어보는 문제의 경우에는 기본적으로 시장가치인지 혹은 시장가치 외의 가치인지에 대한 결론이 반드시 제시되어야 하며 시장가치 외의 가치로 결론을 내는 경우라면 시장가치의 개념요소 중 어느 부분을 누락하는지에 대한 검토가 다양하게 서술되어야 합니다.

Ⅱ. 『물음 2』

난이도가 굉장히 어려운 문제입니다. 이렇게 접근이 어려운 경우에는 직접적인 물음에 관련한 내용만을 중심으로 답안을 구성하시는 게 가장 보수적인 답안입니다. 결국은 '지역요인 비교 내용의 적절성'을 물어보고 있으므로 각각의 지역요인 자체가 적절한지 부적절한지에 대한 결론이 제시되어야 하며 『물음 1』과 동일하게 택지비 감정평가라는 목적은 반영되어야 합니다.

2 예시답안 목차

Ⅰ. 서

Ⅱ. 『물음 1』

1. 기준가치의 의의 및 종류
2. 기준가치의 중요성
   (1) 가치형성요인의 다양성
   (2) 감정평가의 정확성과 안전성 및 의뢰목적에 부응
3. 택지비 목적의 감정평가서에 기재할 기준가치
   (1) 시장가치의 의의
   (2) 시장가치의 개념요소의 의미
      1) 시장가치의 개념요소 중 '통상적인 시장'의 의미
      2) 시장가치의 개념요소 중 '성립될 가능성이 가장 높다고 인정되는 가액'의 의미
   (3) 택지비 목적의 감정평가서에 기재할 기준가치

Ⅲ. 『물음 2』

1. 지역요인의 의의
2. 지역요인의 비교의 적절성
   (1) 가로조건 비교의 적절성
   (2) 접근조건 비교의 적절성
   (3) 환경조건 비교의 적절성

(4) 행정적 조건 비교의 적절성

(5) 기타 조건 비교의 적절성

Ⅳ. 결

3 예시답안

Ⅰ. 서

분양가 상한제란 택지비와 건축비에 업체들의 적정이윤을 고려하여 산정된 분양가격의 이하로 주택의 분양가를 결정하여 공급하는 제도를 말한다. 이는 주거 안정을 위한 정부정책의 일종으로 택지 감정평가에 있어서는 분양가 상한제에 따라 감정평가가 이루어지고 있다. 이하, 이러한 택지비 감정평가와 관련한 물음에 답하고자 한다.

Ⅱ. 『물음 1』

1. 기준가치의 의의 및 종류

기준가치란 감정평가 시 기준이 되는 가치를 말한다(「감정평가에 관한 규칙」 제2조). 「감정평가에 관한 규칙」 제5조에서는 원칙적인 기준가치로 시장가치를 규정하고 있으며, 예외적으로 시장가치 외의 가치를 기준가치로 할 수 있다고 규정하고 있다

2. 기준가치의 중요성

(1) 가치형성요인의 다양성

부동산은 가치형성요인이 복잡・다양하여, 한 가지 가격만 형성되는 것이 아니다. 택지비 감정평가가 이루어지는 분양가 상한제의 경우에는 주거 안정과 같은 정부 정책목적을 달성하기 위한 점들이 반영되며, 이는 일반적 시장원리로 설명하기 어려운 경우가 많아 기준가치가 중요하다.

(2) 감정평가의 정확성과 안전성 및 의뢰목적에 부응

택지비 감정평가 시에는 주거안정과 같은 정부의 정책적인 목적을 고려하여 감정평가를 하여야 한다. 각각의 기준가는 그 성격과 특징이 상이하므로 택지비 감정평가의 위와 같은 목적을 반영하기 위해서는 이에 부합하는 기준가치 확정이 중요하다

3. 택지비 목적의 감정평가서에 기재할 기준가치

(1) 시장가치의 의의

시장가치란 감정평가의 대상이 되는 토지 등이 통상적인 시장에서 충분한 기간 동안 거래를 위하여 공개된 후 그 대상물건의 내용에 정통한 당사자 사이에 신중하고 자발적인 거래가 있을 경우 성립될 가능성이 가장 높다고 인정되는 대상물건의 가액을 말한다. 시장가치 외의 가치란 개념은 없으나, 시장가치의 개념요소를 누락하는 경우 시장가치 외의 가치라 할 수 있다.

(2) 시장가치의 개념요소의 의미

1) 시장가치의 개념요소 중 '통상적인 시장'의 의미

'통상적인 시장'이라 함은 통상 일반인 누구라도 이용할 수 있는 공개된 자유로운 시장을 말한다. 이는 감정인이 상정한 추상적인 시장을 의미하나, 현실에 존재하지 않는 시장을 말하는

것은 아니며 부동산의 특성을 고려한다면 불완전 경쟁시장의 성격을 지닌다고 보는 것이 타당하다.

2) 시장가치의 개념요소 중 '성립될 가능성이 가장 높다고 인정되는 가액'의 의미

'성립될 가능성이 가장 높다고 인정되는 가액'이란 확률적이며 통계적인 내용이 반영된 개념이다. 이러한 통계적인 개념으로는 산술평균과 중위치 및 최빈치가 있으나 일반적으로 최빈치의 개념에 해당하는 것으로 보고 있다.

(3) 택지비 목적의 감정평가서에 기재할 기준가치

택지비 감정평가 시에는 원가법으로 합리성을 검토하며, 분양가 상한제라는 정부의 정책적인 목적을 고려해야 하므로, 일반적인 시장참가자들의 거래관행을 반영하기 어려운 측면이 존재한다. 이는 결국 시장가치의 개념요소 중 하나인 통상적인 시장을 반영한다고 보기 어려우며, 이로 인해 최빈치보다 낮은 가액으로 결정될 것으로 판단되므로 시장가치 외의 가치로 기재해야 한다.

Ⅲ. 『물음 2』

1. 지역요인의 의의

지역요인이란 대상물건이 속한 지역의 가격수준 형성에 영향을 미치는 자연적·사회적·경제적·행정적 요인을 말한다.

2. 지역요인의 비교의 적절성

(1) 가로조건 비교의 적절성

가로조건의 경우에는 해당 택지가 접하고 있는 도로의 상태를 의미하며, 해당 택지에 건설된 아파트에 거주하고 있는 세대수에 의해 필요한 도로의 폭 등이 상이할 수 있다. 예를 들어, 세대수가 많다면 필요한 도로의 폭 역시 넓어야 된다는 점 등을 고려하여 비교해야 한다.

(2) 접근조건 비교의 적절성

택지의 경우에는 주거용 토지라는 점에서 출퇴근을 하기 위한 거주지로 사용되거나 일상생활을 하기 위한 근린생활시설 혹은 공공시설과의 접근성이 중요하다. 다만, 주거용이라는 점에서 주거환경의 쾌적성 역시 중요하므로 접근성이 너무 높은 경우에는 오히려 감가요인으로 작용할 수 있다는 점 역시 고려하여 비교해야 한다.

(3) 환경조건 비교의 적절성

택지의 경우에는 주거용 토지라는 점에서 주거의 쾌적성에 많은 영향을 받는다. 특히 조망과 획지의 상태는 경관이 우수한지 혹은 획지가 정방향이거나 경사도가 높지는 않은지와 같은 점들의 영향을 받는다는 점을 고려하여 비교한 점은 적절하다 판단된다.

(4) 행정적 조건 비교의 적절성

택지의 경우에는 아파트 부지로 활용된다는 점에서 용적률과 같은 행정적인 요인이 중요하며, 이는 용도지역에 따라 허용되는 용적률 범위가 다르므로 이에 대한 확인이 필요하다. 따라서 아파트를 건설할 수 있는 고도나 층수 제한과 같은 규제를 확인하여 격차가 발생하지 않는지 비교해야 한다.

(5) 기타 조건 비교의 적절성

택지비 감정평가는 아파트 용지라는 점과 특히 주거용으로 사용된다는 점을 고려하여, 이러한 부분에 영향을 미칠 수 있는 장래동향을 고려해야 한다. 향후 지하철 공사 계획은 없는지 혹은 쾌적성에 영향을 미칠 수 있는 공원 조성 계획이 있는지와 같은 부분들을 고려하여 비교해야 한다.

Ⅳ. 결

감정평가 시에는 감정평가의 목적에 의해 고려해야 할 기준가치와 가치형성요인이 달라지게 된다. 이러한 가치형성요인은 대상물건의 최종적인 경제적 가치에도 영향을 미치는 만큼 대상물건의 특성과 감정평가 목적을 고려하여 적절한 가치형성요인 비교를 통해 정확한 경제적 가치를 산정해야 할 것이다.

03 담보평가와 관련한 다음 물음에 답하시오. 20점

1) 담보평가를 수행함에 있어 감정평가의 기능과 관련하여 감정평가의 공정성과 독립성이 필요한 이유를 설명하고, 감정평가의 공정성과 독립성을 확보할 수 있는 수단 3개를 제시하시오. 10점

2) 감정평가법인이 담보목적의 감정평가서를 심사함에 있어 심사하는 감정평가사의 역할에 대하여 설명하시오. 10점

1 기출문제 논점분석

Ⅰ. 『물음 1』

감정평가의 공정성과 독립성이 필요한 이유를 물어보고 있으나 그 이유를 감정평가의 기능과 관련해서 물어보고 있다는 점을 주의하셔야 하며 특히 전제조건 중 감정평가 목적으로 담보 감정평가가 제시되었으므로 채권회수의 안정성과 같은 점들이 고려되어야 한다는 점을 누락하시면 안됩니다.

Ⅱ. 『물음 2』

감정평가 심사에 있어서 감정평가사의 역할을 물어보는 문제로 감정평가의 기능을 활용할 수 있으나 『물음 1』과 중복될 수 있으므로 유사한 업무영역인 감정평가 검토의 내용을 활용하여 접근하실 수 있습니다. 특히나 해당 물음의 경우에도 『물음 1』과 동일하게 담보 감정평가라는 감정평가 목적이 제시되었다는 점을 누락해서는 안됩니다.

2 예시답안 목차

Ⅰ. 서

Ⅱ. 『물음 1』

1. 감정평가의 공정성과 독립성이 필요한 이유
   (1) 채권자와 채무자 사이의 자원의 효율적 배분
   (2) 금융기관의 의사결정의 판단기준 제시
   (3) 거래질서의 확립과 유지
   (4) 채권자와 채무자 사이의 파라미터적 기능
2. 감정평가의 공정성과 독립성을 확보할 수 있는 수단 3개
   (1) 감정평가 심사
   (2) 감정평가 검토
   (3) 타당성 조사

Ⅲ. 『물음 2』

1. 보고서 전체를 대상

2. 공정하고 객관적인 업무수행

3. 기준시점 당시의 관점과 시장상황에 근거

4. 평가전제와 평가내용의 확인을 통한 수정보완

Ⅳ. 결

3 예시답안

Ⅰ. 서

담보 감정평가는 담보물에 대한 채권 회수의 안정성 및 환가성을 고려하여야 하며, 채권자 및 채무자의 재산권에 중요한 영향을 미치는 만큼 감정평가에 있어서도 신중을 기해야 한다. 이러한 감정평가 목적으로 인해 담보에 대한 이해가 중요한바, 이하 담보평가와 관련된 물음에 답한다.

Ⅱ. 『물음 1』

1. 감정평가의 공정성과 독립성이 필요한 이유

(1) 채권자와 채무자 사이의 자원의 효율적 배분

담보 감정평가의 경우에는 담보대상 물건에 대한 정확한 경제적 가치를 판정하여, 채권자와 채무자 사이에 자원이 효율적으로 배분될 수 있도록 지원하는 역할을 한다. 만일, 자원이 비효율적으로 배분되는 경우 채무자 혹은 채권자의 재산권에 영향이 갈 수 있다는 점에서 공정성과 독립성이 필요하다.

(2) 금융기관의 의사결정의 판단기준 제시

금융기관의 경우는 담보물에 대한 감정평가의 결과를 통해 대출 진행여부 혹은 대출비율에 대한 판단기준 역할을 수행한다. 즉, 감정평가의 결과를 통해 금융기관의 의사결정의 판단기준을 제시한다는 점에서 공정성과 독립성이 필요하다.

(3) 거래질서의 확립과 유지

감정평가 활동은 부동산의 공정하고 객관적인 가격을 제시함으로써 담보가 합리적이고 능률적으로 수행되도록 할 수 있다. 적정한 담보 감정평가액 제시를 통해 금융 활동에 있어서의 건전성과 대출금액 수준의 적정성 검증을 통해 거래질서의 확립과 유지가 이루어지도록 하기 위해 공정성과 독립성이 필요하다.

(4) 채권자와 채무자 사이의 파라미터적 기능

담보가 진행되는 경우 채권자와 채무자는 감정평가액을 중요한 지표로서 인식하게 되며, 이를 기준점으로 삼아 행동지표로서 의사결정을 이루게 된다. 즉, 감정평가는 담보에 있어서 채권자와 채무자 사이의 파라미터적 기능을 수행한다는 점에서 공정성과 독립성이 필요하다.

2. 감정평가의 공정성과 독립성을 확보할 수 있는 수단 3개

(1) 감정평가 심사

감정평가 심사란 같은 법인의 소속되어 있는 감정평가사가 감정평가서 발급 전에 해당 감정평가서의 적절성을 검증하는 제도를 말한다. 이를 통해 대출이 실행되기 전에 감정평가 금액의 적절성을 검증하여 공정성과 독립성을 확보할 수 있다.

(2) 감정평가 검토

감정평가 검토란 다른 법인에 소속되어 있는 감정평가사가 감정평가서 발급 후에 해당 감정평가서의 적절성을 검증하는 제도를 말한다. 이를 통해 대출이 실행되고 난 후 대출금액의 적절성 여부나 대출금액의 회수 가능성을 검증하여 공정성과 독립성을 확보할 수 있다.

(3) 타당성 조사

타당성 조사란 감정평가서 발급 후 이해관계인 등의 요청에 의해 감정평가서의 적절성을 조사하는 제도를 말한다. 이 역시 담보물건의 적절성이나 감정평가 금액에 기반한 대출금액의 적절성을 검증하여 공정성과 독립성을 확보할 수 있다.

Ⅲ.『물음 2』

1. 보고서 전체를 대상

감정평가 심사는 보고서 전체를 대상으로 하는 것이어야 한다. 평가 보고서의 일부만을 분석하였을 때에는 다른 부분은 심사되지 않았다는 것을 진술해야 한다. 또한, 이 같은 제한적 검토를 근거로 보고서 전체를 판단하게 되면, 이를 기반으로 대출이 실행되었을 경우 문제가 발생할 수 있다는 점을 주의하며 심사해야 한다.

2. 공정하고 객관적인 업무수행

심사평가사는 자신의 의뢰인이나 고용인의 이익을 주장하거나, 자신의 개인적 이익을 도모하여서는 안 된다. 만일 이와 같이 개인적인 관점에서 업무를 수행하였을 경우 채권자 혹은 채무자의 재산권에 영향을 미치며, 이는 향후 채권 회수의 안정성이나 대상물건의 환가성에 있어서 문제가 발생할 수 있다는 점을 주의하며 심사해야 한다.

3. 기준시점 당시의 관점과 시장상황에 근거

평가심사는 평가시점 당시의 관점과 시장상황에 근거하여야 하며, 추후에 발생한 사실을 기준으로 평가보고서를 심사해서는 안 된다. 특히 담보평가의 경우에는 금리의 영향을 많이 받는다는 점에서 평가시점 이후 금리 변경에 대한 발표가 있었는지 등을 고려하며, 평가시점 당시 발생이 확실시되었던 것이 아니라면 반영하지 않아야 함에 주의하며 심사해야 한다.

4. 평가전제와 평가내용의 확인을 통한 수정보완

평가 심사는 감정평가서가 발송되기 이전에 진행되는 것으로 만일 감정평가서의 전제나 내용 혹은 대상물건의 확정에 있어서 제시 외 물건의 처리에 대한 적절성을 확인하여 문제가 될 소지가 있다면 사전에 수정을 요구해야 한다.

Ⅳ. 결

담보평가는 채권자와 채무자의 재산권에 큰 영향을 받는 만큼 정확한 경제적 가치 산정과 이러한 공정성을 확보할 수 있는 다양한 방법이 필요하며, 감정평가서가 발송되기 이전의 감정평가서의 적절성을 확인하는 감정평가 심사와 같은 제도의 강화가 필요하다 판단된다.

04 **다세대주택을 거래사례비교법으로 감정평가하기 위하여 거래사례를 수집하는 경우 거래사례의 요건과 각 요건별 고려사항에 대하여 약술하시오.** 10점

1 기출문제 논점분석

거래사례의 요건과 각 요건별 고려사항은 거래사례비교법과 관련되는 전형적인 일반론입니다. 다만 주의하실 부분은 전제조건과 관련하여 감정평가 대상으로 다세대주택이 제시되었으며 단순히 구분소유건물로서 다세대의 특징만이 아니라 주택이라는 점에서 주거용 부동산의 특징도 반영해주셔야 한다는 점입니다.

2 예시답안 목차

Ⅰ. 서

Ⅱ. 거래사례의 요건

1. 위치적 유사성 및 물적 유사성
2. 시점수정 및 사정보정의 가능성

Ⅲ. 각 요건별 고려사항

1. 위치적 유사성 및 물적 유사성
2. 시점수정 및 사정보정의 가능성

3 예시답안

Ⅰ. 서

거래사례비교법이란 대상물건과 가치형성요인이 같거나 비슷한 물건의 거래사례와 비교하여 대상물건의 현황에 맞게 사정보정, 시점수정, 가치형성요인 비교 등의 과정을 거쳐 대상물건의 가액을 산정하는 감정평가방법을 말한다. 거래사례비교법의 시작은 적절한 거래사례의 선정인 만큼 이에 대한 기준은 중요하다. 이하, 거래사례와 관련된 물음에 답한다.

Ⅱ. 거래사례의 요건

1. 위치적 유사성 및 물적 유사성

① 위치적 유사성은 지역요인의 비교가능성을 의미하는 것으로 인근지역 또는 동일수급권 내의 유사지역에서 거래되는 사례를 수집해야 한다.

② 물적 유사성은 개별요인 비교가능성을 의미하는 것으로 이용상황이나 물리적 및 기능적 상태 등이 유사한 사례를 수집해야 한다.

2. 시점수정 및 사정보정의 가능성

① 기준시점으로 시점수정이 가능한 사례는 거래시점이 분명하여야 하며, 기준시점으로부터 거래시점까지의 가격변동이 있다면 그 차이를 보정할 수 있는 것을 말한다.

② 또한, 거래사정이 정상이라고 인정되는 사례나 정상적인 것으로 보정이 가능한 사례를 수집해야 한다.

Ⅲ. 각 요건별 고려사항

1. 위치적 유사성 및 물적 유사성

① 다세대주택의 경우에는 거래가 빈번하기 이루어진다는 점에서 인근지역 중심에서 사례를 선정하는 것이 적절하다.

② 또한, 다세대라는 점에서 층별·위치별 효용비나 대지권 비율과 같은 점들을 고려해야 하며, 주택이라는 점에서도 편의시설과의 접근성이나 상수도·하수도·도시가스 등 공급 및 처리시설의 상태와 같이 쾌적성에 영향을 미칠 수 있는 요인들도 고려하여야 한다.

2. 시점수정 및 사정보정의 가능성

① 다세대주택은 거래가 빈번하다는 점에서 최근 거래사례를 사용해야 하며, 만일 거래시점과 기준시점의 격차가 있다면 주택매매가격 지수와 같이 대상물건의 가격변동을 반영할 수 있는 지수를 사용해야 한다.

② 추가적으로 다세대주택의 경우는 아파트와 같은 다른 주거용 건물에 비해 개별성이 커서 사정이 개입될 수 있으므로, 사정이 개입되지는 않았는지와 개입되었다면 보정가능성에 대한 판단이 필요하다.

Chapter

03 제33회 기출문제 답안

01 최근 지식재산권에 대한 관심이 높아지면서 지식재산권에 대한 감정평가수요도 증가하고 있다. 지식재산권 감정평가와 관련하여 다음 물음에 답하시오. 40점

1) 감정평가 실무기준상 지식재산권의 개념 및 종류, 가격자료에 대해 설명하시오. 10점

2) 감정평가 3방식의 성립 근거와 각 방식 간의 관계에 대해 설명하시오. 10점

3) 감정평가 실무기준상 감정평가 3방식에 따른 지식재산권의 감정평가방법을 설명하고, 각 방식 적용 시 유의사항에 대해 설명하시오. 20점

1 기출문제 논점분석

Ⅰ. 『물음 1』

실무기준상에 있는 내용을 직접적으로 묻는 문제로 암기형에 해당합니다. 지식재산권의 종류는 특허권, 실용신안권, 디자인권, 상표권, 저작권 등을 설명하고 있습니다. 또한, 가격자료에 대해 암기가 되어 있지 않다면 감정평가 3방식 적용 시 세부적인 절차에서 필요한 자료를 설명하면 됩니다. 예를 들어, 수익환원법에서는 수익산정 및 자본환원율 산정 시 필요한 자료들을 설명하면 됩니다.

Ⅱ. 『물음 2』

A와 B의 관계를 묻는 문제입니다. A와 B에 해당하는 개념을 각각 세분화해야 하며, 감정평가 3방식의 성립 근거와 각 방식인 3방식 사이에 어떤 관련성이 있는지 보여주면 됩니다.

Ⅲ. 『물음 3』

역시 전형적인 암기형 문제입니다. 실무기준상 구체적인 감정평가방법들에 대해서 설명해주면 되고, 다만 지식재산권이라는 특성상 수익환원법을 우선적인 방법으로 먼저 설명해주는 것이 좋습니다.

2 예시답안 목차

Ⅰ. 서

Ⅱ. 『물음 1』

1. 지식재산권의 개념
2. 지식재산권의 종류
3. 지식재산권의 가격자료
   1) 수익환원법 적용 시 가격자료

2) 거래사례비교법 적용 시 가격자료

3) 원가법 적용 시 가격자료

Ⅲ. 『물음 2』

1. 감정평가 3방식의 성립 근거

2. 감정평가 3방식의 성립 근거와 각 방식 간의 관계

1) 수익성의 원리와 수익방식과의 관련성

2) 시장성의 원리와 비교방식과의 관련성

3) 비용성의 원리와 원가방식과의 관련성

Ⅳ. 『물음 3』

1. 감정평가 실무기준상 감정평가 3방식에 따른 지식재산권의 평가방법

1) 수익환원법의 적용

(1) 제1호에 의한 방법

(2) 제2호에 의한 방법

2) 거래사례비교법의 적용

(1) 제1호에 의한 방법

(2) 제2호에 의한 방법

3) 원가법의 적용

(1) 제1호에 의한 방법

(2) 제2호에 의한 방법

2. 각 방식 적용 시 유의사항

1) 수익환원법 적용 시 유의사항

2) 거래사례비교법 적용 시 유의사항

3) 원가법 적용 시 유의사항

Ⅴ. 결

3 예시답안

Ⅰ. 서

현대 시대에는 종래의 유형자산 이외에도 다양한 무형의 권리가 존재한다. 특히 최근에는 산업사회에서 지식사회로 탈바꿈하면서 무형자산의 중요성이 부각되고 있다. 특히 정보화로 대표되는 IT 기술 등의 발달로 특허에 관한 독점적 권리를 주장하게 되며, 이에 따른 분쟁도 점차 증대되는 추세이다. 이하, 지식재산권에 관한 물음에 답한다.

Ⅱ. 『물음 1』

1. 지식재산권의 개념

지식재산권이란 특허권・실용신안권・디자인권・상표권 등 산업재산권 또는 저작권 등 지적창작물에 부여된 재산권에 준하는 권리를 말한다.

2. 지식재산권의 종류

지식재산권의 종류에는 발명 등에 관하여 독점적으로 이용할 수 있는 "특허권"과 실용적인 고안 등에 관하여 독점적으로 이용할 수 있는 "실용신안권", 디자인 등에 관하여 독점적으로 이용할 수 있는 "디자인권", 지정상품에 등록된 상표를 독점적으로 사용할 수 있는 "상표권" 및 저작물에 대하여 저작자가 가지는 "저작권"이 있다.

3. 지식재산권의 가격자료

1) 수익환원법 적용 시 가격자료

지식재산권으로 인한 현금흐름인 절감이 가능한 사용료 또는 증가된 현금흐름 및 지식재산권에 일정비율을 배분하기 위해 필요한 기업의 총이익 등뿐만 아니라, 환원율 및 할인율 자료가 필요하다. 또한, 지식재산권의 기술기여도 산정을 위해 유사 지식재산권의 기술기여도 등에 대한 자료가 필요하다.

2) 거래사례비교법 적용 시 가격자료

유사한 지식재산권에 대한 가격자료가 필요하다. 또한, 실시료율을 산정하기 위하여 해당 지식재산권의 개발비, 특성, 예상수익에 대한 기여도, 실시의 난이도 및 지식재산권의 사용기간에 대한 자료도 필요하다.

3) 원가법 적용 시 가격자료

지식재산권을 새로 취득하기 위해 필요한 예상비용뿐만 아니라, 기능적 감가 등을 산정하기 위한 최신 기술에 대한 파악 자료가 필요하다. 또는, 당초 지식재산권을 취득하기 위해 투입된 비용 및 취득시점부터의 물가변동률에 대한 자료도 필요하다.

Ⅲ. 『물음 2』

1. 감정평가 3방식의 성립 근거

대상물건에서 향후 어느 정도의 수익이 발생할 것인지에 따라 가치가 결정된다는 수익성의 원리, 시장에서 어느 정도의 가격으로 거래되고 있는지에 따라 가치가 결정된다는 시장성의 원리, 대상물건에 어느 정도의 비용이 투입되었는지에 따라 가치가 결정된다는 비용성의 원리가 있다.

2. 감정평가 3방식의 성립 근거와 각 방식 간의 관계

1) 수익성의 원리와 수익방식과의 관련성

지식재산권은 그 사용으로 인하여 추가적인 수익을 얻거나 기존의 비용이 절감되는 효과를 발생시킨다. 이는 지식재산권으로 인한 수익이라고 볼 수 있으므로, 이러한 수익성의 원리를 고려하여 수익환원법을 적용할 수 있다는 관계가 있다.

2) 시장성의 원리와 비교방식과의 관련성

지식재산권은 시장에서 거래가 가능한 재화에 해당한다. 따라서 시장에서의 거래가격을 파악할 수 있고, 이러한 시장성의 원리를 고려하여 거래사례비교법을 적용할 수 있다는 관계가 있다.

3) 비용성의 원리와 원가방식과의 관련성

지식재산권을 개발하기 위해서는 일정한 개발비용이 필요하며, 혹은 취득한 지식재산권이라면 그 취득비용이 존재한다. 즉, 지식재산권을 취득하거나 재생산하기 위하여 필요한 비용을 고려하여 원가법을 적용할 수 있다는 관계가 있다.

Ⅳ. 『물음 3』

1. 감정평가 실무기준상 감정평가 3방식에 따른 지식재산권의 평가방법

1) 수익환원법의 적용

(1) 제1호에 의한 방법

해당 지식재산권으로 인한 현금흐름을 현재가치로 할인하거나 환원하여 산정하는 방법이 있으며, 이때 해당 지식재산권으로 인한 현금흐름은 해당 지식재산권으로 인해 절감 가능한 사용료를 기준으로 산정하는 방법, 해당 지식재산권으로 인해 증가된 현금흐름을 기준으로 산정하는 방법, 기업의 총이익 중에서 해당 지식재산권에 일정비율을 배분하여 현금흐름을 산정하는 방법이 있다.

(2) 제2호에 의한 방법

기업 전체에 대한 영업가치에 해당 지식재산권의 기술기여도를 곱하여 산정하는 방법이 있으며, 이때 기술기여도를 산정하는 방법에는 비슷한 지식재산권의 기술기여도를 해당 지식재산권에 적용하는 방법과 산업기술요소・개별기술강도・기술비중 등을 고려한 기술요소법이 있다.

2) 거래사례비교법의 적용

(1) 제1호에 의한 방법

비슷한 지식재산권의 거래사례와 비교하는 방법이 있으며, 해당 지식재산권의 사용기간, 수익창출능력과 같은 가치형성요인을 비교하는 방법에 해당한다.

(2) 제2호에 의한 방법

매출액이나 영업이익 등에 시장에서 형성되고 있는 실시료율을 곱하여 산정된 현금흐름을 할인하거나 환원하여 산정하는 방법이 있으며, 이때 실시료율의 산정을 위해서는 지식재산권의 개발비, 특성, 예상수익에 대한 기여도, 실시의 난이도 및 지식재산권의 사용기간에 대한 고려가 필요하다.

3) 원가법의 적용

(1) 제1호에 의한 방법

기준시점에서 새로 취득하기 위해 필요한 예상비용에서 감가요인을 파악하고, 그에 해당하는 금액을 공제하는 방법이 있다.

(2) 제2호에 의한 방법

대상 지식재산권을 제작하거나 취득하는 데 들어간 비용을 물가변동률 등에 따라 기준시점으로 수정하는 방법이 있다.

2. 각 방식 적용 시 유의사항

1) 수익환원법 적용 시 유의사항

미래 수익발생의 예측 시 제품의 라이프사이클, 산업환경 등을 종합 고려하여 합리적으로 예측해야 함에 유의한다. 또한, 대상 지식재산권이 가지는 위험을 면밀히 파악하여 위험조정할인율로 반영해야 함에 유의한다.

2) 거래사례비교법 적용 시 유의사항

비교대상이 동일 또는 유사한 지식재산권인지를 확인해야 하며, 사례자료의 가격이 공정한 거래가격인지 점검해야 한다. 또한, 평가대상 지식재산권의 소득흐름이 안정적이지 못하면 이 방법은 회피해야 함에 유의한다.

3) 원가법 적용 시 유의사항

지식재산권과 같은 무형자산은 투하된 비용보다 부가가치를 훨씬 더 많이 발생시킬 수 있으므로 단지 투하된 비용만으로 가치를 결정할 수 없음에 유의한다. 또한, 내용연수를 결정하기 힘들기 때문에 감가상각에 어려움이 있을 수 있다는 점에 유의한다.

Ⅴ. 결

지식재산권은 향후 시장상황을 고려한다면 중요성이 강조된다고 볼 수 있다. 하지만 대부분의 감정평가방식은 부동산에 치우쳐져 있는 바, 새로운 감정평가방법의 적용을 통해 지식재산권에 대한 정확한 시장가치를 추계할 수 있도록 해야 한다고 보인다.

02 **소득접근법에서 자본환원율을 결정하는 방법이다. 다음 물음에 답하시오.** 30점

1) 투자결합법의 2가지 유형을 구분하여 쓰고, 엘우드법을 비교 · 설명하시오. 20점

2) 자본환원율의 조정이 필요한 이유와 조정 방법을 설명하시오. 10점

1 기출문제 논점분석

『물음 1』의 경우는 물리적 투자결합법과 금융적 투자결합법에 대하여 묻는 문제입니다. 또한, 엘우드법과 비교 · 설명하는 경우는 기본적으로 공통점과 차이점으로 구분해서 작성해주는 것이 좋습니다. 공통점은 감정평가 개론 영역에서, 차이점은 구체적인 절차인 감정평가 각론 영역에서 찾아주는 것이 좋습니다.

『물음 2』는 안정근 교수님의 부동산 평가이론에 있는 내용입니다. 다만, 이 내용을 시험장에서 숙지하여 작성하기는 매우 어려웠을 것으로 보입니다. 이런 경우라면 결국 체계도의 내용을 활용하여 작성해야 합니다. 대상물건의 개별성과 시장상황 등을 고려하여 자본환원율 조정이 필요하다는 방향으로 작성해주면 됩니다.

2 예시답안 목차

Ⅰ. 서

Ⅱ. 『물음 1』

1. 투자결합법의 2가지 유형
    1) 물리적 투자결합법
        (1) 의의
        (2) 장점 및 단점
    2) 금융적 투자결합법
        (1) 의의
        (2) 장점 및 단점
2. 엘우드법과의 비교 · 설명
    1) 엘우드법의 의의
    2) 엘우드법과의 공통점
        (1) 부동산의 특성 고려 측면의 공통점
        (2) 수익환원법에 활용 측면의 공통점
    3) 엘우드법과의 차이점
        (1) 보유기간 고려 측면의 차이점
        (2) 부동산 가치 변동 고려 측면의 차이점

Ⅲ. 『물음 2』

1. 자본환원율의 조정이 필요한 이유
   1) 부동산의 개별성 측면
   2) 부동산시장의 변동 측면
   3) 최유효이용의 전제 측면
2. 자본환원율의 조정 방법
   1) 소득증감에 대한 조정
   2) 위험에 대한 조정
   3) 인플레이션에 대한 조정

Ⅳ. 결

3 예시답안

Ⅰ. 서

부동산시장이 자본시장과 통합화가 되어가고 단순 자본소득보다는 임대료와 같은 운영소득에 대한 관심이 증가함에 따라 수익환원법에 대한 적용 필요성 역시 증가하고 있다. 특히 수익환원법은 수익뿐만 아니라 자본환원율의 정확성에 따라 결과가 달라지는 만큼 이에 대한 이해는 중요하다고 볼 수 있다. 이하, 물음에 답한다.

Ⅱ. 『물음 1』

1. 투자결합법의 2가지 유형

1) 물리적 투자결합법

(1) 의의

물리적 투자결합법이란 수익창출능력은 토지와 건물이 서로 다르며 이는 분리될 수 있다는 가정 아래, 전체 부동산가격 중에서 차지하는 토지가격 구성비율에 토지환원이율을 곱하고, 건물가격 구성비율에 건물환원이율을 곱한 다음, 양자를 서로 합하여 종합환원이율을 산정하는 방법이다.

(2) 장점 및 단점

잔여환원법에 대한 논리적 근거를 제공하고 오랫동안 사용되어 왔으나 부동산소득은 전체 부동산이 결합해서 창출되므로, 물리적 구성부분에 따라 나눌 수 없다. 그리고 토지수익률과 건물수익률이 서로 달라지는 부동산은 최유효이용에 있는 것으로 볼 수 없기 때문에 부동산 평가원리에 위배되는 평가기법이라는 비판이 있다.

2) 금융적 투자결합법

(1) 의의

수익성 부동산은 일반적으로 지분투자액과 저당투자액으로 구성되는 것에 근거하는 바, 일반적인 투자행태를 잘 반영하는 이론적이고 실무적인 방법이다. 저당비율에 이자율을 곱하는 Ross 방식과 저당비율에 저당상수를 곱하고, 지분비율에 지분환원율을 곱한 후 이 둘을 합하는 Kazdin 방식이 있다.

(2) 장점 및 단점

저당대부가 일반화되고 자본시장이 고도로 발달한 나라에서는 빈번히 사용되고 있다. 다만 지분형성분, 가치변화분을 미고려하며, 비율에 의해 가중평균한다는 단점이 있다.

2. 엘우드법과의 비교・설명

1) 엘우드법의 의의

자본환원율에 영향을 미치는 요소로 매 기간 동안의 현금흐름, 보유기간 동안의 부동산의 가치 상승 또는 하락, 보유기간 동안의 지분형성분을 고려한다. 지분형성분이란 저당대부에 대한 원금과 이자를 정기적으로 지불함으로 인해서, 기간 말 지분투자자의 몫으로 돌아가는 지분가치의 증분을 의미한다.

2) 엘우드법과의 공통점

(1) 부동산의 특성 고려 측면의 공통점

물리적 투자결합법은 토지와 건물이 서로 개별성을 지니는 재화로 특성이 다르기 때문에 분리하여 고려하며, 금융적 투자결합법과 엘우드법은 부동산이 고가성을 지니는 재화로 타인자본을 활용한다는 점을 반영한다. 즉, 양자는 모두 부동산의 특성을 고려한다는 측면에서 공통점이 있다.

(2) 수익환원법에 활용 측면의 공통점

투자결합법과 엘우드법은 모두 자본환원율을 산정하는 방법에 해당한다. 이는 대상물건에서 산출되는 수익을 환원하는 값으로 수익환원법에 활용된다는 측면에서 공통점이 있다.

3) 엘우드법과의 차이점

(1) 보유기간 고려 측면의 차이점

시장에서 전형적인 투자자는 부동산을 내용연수기간 동안 보유하는 것이 아닌 비교적 짧은 기간 동안 보유한다는 특성을 지닌다. 엘우드법은 투자자의 이러한 보유기간을 고려하지만, 투자결합법은 이러한 점을 고려하지 않는다는 측면에서 차이점이 있다.

(2) 부동산 가치 변동 고려 측면의 차이점

부동산의 가치는 예측 및 변동에 따라 변화한다. 엘우드법에서는 이를 고려하여 부동산의 가치가 상승할지 또는 하락할지 여부에 대한 판단을 하지만, 투자결합법에서는 이러한 점을 고려하지 않는다는 측면에서 차이점이 있다.

Ⅲ. 『물음 2』

1. 자본환원율의 조정이 필요한 이유

1) 부동산의 개별성 측면

감정평가의 대상이 되는 부동산은 개별성을 지니는 특성으로 인해, 각 부동산마다 위험성의 정도가 상이하다. 따라서 각각의 부동산의 개별적인 특성을 반영하여 자본환원율을 산정해야 하므로, 자본환원율의 조정이 필요하다.

2) 부동산시장의 변동 측면

부동산이 거래되는 시장은 경기변동과 같이 확장국면과 수축국면을 반복하여 변화하게 된다. 자본환원율 산정 시 타자산의 수익률 및 금융시장의 환경 등을 고려해야 하므로, 부동산시장의 변동을 반영하기 위해서 자본환원율의 조정이 필요하다.

3) 최유효이용의 전제 측면

감정평가 시에는 최유효이용을 전제로 하여 경제적 가치를 도출하게 되며, 최유효이용에 미달하는 부분은 자본환원율에 반영해야 한다. 즉, 대상물건이 최유효이용에 미달하는 정도에 따라 자본환원율에 반영하기 위해 이에 대한 조정이 필요하다.

＊ 안정근「부동산 평가이론」중 "자본환원율의 조정"

예상되는 순영업소득을 정확하게 추계한다는 것은 부동산평가에 있어 매우 중요한 일임에는 틀림없다. 그러나 부동산평가의 진정한 목적은 순영업소득 자체를 정확히 추계하는 데에 있는 것이 아니라, 대상부동산의 시장가치를 정확하게 추계하는 데에 있다. 순영업소득의 추계는 정확한 시장가치를 추계하기 위한 하나의 과정일 따름이다.

그러나 순영업소득을 아무리 정확하게 추계했다고 하더라도, 자본환원율을 정확하게 추계하지 못하면 그 결과는 왜곡되어 나타난다. 대상부동산의 자본환원율은 전반적인 시장상황뿐만 아니라, 부동산의 종류, 위치, 연수, 소득흐름 등 여러 가지 요인에 의해 영향받고 있다. 그러면 다음과 같은 상황에서 평가사는 자본환원율을 어떻게 조정하는지를 살펴보자.

2. 자본환원율의 조정 방법

1) 소득증감에 대한 조정

순영업소득의 추계치가 동일하다고 하더라도, 앞으로 대상부동산의 소득이 어떻게 될 것인가에 따라 매수자들이 기꺼이 지불하려는 가격은 달라진다. 매수자들은 기대소득이 증가할 가능성이 많은 부동산에 대해서는 기꺼이 높은 가격을 지불하려고 하겠지만, 그렇지 못한 부동산에 대해서는 그러하지 않을 것이다. 바꾸어 말하면, 순영업소득의 추계치가 일정할 경우, 그것이 앞으로 증가할 가능성이 많은 부동산에는 낮은 환원율을, 그렇지 않은 부동산에는 상대적으로 높은 환원율을 적용한다는 것이다.

2) 위험에 대한 조정

부동산가치의 평가는 투자자들이 대상부동산에 어떻게 가치를 부여하는가 하는 투자자들의 시장행태에 근거를 두고 있다. 투자자들은 지역사회의 여러 가지 사실을 토대로 소득추계를 한다. 그리고 예상되는 소득이 얼마나 확실하게 보장될 수 있는가에 대한 판단을 한다. 안정된 소득이 확실하게 보장될 가능성이 많을 경우에는 상대적으로 높은 가격을 지불하지만, 그렇지 않을 경우에는 상대적으로 낮은 가격을 지불한다. 따라서 불확실성이 높은 부동산에는 높은 자본환원율을, 불확실성이 낮은 부동산에는 낮은 자본환원율을 적용한다는 것은 이 같은 투자자들의 시장 행태를 따르는 것이다.

3) 인플레이션에 대한 조정

미래소득을 예측할 경우, 반드시 고려해야 할 요소로 인플레이션이 있다. 소득접근법에서는 인플레이션 문제를 두 가지 방식으로 처리한다. 하나는 인플레이션을 반영하지 않은 순영업소득을 조정하지 않은 자본환원율로 할인하는 것이며, 다른 하나는 예상되는 인플레이션을 반영한 순영업소득을 조정된 자본환원율로 할인하는 것이다.

＊ 해당 내용에 대한 암기가 되어 있지 않은 경우 대처방안

자본환원율의 조정이 필요한 이유와 자본환원에 대한 조정방법을 물어본 부분은 결국 서로 연관이 되는 부분이기 때문입니다. 따라서 만일 구체적인 자본환원율의 조정방법을 모르신다면, 앞의 내용과 연관하여 작성해야 합니다.

예를 들어, 대상부동산의 개별성에 따라 위험성이 높은 자산이라면 환원율을 높게 조정하여야 하며, 부동산 경기변동 상황에 따라 수축국면인 경우 역시 환원율을 높게 조정하여야 합니다. 마지막으로 최유효이용에 미달하는 부동산일수록 환원율 역시 높게 조정되어야 하며, 만일 최유효이용 상태에 있는 부동산이라면 환원율은 낮게 조정되어야 합니다.

Ⅳ. 결

자본환원율은 곧 정확한 시장가치 추계에 영향을 미친다. 다만, 부동산의 개별적인 특성과 부동산이 거래되는 시장환경의 변화에 따라 자본환원율 역시 조정의 필요성이 인정된다. 감정평가 시 추계하는 시장가치는 존재가치로서 이러한 시장환경의 변화를 반영하여 산정되어야 할 것이다.

03 다음 자료를 참고하여 물음에 답하시오. 20점

[자료]

법원감정인인 감정평가사 甲은 손해배상(기) 사건에서 원고가 주장하는 손해액을 구하고 있다. 본 사건 부동산(제2종일반주거지역 〈건폐율 60%, 용적률 200%〉) 매매 당시 매수자인 원고는 부지 내에 차량 2대의 주차가 가능하다는 피고의 주장을 믿고 소유권 이전을 완료하였으나, 부지 내의 공간(공지) 부족으로 현실적으로는 주차가 불가능함을 알게 되었다. 현장조사 결과 대상 건물(연와조)의 외벽과 인접부동산 담장 사이에 공간이 일부 있으나 협소하여 주차가 불가능한 것으로 나타났다. 기준시점 현재 대상 건물은 용적률 110%로 신축 후 50년이 경과하였으나 5년 전 단독주택에서 근린생활시설(사무소)로 용도변경 허가를 받은 후 수선을 하여 경제적 잔존내용연수는 10년인 것으로 판단되었다. 대상부동산의 인근지역은 기존주택지역에서 소규모 사무실로 변화하는 특성을 보이고 있고 현재 건물의 용도(이용상황)에 비추어 차량 2대의 주차공간 확보가 최유효이용에 해당한다고 조사되었다.

1) **이 사안에서 시장자료(market data)를 통하여 손해액을 구하기 위한 감정평가방법과 해당 감정평가방법의 유용성 및 한계점에 대하여 설명하시오.** 10점

2) **만일 『물음 1』에서 시장자료(market data)를 구할 수 없는 경우, 적용 가능한 다른 감정평가방법들에 대하여 설명하고 이러한 접근방식을 따르는 경우 손해액의 상한은 어떻게 판단하는 것이 합리적인지 설명하시오.** 10점

1 기출문제 논점분석

『물음 1』에서는 감정평가방법을 물어보고 있기 때문에 기본적으로는 감정평가 3방식을 생각해야 합니다. 이 경우 "시장자료"에 대한 의미해석에 어려움이 있을 수 있습니다. 다만, 이 경우 해당 문제의 배점과 단순히 감정평가방법이라고 제시했다는 점에서 거래사례로 한정하여 해석하는 것이 적절하다고 보입니다.

『물음 2』에서는 시장자료를 구할 수 없는 경우이므로 나머지 수익방식과 원가방식에 대한 내용을 설명하면 됩니다. 또한, 손해액의 상한은 해당 평가방법의 특징, 〈자료〉에서 주어진 시장상황과 평가목적이 소송목적이라는 점을 고려하여 작성해주면 됩니다.

2 예시답안 목차

Ⅰ. 서

Ⅱ. 『물음 1』

1. 감정평가의 대상인 손해액의 의미
2. 손해액을 구하기 위한 감정평가방법

3. 해당 감정평가방법의 유용성

4. 해당 감정평가방법의 한계점

Ⅲ. 『물음 2』

1. 적용 가능한 다른 감정평가방법들

1) 수익환원법의 적용

2) 원가법의 적용

2. 손해액의 상한은 어떻게 판단하는 것이 합리적인지

1) 대상물건의 특성 및 감정평가방법의 특징 측면

2) 감정평가의 목적 측면

Ⅳ. 결

3 예시답안

Ⅰ. 서

감정평가 3방식은 각각의 성립근거와 장점 및 단점이 존재한다. 특히 사회가 복잡해짐에 따라 하나의 방식으로 정확한 시장가치를 추계하는 것은 점점 어려워지고 있다. 이하에서는, 소송목적의 감정평가와 관련하여 손해배상액 산정을 하는 경우 적절한 감정평가방법 및 그 상한과 관련된 물음에 답하고자 한다.

Ⅱ. 『물음 1』

1. 감정평가의 대상인 손해액의 의미

감정평가 시에는 최유효이용을 전제로 판단해야 하며, 사안의 경우는 최유효이용에 미달됨으로 인해 발생하는 부분이 손해액에 해당한다고 판단된다. 본건의 경우는 차량 2대의 주차공간이 확보되어 있는 상태가 최유효이용에 해당하나, 부지 내의 공간 부족으로 현실적으로 주차가 불가능한 바, 주차공간 2대의 부족으로 인한 차액 부분이 손해액에 해당한다.

2. 손해액을 구하기 위한 감정평가방법

시장자료가 있는 경우라면 거래사례비교법의 적용이 가능하다. 이 경우 차량 2대의 주차공간이 있는 거래사례와 차량 2대의 주차공간이 없는 거래사례를 본건과 비교하여 그 차액을 손해액 산정을 위한 감정평가방법으로 적용할 수 있다.

3. 해당 감정평가방법의 유용성

거래사례가 존재하는 경우라면 가장 설득력이 높은 방법에 해당한다. 특히 대상부동산의 인근지역은 기존주택지역에서 소규모 사무실로 변화하는 특성을 보이고 있으며, 이러한 시장상황에 따른다면 소규모 사무실에 대한 거래사례도 충분할 것으로 판단되므로, 이를 활용하여 시장상황을 반영할 수 있다는 유용성이 있다.

4. 해당 감정평가방법의 한계점

다만, 거래사례비교법은 가치형성요인 비교가 어렵거나 주관이 개입될 수 있다는 한계점이 있다. 특히 본건은 용적률 110%로 다른 부동산과 용적률 차이가 발생할 수 있으며, 신축 후 50년이 경과하였으나 수선을 하여 경제적 잔존내용연수가 10년인 것과 같이 잔가율이 상이할 수 있다는 점에서 가치형성요인 비교 시 어려움이 있다는 한계점이 있다.

Ⅲ. 『물음 2』

1. 적용 가능한 다른 감정평가방법들

1) 수익환원법의 적용

차량 2대의 주차공간이 있는 경우에 받을 수 있는 임대료를 환원한 가액에서 차량 2대의 주차공간이 없는 경우에 받을 수 있는 임대료를 주차공간이 없음으로 인한 위험을 반영한 환원율로 환원한 가액의 차액을 손해액 산정을 위한 감정평가방법으로 적용할 수 있다.

2) 원가법의 적용

차량 2대의 주차공간이 있는 경우에서 주차공간이 없는 경우의 가액을 차감하여 산정할 수 있으며, 이는 결국 2대의 주차공간을 개설하기 위한 비용에 해당할 것이다. 따라서 사안의 경우는 주차공간을 확보하기 위해 필요한 외벽 철거비용 및 인접토지의 합병 비용 등이 포함될 수 있다.

2. 손해액의 상한은 어떻게 판단하는 것이 합리적인지

1) 대상물건의 특성 및 감정평가방법의 특징 측면

본건의 대상물건은 임대료를 받을 수 있는 근린생활시설(사무소)에 해당한다는 점, 원가법의 경우는 투하된 비용을 고려하는 방식이므로 주차공간의 부족으로 인한 수익감소를 반영하기 어려운 특징을 지닌다는 점을 고려한다면, 수익환원법의 적용을 통한 가액을 손해액의 상한으로 결정하는 것이 합리적이라고 판단된다.

2) 감정평가의 목적 측면

다만, 본건의 감정평가 목적은 소송목적의 감정평가이므로, 사법절차의 과정을 거친다는 점에서 어느 일방 당사자의 입장에서만 손해액을 산정해서는 안 될 것이다. 따라서 수익환원법의 적용을 통한 가액을 손해액의 상한으로 보지만, 원가법에 의한 손해액과의 비교를 통해 합리적인 손해액을 산정해야 할 것으로 판단된다.

Ⅳ. 결

감정평가 목적에 따라 적절한 감정평가방법 역시 달라질 수 있다. 특히 소송목적의 감정평가는 사법절차와 연관되어 있다는 점에서 더욱 더 정확한 가치추계가 필요하다. 사안의 경우 역시 대상물건의 특성과 주위 시장환경 등을 종합적으로 고려하여 가장 적절한 감정평가방법에 의한 손해액을 적용해야 할 것으로 판단된다.

04 초과토지(excess land)와 잉여토지(surplus land)의 개념을 쓰고, 판정 시 유의사항에 대하여 설명하시오. 10점

1 기출문제 논점분석

특수상황의 최유효이용 분석과 관련된 내용입니다. 특히 초과토지와 잉여토지를 구분하는 개념은 독립적으로 최유효이용에 할당될 수 있는지 여부이기 때문에 이에 관한 내용은 누락하면 안 됩니다.

2 예시답안 목차

Ⅰ. 서

Ⅱ. 초과토지와 잉여토지의 개념

1. 초과토지의 개념
2. 잉여토지의 개념

Ⅲ. 판정 시 유의사항

1. 초과토지 판정 시 유의사항
2. 잉여토지 판정 시 유의사항

3 예시답안

Ⅰ. 서

최유효이용이란 객관적으로 보아 양식과 통상의 이용능력을 가진 사람이 부동산을 합법적이고 합리적이며 최고최선의 방법으로 이용하는 것을 말한다. 특수상황의 최유효이용 역시 물리적 이용가능성, 법적 허용성, 경제적 타당성 및 최대수익성을 고려해야 하는 바, 이하 초과토지와 잉여토지에 관한 물음에 답한다.

Ⅱ. 초과토지와 잉여토지의 개념

1. 초과토지의 개념

초과토지란 현존 지상개량물에 필요한 적정면적 이상의 토지를 말하며, 건부지와 다른 용도로 분리되어 독립적으로 사용될 수 있으므로 건부지와는 별도로 평가되어야 하는 토지를 말한다.

2. 잉여토지의 개념

잉여토지란 기존 개량물 부지와 독립적으로 분리되어 사용될 수 없고 별도의 최유효이용용도에 사용할 수 없는 토지를 말한다. 비록 대상부지가 필요 이상으로 크다 하더라도 그것이 특정한 용도로 분리되어 사용될 수 있는 경우에는 잉여토지가 아니라 초과토지로 간주된다.

Ⅲ. 판정 시 유의사항

1. 초과토지 판정 시 유의사항

초과토지여부는 지역분석을 통한 표준적 사용과 유사용도 부동산의 시장자료를 토대로 판정된다. 예컨대 오피스빌딩의 주차장이나 학교운동장과 같이 저밀도라도 건부지의 주목적에 적합하게 할당되고 있을 때에는 초과토지에 해당되지 않는다.

2. 잉여토지 판정 시 유의사항

어느 정도의 면적이 초과토지인지, 잉여토지인지는 인근 유사토지의 표준적인 이용상황이나, 건폐율 그리고 도로진입 가능 여부 등에 따라 달리 판정될 수 있으므로 유의하여야 한다. 잉여토지의 경우 정상적 토지보다 낮게 평가되는 것이 당연하나 인접토지와의 합병이 가능한 경우에는 오히려 합병이익이 있을 수 있음에 유의하여야 한다.

＊ 초과토지와 잉여토지의 판정 시 유의사항에 대한 암기가 되어 있지 않은 경우

결국, 초과토지와 잉여토지를 구별하는 기준은 별도의 최유효이용에 할당될 수 있는지 여부로 구별되게 됩니다. 따라서 암기된 사항이 없다면 일반적인 최유효이용 판정 시 유의사항 또는 최유효이용은 표준적 이용의 제약하에 있다는 점을 고려하여 지역분석 시 유의사항 역시 일부 활용이 가능할 것으로 보입니다.

Chapter

04 제32회 기출문제 답안

01 최근 부동산시장에서 경제적, 행정적 환경변화가 나타나고 있다. 다음 물음에 답하시오. 40점

1) 부동산시장을 공간시장과 자산시장으로 구분할 때 두 시장의 관계를 설명하고, 부동산시장의 다른 조건이 동일할 때 시중은행 주택담보대출 이자율의 상승이 주택시장의 공간시장과 자산시장에 미치는 영향을 설명하시오. 20점

2) 양도소득세의 상승이 부동산시장에 미치는 영향에 대해 설명하시오. 10점

3) 3방식에 따른 감정평가를 할 때 부동산 경기변동에 따른 유의사항에 대해 설명하시오. 10점

1 기출문제 논점분석

『물음 1』은 문제에서 공간시장과 자산시장이라는 용어를 사용하고 있는 점 및 주택담보대출 이자율과 같은 금리가 시장에 미치는 영향을 물어본다는 점에서 4사분면 모형을 활용하면 됩니다.

『물음 2』는 가치형성요인 중 행정적 요인에 해당하는 양도소득세가 제시되었고, 부동산시장에 미치는 영향을 물어봤기 때문에 부동산시장의 분류 내용을 활용해서 작성해주면 됩니다.

『물음 3』은 3방식에 따른 감정평가를 할 때 유의사항이므로 원가 · 비교 · 수익방식의 세부적인 절차에 있어서 유의사항을 설명하면 됩니다. 다만, 부동산 경기변동이라는 시장상황이 주어졌기 때문에 확장 · 수축국면을 구분해서 작성해야 합니다.

2 예시답안 목차

Ⅰ. 서

Ⅱ. 『물음 1』

1. 공간시장과 자산시장의 의의

2. 공간시장과 자산시장의 관계

   1) 부동산의 특성 측면에서의 관계

   2) 원본과 과실 측면에서의 관계

   3) 환원율 측면에서의 관계

3. 주택담보대출 이자율의 상승이 시장에 미치는 영향

   1) 경제적 요인으로서 이자율의 의의 및 역할

2) 4사분면 모형의 의의 및 내용

(1) 4사분면 모형의 의의

(2) 4사분면 모형의 내용

3) 이자율의 상승이 자산시장에 미치는 영향

4) 이자율의 상승이 공간시장에 미치는 영향

Ⅲ. 『물음 2』

1. 행정적 요인으로서 양도소득세의 의의

2. 양도소득세의 상승이 부동산시장에 미치는 영향

1) 용도별 시장에 미치는 영향

2) 지역별 시장에 미치는 영향

3) 매매 및 임대차 시장에 미치는 영향

Ⅳ. 『물음 3』

1. 부동산 경기변동의 의의 및 특징

2. 원가방식 적용 시 유의사항

1) 재조달원가 산정 시 유의사항

2) 감가수정액 산정 시 유의사항

3. 비교방식 적용 시 유의사항

1) 거래사례선정 시 유의사항

2) 사정보정 시 유의사항

4. 수익방식 적용 시 유의사항

1) 수익 산정 시 유의사항

2) 자본환원율 산정 시 유의사항

Ⅴ. 결

3 예시답안

Ⅰ. 서

부동산시장이란 매수자와 매도자에 의해 부동산의 교환이 이루어지는 곳으로 수요공급의 조절, 부동산 가격결정, 공간배분, 공간이용패턴의 결정 등을 위해 의도된 상업 활동이 이루어지는 곳으로 정의된다. 부동산은 고가성으로 인해 금융시장과 관련성이 있다. 따라서 이에 대한 이해는 중요한 바, 이하 물음에 답한다.

Ⅱ. 『물음 1』

1. 공간시장과 자산시장의 의의

공간시장은 부동산에 대한 공간사용을 목적으로 하는 시장으로 임대차시장을 의미한다. 반면, 자산시장은 부동산이 거래되는 것을 목적으로 하는 시장으로 매매시장을 의미한다.

2. 공간시장과 자산시장의 관계

1) 부동산의 특성 측면에서의 관계

부동산은 영속성과 병합・분할의 가능성이 있는 재화이다. 즉, 영속성이 있기 때문에 타인에게 임대의 대상이 되며, 병합・분할의 가능성이 있기 때문에 소유권과 사용권을 분리하여 임대를 할 수 있다. 따라서 공간시장과 자산시장은 부동산의 특성으로 인해 분리가 된다는 관계에 있다.

2) 원본과 과실 측면에서의 관계

자산시장에서는 가격이 결정되며, 공간시장에서는 임대료가 결정된다. 즉, 각 시장에서는 교환의 대가인 가격과 용익의 대가인 임대료가 결정되게 되며, 둘은 원본과 과실이라는 특징이 있다는 관계에 있다.

3) 환원율 측면에서의 관계

환원율이란 한 해의 수익을 현재가치로 환산하기 위하여 사용되는 율을 의미한다. 환원율은 자산시장에서 결정되는 가격과 공간시장에서 결정되는 임대료의 일정 비율로 산정되는 바, 양자는 환원율을 매개로 한다는 관계에 있다.

3. 주택담보대출 이자율의 상승이 시장에 미치는 영향

1) 경제적 요인으로서 주택담보대출 이자율의 의의 및 역할

주택담보대출 이자율이란 금리를 의미하며, 금리란 화폐에 대한 수요와 공급을 통해 결정되는 화폐의 가격이다. 이는 부동산과 금융시장을 연결해주는 매개체 역할을 하며, 부동산의 가치에 영향을 미치는 가치형성요인 중 경제적 요인에 해당한다.

2) 4사분면 모형의 의의 및 내용

(1) 4사분면 모형의 의의

4사분면 모형은 부동산시장을 자산시장과 공간시장으로 구분하고 이를 다시 단기시장과 장기시장으로 나누어 전체 부동산시장의 작동을 설명하는 모형이다. 이 모형은 임대료, 자산가격, 신규건설, 공간재고 등의 4개 변수가 어떻게 결정되는지를 보여준다.

(2) 4사분면 모형의 내용

1사분면에서는 공간시장에서 결정되는 임대료를 설명해준다. 2사분면에서는 정해진 임대료를 기준으로 자산가치와 비교하며, 이때 기울기는 환원율을 의미한다. 3사분면은 주어진 부동산의 가격과 건설량의 관계를 보여주며, 4사분면은 공간시장의 임대료와 재고량과 관련하여 장기적 통합이 완성되는 곳이다.

3) 이자율의 상승이 자산시장에 미치는 영향

이자율이 상승하면, 2사분면의 환원율이 상승하게 되고, 이는 기울기를 시계방향으로 움직이게 한다. 이에 따라 주어진 임대료에서 자산가격은 하락하게 되고, 신규 공급량 역시 감소하게 된다.

4) 이자율의 상승이 공간시장에 미치는 영향

건축량이 감소하게 되면, 재고량 역시 감소하게 된다. 이에 따라, 수요에 비해 공급량이 감소하게 되어 임대료가 상승하도록 영향을 미친다.

Ⅲ. 『물음 2』

1. 행정적 요인으로서 양도소득세의 의의

양도소득세란 재산의 소유권을 양도하면서 발생하는 소득에 대해 부과하는 세금을 의미한다. 이는 부동산의 가치에 영향을 미치는 요인 중 행정적 요인에 해당한다.

2. 양도소득세의 상승이 부동산시장에 미치는 영향

1) 용도별 시장에 미치는 영향

양도소득세는 매매거래가 발생하는 경우 영향을 미치게 되며, 일반적으로 주택에 대한 거래가 가장 많기 때문에 주거용, 상업용, 업무용 등으로 구분되는 용도별 시장 중 주거용 시장에 가장 많은 영향을 미칠 것이다. 즉, 주거용 부동산시장의 수요가 가장 많이 감소하도록 영향을 미칠 수 있다.

2) 지역별 시장에 미치는 영향

지역별 시장은 수도권과 비수도권 지역으로 구별이 가능하다. 부동산 거래는 특히 수도권에서 많이 발생하기 때문에 양도소득세 상승은 수도권 시장에 가장 많은 영향을 미칠 것이다. 즉, 수도권 시장의 수요가 가장 많이 감소하도록 영향을 미칠 수 있다.

3) 매매 및 임대차 시장에 미치는 영향

양도소득세는 소유권을 양도하면서 발생하는 소득에 대해 부과한다. 따라서 임대차 시장보다는 소유권이 이전되는 매매 시장에 많은 영향을 미칠 것이다. 즉, 매매 시장의 수요가 감소하도록 영향을 미칠 수 있다.

Ⅳ. 『물음 3』

1. 부동산 경기변동의 의의 및 특징

부동산 경기변동이란 부동산시장이 일정한 주기로 호황과 불황을 반복하며 변동하는 것을 말한다. 이때 확장국면에서는 금리가 낮아져 거래량 및 가격이 상승하게 되고 공실률이 낮아진다. 반면, 수축국면에서는 금리가 높아져 거래량 및 가격이 하락하게 되고 공실률이 높아진다.

2. 원가방식 적용 시 유의사항

1) 재조달원가 산정 시 유의사항

일반적으로 금리가 높아지는 수축국면에서는 물가가 하락하며, 금리가 낮아지는 확장국면에서는 물가가 상승한다. 따라서 재조달원가 고려 시에도 이를 반영하여 확장국면에서는 높게, 수축국면에서는 낮게 산정하여야 함에 유의한다.

2) 감가수정액 산정 시 유의사항

감가수정액 중 경제적 감가액은 시장상황에 의해 영향을 받기 때문에, 확장국면에는 경제적 감가액이 낮게, 수축국면에는 경제적 감가액이 높게 산정될 수 있음에 유의해야 한다. 또한, 각 국면의 상황을 반영하여 관찰감가법을 병용할 수 있음에 유의한다.

3. 비교방식 적용 시 유의사항

1) 거래사례선정 시 유의사항

확장국면에는 거래사례가 많기 때문에, 대상물건과 가치형성요인이 가장 유사한 사례를 선정해야 함에 유의해야 한다. 반면, 수축국면에는 거래사례가 부족하므로 인근지역뿐만 아니라 유사지역 및 동일수급권으로 사례 수집범위를 확장해야 함에 유의한다.

2) 사정보정 시 유의사항

확장국면에는 투기적인 거래가 많아, 높은 가격으로 거래될 가능성이 있음에 유의해야 한다. 반면, 수축국면에서는 급매 가능성이 있어, 정상적인 가격보다 낮은 가격으로 거래될 가능성이 있음에 유의한다.

4. 수익방식 적용 시 유의사항

1) 수익 산정 시 유의사항

확장국면 시에는 현재 발생하는 수익이 일시적인 요인에 의해 초과적인 수익이 발생한 것이 아닌지 즉, 안정적인 수익에 해당하는지 유의해야 한다. 또한, 수축국면 시에는 공실률이 증가하여 수익이 감소할 수 있음에 유의한다.

2) 자본환원율 산정 시 유의사항

자본환원율 산정 시에는 금융시장의 환경뿐만 아니라, 거시경제변수에 대한 종합적 고려가 필요하다. 따라서 확장국면 시에는 자본환원율을 낮게, 수축국면 시에는 위험성을 반영하여 자본환원율을 높게 산정해야 함에 유의한다.

Ⅴ. 결

부동산의 가치는 다양한 가치형성요인의 영향을 받아 형성된다. 또한, 부동산 가치의 이중성으로 인해 부동산시장의 영향도 받게 되는 바, 이에 대한 이해는 중요하다. 따라서 감정평가사는 정확한 경제적 가치의 도출을 위해서 부동산 가치에 영향을 미치는 요인과 부동산시장에 대한 이해가 수반되어야 한다.

02 감정평가법인등은 감정평가관계법규 및 감정평가 실무기준에서 정하는 감정평가의 절차 및 윤리규정을 준수하여 업무를 행하여야 한다. 다음 물음에 답하시오. 30점

1) 감정평가 실무기준상 감정평가의 절차를 설명하시오. 10점

2) 감정평가 실무기준상 감정평가법인등의 윤리를 기본윤리와 업무윤리로 구분하고, 각각의 세부내용에 대해 설명하시오. 20점

1 기출문제 논점분석

『물음 1』처럼 'A를 설명하시오'에 해당하는 문제 유형으로 물어보는 부분에 대해 암기된 내용을 정확하게 쓰는 것이 필요합니다. 특히 문제에서도 "「감정평가 실무기준」"상이라고 물어보고 있으므로, 규정된 감정평가 절차를 그대로 작성해야 합니다. 다만, 배점을 고려한다면 크게 중요하지 않은 절차는 다른 부분의 내용과 묶어서 설명하는 방법도 괜찮습니다.

『물음 2』는 마찬가지로 「감정평가 실무기준」에 규정되어 있는 감정평가법인등의 윤리를 설명하는 문제입니다. 지엽적인 부분이지만, 규정되어 있는 내용이기 때문에 간단한 목차 정도라도 암기해야 하며, 규정의 중요성을 알 수 있는 문제에 해당합니다.

2 예시답안 목차

Ⅰ. 서

Ⅱ. 『물음 1』

1. 기본적 사항의 확정
2. 자료의 검토 및 가치형성요인의 분석
3. 감정평가방식의 선정 및 적용
4. 감정평가액의 결정 및 표시

Ⅲ. 『물음 2』

1. 감정평가 실무기준상 기본윤리
   1) 품위유지
   2) 신의성실
   3) 청렴
   4) 보수기준 준수
2. 감정평가 실무기준상 업무윤리
   1) 의뢰인에 대한 설명 등

2) 불공정한 감정평가 회피

3) 비밀준수 등 타인의 권리 보호

Ⅳ. 결

3 예시답안

Ⅰ. 서

「감정평가 실무기준」에서는 감정평가 절차 및 윤리에 대하여 규정하고 있다. 두 내용은 모두 감정평가의 능률성을 제고하고 정확한 경제적 가치를 도출하는 데 기여한다는 점에서 중요성이 높다고 할 수 있다. 이하, 관련된 물음에 답한다.

Ⅱ. 『물음 1』

1. 기본적 사항의 확정

기본적 사항의 확정이란 평가의 기초가 되는 제반 사항을 확정하는 단계로 의뢰서에 포함되어 확정되어야 할 사항들을 의뢰인과 협의하여 결정하는 절차를 말한다. 「감정평가에 관한 규칙」 제9조에서는 기본적 사항으로 의뢰인, 대상물건, 감정평가 목적, 기준시점, 감정평가조건, 기준가치, 관련 전문가에 대한 자문 또는 용역에 관한 사항, 수수료 및 실비에 관한 사항을 규정하고 있다.

2. 자료의 검토 및 가치형성요인의 분석

자료검토는 수집, 정리된 자료가 대상물건의 평가에 필요하고 충분한 자료인지 또는 대상물건의 특성, 평가목적이나 조건 등에 부합하는 자료인지를 판단하는 절차를 말한다. 가치형성요인의 분석은 수집, 정리, 검토된 자료를 바탕으로 대상물건의 가격형성에 영향을 미치는 제반 가치형성요인을 분석하는 절차를 말한다. 이때 가치형성요인은 일반요인, 지역요인, 개별요인 또는 자연적, 사회적, 경제적, 행정적 요인 등으로 구분하여 살펴볼 수 있다.

3. 감정평가방식의 선정 및 적용

「감정평가에 관한 규칙」 제12조에 따라 원가방식, 비교방식, 수익방식 중에서 원칙적인 감정평가방법을 따르되, 주방법을 따르는 것이 곤란하거나 부적절한 경우 다른 평가방법을 따를 수 있도록 규정하고 있다. 대상물건의 특성에 따라 가장 적절한 방법을 선택해야 한다.

4. 감정평가액의 결정 및 표시

감정평가액의 결정은 감정평가방법의 적용을 통해 선정된 시산가액을 검토하고 조화시켜 최종적인 감정평가액을 결정하는 단계이다. 이후 감정평가액을 표시하는 방법은 하나의 수치로 표시하는 점추정과 범위로 표시하는 구간추정이 가능하다.

Ⅲ. 『물음 2』

1. 감정평가 실무기준상 기본윤리

[감정평가 실무기준]

3.1 품위유지

감정평가업자는 감정평가업무를 수행할 때 전문인으로서 사회에서 요구하는 신뢰에 부응하여 품위 있게 행동하여야 한다.

3.2 신의성실

3.2.1 부당한 감정평가의 금지

감정평가업자는 신의를 좇아 성실히 업무를 수행하여야 하고, 고의나 중대한 과실로 부당한 감정평가를 해서는 아니 된다.

3.2.2 자기계발

감정평가업자는 전문인으로서 사회적 요구에 부응하고 감정평가에 관한 전문지식과 윤리성을 함양하기 위해 지속적으로 노력하여야 한다.

3.2.3 자격증 등의 부당한 사용의 금지

감정평가업자는 자격증·등록증이나 인가증을 타인에게 양도·대여하거나 이를 부당하게 행사해서는 아니 된다.

3.3 청렴

① 감정평가업자는 법 제23조에 따른 수수료와 실비 외에는 어떠한 명목으로도 그 업무와 관련된 대가를 받아서는 아니 된다.

② 감정평가업자는 감정평가 의뢰의 대가로 금품·향응, 보수의 부당한 할인, 그 밖의 이익을 제공하거나 제공하기로 약속하여서는 아니 된다.

3.4 보수기준 준수

감정평가업자는 법 제23조 제2항에 따른 수수료의 요율 및 실비에 관한 기준을 준수하여야 한다.

2. 감정평가 실무기준상 업무윤리

4.1 의뢰인에 대한 설명 등

① 감정평가업자는 감정평가 의뢰를 수임하기 전에 감정평가 목적·감정평가조건·기준시점 및 대상물건 등에 대하여 의뢰인의 의견을 충분히 듣고 의뢰인에게 다음 각 호의 사항을 설명하여야 한다.

1. 대상물건에 대한 감정평가 업무수행의 개요
2. 감정평가 수수료와 실비, 그 밖에 의뢰인에게 부담이 될 내용

② 감정평가업자는 대상물건에 대한 조사 과정에서 의뢰인이 제시한 사항과 다른 내용이 발견된 경우에는 의뢰인에게 이를 설명하고 적절한 조치를 취하여야 한다.

③ 감정평가업자가 감정평가서를 발급할 때나 발급이 이루어진 후 의뢰인의 요청이 있는 경우에는 다음 각 호의 사항을 의뢰인에게 설명하여야 한다.

1. 감정평가액의 산출 과정 및 산출 근거
2. 감정평가 수수료와 실비, 그 밖에 발생한 비용의 산출 근거

3. 감정평가 결과에 대한 이의제기 절차 및 방법
4. 그 밖에 의뢰인이 감정평가 결과에 관해 질의하는 사항

4.2 불공정한 감정평가 회피

① 감정평가업자는 객관적으로 보아 불공정한 감정평가를 할 우려가 있다고 인정되는 대상물건에 대해서는 감정평가를 해서는 아니 된다.

② 불공정한 감정평가의 내용에는 다음 각 호의 사항이 포함된다.
1. 대상물건이 담당 감정평가사 또는 친족의 소유이거나 그 밖에 불공정한 감정평가를 할 우려가 있는 경우
2. 이해관계 등의 이유로 자기가 감정평가하는 것이 타당하지 아니하다고 인정되는 경우

4.3 비밀준수 등 타인의 권리 보호

감정평가업자는 감정평가업무를 수행하면서 알게 된 비밀을 정당한 이유 없이 누설하여서는 아니 된다.

Ⅳ. 결

감정평가 절차와 윤리는 모두 의뢰인 보호 및 정확한 경제적 가치 산정을 위해 필요한 내용들이다. 따라서 감정평가 시에는 이러한 점들에 유의하여 감정평가 절차 및 윤리를 준수해야 할 것이다.

03 **광평수(廣坪數) 토지란 해당 토지가 속해 있는 시장지역에서 일반적으로 사용하는 표준적 규모보다 훨씬 더 크다고 인식되는 토지로서, 최근에 대단위 아파트 단지개발 및 복합용도 개발 등으로 인해 광평수 토지에 대한 감정평가가 증가하고 있다.** 20점

1) 광평수 토지면적이 해당 토지의 가치에 미치는 영향을 감가와 증가로 나누어 설명하시오. 10점

2) 광평수 토지의 최유효이용이 단독이용(Single Use)인 경우 감정평가방법에 대해 설명하시오. 10점

1 기출문제 논점분석

『물음 1』은 A가 가치에 미치는 영향이기 때문에 이론적인 답안구성은 크게 가치발생요인과 가치형성요인에 미치는 영향으로 구별이 가능합니다. 특히 가치에 미치는 영향을 설명하는 경우, 문제에서 주어진 조건이 "광평수(廣坪數) 토지"라는 점과 "최근에 대단위 아파트 단지개발 및 복합용도 개발 등"이 이루어지고 있다는 시장상황을 반영해서 작성해야 할 필요가 있습니다.

『물음 2』는 A의 감정평가방법을 설명하는 경우 대상물건의 특성에 부합하는 방법을 제시해야 합니다. 대상물건은 "광평수(廣坪數) 토지"에 해당하기 때문에 「감정평가에 관한 규칙」 제14조에 따라 원칙적으로 공시지가기준법부터 작성해야 합니다. 또한, 감정평가 3방식으로 제한하지 않았기 때문에 HPM과 같은 새로운 평가방법의 적용 가능성에 대해서도 고려해 볼 수 있습니다.

2 예시답안 목차

Ⅰ. 서

Ⅱ. 『물음 1』

1. 가치형성요인으로서 광평수의 의의
2. 광평수 토지면적이 토지의 가치에 미치는 영향
   1) 가치발생요인에 미치는 영향
      (1) 가치에 미치는 증가요인
      (2) 가치에 미치는 감가요인
   2) 가치형성요인에 미치는 영향
      (1) 가치에 미치는 증가요인
      (2) 가치에 미치는 감가요인

Ⅲ. 『물음 2』

1. 최유효이용이 단독이용인 경우의 의의

2. 광평수(廣坪數) 토지의 감정평가방법

1) 공시지가기준법

2) 거래사례비교법

3) 개발법

4) HPM(헤도닉 가격모형)

Ⅳ. 결

3 예시답안

Ⅰ. 서

감정평가 시 가장 기본적인 평가 대상은 토지에 해당하며, 특히 토지는 면적・지세・지형과 같은 다양한 가치형성요인의 영향을 받게 된다. 최근, 아파트 및 복합용도 개발로 인해 광평수 토지에 대한 관심이 증가하는 바, 이에 대한 이해는 중요하다. 이하, 물음에 답한다.

Ⅱ. 『물음 1』

1. 가치형성요인으로서 광평수의 의의

광평수란 인근지역에서 사용하는 표준적인 면적보다 넓은 것을 의미하며, 이는 가치형성요인 중 자연적 요인에 해당한다고 판단된다.

2. 광평수 토지면적이 토지의 가치에 미치는 영향

1) 가치발생요인에 미치는 영향

(1) 가치에 미치는 증가요인

광평수 토지는 인근의 토지면적보다 크기 때문에 상대적으로 희소하게 되며, 최근에 대단위 아파트 및 복합용도 개발로 인해 유효수요도 증가하고 있다. 따라서 증가요인으로서 가치에 영향을 미친다.

(2) 가치에 미치는 감가요인

유효수요란 부동산에 대한 실질적인 구매능력을 의미하는 것으로 살 의사와 지불능력을 갖춘 수요를 의미한다. 광평수 토지의 경우는 그 면적으로 인해 고가의 부동산에 해당하는 바, 유효수요가 감소할 수 있고 이는 감가요인으로서 가치에 영향을 미친다.

2) 가치형성요인에 미치는 영향

(1) 가치에 미치는 증가요인

광평수 토지는 면적이 다른 토지보다 크기 때문에 아파트 개발이나 복합용도 개발 등 대규모 개발의 영역에서 활용되기가 유용하다. 즉, 규모가 큰 면적은 자연적 요인으로서 가치에 영향을 미친다.

(2) 가치에 미치는 감가요인

광평수 토지는 개발을 하는 과정에 면적 중 일부가 감보가 되기도 하며 개발비용이 많이 투입되기도 한다. 즉, 많은 개발비용은 경제적 요인으로서 가치에 영향을 미친다.

Ⅲ. 『물음 2』

1. 최유효이용이 단독이용인 경우의 의의

일반적으로 특정 토지의 최유효이용은 주위의 용도와 일치하거나 유사한 용도가 되지만, 인근지역의 용도와는 전혀 다른데도 불구하고 최유효이용이 되는 경우가 있는데 이를 단독이용이라 한다.

2. 광평수 토지의 감정평가방법

1) 공시지가기준법

감정평가의 대상이 된 광평수 토지와 면적 등 가치형성요인이 같거나 비슷하여 아파트 혹은 복합용도와 같이 유사한 이용가치를 지닌다고 인정되는 표준지의 공시지가를 기준으로 대상토지의 현황에 맞게 시점수정, 지역요인 및 개별요인 비교, 그 밖의 요인의 보정을 거쳐 대상토지의 가액을 산정할 수 있다.

2) 거래사례비교법

대상 광평수 토지와 면적, 개발가능성 등과 같은 가치형성요인이 같거나 비슷한 물건의 거래사례와 비교하여 대상물건의 현황에 맞게 투기적 거래가능성과 같은 사정보정, 시점수정, 가치형성요인 비교 등의 과정을 거쳐 대상토지의 가액을 산정할 수 있다.

3) 개발법

개발법은 대상획지를 개발하였을 때 예상되는 분양대금에서 개발비용을 제외한 나머지를 대상획지의 시장가치로 평가하는 방법이다. 특히 광평수 토지의 경우 향후 아파트 단지 개발 후 분양수입 혹은 복합용도 개발 이후 발생수익 등을 고려한 뒤 개발비용을 공제하여 대상토지의 가액을 산정할 수 있다.

4) HPM(헤도닉 가격모형)

광평수 토지의 가치에 영향을 미치는 면적, 지형, 지세, 가로조건 등과 같은 다양한 변수를 독립변수로 설정하고, 각 변수들 사이의 상호 관련성을 고려하여 광평수 토지의 가치를 산정할 수 있다.

Ⅳ. 결

광평수 토지에 대한 시장의 관심이 증가함에 따라 감정평가 시 광평수 토지의 가치에 영향을 미치는 다양한 가치형성요인과 적절한 평가방법에 대한 이해가 중요하다. 즉, 정확한 경제적 가치 판정을 위하여 다양한 가치형성요인과 대상물건의 특성에 부합하는 평가방법의 적용이 필요하다.

04 '감정평가심사'와 '감정평가검토'에 대해 비교 · 설명하시오. 10점

1 기출문제 논점분석

원칙적으로는 A와 B를 비교하여 설명하는 것이기 때문에 공통점과 차이점으로 목차를 구분해서 작성해 주는 것이 좋습니다. 다만, 공통점에 대해서 서술하는 경우 너무 일반적인 내용이 되거나, 공통점을 파악하기 어려운 경우에는 차이점을 부각하는 방식의 목차도 활용이 가능합니다.

2 예시답안 목차

Ⅰ. 서

Ⅱ. 감정평가심사와 감정평가검토의 의의

Ⅲ. 감정평가심사와 감정평가검토의 비교

1. 공통점
   1) 목적 측면
   2) 유의사항 측면
2. 차이점
   1) 수행시기 측면
   2) 필수절차 여부 측면

3 예시답안

Ⅰ. 서

감정평가법 제7조에 따른 감정평가서의 심사는 감정평가 과정의 절차에 해당한다. 다만, 이는 감정평가검토와 유사하나 일정한 차이점이 있는 제도라고 볼 수 있다. 이하에서는, 이러한 감정평가심사와 감정평가검토에 대해 비교해보고자 한다.

Ⅱ. 감정평가심사와 감정평가검토의 의의

감정평가심사란 소속 감정평가사가 작성한 감정평가서의 적정성을 법인 소속의 다른 감정평가사가 심사하게 하는 제도를 말하며, 감정평가검토란 다른 감정평가사가 작성한 감정평가서의 타당성을 검증하는 제도를 말한다.

Ⅲ. 감정평가심사와 감정평가검토의 비교

1. 공통점

1) 목적 측면

양자는 모두 정확성과 일관성을 제고하고, 평가사들로 하여금 우수하고 통일된 체계를 갖춘 평가보고서를 작성하게 함으로써 감정평가업계의 발전을 도모하는 데 기여하는 것을 목적으로 한다는 공통점이 있다.

2) 유의사항 측면

공정하고 객관적인 업무수행을 위해서 의뢰인의 이익뿐만 아니라 검토 또는 심사자 개인의 이익을 위해서 이용되어서는 안 된다. 또한, 평가시점의 당시 시장상황과 관점에 근거하여 이루어져야 하지 과거나 미래의 상황을 관점으로 판단해서는 안 된다는 측면에서 공통점이 있다.

2. 차이점

1) 수행시기 측면

감정평가심사는 감정평가서를 의뢰인에게 발급하기 전에 거쳐야 하는 절차에 해당한다. 반면, 감정평가검토는 감정평가서를 발급한 이후에 행하는 절차에 해당한다. 즉, 양자는 수행시기에 있어 감정평가서 발급 전·후라는 차이점이 있다.

2) 필수절차 여부 측면

감정평가심사는 감정평가법 제7조에 따라, 적정성을 다른 감정평가사에게 심사하도록 하고 서명과 날인을 하게 하여야 한다고 규정하여 필수적인 절차에 해당한다. 반면, 감정평가검토의 경우에는 이와 달리 임의적인 절차라는 점에서 차이점이 있다.

Chapter

05 제31회 기출문제 답안

01 감정평가와 관련한 다음의 물음에 답하시오. 40점

1) 감정평가의 개념을 구체적으로 설명하고, 감정평가의 개념에 근거하여 기준가치 확정과 복수 감정평가의 필요성에 관하여 각각 논하시오. 20점

2) 시장가치와 시장가격(거래가격)의 개념을 비교하여 설명하고, 다양한 제도를 통해 시장가격(거래가격)을 수집·분석할 수 있음에도 불구하고 감정평가가 필요한 이유에 관하여 논하시오. 20점

1 기출문제 논점분석

『물음 1』처럼 A를 B에 근거하여 설명하라는 문제유형은 B를 세분화하여 해당 내용을 활용하는 것이 필요합니다. 특히 문제에서 B에 해당하는 "감정평가"의 개념을 설명하라고 하고 있으므로, 여기서 설명한 내용을 가지고 기준가치 확정과 복수 감정평가의 필요성을 설명해야 한다는 점을 주의해야 합니다. 만일, 감정평가의 개념에 근거하지 않고, 일반적인 기준가치 확정과 복수 감정평가의 필요성을 설명하는 경우라면 고득점을 받기에는 어려운 답안지가 됩니다.

『물음 2』처럼 A와 B를 비교하여 설명하는 유형은 우선적으로 공통점과 차이점을 설명해야 하며, 만일 공통점을 찾기 어려운 경우 차선책으로 차이점 위주의 목차로 작성할 수 있습니다. 또한, 감정평가가 필요한 이유를 설명하는 것과 같은 'A를 설명하시오' 유형의 문제는 암기된 내용을 정확하게 작성하면 되지만, 해당 문제에서는 "시장가격을 수집·분석할 수 있음에도 불구하고"라는 시장상황이 주어졌기 때문에 이 부분을 반영해서 설명해야 좋은 점수를 얻을 수 있습니다.

2 예시답안 목차

Ⅰ. 서

Ⅱ. 『물음 1』

1. 감정평가의 개념
   1) "토지 등"의 개념
   2) "경제적 가치"의 개념
   3) "가액"의 개념
2. 감정평가의 개념에 근거한 기준가치 확정의 필요성
   1) 기준가치의 의의 및 종류
   2) 기준가치로서 시장가치의 개념

3) '경제적 가치' 개념에 근거한 기준가치 확정의 필요성

3. 감정평가의 개념에 근거한 복수 감정평가의 필요성

1) 복수 감정평가의 의의

2) '토지 등'의 개념에 근거한 복수 감정평가의 필요성

3) '가액'의 개념에 근거한 복수 감정평가의 필요성

Ⅲ. 『물음 2』

1. 시장가치와 시장가격의 개념

2. 시장가치와 시장가격의 비교

1) 시장가치와 시장가격의 공통점

(1) 시장증거에 기초한 개념의 공통점

(2) 존재적인 성격 측면의 공통점

2) 시장가치와 시장가격의 차이점

(1) 최유효이용 전제 측면의 차이점

(2) 가치의 3면성 측면의 차이점

3. 감정평가가 필요한 이유

1) 합리적 시장의 결여

2) 부동산가격형성의 복잡성 및 변동성

3) 가격형성의 기초

4) 부동산거래의 특수성

Ⅳ. 결

3 예시답안

Ⅰ. 서

감정평가란 토지 등의 경제적 가치를 판정하여 그 결과를 가액으로 표시하는 것을 말한다. 특히 정확한 경제적 가치인 시장가치를 도출하는 것을 목적으로 하기 때문에 이를 위한 다양한 절차가 필요하다. 이하에서는, 이를 위한 기준가치 확정과 복수 감정평가의 필요성을 감정평가의 개념에 근거하여 논하고자 한다.

Ⅱ. 『물음 1』

1. 감정평가의 개념

1) "토지 등"의 개념

토지 등이란 토지 및 그 정착물, 동산, 저작권・산업재산권・어업권・광업권 그 밖에 물권에 준

하는 권리, 공장 및 광업재단 저당법에 따른 공장재단과 광업재단, 입목에 관한 법률에 따른 입목, 자동차 · 건설기계 · 선박 · 항공기 등 관련 법령에 따라 등기하거나 등록하는 재산 및 유가증권 등의 재산과 이들에 관한 소유권 외의 권리를 말한다.

2) "경제적 가치"의 개념

피셔는 가치란 '장래 기대되는 편익을 현재가치로 환원한 값'으로 정의했다. 이는 부동산과 같은 내구재에 대한 가치의 정의로 적합하다. 여기서 장래 기대되는 편익은 단순히 금전적인 것만이 아니라, 비금전적인 것도 포함한다는 사실에 주의해야 한다. 다만, 감정평가 시에는 화폐로 나타낼 수 있는 경제적 가치 판정이 중심이다.

3) "가액"의 개념

가액이란 정상적인 거래에서 거래 자산에 화폐로 지불될 수 있는 금액을 표시한 것으로 사물이 지니고 있는 가치를 의미하거나 매매의 목적으로 주고받는 대가를 의미한다. 즉, 대상물건의 경제적 가치를 판단하는 행위인 감정평가는 대상물건의 총액을 추정하여 그 결과치를 가액으로 표시하는 과정이다.

2. 감정평가의 개념에 근거한 기준가치 확정의 필요성

1) 기준가치의 의의 및 종류

기준가치란 감정평가의 기준이 되는 가치를 말한다. 감정평가에 관한 규칙 제5조에서는 시장가치를 원칙적인 기준가치로 규정하고 있지만, 예외적인 경우 시장가치 외의 가치를 기준으로 결정할 수 있도록 정하고 있다.

2) 기준가치로서 시장가치의 개념

시장가치란 감정평가의 대상이 되는 토지 등이 통상적인 시장에서 충분한 기간 동안 거래를 위하여 공개된 후 그 대상물건의 내용에 정통한 당사자 사이에 신중하고 자발적인 거래가 있을 경우 성립될 가능성이 가장 높다고 인정되는 대상물건의 가액을 말한다.

3) '경제적 가치' 개념에 근거한 기준가치 확정의 필요성

감정평가 시에는 다양한 가치 중에서 화폐로 표현될 수 있는 금전적인 가치인 경제적 가치를 판정하는 것을 목적으로 한다. 경제적 가치를 도출하기 위해서는 시장상황을 반영해야 하기 때문에 감정평가에 관한 규칙 제5조에 따라 원칙적으로 시장가치를 기준가치로 확정하는 것이 필요하다.

3. 감정평가의 개념에 근거한 복수 감정평가의 필요성

1) 복수 감정평가의 의의

복수 감정평가는 둘 이상의 감정평가업자가 평가의 주체가 되어 수행하는 평가를 의미한다. 둘 이상의 평가업자가 대등한 지위에서 행하므로 독립된 2개의 감정평가서와 평가결과가 성립한다는 특징이 있다.

2) '토지 등'의 개념에 근거한 복수 감정평가의 필요성

과거에 토지 및 정착물과 같은 유형자산이 감정평가의 주된 대상이 되었던 것과는 달리, 최근에는 저작권 · 산업재산권과 같은 각종 권리와 유가증권과 같은 무형자산도 감정평가의 대상이 되고 있다. 대상물건이 다양해지는 만큼 감정평가사 혼자 모든 물건의 특징에 대해 알 수 없기 때문에 복수 감정평가를 통해 대상물건의 특징을 파악할 수 있도록 하는 것이 필요하다.

3) '가액'의 개념에 근거한 복수 감정평가의 필요성

가액이란 정상적인 거래를 전제로 하는 개념이다. 하지만 부동산이 거래되는 시장의 불완전성으로 인해 정상적인 거래에 대한 판단이 어려울 수 있다. 또한, 정상적이라는 개념은 주관성이 포함될 수 있기 때문에 다양한 관점을 통해 객관성을 확보할 수 있도록 복수 감정평가가 필요하다.

Ⅲ. 『물음 2』

1. 시장가치와 시장가격의 개념

시장가치란 감정평가의 대상이 되는 토지 등이 통상적인 시장에서 충분한 기간 동안 거래를 위하여 공개된 후 그 대상물건의 내용에 정통한 당사자 사이에 신중하고 자발적인 거래가 있을 경우 성립될 가능성이 가장 높다고 인정되는 대상물건의 가액을 말한다. 반면, 시장가격이란 교환거래에서 매수자와 매도자가 상호 합의한 거래금액을 말한다.

2. 시장가치와 시장가격의 비교

1) 시장가치와 시장가격의 공통점

(1) 시장증거에 기초한 개념의 공통점

시장가치는 시장분석을 통해 시장증거를 수집, 분석하여 도출된 개념이다. 시장가격 역시 매수자와 매도자가 시장증거에 기초해서 의사결정을 한 개념이므로 양자 모두 시장증거에 기초한 개념이라는 공통점이 있다.

(2) 존재적인 성격 측면의 공통점

존재적이라는 개념은 현실의 시장상황을 반영하는 개념이고, 당위적이라는 개념은 현상보다 원인을 중시하는 개념이다. 각 개념은 모두 시장증거에 기초하고 이상적・당위적 시장상황을 전제하거나 규범적 가치판단이 개입되지 않는다는 점에서 존재적인 성격을 지닌다는 공통점이 있다.

2) 시장가치와 시장가격의 차이점

(1) 최유효이용 전제 측면의 차이점

최유효이용이란 객관적으로 보아 양식과 통상의 이용능력을 가진 사람이 부동산을 합법적이고 합리적이며 최고・최선의 방법으로 이용하는 것을 말한다. 시장가치는 최유효이용을 전제로 미달되는 부분을 반영한 개념이지만, 시장가격은 매수자와 매도자의 의사에 따른 것으로 최유효이용을 전제하지 않았다는 점에서 차이점이 있다.

(2) 가치의 3면성 측면의 차이점

시장가치는 시장성・비용성・수익성을 종합・고려하는 감정평가 3방식이 적용된 개념이다. 반면, 시장가격은 매수자와 매도자의 의사결정에 따른 개념으로 시장성만이 반영된 개념이다. 즉, 가치의 3면성 반영 측면에 있어 차이점이 있다.

3. 감정평가가 필요한 이유

1) 합리적 시장의 결여

일반재화는 시장에서 수요와 공급이라는 상호작용에 의하여 가격이 결정된다. 그러나 부동산은 일반재화와는 다른 여러 가지 특성으로 인하여 보편적이고 합리적인 시장이 결여되어 가격형성 메커니즘이 제대로 작동하기 어려운 특성을 가지고 있다. 따라서 시장가격 역시 이러한 한계가 있으므로, 시장가격의 수집·분석 가능성에도 불구하고 감정평가가 필요하다.

2) 부동산가격형성의 복잡성 및 변동성

부동산은 고정성을 갖고 있기 때문에 환경적인 요인에 의하여 많은 영향을 받게 된다. 이에 따라 부동산가격은 복잡하고 다양한 가치형성요인에 의해 가격이 형성된다. 또한, 그러한 요인들이 시시각각 변해감에 따라 부동산가격 또한 항상 변동의 과정에 있게 된다. 하지만 시장가격은 이러한 점들의 반영에 한계가 있으므로, 감정평가가 필요하다.

3) 가격형성의 기초

부동산가격은 본질적으로 시장에서의 수요와 공급의 논리에 의해 형성되는 적정가격의 성립이 어렵게 되고 이는 곧 가격의 본질적인 기능인 시장참가자의 행동지표로서의 기능을 수행할 수 없게 만든다. 하지만 부동산시장에서 결정된 가격은 불완전한 시장에서 결정된 것으로 적절한 행동지표로서 기능을 수행하기 어렵기 때문에 감정평가가 필요하다.

4) 부동산거래의 특수성

부동산은 개별성과 고가성으로 인해 일반재화와 달리 거래당사자 간의 사정개입이 이루어지고 특수한 관계가 형성되며 정보가 비공개된다. 시장가격 역시 이러한 사정개입 가능성이 높기 때문에 정확한 가치를 도출할 수 있는 감정평가가 필요하다.

Ⅳ. 결

감정평가는 경제적 가치를 도출하는 것으로, 부동산시장에서 결정되는 가격과는 그 의미가 다르다. 따라서 부동산거래의 증가로 거래가격이 축적된다 하여도, 시장가격의 한계로 인해 감정평가는 필요하다는 점에 유의하여야 한다.

02 **토지소유자 甲은 공익사업에 토지가 편입되어 보상액 통지를 받았다. 보상액이 낮다고 느낀 甲은 보상액 산정의 기준이 된 감정평가서 내용에 의문이 있어, 보상감정평가를 수행한 감정평가사 乙에게 다음과 같은 질의를 하였다. 이에 관하여 감정평가사 乙의 입장에서 답변을 논하시오.** 30점

1) 감정평가서에는 공시지가기준법을 주방식으로 적용하여 대상토지를 감정평가하였다고 기재되어 있다. 甲은 대상토지의 개별공시지가가 비교표준지 공시지가보다 높음에도 불구하고 개별공시지가를 기준으로 감정평가하지 않은 이유에 관하여 질의하였다. 15점

2) 甲은 비교표준지 공시지가가 시장가격(거래가격)과 비교하여 낮은 수준임을 자료로 제시하면서, 거래사례비교법을 주방식으로 적용하지 않는 이유에 관하여 질의하였다. 15점

1 기출문제 논점분석

『물음 1』은 A의 타당성을 설명하는 문제 유형으로 어려운 편에 속합니다. 다만, 구체적인 대상물건이나 감정평가방법이 주어진 경우에는 감정평가방법의 특징과 같은 "각론" 부분의 내용을 활용해주는 것이 가장 구체적인 근거가 될 수 있습니다. 해당 문제는 "공시지가기준법"이라는 구체적인 감정평가방법이 주어졌다는 점과 정당보상을 목적으로 하는 "보상"평가라는 점을 반영해준다면 훨씬 구체적인 답안이 될 수 있습니다.

『물음 2』의 해당 문제 역시 "거래사례비교법"이라는 구체적인 감정평가방법이 주어졌다는 점과 "보상"이라는 감정평가 목적을 반영하여, 거래사례비교법을 주방식으로 적용하지 않은 이유에 대한 근거를 제시해주면 됩니다.

2 예시답안 목차

Ⅰ. 서

Ⅱ. 『물음 1』

1. 공시지가기준법의 의의
2. 개별공시지가를 기준으로 감정평가하지 않은 이유
   1) 그 밖의 요인 보정 절차 측면에서의 타당성
   2) 최유효이용 전제 여부 측면에서의 타당성
   3) 가치의 3면성 반영 측면에서의 타당성
   4) 정당보상이라는 목적 측면에서의 타당성
   5) 개별공시지가의 산정 측면에서의 타당성

Ⅲ. 『물음 2』

1. 거래사례비교법의 의의

2. 거래사례비교법을 주방식으로 적용하지 않은 이유

   1) 거래사례의 특수성 측면

   2) 배분법 적용의 어려움 측면

   3) 부동산시장의 비공개성 측면

   4) 부동산 경기변동에 따른 거래사례 선정 측면

   5) 감정평가의 기능적인 측면

Ⅳ. 결

3 예시답안

Ⅰ. 서

보상평가란 공공의 필요에 따른 적법한 공권력 행사로 인하여 재산에 가하여진 특별한 희생에 대하여 공평부담의 견지에서 행정주체가 행하는 보상액을 산정하기 위한 것을 말한다. 이는 개발이익배제와 정당한 보상실현과 관련하여 판단이 필요하기 때문에 중요하다. 이하에서는, 보상평가 시 개별공시지가를 기준으로 감정평가하지 않은 이유와 거래사례비교법을 주방식으로 적용하지 않은 이유에 대해 설명하고자 한다.

Ⅱ. 『물음 1』

1. 공시지가기준법의 의의

감정평가의 대상이 된 토지와 가치형성요인이 같거나 비슷하여 유사한 이용가치를 지닌다고 인정되는 표준지의 공시지가를 기준으로 대상토지의 현황에 맞게 시점수정, 지역요인 및 개별요인 비교, 그 밖의 요인의 보정을 거쳐 대상토지의 가액을 산정하는 감정평가방법을 말한다.

2. 개별공시지가를 기준으로 감정평가하지 않은 이유

   1) 그 밖의 요인 보정 절차 측면에서의 타당성

   개별공시지가가 표준지공시지가보다 높다고 하더라도, 공시지가기준법은 시세와의 차이를 보정해주는 그 밖의 요인 보정 절차가 존재한다. 따라서 표준지공시지가가 개별공시지가보다 낮다고 하더라도 그 격차 보정이 가능하기 때문에 공시지가기준법의 적용은 타당하다.

   2) 최유효이용 전제 여부 측면에서의 타당성

   부동산의 가치는 최유효이용을 전제로 형성된다. 표준지공시지가는 감정평가사에 의해 최유효이용을 전제로 평가되지만, 개별공시지가는 시군구청장에 의해 산정된다는 점에서 최유효이용의 전제 여부를 반영하기 어렵다. 즉, 개별공시지가의 적정성 여부를 담보하기 어렵다는 점에서 공시지가기준법의 적용은 타당하다.

3) 가치의 3면성 반영 측면에서의 타당성

부동산의 가치는 비용성, 수익성, 시장성의 3가지 측면이 반영되어 형성된다. 표준지공시지가 산정 시에는 거래사례·임대사례·유사 토지의 조성사례를 고려하여 가치의 3면성이 반영되지만, 개별공시지가는 표준지공시지가에 토지가격비준표에 따른 일정 비율이 적용되어 산정된다는 점에서 이를 반영하기 어렵다. 따라서 공시지가기준법의 적용은 타당하다.

4) 정당보상이라는 목적 측면에서의 타당성

보상평가는 정당보상을 목적으로 하며, 이는 피수용자의 재산권에 대한 완전한 보상을 의미한다. 하지만 최유효이용을 전제로 하지 않고 가치의 3면성이 반영되었다고 보기 어려운 개별공시지가를 통해 보상금을 산정하게 되면 정당보상 목적 달성에 어려움이 있으므로 표준지공시지가의 적용은 타당하다.

5) 개별공시지가의 산정 측면에서의 타당성

개별공시지가는 산정 목적이 과세 및 각종 부담금을 부과하기 위한 것이다. 따라서 정당보상 실현을 위한 보상평가에 활용되는 것은 적절하지 않으므로, 표준지공시지가의 적용은 타당하다.

Ⅲ. 『물음 2』

1. 거래사례비교법의 의의

거래사례비교법이란 대상물건과 가치형성요인이 같거나 비슷한 물건의 거래사례와 비교하여 대상물건의 현황에 맞게 사정보정, 시점수정, 가치형성요인 비교 등의 과정을 거쳐 대상물건의 가액을 산정하는 감정평가방법을 말한다.

2. 거래사례비교법을 주방식으로 적용하지 않은 이유

1) 거래사례의 특수성 측면

거래사례는 부동산의 개별성이라는 자연적인 특성으로 인해 사정이 개입되어 있는 측면이 많다. 즉, 이러한 사례를 정당보상을 목적으로 하는 보상평가에 활용하는 것은 적정하지 않으므로, 거래사례비교법을 주방식으로 적용하지 않은 것은 타당하다.

2) 배분법 적용의 어려움 측면

토지만의 거래사례가 부족하기 때문에 토지와 건물의 일체거래사례에서 토지가격을 배분하게 된다. 하지만 보상이라는 목적상 토지소유자의 협조를 받아 현황 조사를 하는 것에 어려움이 있고, 이에 따라 건물 가치를 판단하여 배분하기 어렵기 때문에 거래사례비교법을 주방식으로 적용하지 않은 것은 타당하다.

3) 부동산시장의 비공개성 측면

부동산 거래가 이루어지는 시장 자체 역시 비공개적이므로, 실제 계약조건 등을 파악하기 어렵고, 이는 거래사례 자체의 적정성을 담보하기 어려운 측면이 있다. 즉, 사례가 거래되는 시장 역시 불완전한 특성으로 인해 거래사례비교법을 주방식으로 적용하지 않은 것은 타당하다.

4) 부동산 경기변동에 따른 거래사례 선정 측면

부동산시장은 시계열적 흐름에 따라 호황과 불황을 반복하게 된다. 특히 불황인 경우는 거래가 줄어들기 때문에, 거래사례 선정 자체가 어렵거나 사례가 없는 경우도 있을 수 있다. 따라서 거래사례비교법을 주방식으로 적용하지 않은 것은 타당하다.

5) 감정평가의 기능적인 측면

감정평가는 손실보상의 적정화라는 정책적인 기능을 수행한다. 즉, 정당보상을 산정하여 국민의 재산권을 보장하며, 시장성이 없는 부동산의 경우에도 보상액 산정에 있어서 기능을 하게 된다. 하지만 거래사례비교법을 시장성이 없는 재화에 적용할 수는 없으므로, 거래사례비교법을 주방식으로 적용하지 않은 것은 타당하다.

Ⅳ. 결

보상평가 시에는 표준지공시지가를 사용함으로 인해 시세와의 차이가 나는 경우 그 밖의 요인 보정 절차를 통해 보정을 하고 있다. 하지만 현행 토지보상법 제70조에서는 이에 관한 명시적인 규정이 없어 향후 법령 개정을 통해 이와 관련한 내용이 추가되어야 할 것으로 판단된다.

> **03** A토지는 ○○재개발사업구역에 소재하고 있다. A토지에 대하여 재개발사업의 절차상 종전자산의 감정평가를 하는 경우와 손실보상(현금청산)을 위한 감정평가를 하는 경우에 다음의 물음에 답하시오. 20점
>
> 1) 각각의 감정평가에 있어 기준시점, 감정평가액의 성격 및 감정평가액 결정 시 고려할 점에 관하여 설명하시오. 10점
>
> 2) 각각의 감정평가에 있어 재개발사업으로 인한 개발이익의 반영 여부에 관하여 설명하시오. 10점

1 기출문제 논점분석

『물음 1』처럼 'A를 설명하시오' 문제 유형은 물어보는 부분에 대한 기본서의 내용을 정확하게 적어주는 것이 필요합니다. 따라서 기준시점, 감정평가액의 성격 및 감정평가액 결정 시 고려할 사항에 대한 암기된 내용을 작성해주면 됩니다. 다만, 대상물건이 "A토지"로 주어졌기 때문에, 이와 무관한 물건에 대한 내용을 작성하는 것은 적절하지 않습니다.

『물음 2』는 종전자산 평가는 조합원 사이의 상대적 균형을 중시하며, 현금청산 평가는 토지보상법을 준용하므로 정당보상을 중시합니다. 따라서 종전자산 평가는 개발이익의 반영이 가능하지만, 균형 있는 배분에 유의하여야 하며, 현금청산 평가는 원칙적으로 해당 사업으로 인한 개발이익은 반영해서는 안 된다는 점을 강조해야 합니다.

2 예시답안 목차

Ⅰ. 서

Ⅱ. 『물음 1』

1. 종전자산 및 현금청산의 감정평가

2. 감정평가에 있어 기준시점

3. 감정평가액의 성격

4. 감정평가액 결정 시 고려할 점

Ⅲ. 『물음 2』

1. 개발이익의 의의

2. 종전자산의 감정평가

   1) 개발이익을 반영하는 경우

   2) 개발이익을 반영하지 않는 경우

3. 현금청산의 감정평가

1) 관련 규정의 내용(「토지보상법」 제67조)

2) 현금청산의 감정평가의 경우

Ⅳ. 결

3 예시답안

Ⅰ. 서

도시정비사업은 다수의 이해관계가 얽혀 있으며 사회경제 전반에 미치는 영향이 상당히 크다. 특히 도시정비사업은 그 절차로 종전자산 및 현금청산의 감정평가를 진행하고 있다. 정확한 가치 추계는 조합원들의 권리의무에도 영향을 미치는 바, 이하 이와 관련된 물음에 답한다.

Ⅱ. 『물음 1』

1. 종전자산 및 현금청산의 감정평가

종전자산 감정평가는 분양대상자별 종전의 토지 또는 건축물에 대한 감정평가를 의미한다. 현금청산 감정평가는 정비사업의 시행을 위해 사업에 참여하지 않는 정비구역 내 토지 등 소유자 소유의 토지 및 건축물의 권원 확보를 위한 감정평가를 말한다.

2. 감정평가에 있어 기준시점

종전자산 감정평가의 경우는 사업시행계획인가고시일을 기준으로 하며, 현금청산 감정평가는 토지보상법을 준용하기 때문에, 토지보상법 제67조에 따라 협의의 경우 계약체결일, 재결의 경우는 수용재결일을 기준으로 한다.

3. 감정평가액의 성격

종전자산 감정평가는 관리처분계획을 수립하기 위하여 조합원들 사이에 분배의 기준이 되는 권리가액을 산정하는 데 주된 목적이 있으므로, 절대적 가격보다 상대적 가격 즉, 조합원 간의 형평성과 가격균형 유지의 성격을 지닌다. 반면, 현금청산 감정평가는 토지보상법이 준용되므로 정당보상 및 개발이익을 배제한 정당한 시가를 산정한다는 성격을 지닌다.

4. 감정평가액 결정 시 고려할 점

종전자산의 평가 시에는 토지보상법 제70조 제5항이 적용되지 않으며, 정비구역의 지정이 해당 공익사업의 시행을 직접 목적으로 하여 가하여진 개별적 제한사항에 해당되므로 그 공법상 제한을 받지 아니하는 상태를 기준으로 하여야 한다. 반면, 현금청산 평가 시에는 토지보상법 제70조 제5항이 적용되며, 「토지보상법」의 규정을 준용하여 평가하므로, 해당 정비사업으로 인한 개발이익을 배제하여 감정평가하여야 한다.

Ⅲ. 『물음 2』

1. 개발이익의 의의

개발이익이란 공공사업 개발에 따라 주변의 지가가 현저히 상승했을 경우 지가상승으로 생기는 이익 부분을 말한다. 정비사업은 토지의 고도이용을 촉진하는 사업으로 이에 따라 용적률 등의 완화 및 용도지역 등의 조정이 수반되므로 개발이익이 발생하게 된다.

2. 종전자산의 감정평가

1) 개발이익을 반영하는 경우

정비사업은 토지 등 소유자 또는 조합이 시행하는 사업이므로, 이로 인한 개발이익은 사업시행자인 토지소유자 또는 조합이 향유하여야 한다는 점에서 개발이익을 반영하여 평가할 수 있다. 다만, 이 경우에도 개발이익을 반영하여 감정평가할 때 개발이익이 합리적이고 균형성 있게 배분되어야 할 것이다.

2) 개발이익을 반영하지 않는 경우

정비사업이 시행되는 경우에는 정상적인 가격격차에 더하여 1필지의 토지에 부여되는 수분양권이 증가함에 따라 이에 따른 예상 기대이익을 목적으로 하는 거래가 증가하게 된다. 하지만 이러한 분양권 프리미엄은 개발이 있을 거래시점 당시 미리 선취하려는 투기적 거래라는 점, 해당 정비사업의 시행으로 인해 가격균형이 왜곡되는 전형적인 사례라는 점에서 이를 감정평가액에 반영할 수는 없을 것이다.

3. 현금청산의 감정평가

1) 관련 규정의 내용

토지보상법 제67조(보상액의 가격시점 등)

① 보상액의 산정은 협의에 의한 경우에는 협의 성립 당시의 가격을, 재결에 의한 경우에는 수용 또는 사용의 재결 당시의 가격을 기준으로 한다.

② 보상액을 산정할 경우에 해당 공익사업으로 인하여 토지 등의 가격이 변동되었을 때에는 이를 고려하지 아니한다.

2) 현금청산의 감정평가의 경우

현금청산 감정평가는 토지보상법을 준용・적용하게 되므로, 해당 정비사업으로 인한 일체의 가격변동을 배제한 가격으로 평가하게 된다. 따라서 재개발사업의 경우 해당 정비사업으로 인한 가격변동분 중 미실현분을 배제하고 가격균형이 유지되는 선에서 현실화・구체화된 부분을 반영하는 종전자산 평가가격과 현금청산 평가가격과는 상이할 수 있다.

Ⅳ. 결

도시정비사업은 조합원 및 다수의 이해관계자가 얽힌 사업인 만큼 그 중요성이 크다고 볼 수 있다. 따라서 감정평가사는 종전자산 및 현금청산에 관한 감정평가 기준을 숙지하여 정확한 경제적 가치를 추계할 수 있도록 유의하여야 한다.

04 「감정평가에 관한 규칙」에는 현황기준 원칙과 그 예외를 규정하고 있다. 예외규정의 내용을 설명하고, 사례를 3개 제시하시오. 10점

1 기출문제 논점분석

조건부 평가와 관련해서 「감정평가에 관한 규칙」 제6조에 있는 내용을 누락하지 않고 적어주면 됩니다. 다만, 시간이나 배점에 여유가 있는 경우에는 「감정평가 실무기준」상 조건부 평가의 내용을 추가적으로 적어주면 됩니다.

또한, A의 사례를 설명하는 문제유형은 단순히 사례만을 제시해서는 좋은 점수를 받을 수 없습니다. 해당 사례가 어떤 점에서 조건부 평가에 해당하는지 조건부 평가가 되기 위한 “요건”을 충족하는지에 대해서 중점적으로 설명해야 합니다.

2 예시답안 목차

Ⅰ. 서

Ⅱ. 조건부 평가의 내용

1. 조건부 평가의 의의 및 요건
2. 조건을 부가하는 경우 검토사항

Ⅲ. 조건부 평가의 사례

1. 법령에 다른 규정이 있는 경우
2. 의뢰인이 요청하는 경우
3. 목적이나 대상물건의 특성에 비추어 필요한 경우
   1) 감정평가의 목적과 관련한 조건부 평가
   2) 대상물건의 특성과 관련한 조건부 평가

3 예시답안

Ⅰ. 서

「감정평가에 관한 규칙」 제6조에서는 현황평가를 원칙으로 규정하고 있으며, 이때 현황평가란 기준시점에서의 대상물건의 이용상황 및 공법상 제한을 받는 상태를 기준으로 하는 평가를 말한다. 다만, 일정한 경우 예외적으로 조건부 평가에 대해 규정하고 있는바, 이에 관한 물음에 답한다.

Ⅱ. 조건부 평가의 내용

1. 조건부 평가의 의의 및 요건

조건부 평가란 기준시점의 가치형성요인 등을 실제와 다르게 가정하거나 특수한 경우로 한정하는 조건을 붙여서 평가하는 것을 말한다. 감정평가법인등은 법령에 다른 규정이 있거나, 의뢰인이 요청하는 경우 또는 감정평가의 목적이나 대상물건의 특성에 비추어 사회통념상 필요하다고 인정되는 경우 조건을 부가할 수 있다.

2. 조건을 부가하는 경우 검토사항

감정평가법인등은 감정평가조건을 붙일 때에는 감정평가조건의 합리성, 적법성 및 실현가능성을 검토하여야 한다. 다만, 법령에 다른 규정이 있어 조건부 평가를 하는 경우에는 그러하지 아니하다. 만일, 검토사항을 충족하지 못할 경우 의뢰를 거부하거나 수임을 철회할 수 있다.

Ⅲ. 조건부 평가의 사례

1. 법령에 다른 규정이 있는 경우

토지보상법이나 개별법 등의 규정에 따라 개발이익을 배제하는 경우가 이에 해당한다. 이는 가격시점 당시 해당 공익사업의 시행으로 인한 개발이익이 가로조건 또는 기타조건 등에 영향을 미치지만, 이를 배제하여 실제와 다르게 가정하여 평가하는 것이므로 조건부 평가에 해당한다.

2. 의뢰인이 요청하는 경우

오염이 된 토지를 오염이 안 된 상태로 평가하는 경우가 이에 해당한다. 이는 기준시점에서 오염된 상태라는 개별요인을 오염이 안 된 상태라는 실제와 다르게 가정하는 경우이므로 조건부 평가에 해당한다.

3. 목적이나 대상물건의 특성에 비추어 필요한 경우

1) 감정평가의 목적과 관련한 조건부 평가

현실적인 이용상황이 구거 또는 도로임에도 불구하고, 국공유지 처분평가에서는 공정성을 위해 실제용도인 도로나 구거가 아닌 용도폐지를 전제로 다르게 가정하여 평가하기 때문에 조건부 평가에 해당한다.

2) 대상물건의 특성과 관련한 조건부 평가

건축허가를 받아 건축이 진행되어 완공이 임박한 건축물이 소재한 토지를 대지로 평가하는 경우 아직 변경되지 않은 지목과 같은 가치형성요인을 실제와 다르게 대지로 전제하여 평가하는 것이므로 조건부 평가에 해당한다.

Chapter 06

제30회 기출문제 답안

01 공기업 A는 소지를 신규취득하고 직접 조성비용을 투입하여 택지를 조성한 후, 선분양방식에 의해 주택공급을 진행하려고 하였다. 그러나 「주택 공급에 관한 규칙」의 변경에 따라 후분양방식으로 주택을 공급하려고 한다. 다음의 물음에 답하시오. 40점

1) 선분양방식으로 진행하려는 시점에서 A사가 조성한 택지의 감정평가방법을 설명하시오. 10점

2) 상기 개발사업을 후분양방식으로 진행하면서 택지에 대한 감정평가를 실시한다고 할 경우, 최유효이용의 관점에서 감정평가방법을 제안하시오. 10점

3) '예상되는 분양대금에서 개발비용을 공제하여 대상획지의 가치를 평가'하는 방법에서 분양대금의 현재가치 산정과 개발비용의 현재가치 산정 시 고려할 점을 설명하시오. 20점

1 출제위원 채점평

본 문제는 후분양제 도입이 논의되는 사회적 이슈를 다루면서도 주어진 정보와 최유효이용의 관점을 고려하여 감정평가사가 객관적이고 과학적이며 논리적으로도 타당하게 토지의 가치를 평가하는 자세와 태도를 가져야 함을 강조하는 문제입니다. 따라서 소지, 조성된 택지, 건축공사가 진행되는 사업부지 등 토지에 집중하여 문제가 요구하는 논점을 충분히 파악하고 핵심적인 내용을 논리적으로 정리하여 설명하는 기술이 요구됩니다. 일부 수험생들이 주택분양방식 자체를 설명하는 데 지나치게 많은 답안분량을 할애한 점은 다소 아쉬움으로 남습니다.

2 기출문제 논점분석

『물음 1』은 선분양방식이라는 생소한 개념이 제시되었지만, 결국은 토지에 대한 감정평가방법을 묻는 문제입니다. 다만, 직접 조성비용을 투입한 택지라는 특성을 반영한다면 조성원가법과 같은 추가적인 감정평가방법도 제시가능하다는 점만 답안지에 반영해주면 됩니다.

『물음 2』는 감정평가방법을 제안하는 문제이지만, "최유효이용"의 관점에서 제시하라는 문제유형에 부합하게 작성해야 합니다. 따라서 최유효이용의 요건인 물리적 이용가능성 · 법적 허용성 · 경제적 타당성 및 최대수익성을 고려해야 하며, 특히 최대수익성이 가장 중요한 요건인 만큼 해당 내용에 대해 강조해주는 것도 좋은 방법입니다.

『물음 3』은 분양대금의 현재가치 산정과 개발비용의 현재가치 산정 시 고려할 점을 설명하는 문제로 개발법과 관련된 내용입니다. 다만, 구체적인 고려사항을 알기 어려운 경우에는 분양대금은 수익이라는 관점에서, 개발비용은 건축비용이라는 관점에서, 현재가치 산정은 할인율 적용이 가능하다는 관점에서 유사한 내용을 활용할 수 있어야 합니다.

3 예시답안 목차

Ⅰ. 서

Ⅱ. 『물음 1』

1. 공시지가기준법
2. 거래사례비교법
3. 조성원가법
4. 개발법

Ⅲ. 『물음 2』

1. 최유효이용
   1) 최유효이용의 의의 및 판단기준
   2) 최유효이용의 분석방법
2. 최유효이용의 관점에서 감정평가방법의 제안
   1) 최유효이용의 분석방법의 관점
   2) 개발법의 제안

Ⅳ. 『물음 3』

1. 분양대금의 현재가치 산정 시 고려할 점
   1) 분양대금 산정 시 고려할 점
      (1) 최근 분양사례 고려
      (2) 장래동향 파악
   2) 현재가치 산정 시 고려할 점
      (1) 타자산의 수익률 검토
      (2) 금융시장의 환경 고려
2. 개발비용의 현재가치 산정 시 고려할 점
   1) 개발비용 산정 시 고려할 점
      (1) 표준적인 개발비용
      (2) 도급방식의 전제
   2) 현재가치 산정 시 고려할 점
      (1) 거시경제변수의 종합적 고려
      (2) 용도・유형에 따른 지역・개별분석

Ⅴ. 결

4 예시답안

Ⅰ. 서

최근 「주택 공급에 관한 규칙」의 변경으로 인해 개발사업에 있어 많은 영향을 미치고 있다. 특히 적정한 토지가치의 산정은 개발사업의 수익성에 영향을 미치는 바 감정평가의 중요성이 크다고 할 수 있다. 이하, 사안과 관련된 토지의 감정평가와 관련한 물음에 답한다.

Ⅱ. 『물음 1』

1. 공시지가기준법

감정평가의 대상이 된 택지와 조성비용·성숙도 정도와 같은 가치형성요인이 같거나 비슷하여 유사한 이용가치를 지닌다고 인정되는 표준지의 공시지가를 기준으로 대상토지의 현황에 맞게 시점수정, 지역요인 및 개별요인 비교, 그 밖의 요인의 보정을 거쳐 대상 택지의 가액을 산정하는 감정평가방법을 말한다.

2. 거래사례비교법

대상택지과 면적·지세·지형·지질과 같은 가치형성요인이 같거나 비슷한 토지의 거래사례와 비교하여 대상택지의 현황에 맞게 사정보정, 시점수정, 가치형성요인 비교 등의 과정을 거쳐 대상토지의 가액을 산정하는 감정평가방법을 말한다.

3. 조성원가법

소지가액에 개발비용을 더하여 조성택지의 가치를 평가하는 방법이다. 주택공급을 진행하기 위한 택지의 개발에 소요되는 용지비, 조성비, 기반시설 설치비와 같은 관련 조성비용을 합산하여 대상토지의 가액을 산정할 수 있다.

4. 개발법

대상획지를 개발하였을 때 예상되는 분양예정가격의 현재가치에서 개발비용의 현재가치를 뺌으로써 가치를 평가하는 방법으로 개발을 전제로 하여 토지의 가치를 평가하는 방법이다. 향후, 주택을 공급함으로 인해 얻게 되는 분양수입에서 주택을 건축하는 데 필요한 건설비용을 차감하여 대상토지의 가액을 산정할 수 있다.

Ⅲ. 『물음 2』

1. 최유효이용

1) 최유효이용의 의의 및 판단기준

최유효이용이란 객관적으로 보아 양식과 통상의 이용능력을 가진 사람이 부동산을 합법적이고 합리적이며 최고최선의 방법으로 이용하는 것을 말한다. 이러한 최유효이용을 판단하기 위해서는 물리적 및 법적 허용 가능성과 경제적 타당성 및 최대수익성을 검토해야 한다.

2) 최유효이용의 분석방법

① 최유효이용을 분석하는 경우에는 나지상정 최유효이용 분석과 개량물의 최유효이용 분석이 있으나 본 건은 택지로 토지만 존재하는 경우이므로 나지상정 최유효이용 분석만 진행한다.

② 나지상정 최유효이용 분석에서는 나지 그대로 두는 경우와 개발을 하는 경우를 상정할 수 있다. 본 건은 후분양방식으로 개발사업을 진행하므로 개발을 하는 경우를 상정하는 것이 타당하다.

2. 최유효이용의 관점에서 감정평가방법의 제안

1) 최유효이용의 분석방법의 관점

본 건은 후분양방식으로 개발사업을 진행하므로 이후에 분양을 진행함으로 인해 분양수입이 발생할 것이며 이를 위한 추가적인 개발비용 등이 발생할 것이다. 따라서 최유효이용으로 파악되는 개발 이후의 용도를 고려할 수 있는 공제방식이나 개발법의 적용이 가능하다고 판단된다.

2) 개발법의 제안

공제방식은 개발사업을 즉시 착수할 수 없는 경우에 적용하는 방법이나 개발법은 즉시 사업을 실시할 수 있는 성숙된 토지를 대상으로 한다. 본 건은 조성비용을 투입한 이후 택지를 조성하여 즉시 사업을 실시할 수 있는 경우로 판단되므로 개발법의 제안이 적절하다.

Ⅳ. 『물음 3』

1. 분양대금의 현재가치 산정 시 고려할 점

1) 분양대금 산정 시 고려할 점

(1) 최근 분양사례 고려

과거의 분양사례의 경우 현실의 분양대금 수준을 적정하게 나타내지 못하는 경우가 있으므로, 최근 계약된 분양사례를 기준으로 분양대금을 산정해야 한다. 즉, 단순히 과거의 분양사례를 그대로 적용하여서는 안 되고 최근 분양사례의 분양대금을 고려해야 한다.

(2) 장래동향 파악

장래 기대되는 분양대금이 기초이므로, 인근지역의 변화, 공공시설의 정비상태 등 분양대금에 영향을 미칠 수 있는 요인들을 예측하여 반영해야 한다는 점을 고려해야 한다.

2) 현재가치 산정 시 고려할 점

(1) 타자산의 수익률 검토

해당 개발사업의 수익률과 대체·경쟁관계에 있는 다른 자산의 수익성과 밀접한 관계를 맺으므로 리츠 수익률, 주식수익률, 회사채수익률, 국공채수익률, 금융상품의 수익률 등을 고려해야 한다.

(2) 금융시장의 환경 고려

금융시장의 상황과 밀접한 관계를 맺으므로 금리추세, 금융정책의 변경 등을 고려해야 한다. 특히 주택공급에 관한 관련 규정들의 변동가능성·분양대금 대출과 관련한 금융정책의 변경 등을 고려해야 한다.

2. 개발비용의 현재가치 산정 시 고려할 점

1) 개발비용 산정 시 고려할 점

(1) 표준적인 개발비용

개발비용을 계상할 때 관련 자료가 부족하고 수집자료가 현실상황을 제대로 반영하지 못한다고 인정되는 경우 등에는 유사한 주택의 개발비용과 같이 시장의 표준적인 개발비용을 적용할 수 있다는 점을 고려해야 한다.

(2) 도급방식의 전제

재조달원가는 자가 건설 여하를 불문하고 도급방식을 전제로 산정한다. 여기서 도급방식이란 당사자 일방(수급인)이 어떤 일을 완성할 것을 약정하고 상대방(도급인)이 그 일의 결과에 대하여 일정한 보수를 지급할 것을 약정함으로써 효력이 발생하는 계약방식을 말한다. 따라서 도급인이 수급인에게 지불하는 수급인의 적정이윤을 포함하여 개발비용을 산정해야 한다.

2) 현재가치 산정 시 고려할 점

(1) 거시경제변수의 종합적 고려

GDP, 소비자물가지수, 생산자물가지수, 환율 등 거시경제적 상황에 따른 부동산시장의 변화요인들은 건축비용과 같은 개발비용에 직·간접적으로 영향을 미치므로 고려해야 한다.

(2) 용도·유형에 따른 지역·개별분석

자본환원율은 부동산의 본질적 특성에 따라 개발대상 부동산인 주택이 속한 지역이 수도권인지 여부와 유형이 오피스텔인지 혹은 아파트인지와 같은 상태 등에 따라 다양하게 나타날 수 있으므로 지역·개별요인분석을 철저히 고려해야 한다.

[경응수 감정평가론 제6판]

분양대금의 현재가치 산정 시 고려할 점

첫째, 단위당 획지의 가격, 단위당 구분소유권 등의 가격은 분양가격이 결정되는 시점(통상적으로 분양계약체결 개시시점 혹은 분양공고시점)에서 결정되는 것이므로 단위당 가격을 평가할 때에는 시점수정을 분양대금 결정시점으로 하여야 한다는 것이다. 즉, 소지가격의 기준시점에서의 단위당 가격과 분양계약 체결시점에서의 단위당 가격이 동일하다는 전제가 없는 한 단위당 가격을 소지가격의 기준시점으로 평가해서는 아니 된다.

둘째, 단위당 분양가격이 결정되었다 하더라도 실제적으로 분양계약이 어느 시점에서 체결되고, 언제 분양대금이 입금되느냐에 따라 현재가치는 달라지게 된다.

셋째, 단위당 분양가격, 흡수율, 분양대금 입금스케줄 등은 상호 밀접한 관련성이 있으므로 그 상호관련성에 주목하여야 할 것이다. 단위당 분양가격이 높다면 흡수율이 낮게 되고, 따라서 분양대금 입금스케줄을 늦춰야 할 것이다. 단위당 분양가격이 낮다면 그 반대의 경우가 성립된다. 또한 단위당 분양가격이 높다면 광고선전비 등 판매비용이 증가하고 또한 고급건축자재 등의 사용으로 개발비용이 상승될 것이다.

넷째, 아파트 등의 부지는 일반적으로 법령상 허용되는 용적률의 높고 낮음에 의해 토지가격이 다르기 때문에 부지의 형상, 도로, 위치관계 등의 조건, 건축법 등에 적합한 건물의 개략설계, 배치 등에 관한 개발계획을 상정하고 이에 따른 사업실시계획을 책정해야 한다.

개발비용의 현재가치 산정 시 고려할 점

첫째, 수급인(도급업자) 적정이윤을 개발비용에 반드시 포함시켜야 한다. 즉, 조성공사, 건축공사는 실제의 방법 여하에 불구하고 도급방식을 상정하여 산정하여야 한다는 것이다. 조성·건축공사 시 도급이냐 자기공사냐에 따라 실제 공사비 지출은 차이가 날 수 있다. 그러나 조성·건축공사를 설사 개발업자가 자기 스스로 하였더라도, 이는 부동산 개발활동에서 행한 것이 아니라 조성·건축공사업의 입장에서 행한 것이므로 분양대금에서 조성·건축공사로 인하여 발생된 부가가치를 제거하기 위하여 도급기준으로 개발비용을 파악하여야 한다.

둘째, 이자비용 및 개발업자이윤은 개발비용에 포함되어서는 안 된다. 분양대금에서 부가된 부가가치 총액을 제거하여 소지가격을 구하기 위해서는 이자비용 및 개발업자이윤을 개발비용에 포함시켜야 하나, 개발법에서는 분양대금 및 개발비용을 시장할인율로 할인함으로써 이자비용 및 개발업자이윤을 개발비용에 포함시키는 것과 동일한 결과를 얻고 있다.

Ⅴ. 결

적절한 토지가치의 산정은 개발사업의 수익성에 영향을 미칠 수 있으므로 중요성이 높다고 할 수 있다. 따라서 감정평가사는 다양한 감정평가방법 중 대상물건의 특성 및 시장상황 등을 고려하여 가장 적절한 평가방법을 적용할 수 있도록 유의해야 한다.

02 시장가치에 대하여 다음의 물음에 답하시오. 30점

1) '성립될 가능성이 가장 많은 가격'이라는 시장가치의 정의가 있다. 이에 대해 설명하시오. 10점

2) 부동산거래에 있어 '최고가격'과 '성립될 가능성이 가장 많은 가격'을 비교 · 설명하시오. 10점

3) 가치이론과 가치추계이론의 관계에 대해 각 학파의 주장내용과 이에 관련된 감정평가 방법별 특징을 설명하시오. 10점

1 출제위원 채점평

본 문제는 기승전결에 입각하여 시장가치에 대한 문제를 이해하고 답안을 작성하는 구성입니다. 『물음 1』에 대한 조건에 대하여 대다수가 잘 기술하였으나 『물음 2』는 최고가격과의 비교 시 『물음 1』과 중복적으로 답안을 구성한 경우가 많았으며 『물음 3』은 가치발생의 논의 배경과 학파 간 가치추계방식의 구분이 올바르지 않게 구성된 경우가 많았습니다.

2 기출문제 논점분석

『물음 1』은 시장가치의 개념요소와 관련된 문제입니다. '성립될 가능성이 가장 많은 가격'은 결국 통계학적인 의미로 최빈치에 해당한다는 점을 설명해주면 무난합니다.

『물음 2』는 아주 이론적인 문제에 해당합니다. 답안작성이 어려울 수 있으나, 감정평가는 결국 "추정"을 하는 작업이라는 점과 그에 따른 구간추정치가 타당할 수 있다는 점 등 기본서에 있는 내용을 활용해서 최소한의 설명을 해주어야 하는 문제입니다.

『물음 3』은 가치추계이론의 기본적인 부분과 관련된 문제입니다. 각 학파가 감정평가 3방식 중 어디와 관련이 있는지, 또한 각각의 3방식은 어떠한 특징을 가지고 있는지, 기본서의 암기된 내용을 중심으로 설명하면 되는 문제입니다.

3 예시답안 목차

Ⅰ. 서

Ⅱ. 『물음 1』

1. 시장가치의 개념
2. '성립될 가능성이 가장 많은 가격'의 정의
   1) 산술평균치
   2) 중위치
   3) 최빈치

Ⅲ. 『물음 2』

1. '최고가격'과 '성립될 가능성이 가장 많은 가격'의 공통점

1) 시장증거에 기초한 가격 측면

2) 가격의 기능적인 측면

2. '최고가격'과 '성립될 가능성이 가장 많은 가격'의 차이점

1) 부동산시장 기능 측면

2) 감정평가액 표시 측면

Ⅳ. 『물음 3』

1. 가치이론과 가치추계이론의 관계에 대한 각 학파의 주장내용

1) 고전학파의 주장내용

2) 한계효용학파의 주장내용

3) 신고전학파의 주장내용

2. 이와 관련된 감정평가방법별 특징

1) 원가방식의 특징

2) 수익방식의 특징

3) 비교방식의 특징

Ⅴ. 결

4 예시답안

Ⅰ. 서

「감정평가에 관한 규칙」 제5조에서는 감정평가 시 시장가치를 원칙적인 기준가치로 하도록 규정하고 있다. 이에 따라, 감정평가 시 시장가치의 중요성이 높다고 할 수 있다. 다만, 시장가치의 개념과 관련하여 견해 대립이 있는 바, 이하 물음에 답한다.

Ⅱ. 『물음 1』

1. 시장가치의 개념

시장가치란 감정평가의 대상이 되는 토지 등이 통상적인 시장에서 충분한 기간 동안 거래를 위하여 공개된 후 그 대상물건의 내용에 정통한 당사자 사이에 신중하고 자발적인 거래가 있을 경우 성립될 가능성이 가장 높다고 인정되는 대상물건의 가액(價額)을 말한다.

2. '성립될 가능성이 가장 많은 가격'의 정의

1) 산술평균치

산술평균은 모든 관측치의 값을 합한 후 그 값을 표본의 수로 나누어 계산한 값이다. 가장 일반적이고 계산하기 쉽다는 장점이 있지만, 극단적인 값이 있으면 측정치가 왜곡될 수 있다는 단점이 있다.

2) 중위치

중위치는 데이터를 가장 낮은 수에서 가장 높은 수로 배열했을 때 그 중간에 위치한 값을 의미한다. 데이터의 극단적인 값에 영향을 받지 않는다는 장점이 있지만, 데이터의 순서정보만 활용되고 구체적인 값은 무시되기에 정보의 손실이 발생한다는 단점이 있다.

3) 최빈치

최빈치는 모든 데이터에서 가장 빈번하게 발생하는 관측치를 말한다. 극단적인 값에 영향을 받지 않고 분포경향을 쉽게 파악하는 장점이 있지만, 자료를 어떻게 묶느냐에 따라 값의 변화가 커서 중심경향치 중에서 가장 안정성이 낮다는 단점이 있다.

Ⅲ. 『물음 2』

1. '최고가격'과 '성립될 가능성이 가장 많은 가격'의 공통점

1) 시장증거에 기초한 가격 측면

양 개념은 모두 시장에서의 매도자와 매수자의 거래관행과 같은 시장증거를 수집 및 분석하여 도출된 개념이다. 따라서 양자는 모두 시장증거에 기초한 가격이라는 공통점이 있다.

2) 가격의 기능적인 측면

양 개념은 모두 시장에서 수요와 공급에 의해 결정되므로 이를 통해 시장참가자들에게 정보를 제공한다. 즉 시장에서 결정된 '최고가격'과 '성립될 가능성이 가장 많은 가격'의 수준이 어느 정도인지를 파악하여 시장참가자들이 거래를 하는 경우 참고 정보로 활용할 수 있다는 공통점이 있다.

2. '최고가격'과 '성립될 가능성이 가장 많은 가격'의 차이점

1) 부동산시장 기능 측면

부동산시장은 수요자와 공급자의 교환을 이루어지게 하는 기능을 수행한다. 하지만 충분한 정보와 지식을 가지고 있는 매수자는 적합한 가격을 제시하지 무조건 높은 가격을 제시하지는 않는다. 따라서 전형적인 매수자들이 제시하는 가격은 '최고가격'이 아닌 '성립될 가능성이 가장 많은 가격'이라는 측면에서 차이점이 있다.

2) 감정평가액의 표시 측면

감정평가액은 점추정치와 구간추정치의 방법으로 표시할 수 있다. 이때 '최고가격'은 하나의 값으로서 점추정치에 해당하는 방법이나, '성립될 가능성이 가장 많은 가격'은 여러 개의 값으로서 구간추정치에 해당한다는 차이점이 있다.

Ⅳ. 『물음 3』

1. 가치이론과 가치추계이론의 관계에 대한 각 학파의 주장내용

1) 고전학파의 주장내용

고전학파 경제학자들은 재화의 가치는 재화의 생산에 투입된 생산요소의 대가로 보고, 생산비가 가치를 결정한다고 주장했다. 즉, 공급과 비용 측면을 강조하였다. 고전학파의 생산비가치설은 감정평가 3방식 중 비용성의 사고인 원가방식의 근거가 되었다는 관계가 있다.

2) 한계효용학파의 주장내용

재화의 가치는 한계효용에 의해 결정되는 것이라고 주장하였다. 한계효용이란 재화를 한 단위 더 소비했을 때 획득되는 효용의 증가분을 의미하며, 한계효용학파는 수요, 시장가격 측면을 중시했다. 한계효용학파의 이론은 감정평가 3방식 중 수익성의 사고인 수익방식의 근거가 되었다는 관계가 있다.

3) 신고전학파의 주장내용

마샬은 가격을 결정하는 수요와 공급은 가위의 양날과 같아서 어느 것도 가치결정에서 도외시될 수 없으며, 단기와 장기라는 시간개념을 도입하여 양 학파의 견해를 조정하였다. 마샬은 단기에서는 시장이나 수요의 힘이 재화의 가치에 영향을 미치지만, 장기에서는 생산비가 가치에 영향을 미친다고 주장했다. 신고전학파의 이론은 감정평가 3방식 중 시장성의 사고인 비교방식의 근거가 되었다는 관계가 있다.

2. 이와 관련된 감정평가방법별 특징

1) 원가방식의 특징

원가방식은 생산비가 많이 투입된 재화일수록 그만큼 시장에서 더 많은 가치와 교환할 수 있다는 것을 전제로 한다. 이러한 원가방식은 건물, 구축물과 같이 소요되는 비용을 명확히 추계할 수 있는 부동산에 적용이 가능하다는 특징이 있다.

2) 수익방식의 특징

수익방식은 효용과 가격과의 상관관계를 파악하는 것으로 재화의 가치는 수요자의 주관적 효용에 의하여 결정된다는 점에서 수익방식의 근거가 되었다. 이러한 수익방식은 안정시장하에서 부동산, 동산에 관계없이 수익이 발생하는 물건이라면 적용이 가능하다는 특징이 있다.

3) 비교방식의 특징

마샬의 가위의 양날이론은 토지의 수요와 공급의 논리를 가능하게 하여 비교방식의 성립근거를 제공할 뿐 아니라, 3방식이론 정립에도 영향을 주었다. 이러한 비교방식은 시장논리에 따라 충분한 매매사례가 있는 경우 모든 종류의 부동산에 적용이 가능하다는 특징이 있다.

Ⅴ. 결

감정평가는 시장가치를 기준가치로 하는 만큼, 이에 대한 이해는 중요하다고 할 수 있다. 특히 감정평가는 다양한 기능을 수행하는바 적정한 경제적 가치의 판정이 중요하다. 따라서 시장가치의 개념에 대한 충분한 이해를 통한 가치를 산정해야 함에 유의해야 한다.

03 감정평가에 관한 규칙에서 감정평가 시 '시장가치기준'을 원칙으로 하되, 예외적인 경우 '시장가치 외의 가치'를 인정하고 있다. 그러나 현행 감정평가에 관한 규칙에서는 '시장가치 외의 가치'에 대한 유형 등의 구체적인 설명이 없어 이를 보완할 필요성이 있다. 감정평가 시 적용할 수 있는 구체적인 '시장가치 외의 가치'에 대해 설명하시오. 20점

1 출제위원 채점평

본 문제는 감정평가 시 예외적인 경우, 시장가치 외의 가치를 적용해야 할 3가지 경우의 설명과 함께 가치유형의 명확한 용어 기술과 설명 그리고 국가별로 논의가 이루어지고 있는 가치유형별 구분이 제시되어야 합니다. 대부분의 수험생들이 예외적인 3가지 경우는 잘 제시하였으나 가치유형의 용어 기술과 국가별 설명이 부족하게 답을 구성하였습니다.

2 기출문제 논점분석

감정평가에 관한 규칙 제5조에서는 명시적인 시장가치 외의 가치에 대해서 규정하고 있지 않습니다. 따라서 해당 문제는 결국 시장가치 외의 가치의 "사례"를 제시하는 문제유형이라고 볼 수 있습니다. 따라서 단순히 시장가치 외의 가치에 해당하는 사례의 개념만 설명하는 것이 아닌, 왜 시장가치 외의 가치에 해당하는지 그 요건에 맞춰서 사례를 제시해야 출제의도에 부합하게 됩니다.

3 예시답안 목차

Ⅰ. 서

Ⅱ. 기준가치로서 시장가치와 시장가치 외의 가치

1. 원칙적인 기준가치로서 시장가치

2. 예외적인 기준가치로서 시장가치 외의 가치

Ⅲ. 시장가치 외의 가치의 사례

1. 법령에 다른 규정이 있는 경우

   1) 보상가치

   2) 과세가치

2. 감정평가 의뢰인이 요청하는 경우

   1) 투자가치

   2) 담보가치

3. 목적이나 대상물건의 특성에 비추어 필요한 경우

1) 청산가치

2) 특수가치

Ⅳ. 결

4 예시답안

Ⅰ. 서

기준가치란 감정평가의 기준이 되는 가치를 의미한다. 감정평가에 관한 규칙 제5조에서는 원칙적인 기준가치로 시장가치를 규정하고 있고, 예외적인 경우 시장가치 외의 가치로 기준가치를 정할 수 있도록 규정하고 있다. 다만, 시장가치 외의 가치에 대한 유형 등의 구체적인 설명이 없다는 문제점이 있는 바, 이하에서 구체적 사례를 설명하고자 한다.

Ⅱ. 기준가치로서 시장가치와 시장가치 외의 가치

1. 원칙적인 기준가치로서 시장가치

시장가치란 감정평가의 대상이 되는 토지 등이 통상적인 시장에서 충분한 기간 동안 거래를 위하여 공개된 후 그 대상물건의 내용에 정통한 당사자 사이에 신중하고 자발적인 거래가 있을 경우 성립될 가능성이 가장 높다고 인정되는 대상물건의 가액을 말한다.

2. 예외적인 기준가치로서 시장가치 외의 가치

법령에 다른 규정이 있는 경우, 감정평가 의뢰인이 요청하는 경우, 감정평가의 목적이나 대상물건의 특성에 비추어 사회통념상 필요하다고 인정되는 경우에는 시장가치 외의 가치를 기준가치로 할 수 있다. 다만, 이 경우 해당 시장가치 외의 가치의 성격과 특징 및 시장가치 외의 가치를 기준으로 하는 감정평가의 합리성 및 적법성을 검토해야 한다. 다만, 법령의 규정에 의하는 경우는 그러하지 아니하다.

Ⅲ. 시장가치 외의 가치의 사례

1. 법령에 다른 규정이 있는 경우

1) 보상가치

보상가치란 공공의 필요에 따른 적법한 행정상의 공권력 행사로 인하여 재산에 가하여진 특별한 희생에 대하여 공평부담의 견지에서 행정주체가 행하는 보상의 기준이 되는 가치를 의미한다. 이는 강제적인 수용에 의한 개념으로 신중하고 자발적인 거래를 전제로 하지 않아, 시장가치 외의 가치에 해당한다.

2) 과세가치

과세가치란 국가나 지방자치단체에서 취득세나 재산세 등의 각종 세금을 부과하는 데 사용되는 기준으로 활용되는 가치로서 관련법규에 의해 구체적인 기준과 절차에 따라 산정된다. 이는 당사자의 정통성이 충족되지 않아, 시장가치 외의 가치에 해당한다.

2. 감정평가 의뢰인이 요청하는 경우

1) 투자가치

특정한 투자자가 특정 투자목적에 대하여 부여하는 투자조건에 따라 투자대상물건이 발휘하게 되는 가치이다. 이는 충분한 기간 동안 거래를 위하여 공개되지 않는다. 즉, 반드시 교환거래를 전제로 하지 않기 때문에 시장가치 외의 가치에 해당한다.

2) 담보가치

담보가치란 은행 등 금융기관에서 해당 물건을 담보로 대출을 실행하기 위해 사용되는 가치를 의미한다. 이는 통상 시장가치에서 선순위담보액이나 보증금 및 『주택임대차보호법』상 최우선변제보증금을 공제하여 산정한다는 점에서 성립될 가능성이 가장 높다고 인정되는 최빈치보다 낮은 값을 지니므로 시장가치 외의 가치에 해당한다.

3. 목적이나 대상물건의 특성에 비추어 필요한 경우

1) 청산가치

청산가치란 청산을 목적으로 일정한 처분계획에 따라 대상물건이 시장에서 매각되었을 때 그 물건의 매매로부터 합리적으로 획득할 수 있을 것으로 인정되는 가치이다. 이는 청산이라는 불리한 상황에서 강제적으로 매각되는 경우를 포함하므로 신중하고 자발적인 거래에 해당하지 않는다는 점에서 시장가치 외의 가치에 해당한다.

2) 특수가치

문화재, 공공시설 등과 같이 일반적으로 시장성이 없는 부동산의 이용 상황을 전제로 경제적 가치를 가상적으로 표시하는 가치이다. 이는 시장성이 없어 통상적인 시장을 전제로 하지 않기 때문에 시장가치 외의 가치에 해당한다.

Ⅳ. 결

다양한 평가 목적과 수요가 존재함에 따라, 다양한 가치를 산정해야 될 필요성이 생기게 되었다. 따라서 평가 목적과 의뢰인의 요청에 따라 정확한 가치를 도출할 수 있도록 다양한 기준가치에 대한 이해가 중요하다고 판단된다.

04 부동산 가격공시와 관련한 '조사 · 평가'와 '조사 · 산정'에 대해 비교 · 설명하시오. 10점

1 출제위원 채점평

본 문제는 조사・평가와 조사・산정을 비교하여 양자 간의 유사점과 차이점을 기술하고 나아가 전문성 판단기준이나 검증 등의 이슈까지 파악하고 있음을 보여줄 것을 요구하는 문제였습니다. 비교적 다루기 쉬운 문제임에도 시간적 배분이 안 되어 놓치거나 급히 답안을 작성한 수험생들이 일부 있었습니다.

2 기출문제 논점분석

조사・평가와 조사・산정을 "비교"하라는 문제 유형이기 때문에 기본적으로는 공통점과 차이점으로 목차를 나눠서 작성해주어야 합니다. 특히 공통점은 찾기 어려울 수 있지만, 양자는 모두 부동산가격공시와 관련된 개념이라는 점에서 부동산공시법의 입법취지 등을 활용한다면 설명할 수 있는 내용이 있습니다.

3 예시답안 목차

Ⅰ. 서

Ⅱ. 조사평가와 조사산정의 공통점

1. 가치의 3면성의 반영
2. 평가목적 측면

Ⅲ. 조사평가와 조사산정의 차이점

1. 평가대상 측면
2. 평가주체 측면

4 예시답안

Ⅰ. 서

부동산공시법에서는 적정가격의 산정을 위하여 다양한 규정을 두고 있다. 다만, 대상물건마다 조사평가와 조사산정을 구분하여 규정하고 있는데, 이하에서는 양자 개념의 공통점과 차이점을 통해 비교하고자 한다.

Ⅱ. 조사평가와 조사산정의 공통점

1. 가치의 3면성의 반영

조사・평가와 조사・산정 시에는 인근 유사 토지, 단독・공동주택의 거래가격, 임대료 및 유사한 이용가치를 지닌다고 인정되는 토지 및 주택의 건설에 필요한 비용추정액 등을 종합적으로 참작하여야 한다. 즉, 모두 시장성・수익성・비용성을 고려하여 가치의 3면성을 반영한다는 공통점이 있다.

2. 평가목적 측면

조사평가와 조사산정은 모두 부동산공시법상의 개념으로 부동산의 적정한 가격형성과 각종 조세・부담금 등의 형평성을 도모하고 국민경제의 발전에 이바지함을 목적으로 한다. 즉, 지향하는 목적에 있어서 동일하다는 공통점이 있다.

Ⅲ. 조사평가와 조사산정의 차이점

1. 평가대상 측면

조사평가는 부동산공시법 중 토지인 표준지공시지가의 경우를 대상으로 한다. 반면, 조사산정의 경우는 표준주택가격・공동주택가격・비주거용 표준부동산가격・비주거용 집합부동산가격의 경우를 대상으로 한다는 점에서 차이점이 있다.

2. 평가주체 측면

조사평가는 감정평가업자(감정평가법인등)가 주체가 되어 평가를 하지만, 조사산정의 경우는 감정평가업자가 아닌 한국부동산원이 조사하여 국토교통부장관에게 보고서를 제출한다는 점에서 차이점이 있다.

Chapter 07

제29회 기출문제 답안

01 다음을 설명하고, 각각의 상호관련성에 대하여 논하시오. 40점

1) 부동산가치 발생요인과 부동산가격 결정요인 10점

2) 부동산가격 결정과정(메커니즘)과 부동산가치의 3면성 10점

3) 부동산가치의 3면성과 감정평가 3방식 6방법 20점

1 출제위원 채점평

부동산가치 발생요인에서부터 가치를 구하기 위한 감정평가의 3가지 접근방식과 6방법에 이르는 각 개념과 상호연관성에 대한 이해의 정도를 묻는 문제이다. 이 과정을 3단계로 나누어 각 질문내용에 대하여 구체적인 설명과 단계별 상호관련성에 대한 논점의 정리가 필요하다. 부동산가치 발생요인과 부동산가격 결정요인에 대한 설명이 부족하거나, 부동산가격 결정요인을 부동산가격 형성요인으로 기술하는 등 부동산가치 발생요인과의 상호관련성에 대한 이해와 연결이 부족한 수험생들이 많았다. 또한, 부동산가격 결정과정과 부동산가치의 3면성에 대한 물음에 대해서 의외로 부동산가격의 개별화, 구체화 과정이나 가치형성요인과 3방식을 무리하게 연관을 지으려고 한 경우가 있었다. 부동산가치의 3면성과 감정평가 3방식 6방법의 상호관계, 3방식 6방법에 대한 연관성이나 각 방식의 장단점 등 구체적인 설명이 부족한 경우가 있었다.

2 기출문제 논점분석

『물음 1』은 가치발생요인과 가격결정요인의 상호관련성이므로 각각의 개념을 세분화해주는 것이 필요합니다. 특히 "가치"발생요인이기 때문에 효용・상대적 희소성・유효수요로 세분화를 해야 하며, "가격" 결정요인의 경우는 수요와 공급으로 세분화를 해야 합니다.

『물음 2』는 가격결정과정과 가치의 3면성의 관련성을 묻는 문제입니다. 가치의 3면성은 결국 시장에서 수요와 공급을 통해 가격이 결정되는 시장상황을 반영하는 관점에서 발생한 개념입니다. 따라서 이 역시 양 개념을 세분화하여 연결해주는 것이 필요합니다.

『물음 3』은 가치의 3면성과 그에 따른 3방식 6방법의 관련성을 묻는 문제입니다. 3방식 6방법의 개념은 감정평가에 관한 규칙에 규정되어 있는 개념으로 정확하게 작성해야 하며, 특히 가치의 3면성과 관련성을 설명해야 하기 때문에 형식적으로 비교방식・원가방식・수익방식으로 목차를 작성해주는 것이 좋습니다.

3 예시답안 목차

Ⅰ. 서

Ⅱ.『물음 1』

1. 부동산가치 발생요인과 부동산가격 결정요인
   1) 부동산가치 발생요인의 의의
   2) 부동산가격 결정요인의 의의
2. 부동산가치 발생요인과 부동산가격 결정요인의 상호관련성
   1) 효용・유효수요와 수요의 관계
   2) 상대적 희소성과 공급의 관계

Ⅲ.『물음 2』

1. 부동산가격 결정과정과 부동산가치의 3면성
   1) 부동산가격 결정과정
   2) 부동산가치의 3면성
2. 부동산가격 결정과정과 부동산가치의 3면성의 상호관련성
   1) 비용성과 공급의 상호관련성
   2) 수익성과 수요의 상호관련성
   3) 시장성과 수요・공급의 상호관련성

Ⅳ.『물음 3』

1. 감정평가 3방식 6방법
   1) 비교방식
      (1) 거래사례비교법
      (2) 임대사례비교법
   2) 수익방식
      (1) 수익환원법
      (2) 수익분석법
   3) 원가방식
      (1) 원가법
      (2) 적산법
2. 부동산가치의 3면성과 감정평가 3방식 6방법
   1) 비용성과 원가방식과의 상호관련성

2) 수익성과 수익방식과의 상호관련성

3) 시장성과 비교방식과의 상호관련성

Ⅴ. 결

4 예시답안

Ⅰ. 서

가치발생요인은 수요와 공급 측면에서의 가격결정요인에 영향을 미치며, 그 과정에서 가치의 3면성과 관련된다. 또한 이러한 가치의 3면성에 기초하여 감정평가 3방식이 성립하게 되며 이를 통해 경제적 가치를 판정하게 된다. 이하에서는 각각의 개념에 대해 설명한 뒤, 각 개념 간의 상호관련성에 대해 설명하고자 한다.

Ⅱ. 『물음 1』

1. 부동산가치 발생요인과 부동산가격 결정요인

1) 부동산가치 발생요인의 의의

부동산가치 발생요인은 효용・상대적 희소성・유효수요로 이루어진다. ① 효용이란 인간의 욕구를 만족시킬 수 있는 재화의 능력으로 수요 측면에 영향을 미치는 가치발생요인이며 ② 상대적 희소성이란 인간의 욕구에 비해 그 수가 부족한 상태를 말하며 상대적이라는 의미에 대해서는 물리적 측면이 아닌 용도적 측면에서 희소하다고 보는 견해와 수요에 비해 공급이 상대적으로 희소하다는 견해가 있다. ③ 유효수요란 부동산에 대한 실질적인 구매능력을 의미하는 것으로 살 의사와 지불능력을 갖춘 수요로서 수요 측면에 작용한다.

2) 부동산가격 결정요인의 의의

부동산의 가격을 결정하는 요인으로 수요와 공급이 있다. 이때 수요란 재화나 용역에 대한 단순한 욕구가 아닌 구매력이 수반된 욕구를 의미하며, 공급이란 판매자가 정하여진 가격하에서 어떤 상품을 대가와 교환으로 제공하는 일을 말한다.

2. 부동산가치 발생요인과 부동산가격 결정요인의 상호관련성

1) 효용・유효수요와 수요의 관계

효용은 인간의 욕구를 만족시키는 재화의 능력이며, 유효수요는 살 의사를 포함하기 때문에, 수요에 영향을 미친다. 즉, 가치발생요인으로서 효용과 유효수요는 가격결정요인으로서 수요를 변화시킨다는 관계가 있다.

2) 상대적 희소성과 공급의 관계

상대적 희소성은 욕구에 비해 공급이 상대적으로 부족하다는 것을 의미하고, 이로 인해 공급을 발생시키게 된다. 즉, 가치발생요인으로서 상대적 희소성은 가격결정요인으로서 공급을 변화시킨다는 관계가 있다.

Ⅲ.『물음 2』

1. 부동산가격 결정과정과 부동산가치의 3면성

1) 부동산가격 결정과정

부동산가격은 수요와 공급의 상호작용에 의해 결정되게 된다. 하지만 부동산의 부증성으로 인해 단기에는 수요 요인에 의해서 가격이 결정되게 되고, 장기에는 부증성의 완화로 인해 공급 요인에 의해서 가격이 결정되게 된다.

2) 부동산가치의 3면성

시장성은 대상부동산이 어느 정도의 가격수준으로 시장에서 거래되고 있는 물건인지를 판단하는 것이며, 비용성은 어느 정도의 비용이 투입되어 만들어질 수 있는지로 판단하게 된다. 수익성은 대상물건을 통해 어느 정도의 수익 즉, 효용을 얻을 수 있는지로 가치를 판단하게 된다.

2. 부동산가격 결정과정과 부동산가치의 3면성의 상호관련성

1) 비용성과 공급의 상호관련성

비용성은 대상물건을 생산하는 데 있어 어느 정도의 비용이 투입되는지를 고려하기 때문에 개발업자와 같은 공급자와 관련성이 있다. 즉, 가치의 3면성 중 비용성은 부동산가격 결정과정에 있어 공급에 영향을 미친다는 상호관련성이 있다.

2) 수익성과 수요의 상호관련성

수익성은 대상물건의 이용을 통해 어느 정도의 편익이 발생하는지를 고려하기 때문에 소비자와 관련성이 있다. 즉, 가치의 3면성 중 수익성은 부동산가격 결정과정에 있어 수요에 영향을 미친다는 상호관련성이 있다.

3) 시장성과 수요・공급의 상호관련성

시장성은 대상물건이 시장에서 어느 정도로 거래가 되고 있는지를 고려하고 있기 때문에 거래의 당사자인 수요자와 공급자를 모두 고려한다. 즉, 가치의 3면성 중 시장성은 부동산가격 결정과정에 있어 수요와 공급 모두에 영향을 미친다는 상호관련성이 있다.

Ⅳ.『물음 3』

1. 감정평가 3방식 6방법

1) 비교방식

⑴ 거래사례비교법

거래사례비교법이란 대상물건과 가치형성요인이 같거나 비슷한 물건의 거래사례와 비교하여 대상물건의 현황에 맞게 사정보정, 시점수정, 가치형성요인 비교 등의 과정을 거쳐 대상물건의 가액을 산정하는 감정평가방법을 말한다.

⑵ 임대사례비교법

임대사례비교법이란 대상물건과 가치형성요인이 같거나 비슷한 물건의 임대사례와 비교하여 대상물건의 현황에 맞게 사정보정, 시점수정, 가치형성요인 비교 등의 과정을 거쳐 대상물건의 임대료를 산정하는 감정평가방법을 말한다.

2) 수익방식

(1) 수익환원법

수익환원법이란 대상물건이 장래 산출할 것으로 기대되는 순수익이나 미래의 현금흐름을 환원하거나 할인하여 대상물건의 가액을 산정하는 감정평가방법을 말한다.

(2) 수익분석법

수익분석법은 일반기업 경영에 의하여 산출된 총수익을 분석하여 대상물건이 일정한 기간에 산출할 것으로 기대되는 순수익에 대상물건을 계속하여 임대하는 데 필요한 경비를 더하여 대상물건의 임대료를 산정하는 감정평가방법을 말한다.

3) 원가방식

(1) 원가법

원가법이란 대상물건의 재조달원가에 감가수정을 하여 대상물건의 가액을 산정하는 감정평가방법을 말한다.

(2) 적산법

적산법이란 대상물건의 기초가액에 기대이율을 곱하여 산정된 기대수익에 대상물건을 계속하여 임대하는 데 필요한 경비를 더하여 대상물건의 임대료를 산정하는 감정평가방법을 말한다.

2. 부동산가치의 3면성과 감정평가 3방식 6방법

1) 비용성과 원가방식과의 상호관련성

비용성은 재화를 생산하는 데 투입되는 비용을 고려하는 관점이다. 원가방식에서는 이러한 비용성을 고려하여 대상물건을 재생산하는 데 필요한 재조달원가를 산정하여 가치를 판정하게 된다. 따라서 비용성과 원가방식은 상호관련성이 있다.

2) 수익성과 수익방식과의 상호관련성

수익성은 재화의 이용을 통해 얻게 되는 편익을 고려하는 관점이다. 수익방식은 이러한 수익성을 고려하여 수익성 부동산에 있어 임대료와 같은 편익을 고려하여 가치를 판정하게 된다. 따라서 수익성과 수익방식은 상호관련성이 있다.

3) 시장성과 비교방식과의 상호관련성

시장성은 재화가 시장에서 거래되는 관행을 고려하는 관점이다. 비교방식은 이러한 시장성을 고려하여 시장에서 거래되는 거래사례를 활용하여 가치를 판정하게 된다. 따라서 시장성과 비교방식은 상호관련성이 있다.

Ⅴ. 결

부동산의 가치는 가치발생요인에 의하여 발생하고, 이는 부동산시장에 있어서 수요와 공급에 영향을 미치게 된다. 감정평가 시에는 이러한 영향과 가치의 3면성을 고려하여 3방식의 적용을 통해 경제적 가치를 판정하고 있다. 따라서 이러한 상호관련성에 대한 이해를 통해 정확한 가치를 추계할 수 있음에 유의해야 한다.

02 다음의 제시된 자료를 참고하여 물음에 답하시오. 30점

인구 1,000만의 대도시인 A시와 약 40분 거리에 있는 인구 30만 규모의 기성도시인 B도시를 연결하는 전철이 개통되었다. 전철의 개통은 B도시의 광역접근성 개선효과를 가져와 부동산시장 및 부동산가격에 변화를 줄 것으로 예상된다.

1) B도시에 새롭게 신설된 전철역세권의 지역분석에 대하여 설명하시오. 15점

2) 전철 개통으로 인한 접근성의 개선이 B도시의 유형별 부동산시장에 미치는 긍정적 효과・부정적 효과에 대하여 설명하시오. 15점

1 출제위원 채점평

제시된 자료를 참고하여 신설된 전철역세권의 지역분석과 접근성의 개선이 유형별 부동산시장에 미치는 영향에 대해 묻는 문제로서, 실제로 감정평가 업무수행에서 발생할 수 있는 케이스이다. 수험생들의 대부분은 지역분석의 일반적 내용을 잘 기술하였으나, 물음과 관련하여 신설된 전철역세권과 접근성의 개선을 답안에 충분히 기술한 경우는 드물었다. 문제의 배점과 답안분량을 고려하여 핵심사항을 중심으로 기술하는 것이 필요하다.

2 기출문제 논점분석

『물음 1』은 지역분석에 대하여 설명하라는 문제유형이기 때문에 지역분석과 관련된 일반론인 지역분석의 필요성, 지역분석의 절차 및 지역분석 시 유의사항 등을 빠짐없이 기술해야 합니다. 다만, 전철역세권이 신설되었다는 구체적인 시장상황이 제시되었기 때문에 단순히 일반이론을 정확하게 쓰는 것뿐만 아니라, 해당 조건을 반드시 반영해서 답안을 작성해야 합니다.

『물음 2』는 A가 B에 미치는 영향을 물어본 문제유형입니다. 따라서 B에 해당하는 부동산시장을 분류해야 하며, 문제에서 "유형별" 부동산시장이라고 구분을 지었기 때문에 주거용・상업용・업무용과 같이 용도별 시장으로 목차를 작성하면 됩니다.

3 예시답안 목차

Ⅰ. 서

Ⅱ. 『물음 1』

1. 지역분석의 의의 및 필요성

2. 지역분석의 방법

   1) 인근지역의 확정

   2) 지역요인의 분석

   3) 표준적 이용 및 가격수준의 판정

3. 지역분석 시 유의사항
   1) 동태적 분석의 필요성
   2) 유사지역 및 동일수급권 분석의 병행
   3) 부동산시장에 기반한 자료의 수집과 분석

Ⅲ. 『물음 2』
1. 접근성의 개선의 의의
2. 접근성의 개선이 유형별 부동산시장에 미치는 효과
   1) 부동산시장의 의의
   2) 주거용 부동산시장에 미치는 효과
      (1) 긍정적 효과
      (2) 부정적 효과
   3) 상업용 부동산시장에 미치는 효과
      (1) 긍정적 효과
      (2) 부정적 효과

Ⅳ. 결

4 예시답안

Ⅰ. 서

부동산은 고정성과 지역성이 있는 재화에 해당하므로, 특히 지역적인 측면에서 시장을 분석하는 것은 중요하다. 특히 이러한 지역은 끊임없이 변화하는 특성을 가지는 바, 감정평가 시에는 이에 대한 반영도 필요하다. 이하, 지역분석과 관련된 물음에 답한다.

Ⅱ. 『물음 1』

1. 지역분석의 의의 및 필요성

지역분석이란 지가수준에 전반적인 영향을 미치는 가치형성요인을 일정한 지역범위로 조사 및 분석함으로써 지역 내 토지의 표준적 이용과 지가수준 및 그 변동추이를 판정하는 것이다. 이는 부동산이 고정성으로 인해 지역성을 갖게 됨에 따라 필요하다.

2. 지역분석의 방법

1) 인근지역의 확정

전철 개통으로 접근성이 개선됨에 따라 가치형성에 직접 영향을 미치는 용도적 공통성, 기능적 동질성을 지닌 인근지역을 확정해야 한다. 이때 인근지역은 부동산 종류마다 일단의 지역을 이루는 범위가 달라진다.

2) 지역요인의 분석

지역요인은 용도지대별로 의미가 다르므로, 그에 따른 요인의 분석이 필요하다. 이때는 특히 B도시에서 전철이 새로 개통되었다는 시장상황과 접근성 개선에 따른 시장참가자들의 거래관행 등에 초점을 맞추어야 한다.

3) 표준적 이용 및 가격수준의 판정

표준적 이용이란 대상부동산을 포함한 인근의 개별 부동산의 일반적, 표준적인 이용이다. 가격수준이란 개개의 부동산의 가격이 아니고 지역 내 부동산의 평균적인 가격이다. B도시는 전철의 개통에 따른 역세권의 표준적 이용과 가격수준을 판정하게 된다.

3. 지역분석 시 유의사항

1) 동태적 분석의 필요성

지역요인은 고정되어 있는 것이 아니라 끊임없이 변화한다. B도시는 전철의 개통으로 인해 접근성과 같은 지역요인이 변화되었다는 점을 고려해야 함에 유의해야 한다.

2) 유사지역 및 동일수급권 분석의 병행

인근지역의 지리적 위치를 보다 정확하게 파악하기 위해서는 유사지역과 동일수급권도 확장해서 비교작업을 병행해야 한다. 또한, 자료의 수집범위를 넓힘으로써 평가의 정확도를 제고할 수 있다. 따라서 B도시는 전철 개통과 같은 지역적 요인이 비슷한 유사지역과 대상부동산과 개별적 특성이 유사한 동일수급권 분석을 병행해야 함에 유의해야 한다.

3) 부동산시장에 기반한 자료의 수집과 분석

자료의 수집과 분석은 부동산시장의 현황과 시장참가자의 행동, 거래상황 등에 기초한 실증적인 것이어야 의미를 가지게 된다. 따라서 B도시의 경우도 전철 개통으로 인해 접근성이 개선되었다는 시장의 현황 및 그에 따른 시장참가자들의 행동에 기초하여 분석해야 함에 유의해야 한다.

Ⅲ. 『물음 2』

1. 접근성의 개선의 의의

접근성이란 대상부동산이 위치하는 장소에서 다른 장소에 도달하는 데 소요되는 시간, 경비, 노력 등으로 측정되는 상대적 비용이다. 이는 부동산의 가치에 영향을 미치는 요인 중 인공환경적 요인에 해당하는 자연적 요인이라 볼 수 있다.

2. 접근성의 개선이 유형별 부동산시장에 미치는 효과

1) 부동산시장의 의의

부동산시장은 부동산의 고정성이라는 자연적 특징을 가지고 있기에 일반재화시장과는 달리 지리적 공간을 수반한다. 따라서 부동산시장은 질, 양, 위치 등 여러 가지 측면에서 유사한 부동산에 대해 가치가 균등해지는 경향이 있는 지리적 구역이라고 정의될 수 있다.

2) 주거용 부동산시장에 미치는 효과

(1) 긍정적 효과

B도시에 전철이 개통됨으로 인하여 직장으로의 출퇴근이 용이해질 수 있다. 즉, 직주근접이 가능해짐에 따라 접근성이 올라가게 되고, 이는 주거용 부동산시장에 미치는 긍정적 효과라고 볼 수 있다.

(2) 부정적 효과

전철이 개통되면 유동인구가 많아지게 된다. 이로 인해 소음이나 오염이 발생할 가능성이 높아지게 된다. 주거용 부동산의 경우는 쾌적성이 중요한데 이러한 문제들로 인해 가치가 감소할 수 있기 때문에 이는 주거용 부동산시장에 미치는 부정적 효과라고 볼 수 있다.

3) 상업용 부동산시장에 미치는 효과

(1) 긍정적 효과

전철 개통으로 인해 유동인구가 많아지게 되면 상권에 있어서 수요가 증가할 수 있다. 즉, 상권이 발달하고 배후지가 늘어날 수 있기 때문에 수익에 영향을 주는 수요가 증가할 수 있다는 점에서 상업용 부동산시장에 미치는 긍정적 효과라고 볼 수 있다.

(2) 부정적 효과

반면, 인구 1,000만의 대도시인 A시와 전철로 인해 접근성이 증가함에 따라 오히려 소비계층이 이탈할 수 있다. 즉, 기성도시인 B도시에는 없는 대형 쇼핑몰이 A시에 있는 경우 소비자들이 전철을 통해 A시에 이동할 수도 있다는 점에서 상업용 부동산시장에 미치는 부정적 효과라고 볼 수 있다.

Ⅳ. 결

부동산은 고정성이라는 자연적인 특성상 속한 지역의 영향을 받게 된다. 감정평가는 이러한 주변의 시장상황을 고려하여 대상부동산에 미치는 영향을 가치 판정 시 반영해야 하므로 이에 대한 이해는 중요하다. 특히 전철 개통과 같은 지역적인 상황이 변하게 된다면 이를 반영하여 경제적 가치를 도출해야 함에 유의해야 한다.

03 **최근 토지의 공정가치 평가가 회계에 관한 감정에 해당하는지 여부에 대한 논란이 있었다. 이와 관련하여 다음 물음에 답하시오.** 20점

1) 감정평가의 개념과 회계에 관한 감정의 개념 차이를 설명하시오. 5점

2) 공정가치, 시장가치 및 회계상 가치를 비교 · 설명하시오. 15점

1 출제위원 채점평

감정평가의 기본 개념 등에 대한 문제로서, 전문자격자는 관련 이론 및 업무에 관한 기본 개념을 정확하게 숙지할 필요가 있다. 수험생들의 답안 일부는 감정평가의 개념과 회계에 관한 감정의 개념을 유사하게 표현하거나, 명확하게 비교하지 못한 경우가 있었다. 또한, 공정가치, 시장가치 및 회계상 가치를 비교 · 설명하는 문제에 있어서 많은 수험생들이 비교의 필요성과 배경에 대한 이해가 부족하였다.

2 기출문제 논점분석

『물음 1』은 감정평가의 개념과 회계에 관한 감정의 개념을 비교하는 문제로 시장가치와 공정가치 또는 투자가치를 비교하는 전형적인 목차를 활용해서 차이점을 위주로 작성해주면 됩니다.

『물음 2』 역시 전형적인 목차를 활용해서 답안을 작성해주면 되지만, 『물음 1』과는 다르게 "비교"하라는 문제유형이기 때문에 차이점뿐만 아니라 공통점에 대해서도 반드시 설명을 해야 합니다.

3 예시답안 목차

Ⅰ. 서

Ⅱ. 『물음 1』

1. 감정평가와 회계에 관한 감정의 개념
2. 감정평가와 회계에 관한 감정의 개념 차이
   1) 최유효이용 전제 여부
   2) 시장가치 추계 여부

Ⅲ. 『물음 2』

1. 각 가치의 개념
   1) 공정가치의 개념
   2) 시장가치의 개념
   3) 회계상 가치의 개념

2. 공정가치와 시장가치의 비교

3. 공정가치와 회계상 가치의 비교

4. 시장가치와 회계상 가치의 비교

Ⅳ. 결

4 예시답안

Ⅰ. 서

최근 감정평가와 회계에 관한 감정의 동일 여부에 관한 분쟁이 있었다. 이하에서는 이와 관련하여 감정평가와 회계에 관한 감정의 차이점에 대해 설명하고, 감정평가에서 활용될 수 있는 다양한 가치개념 간의 비교를 하고자 한다.

Ⅱ. 『물음 1』

1. 감정평가와 회계에 관한 감정의 개념

감정평가란 토지 등의 경제적 가치를 판정하여 그 결과를 가액으로 표시하는 것을 말한다. 반면, 회계에 관한 감정은 회계처리의 대상의 타당성을 판정하는 것으로 회계 장부의 진위 확인 업무를 말한다.

2. 감정평가와 회계에 관한 감정의 개념 차이

1) 최유효이용 전제 여부

최유효이용이란 객관적으로 보아 양식과 통상의 이용능력을 가진 사람이 부동산을 합법적이고 합리적이며 최고·최선의 방법으로 이용하는 것을 말한다. 감정평가 시에는 최유효이용을 전제하여 미달되는 부분을 반영하나, 회계에 관한 감정은 최유효이용의 개념을 고려하지 않는다는 점에서 차이가 있다.

2) 시장가치 추계 여부

감정평가는 시장가치를 추계하는 것을 목적으로 하지만, 회계에 관한 감정의 경우는 기업의 경제적 활동을 측정하여 기록한 재무제표 요소를 계량화하여 그 타당성 및 진위확인을 목적으로 한다는 점에서 차이가 있다.

Ⅲ. 『물음 2』

1. 각 가치의 개념

1) 공정가치의 개념

공정가치란 한국채택국제회계기준에 따라 자산 및 부채의 가치를 추정하기 위한 기본적 가치기준으로서 합리적인 판단력과 거래의사가 있는 독립된 당사자 사이의 거래에서 자산이 교환되거나 부채가 결제될 수 있는 금액을 말한다.

2) 시장가치의 개념

시장가치란 감정평가의 대상이 되는 토지 등이 통상적인 시장에서 충분한 기간 동안 거래를 위하여 공개된 후 그 대상물건의 내용에 정통한 당사자 사이에 신중하고 자발적인 거래가 있을 경우 성립될 가능성이 가장 높다고 인정되는 대상물건의 가액을 말한다.

3) 회계상 가치의 개념

회계상 가치란 어떤 항목이 표시되는 금액을 뜻하는 것으로서 관련된 회계 준칙에 준거하여 표시되어야 한다. 따라서 회계상 가치란 재무상태표 가치로서 회계단위에 대한 원가액을 의미한다.

2. 공정가치와 시장가치의 비교

① 공정가치는 시장증거에 근거하였는지 여부를 밝히도록 하고 있고, 시장가치도 시장분석을 통해 시장증거를 수집·분석하여 가치가 도출된 것으로 양자 모두 시장증거에 기초하였다는 공통점이 있다.

② 반면, 공정가치 평가가 항상 시장가치 외의 가치가 되는 것은 아니나 공정가치에 시너지효과가 반영되거나 부도기업의 청산가치와 같이 특정한 조건이 수반되는 경우에는 시장가치 외의 가치의 성격을 갖는 경우가 있다는 점에서 시장가치와 차이점이 있다.

3. 공정가치와 회계상 가치의 비교

① 공정가치와 회계상의 가치는 모두 재무제표상에 기업자산을 계상하기 위하여 사용된다는 점에서 적용대상에 공통점이 있다.

② 다만 공정가치는 감정평가 3방식을 통하여 적정화되므로 가치의 3면성을 반영하나 회계상의 가치는 취득원가에서 『세법』상 감가상각의 기준을 적용하여 공시된다는 점에서 비용성의 측면 중심으로 반영된다는 차이점이 있다.

4. 시장가치와 회계상 가치의 비교

① 존재가치란 현실의 시장상황을 반영하는 가치이고, 당위가치란 현상보다 원인을 중시하는 개념이다. 각 가치개념은 모두 시장증거에 기초하고 이상적·당위적 시장상황을 전제하거나 규범적 가치판단이 개입되지 않는다는 점에서 존재가치의 성격을 지닌다는 공통점이 있다.

② 반면, 시장가치는 일반적으로 부동산의 평가 시에 적용되는 개념이나, 회계상 가치는 기업자산의 재무보고 목적에서 적용되는 가치개념이라는 차이점이 있다.

Ⅳ. 결

가치는 이와 같이 사용되는 상황이나 용도, 바라보는 관점에 따라 개념이 다양하게 존재할 수 있다. 따라서 감정평가 시에는 감정평가 목적에 부합하는 가치를 활용하여 정확한 경제적 가치를 도출할 수 있도록 유의해야 한다.

04 감정평가의 공정성과 감정평가행위의 독립 필요성을 감정평가 이론에 근거하여 설명하시오. 10점

1 출제위원 채점평

이 문제에서는 감정평가의 필수 덕목인 공정성과 감정평가행위의 독립 필요성을 감정평가 이론과 결부해 물었으나, 내용을 제대로 기술하지 못하거나 논거 없이 당위성만을 서술하는 경우가 있었다. 또한, 감정평가 이론보다 감정평가의 기능이나 감정평가사로서의 역할에만 치우쳐 서술한 답안이 많았다.

2 기출문제 논점분석

A를 B에 근거하여 설명하라는 문제유형으로 "감정평가 이론"이 B에 해당하기 때문에 이를 세분화해서 답안작성을 해야 합니다. 단순히 감정평가 개론의 영역뿐만 아니라 부동산의 특성부터 시작하는 감정평가 총론 등 다양한 단원의 근거를 활용할수록 득점에 유리합니다.

3 예시답안 목차

Ⅰ. 서

Ⅱ. 감정평가 이론에 근거한 감정평가의 공정성의 필요성

1. 부동산 특성에 근거한 공정성의 필요성
2. 부동산시장에 근거한 공정성의 필요성

Ⅲ. 감정평가 이론에 근거한 감정평가행위의 독립 필요성

1. 가치의 기능에 근거한 독립 필요성
2. 감정평가 목적에 근거한 독립 필요성

4 예시답안

Ⅰ. 서

감정평가는 사회 전반적으로 다양한 업무영역을 통해 영향을 미치기 때문에, 공정성과 감정평가행위의 독립 필요성이 중요하다. 이하에서는 이러한 공정성과 감정평가행위의 독립 필요성을 감정평가 이론에 근거하여 설명하고자 한다.

Ⅱ. 감정평가 이론에 근거한 감정평가의 공정성의 필요성

1. 부동산 특성에 근거한 공정성의 필요성

부동산은 사회성・공공성이 있는 재화로 사회 전반에 미치는 영향이 크다. 또한, 부동산은 한 번

잘못 다루게 되면 비가역성이 있어서 다시 원상태로 회복하기가 어려운 문제도 있다. 따라서 이러한 특성으로 인한 문제를 방지하기 위해 공정성이 필요하다.

2. 부동산시장에 근거한 공정성의 필요성

부동산시장은 거래되는 부동산의 고정성 및 개별성과 같은 특성으로 인해 기본적으로 불완전경쟁시장의 특성을 갖는다. 또한, 이로 인해 가격형성 메커니즘이 제대로 작동하지 않는다. 감정평가는 비정상적인 거래사례를 정상화하여 시장가치를 도출해야 하기 때문에 공정성이 필요하다.

Ⅲ. 감정평가 이론에 근거한 감정평가행위의 독립 필요성

1. 가치의 기능에 근거한 독립 필요성

감정평가에 의해서 산정된 시장가치는 부동산활동주체에게 정보를 제공하고, 중요한 매개변수가 되어 수요와 공급이 같아지도록 유도하는 기능을 하는 가격 정보제공기능 및 파라미터적 기능을 수행한다. 즉, 시장참가자에게 미치는 영향이 크기 때문에 감정평가행위의 독립이 필요하다.

2. 감정평가 목적에 근거한 독립 필요성

감정평가는 목적에 따라 다양한 가치를 도출하게 되며, 보상·과세목적과 같은 공적인 기능도 수행하게 된다. 즉, 개인적인 영역이 아닌 사회 전반에 영향을 미치는 업무영역도 수행하게 되므로, 평가목적반영 및 공정성 확보를 위해서 감정평가행위의 독립이 필요하다.

Chapter

08 제28회 기출문제 답안

01 **제시된 자료를 참고하여 다음 물음에 답하시오.** 40점

[자료]

감정평가사 甲은 감정평가사 乙이 작성한 일반상업지역 내 업무용 부동산(대지면적 : 3,000㎡ 건물 : 30년 경과된 철근콘크리트조 6층)에 대한 감정평가서를 심사하고 있다. 동 감정평가서에 따르면, 인근지역은 일반적으로 대지면적 200㎡ ~ 500㎡ 내외 2층 규모의 상업용으로 이용되고 있으며, 최근 본건 부동산 인근에 본건과 대지면적이 유사한 토지에 20층 규모의 주거 및 상업복합용도 부동산이 신축되어 입주 중에 있는 것으로 조사되어 있다. 검토결과 원가방식(면적 400㎡ 상업용 나대지의 최근 매매사례 단가를 적용한 토지가치에 물리적 감가수정만을 행한 건물가치 합산)에 의한 시산가치가 수익방식(현재 본건 계약임대료 기준)에 의한 시산가치보다 높게 산출되어 있다.

1) **심사 감정평가사 甲은 감정평가사 乙에게 추가적으로 최유효이용 분석을 요청하였는바, 최유효이용 판단기준을 설명하고, 분석방법에 대해서 설명하시오.** 20점

2) **최유효이용에 대한 두 가지 분석유형(방법)에 따른 결과가 다르다면, 그 이유와 그것이 의미하는 바를 설명하시오.** 10점

3) **원가방식에 의한 시산가치가 수익방식에 의한 시산가치보다 높게 산출된 것이 타당한 것인지 감정평가원리(원칙)를 기준으로 설명하고, 올바른 원가방식 적용방법에 관하여 설명하시오.** 10점

1 출제위원 채점평

이 문제는 기승전결에 입각해서 문제를 이해하고, 답안을 작성해야 한다. 이 문제의 답안을 구성하기 위해서는 답안작성을 위한 도입부문의 방향성, 이론적 근거의 제시, 제시된 사례와 이론과의 관련성을 지적하고, 물음에서 요구하고 있는 판단준거의 제시와 답안의 명료성, 결론부의 종결성을 갖추어야 한다. 많은 수험생들이 기승전결의 틀을 갖추고자 노력한 점은 보이나, 위에서 제시한 기승전결에 입각해서 설명하면, 이론적인 내용만을 기술한 형태가 많았고, 제시된 사례와 이론과의 관련성을 설명하면서 기술한 답안의 비율은 그다지 높지 않았다. 일반적인 이론만을 기술해서는 안 되고 논점을 정확하게 파악하여 기술해야 하며, 답안의 내용이 물음에서 요구하는 내용에 가능한 한 맞도록 기술해야 한다. 또한, 답안작성에 적합한 용어의 선택도 필요하다. 마지막으로 주어진 사실관계에 입각해서 기술해야 하며, 수험생 나름대로의 예측이나 추론은 오류를 범할 수 있기 때문에 유의해야 한다.

2 기출문제 논점분석

『물음 1』은 최유효이용의 분석방법을 물어본 문제로 결국은 물리적 가능성・법적 허용성・경제적 타당성 및 최대 수익성의 요건을 검토해주면 됩니다. 특히 분석의 대상이 되는 물건은 광평수 토지로 개발에 있어서 분할을 하는 경우와 하지 않는 경우로 구분할 수 있다는 점에 착안하여 답안작성을 해야 합니다.

『물음 2』는 특수상황의 최유효이용과 관련된 내용입니다. 특히 본건은 지상 위 30년이 경과된 건축물이 존재한다는 점에서 중도적 이용에 해당한다고 볼 수 있으며, 그 이유는 현재 대상 부동산이 임대료 수취와 같은 전환비용이 있기 때문입니다. 따라서 단순히 일반이론만 적어주는 것이 아닌 주어진 구체적 사실관계와 연관시켜 작성해야 합니다.

『물음 3』은 감정평가 3방식은 최유효이용에 미달하는 부분을 반영한다는 점에서 착안한 물음입니다. 즉, 감정평가 3방식의 적용에 있어서 미달되는 부분을 적절히 반영해야 하며, 만일 누락되는 부분이 있는 경우 높은 감정평가액이 나올 수 있습니다. 특히 감가수정 절차에서 기능적・경제적 감가를 고려하지 않았다는 점 등을 설명해야 합니다.

3 예시답안 목차

Ⅰ. 서

Ⅱ. 『물음 1』

1. 최유효이용의 판단기준
   1) 물리적 이용가능성
   2) 합법적 이용가능성
   3) 합리적 이용가능성
   4) 객관적 자료에 의한 최고의 수익성
2. 구체적 최유효이용 분석방법
   1) 나지 상정 최유효이용 분석
   2) 개량물 하의 최유효이용 분석
   3) 대상부동산의 최유효이용 분석방법
      (1) 나지 상정 최유효이용 분석
      (2) 개량물 하의 최유효이용 분석

Ⅲ. 『물음 2』

1. 두 가지 분석 유형에 따른 결과가 다른 이유
   1) 두 가지 분석 유형에 따른 결과가 다른 이유
   2) 대상부동산의 경우

2. 결과가 다른 것이 의미하는 바
   1) 결과가 다른 것이 의미하는 바
   2) 대상부동산의 경우

Ⅳ. 『물음 3』

1. 감정평가원리를 기준으로 한 원가방식의 타당성
   1) 감정평가원리의 의의 및 분류
   2) 감정평가원리를 기준으로 한 타당성
      (1) 대체의 원칙을 기준으로 한 타당성
      (2) 균형·적합의 원칙을 기준으로 한 타당성

2. 올바른 원가방식 적용방법
   1) 대체의 원칙에 근거한 적용방법
   2) 균형·적합의 원칙에 근거한 적용방법

Ⅴ. 결

4 예시답안

Ⅰ. 서

최유효이용이란 객관적으로 보아 양식과 통상의 이용능력을 가진 사람이 부동산을 합법적이고 합리적이며 최고·최선의 방법으로 이용하는 것을 말한다. 대상물건의 가치는 최유효이용을 전제로 하여 형성되며, 최유효이용에 미달하는 부분은 감정평가 3방식의 적용을 통해서 반영하게 된다. 즉, 정확한 최유효이용의 판정은 경제적 가치 도출과 연관이 있기 때문에 이에 대한 이해는 중요하다. 이하 최유효이용과 관련한 물음에 답한다.

Ⅱ. 『물음 1』

1. 최유효이용의 판단기준

1) 물리적 이용가능성

최유효이용이 되려면 먼저 그 용도로 이용되는 것이 물리적으로 가능해야 한다는 조건이 가장 기본적인 기준이다. 토지는 지반, 지형, 형상 등 자체 특성과 공공편익시설의 유용성과 같은 인공환경적 요인에 대한 분석이 선행되어야 한다.

2) 합법적 이용가능성

대상부동산을 특정용도로 이용하는 것이 공·사법상 제한과 같은 규제에 충족되는 이용이어야 한다는 것이다. 다만, 현재 용도지역제에서 허용이 안 된다고 해서 해당 이용이 무조건 최유효이용이 될 수 없는 것은 아님에 유의해야 한다. 즉, 향후 규제의 변경가능성에 대한 고려도 필요하다.

3) 합리적 이용가능성

합리적으로 가능한 이용이면서 경제적으로 타당성 있는 이용이어야 한다. 이때 합리적으로 가능한 이용이란 투기적인 목적의 이용이나 먼 장래의 불확실한 이용 등을 제외한 이용을 말한다. 경제적으로 타당성 있는 이용이란 얻는 편익이 비용보다 큰 이용을 의미한다.

4) 객관적 자료에 의한 최고의 수익성

가능한 여러 대안 중에서 그 이용이 최고의 수익을 올릴 수 있는 이용을 말한다. 다만, 이때 대안적 용도 중에서 가장 수익이 높다고 무조건 최유효이용이 되는 것은 아니고 대체자산의 수익률과 비슷한 수준은 되어야 한다. 또한, 대체자산의 범위를 금융자산까지 넓히면 대체투자수익률과도 비교해야 한다.

2. 구체적 최유효이용 분석방법

1) 나지 상정 최유효이용 분석

비수익성 부동산의 경우는 개발 후 시장가치에서 건축비용과 개발비용을 공제한 토지가치가 최고인 이용이 최유효이용이 된다. 반면, 수익성 부동산의 경우는 대상 부동산의 가치를 직접환원법에 의해 산정한 후 개발비용을 공제하여 토지가치를 구하는 방법과 토지귀속소득을 토지환원율로 환원하여 토지가치를 구하는 잔여환원법이 있다.

2) 개량물 하의 최유효이용 분석

현재 이용상태를 유지하는 경우와 리모델링을 하는 경우 혹은 철거 후 신축을 하는 경우로 나눌 수 있다. 이때 각각의 경우마다 자본적 지출이 필요한 경우에는 각 대안의 순영업소득을 환원이율로 환원하여 구한 가치에서 자본적 지출액을 공제한 값이 최고인 이용이 최유효이용이 된다.

3) 대상부동산의 최유효이용 분석방법

(1) 나지 상정 최유효이용 분석

대상부동산은 현재 임대료를 받고 있는 수익성 부동산이므로, 단독이용으로 업무용 혹은 분할하여 상업용으로 나누어 분석할 수 있다. 이때 대상부동산에서 나오는 임대수익을 환원하여 개발비용을 공제하거나 토지잔여법을 활용하여 나지 상정 최유효이용을 분석할 수 있다.

(2) 개량물 하의 최유효이용 분석

현재 업무용 부동산을 임대하고 있는 경우 또는 상업용으로 용도전환을 하는 경우 혹은 철거 후 신축을 하는 경우로 나누어 분석해야 한다. 용도전환을 하거나 철거와 같이 자본적 지출이 발생하는 경우에는 이를 비용으로 공제해야 한다.

Ⅲ. 『물음 2』

1. 두 가지 분석 유형에 따른 결과가 다른 이유

1) 두 가지 분석 유형에 따른 결과가 다른 이유

동일한 부동산이라고 하더라도 두 가지 최고최선의 이용분석 결과가 다르게 나타날 수 있다. 왜냐하면 개량부동산의 최유효이용 분석에는 기존 구조물에 대한 철거비용, 건설과정에서 발생하는 임대료 손실 등이 계산에 포함되기 때문이다.

2) 대상부동산의 경우

대상부동산은 현재 계약된 내용대로 임대료를 받고 있는 것으로 판단된다. 하지만 용도전환이나 철거 후 신축이 이루어지게 되면, 이러한 임대료를 받을 수 없고, 전환비용에 해당하기 때문에 두 가지 분석 유형에 따른 결과가 달라지게 된다.

2. 결과가 다른 것이 의미하는 바

1) 결과가 다른 것이 의미하는 바

현재 개량물이 대상토지에 대한 최유효이용은 아니지만 당장 그 용도로 전환하는 것 역시 타당성이 없다는 것을 의미한다. 이 경우 현재의 이용은 중도적 이용으로서 일정기간 존속하게 된다.

2) 대상부동산의 경우

대상부동산의 경우 나지 상정 최유효이용이 개량물 하 최유효이용보다 크다. 또한, 대상부동산은 30년이 경과되어 내용연수가 상당히 경과하였다는 점을 고려한다면 현재 이용은 중도적 이용으로서 일정기간 존속하게 될 것이라고 판단된다.

Ⅳ.『물음 3』

1. 감정평가원리를 기준으로 한 원가방식의 타당성

1) 감정평가원리의 의의 및 분류

감정평가원리란 부동산의 가격이 어떻게 형성되고 유지되는가에 관한 법칙성을 추출하여 부동산평가활동의 지침으로 삼으려는 하나의 행위기준이다. 체계의 중심에는 부동산의 가격은 최유효이용을 전제로 하여 형성된다는 최유효이용원칙을 기준으로 토대가 되는 원칙, 내부 측면의 원칙, 외부 측면의 원칙으로 구분할 수 있다.

2) 감정평가원리를 기준으로 한 타당성

(1) 대체의 원칙을 기준으로 한 타당성

대체의 원칙이란 부동산의 가치는 기능적으로 유사한 재화의 영향을 받아 형성된다는 원칙이다. 사안에서는 토지평가 시 면적과 같은 기능적 유사성이 떨어지는 상업용 나대지를 사례로 선정하였으므로, 시산가치의 타당성이 없다고 판단된다.

(2) 균형·적합의 원칙을 기준으로 한 타당성

균형의 원칙이란 가치는 내부요소 간에 균형을 이루어야 적정하게 형성된다는 원칙을 말하며, 적합의 원칙이란 부동산의 이용이 주위환경이나 시장수요와 일치해야 한다는 원칙을 말한다. 사안에서는 30년 경과된 건축물로 내부 구조 간에 균형이 맞지 않을 수 있으며, 상업용으로 이용되는 주위환경과도 부합하지 않지만 기능적·경제적 감가를 고려하지 않아 시산가치의 타당성이 없다고 판단된다.

2. 올바른 원가방식 적용방법

1) 대체의 원칙에 근거한 적용방법

토지평가 시에는 우선적으로 면적 등 가치형성요인이 유사하여 용도적 측면에서 대체가능한 토지를 기준으로 비교해야 한다. 다만, 상업용 나대지와 같이 면적 차이가 나는 경우는 감보율 등을 개별요인에 반영하여 적용해야 한다.

2) 균형 · 적합의 원칙에 근거한 적용방법

30년이 경과한 건물이기 때문에 기능적으로 열세할 수 있어 이에 해당하는 기능적 감가를 고려해야 한다. 또한, 상업용으로 이용되는 주위환경과 부합하지 않는 경우에는 경제적 감가 역시 고려해서 적용해야 한다.

Ⅴ. 결

감정평가 시에는 최유효이용을 전제로 하여 대상물건을 평가해야 한다. 이때 대상물건의 이용이 최유효이용에 미달되는 경우는 해당 부분만큼을 3방식을 적용하는 과정에 있어서 반영하여 감가를 해주어야 한다. 즉, 각각의 과정에 있어서 필요한 부분을 고려하여야 감정평가에 있어 정확한 경제적 가치가 도출될 수 있다는 점을 유의해야 한다.

02 시산가액 조정에 관한 다음 물음에 답하시오. 30점

1) 시산가액 조정의 법적 근거에 관하여 설명하시오. 5점

2) 시산가액 조정의 전제와 「감정평가에 관한 규칙」상 물건별 감정평가방법의 규정방식과의 관련성을 논하시오. 15점

3) 시산가액 조정과정에서 도출된 감정평가액을 표시하는 이론적 방법에 관하여 설명하시오. 10점

1 출제위원 채점평

이 문제는 시산가액 조정과 관련하여 법적 근거, 「감정평가에 관한 규칙」상 물건별 평가방법의 규정방식과 조정의 전제 등의 해석, 최종적으로 시산가액의 결과로 도출된 감정평가액을 표시하는 방법 등에 대하여 물었다. 대부분의 수험생은 규칙 및 실무기준 등에 기초하여 시산가액 조정의 정의는 대체로 잘 기술하였다. 마지막으로 살펴보면 전반적으로 문제에 대한 종합적이고 논리적인 접근보다는 암기사항을 기술하는 데에 그친 수험생들이 있어 아쉬움이 있다.

2 기출문제 논점분석

『물음 1』은 시산가액 조정의 법적 근거와 관련된 물음으로, 감정평가 3방식 병용의 근거와 크게 다르지 않습니다. 따라서 부동산공시법 제3조, 토지보상법 시행규칙 제18조 및 감정평가에 관한 규칙 제12조에 관련된 내용을 서술해주면 무난합니다.

『물음 2』는 시산가액 조정의 전제와 「감정평가에 관한 규칙」상 물건별 감정평가방법의 규정방식과의 관련성을 묻는 문제로 각각의 내용을 세분화하는 것이 중요합니다. 특히 「감정평가에 관한 규칙」 제12조에서 주된 방식과 합리성 검토 및 시산가액 조정을 규정하고 있는 내용과의 관련성을 찾아야 합니다.

『물음 3』은 최종적인 감정평가액을 표시하는 방법을 묻는 문제입니다. 점추정치와 구간추정치뿐만 아니라, 관계가치로 표시하는 방법도 있다는 점을 같이 설명해야 합니다.

3 예시답안 목차

Ⅰ. 서

Ⅱ. 『물음 1』

1. 감정평가에 관한 규칙 제12조
2. 토지보상법 시행규칙 제18조
3. 부동산공시법 제3조

Ⅲ. 『물음 2』

1. 시산가액 조정의 전제
    1) 평가방식의 특징과 유용성에 따른 한계
    2) 상관 및 조정의 원리
    3) 3면 등가의 한계
2. 물건별 감정평가방법의 규정방식
3. 시산가액 조정의 전제와 규정방식과의 관련성
    1) 평가방식의 특징과 유용성과의 관련성
    2) 상관 및 조정의 원리와의 관련성
    3) 3면 등가의 한계와의 관련성

Ⅳ. 『물음 3』

1. 감정평가액 표시의 의의
2. 감정평가액을 표시하는 이론적 방법
    1) 점추정치
    2) 구간추정치
    3) 관계가치

Ⅴ. 결

4 예시답안

Ⅰ. 서

시산가액 조정이란 대상물건의 감정평가액을 결정하기 위해 각각의 감정평가 방식에 따라 산정된 금액인 시산가액을 비교, 분석하여 그들 사이에 존재하는 유사점과 차이점을 찾아내어 통일적이고 일관된 가액이 도출될 수 있도록 조화시키는 작업을 말한다. 이는 3방식의 한계 및 적정한 가액 도출을 위해서 중요한 과정이다. 이하에서는, 이러한 시산가액 조정의 전제와 물건별 평가방법의 규정방식 사이의 관련성에 대해 설명하고자 한다.

Ⅱ. 『물음 1』

1. 감정평가에 관한 규칙 제12조

감정평가에 관한 규칙 제12조 제1항에 따라 어느 하나의 감정평가방법을 적용하여 산정한 시산가액을 제2항에 따라 감정평가 3방식 중 다른 감정평가방식에 속하는 하나 이상의 감정평가방법으로 산정한 시산가액과 비교하여 합리성을 검토하여야 한다. 또한, 제2항에 따른 검토 결과 제1항에 따라 산정한 시산가액의 합리성이 없다고 판단되는 경우에는 주된 방법 및 다른 감정평가방법으로 산정한 시산가액을 조정하여 감정평가액을 결정할 수 있다.

2. 토지보상법 시행규칙 제18조

대상물건의 평가는 이 규칙에서 정하는 방법에 의하되, 그 방법으로 구한 가격 또는 사용료를 다른 방법으로 구한 가격 등과 비교하여 그 합리성을 검토하여야 한다.

3. 부동산공시법 제3조

표준지공시지가를 조사·평가하는 경우에 참작하여야 할 기준으로 인근 유사토지의 거래가격·임대료 및 해당 토지와 유사한 이용가치를 지닌다고 인정되는 토지의 조성에 필요한 비용추정액 등을 종합적으로 참작하여야 한다.

Ⅲ. 『물음 2』

1. 시산가액 조정의 전제

1) 평가방식의 특징과 유용성에 따른 한계

각 평가방식은 시장성, 원가성, 수익성이라는 서로 다른 사고를 기초로 하고 있어 각 방식의 한계와 적용대상의 구분이 있고, 경우에 따라서는 특정 방법의 적용 시 주관이 많이 개입될 소지가 있기 때문에 특정 방법에 의한 가격편의 현상을 막기 위해 시산가액 조정이 필요하다.

2) 상관 및 조정의 원리

부동산가격은 효용(수익성), 상대적 희소성(비용성), 유효수요(시장성)의 가격발생요인의 상호유기적 결합에 의해 발생하는바, 가격발생요인의 유기적 관련성을 바탕으로 상관 및 조정의 원리에 의한 시산가액 조정이 요구된다.

3) 3면 등가의 한계

마샬의 3면 등가성은 완전경쟁시장하에서 성립한다고 하였으나, 부동산시장은 불완전하며 가격형성요인이 항상 변화할 가능성이 있는 동적 시장으로서 현실적으로 일치할 수 없기 때문에 시산가액 조정이 필요하다.

2. 물건별 감정평가방법의 규정방식

감정평가에 관한 규칙 제12조에서는 대상물건별로 정한 감정평가방법을 적용하여 감정평가하도록 주된 방식을 규정하고 있으며, 다만, 주된 방식 이외의 다른 방식에 속하는 감정평가방법을 적용하여 합리성을 검토하도록 규정하고 있다. 만일, 이러한 합리성 검토를 통해 주된 방식에 의한 시산가액이 적절하지 않을 경우에는 시산가액 조정을 하여 감정평가액을 결정할 수 있다.

3. 시산가액 조정의 전제와 규정방식과의 관련성

1) 평가방식의 특징과 유용성과의 관련성

감정평가의 대상이 되는 물건은 개별성으로 인해 각각 다른 특징을 가지고 있다. 따라서 각 물건 특성에 맞는 적합한 평가방식이 적용될 수 있도록 하여야 한다. 감정평가에 관한 규칙 역시 각 물건마다 특징에 따라 주된 평가방법을 정하고 있다는 점에서 시산가액 조정의 전제와 관련성이 있다.

2) 상관 및 조정의 원리와의 관련성

각 물건 특성에 따라 주된 평가방법이 정해져 있지만, 규정상으로는 다른 방식에 의한 평가방법을 통해 합리성 검토를 하도록 규정하고 있다. 이는 결국 대상물건의 가치는 하나의 방식이 아닌 수익성, 비용성, 시장성의 상호유기적 결합에 의해 발생한다는 시산가액 조정의 전제와 관련성이 있다.

3) 3면 등가의 한계와의 관련성

규정상으로는 주된 방법 및 다른 방법을 통해 감정평가를 하되, 다른 방법에 의해 합리성이 인정되지 않는 경우에는 시산가액 조정을 하도록 규정하고 있다. 이는 결국, 부동산시장의 불완전성으로 인해 3면 등가가 이루어지지 않기 때문에 규정된 내용이므로 시산가액 조정의 전제와 관련성이 있다.

Ⅳ. 『물음 3』

1. 감정평가액 표시의 의의

감정평가는 토지 등의 경제적 가치를 판정하여 그 결과를 가액으로 표시하는 것을 말한다. 이때 가액이란 정상적인 거래에서 거래 자산에 화폐로 지불될 수 있는 금액을 표시한 것으로 사물이 지니고 있는 가치를 의미하거나 매매의 목적으로 주고받는 대가를 의미한다. 이하, 감정평가액을 표시하는 방법에 대하여 설명한다.

2. 감정평가액을 표시하는 이론적 방법

1) 점추정치

최종가치를 하나의 수치로 표시한 것을 점추정치라 한다. 이는 전통적으로 감정평가에서 사용되어 온 방식이다. 주로 담보, 보상, 과세가치 감정평가액 등이 해당한다. 점추정치 감정평가액은 가급적 반올림을 하여 적정한 유효숫자까지만 표시하고 정확성의 한계를 밝히는 것이 바람직하다.

2) 구간추정치

평가액의 산출에 있어 경우에 따라서는 구간으로 추정할 수도 있다. 범위로 평가액을 산출할 경우 평가액의 범위를 상한과 하한의 범위로 산정한다. 범위가 클수록 평가의뢰인에게 의미 없는 정보를 주게 되고 범위가 작을수록 가격의 정밀도가 커지게 된다. 따라서 평가액의 확률구간은 평가액의 신뢰구간과 관련이 있다.

3) 관계가치

기준금액의 상하관계로 표시한 것을 관계가치라 한다. 경우에 따라서는 단 하나의 수치를 산정한다는 것이 별다른 의미를 지니지 못하는 수가 많은데 넓은 범위의 가치지적은 의미가 없지만 좁은 범위의 가치지적은 점추정치보다 오히려 평가의 신뢰성을 높여줄 수도 있다.

Ⅴ. 결

부동산의 특성으로 인해 부동산이 거래되는 시장은 불완전한 특성을 지니고 있다. 이로 인해, 가치의 3면성이 성립하지 않는 바, 시산가액 조정은 감정평가 시 중요한 절차에 해당한다. 특히 시장가치를 기준으로 한 적정한 경제적 가치를 도출하기 위해서 시산가액 조정에 대한 이해는 반드시 필요하다고 볼 수 있다.

> **03** 정비사업의 관리처분계획을 수립하기 위한 종후자산 감정평가에 대한 다음 물음에 답하시오. 20점
>
> 1) 종후자산 감정평가의 기준가치에 관하여 설명하시오. 10점
>
> 2) 종후자산 감정평가의 성격을 감정평가방식과 관련하여 설명하시오. 10점

1 출제위원 채점평

종후자산의 기준가치와 감정평가의 성격을 평가방식과 관련해 묻는 문제이다. 최근에 이슈가 되고 있는 분야인 만큼 대부분의 수험생들은 그 내용을 빠짐없이 잘 기술한 편이었다.

2 기출문제 논점분석

『물음 1』은 기준가치와 관련된 문제로 「감정평가에 관한 규칙」 제5조에서는 시장가치와 시장가치 외의 가치를 기준가치로 규정하고 있습니다. 만일, 시장가치 외의 가치를 기준가치로 본다면 시장가치의 개념요소 중 어느 부분을 누락하는지에 대한 포섭이 반드시 필요합니다.

『물음 2』는 종후자산의 성격을 감정평가방식과 관련시키는 문제로, 원가·비교·수익방식과의 관련성을 설명해야 합니다. 특히 각각의 방식은 비용성·시장성·수익성이 고려되는 방식이기 때문에 종후자산 감정평가에 있어 어떻게 연관되는지를 설명해야 합니다.

3 예시답안 목차

Ⅰ. 서

Ⅱ. 『물음 1』

1. 기준가치의 의의 및 종류
   1) 기준가치의 의의 및 종류
   2) 기준가치로서 시장가치의 의의
2. 종후자산 감정평가의 기준가치
   1) 종후자산 감정평가의 특징
   2) 종후자산 감정평가의 기준가치

Ⅲ. 『물음 2』

1. 감정평가방식의 의의
2. 감정평가방식과 관련한 종후자산 감정평가의 성격
   1) 원가방식과 관련한 종후자산 감정평가의 성격

2) 비교방식과 관련한 종후자산 감정평가의 성격

3) 수익방식과 관련한 종후자산 감정평가의 성격

Ⅳ. 결

4 예시답안

Ⅰ. 서

정비사업은 조합원들 간에 다양한 이해관계가 상충하며, 사업의 규모로 인해 사회 전반적으로 미치는 영향도 크기 때문에 이에 대한 이해는 중요하다. 이하에서는 종후자산 감정평가의 기준가치에 관하여 설명하고, 종후자산 감정평가의 성격을 감정평가방식과 관련하여 설명한다.

Ⅱ. 『물음 1』

1. 기준가치의 의의 및 종류

1) 기준가치의 의의 및 종류

기준가치란 감정평가의 기준이 되는 가치를 말한다. 감정평가에 관한 규칙 제5조에서는 시장가치를 원칙적으로 기준가치로 규정하고 있지만, 예외적인 경우 시장가치 외의 가치를 기준으로 결정할 수 있도록 정하고 있다.

2) 기준가치로서 시장가치의 의의

시장가치란 감정평가의 대상이 되는 토지 등이 통상적인 시장에서 충분한 기간 동안 거래를 위하여 공개된 후 그 대상물건의 내용에 정통한 당사자 사이에 신중하고 자발적인 거래가 있을 경우 성립될 가능성이 가장 높다고 인정되는 대상물건의 가액을 말한다. 이때 통상적인 시장은 현실적으로 불완전경쟁시장을 의미하며, 시장가치의 제반 조건을 만족하는 상정된 시장이지만 현실에 존재하지 아니하는 시장은 아니고 통상적인 부동산 거래가 이루어질 수 있는 공개된 시장을 의미한다.

2. 종후자산 감정평가의 기준가치

1) 종후자산 감정평가의 특징

종후자산 감정평가란 분양대상자별 분양예정인 대지 또는 건축물의 추산액 산정을 위한 감정평가이다. 이는 적정한 분양가 산정을 위한 감정평가로서 법으로 정하여진 필수적 사항은 아니며 원활한 분양을 위하여 사업시행자의 의뢰에 따라 이루어진다는 특징이 있다.

2) 종후자산 감정평가의 기준가치

종후자산 감정평가액은 해당 정비사업에 동의 및 참여하고 최종적으로 해당 정비사업의 분양대상자가 됨을 전제로 의미를 가지게 된다. 즉, 조합원에 해당되어야 의미가 있는 것이기 때문에 종후자산 감정평가가 이루어지는 것은 공개된 시장이라고 볼 수 없다. 따라서 통상적인 시장이라는 개념요소를 충족하지 못하기 때문에 종후자산 감정평가의 기준가치는 시장가치 외의 가치로 보는 것이 타당하다.

Ⅲ. 『물음 2』

1. 감정평가방식의 의의

감정평가방식은 가치의 3면성에 따라 원가방식・비교방식・수익방식으로 구분된다. 이때 원가방식은 원가법, 적산법 등 비용성의 원리에 기초한 감정평가방식을 말한다. 비교방식은 거래사례비교법, 임대사례비교법 등 시장성의 원리에 기초한 감정평가방식 및 공시지가기준법을 의미하며, 수익방식이란 수익환원법, 수익분석법 등 수익성의 원리에 기초한 감정평가방식을 말한다.

2. 감정평가방식과 관련한 종후자산 감정평가의 성격

1) 원가방식과 관련한 종후자산 감정평가의 성격

종후자산을 감정평가하는 경우에는 대지비・건축비 및 그 밖에 사업시행에 소요된 제반 비용을 고려하여 평가한다. 즉, 종후자산 감정평가는 정비사업 진행에 있어서 관련되는 비용을 고려한다는 점에서 원가방식과 관련성이 있다.

2) 비교방식과 관련한 종후자산 감정평가의 성격

종후자산을 감정평가할 때에는 인근지역이나 동일수급권 안의 유사지역에 있는 유사물건의 분양사례・거래사례・평가선례를 고려한다. 즉, 종후자산 감정평가는 정비사업의 시행으로 인해 완공된 공동주택과 유사한 사례를 고려한다는 점에서 비교방식과 관련성이 있다.

3) 수익방식과 관련한 종후자산 감정평가의 성격

종후자산 감정평가는 완공 이후 분양가 및 수익성을 고려한다. 특히 일반분양분은 추후 분양가 상한제라는 별도의 분양가격 결정절차가 예정되어 있는데, 수익성과 관련이 있다고 볼 수 있다. 즉, 종후자산 감정평가는 분양분에 있어 분양가와 같은 수익성을 고려한다는 점에서 수익방식과 관련성이 있다.

Ⅳ. 결

정비사업에 있어 종후자산의 감정평가는 조합원의 권리・의무에 영향을 미치는 과정이다. 감정평가는 이해당사자들의 입장을 조율하고 정확한 경제적 가치를 도출하는 것을 목적으로 하기 때문에 감정평가 시 기준가치 및 평가방법 적용에 있어 유의해야 한다.

04 영업권과 상가권리금을 비교 · 설명하시오. 10점

1 출제위원 채점평

영업권과 상가권리금의 개념과 상호비교 및 평가방법상의 차이를 묻는 문제이다. 우선, 개념은 명확하고 정확하게 기술해야 한다. 영업권의 개념과 '상가권리금은 무엇이다.'라는 개념이 명확해야 한다. 둘째, 상호관련성의 비교인바, 영업권과 상가권리금이 유사하면서도 서로 다른 특징을 가지고 있기 때문에 이에 대한 설명이 요구된다. 마지막으로 영업권과 상가권리금의 평가방법과 평가상의 한계나 어려운 점에 대한 구체적인 설명이 요구된다. 또한, 많은 수험생들이 정확한 개념의 설명보다는 상식적인 수준에서의 개념적 설명이 많았고, 영업권과 상가권리금의 상호관계에 대한 비교에 있어서 제대로 기술하지 못하는 경우도 있었다.

2 기출문제 논점분석

영업권과 상가권리금을 비교하는 문제이므로, 기본적으로는 공통점과 차이점으로 나누어 설명해야 합니다. 공통점의 경우는 감정평가 "개론" 단원부터 찾아주는 것이 유리하며, 차이점의 경우는 구체적인 대상물건이 다르기 때문에 감정평가 "각론" 단원의 대상물건의 특징부터 비교해주는 것이 시간단축에 효율적입니다.

3 예시답안 목차

Ⅰ. 서

Ⅱ. 영업권과 상가권리금의 공통점

1. 수익력과의 관련성
2. 수익방식의 적용 측면

Ⅲ. 영업권과 상가권리금의 차이점

1. 감정평가의 대상 측면
2. 대상물건의 특징 측면

4 예시답안

Ⅰ. 서

영업권이란 대상 기업이 경영상의 유리한 관계 등 배타적 영리기회를 보유하여 같은 업종의 다른 기업들에 비하여 초과수익을 확보할 수 있는 능력으로서 경제적 가치가 있다고 인정되는 권리를 말한다. 반면, 권리금이란 임대차 목적물인 상가건물에서 영업을 하는 자 또는 영업을 하려는 자가 영업시설·

비품·거래처, 신용, 영업상의 노하우, 상가건물의 위치에 따른 영업상의 이점 등 유형·무형의 재산적 가치의 양도 또는 이용대가로서 임대인, 임차인에게 보증금과 차임 이외에 지급하는 금전 등의 대가를 말한다.

Ⅱ. 영업권과 상가권리금의 공통점

1. 수익력과의 관련성

영업권의 경우에는 다른 기업체에 비하여 초과수익력을 확보할 수 있는 능력을 말하며 상가권리금의 경우에도 상권의 활성화 정도로 인한 지역권리금 및 해당 상가의 영업능력에 의한 영업권리금으로 구성된다. 따라서 양자는 모두 매출액과 같이 수익력의 영향을 크게 받는다는 공통점이 있다.

2. 수익방식의 적용 측면

영업권과 권리금 모두 수익발생을 목적으로 하는 무형자산의 성격을 지닌다. 따라서 원칙적인 방법으로 수익방식을 적용하여 대상물건의 수익성을 반영해준다는 공통점이 있다.

Ⅲ. 영업권과 상가권리금의 차이점

1. 감정평가의 대상 측면

영업권은 초과수익을 확보할 수 있는 능력으로 경제적 가치가 있다고 인정되는 권리를 의미하기 때문에 무형자산에 해당한다. 반면, 권리금의 경우는 무형자산뿐만 아니라, 영업시설·비품과 같은 유형자산도 포함하게 된다. 즉, 감정평가 대상에 있어 유형자산 포함 여부에 차이점이 있다.

2. 대상물건의 특징 측면

영업권의 경우는 별도로 법률적인 보호는 받고 있지 않다. 반면, 권리금의 경우는 상가건물의 임대차 보호법에 따라 회수기간에 있어서 법률적인 보호를 받고 있다. 즉, 법률적 보호 여부에 따른 대상물건의 특징에 차이점이 있다.

Chapter

09 제27회 기출문제 답안

---

01 **지식정보사회로의 이행 등에 따라 기업가치 중 무형자산의 비중이 상대적으로 증가하고 있다. 「감정평가 실무기준」에 규정하고 있는 계속기업가치의 감정평가와 관련하여 다음 물음에 답하시오.** 40점

1) **기업가치의 구성요소를 설명하고, 기업가치의 감정평가 시 유의사항을 설명하시오.** 10점

2) **기업가치의 감정평가에 관한 이론적 배경과 감정평가방법을 설명하고, 각 감정평가방법 적용 시 유의사항 및 장단점을 설명하시오.** 20점

3) **기업가치의 감정평가에 있어서 시산가액 조정에 대하여 설명하고, 조정된 기업가치에 대한 구성요소별 배분방법에 관해 설명하시오.** 10점

---

1 출제위원 채점평

본 문제는 지식정보사회로의 이행에 따라 기업가치 중 무형자산가치의 비중이 커지고 있음에 따라 이에 대한 개념과 이론적 배경, 실무상 적용근거 등에 대하여 묻고 있다. 기업가치는 B/S상 자산과 이에 대응하는 자본 및 부채로 구성되어 있고, 자산은 유형 및 무형자산으로 나누어 볼 수 있다. 이러한 기본적인 기업가치의 구성요소의 이해 정도와 기업가치의 평가 시 유의사항에 대한 질문이 있었는데 구체적이고 명확히 논지를 이해한 답안은 많지 않았다. 또한 기업가치의 감정평가에 관한 이론적 배경과 감정평가방법을 설명하고, 각 감정평가방법 적용 시 유의사항 및 장단점을 설명하라는 문제와 관련하여서는, 기업가치도 가치의 3면성에 입각하고 있음과 기업가치를 평가하는 각 방법을 유의사항과 함께 설명해야 하는데 부동산 감정평가 3방법을 그대로 기술하는 등 문제를 잘 이해하지 못한 답안도 상당수 있었다. 아울러 기업가치의 감정평가에 있어서 시산가액 조정 및 배분방법에 대한 질문에 대해서는 대체로 답안 구성이 심도 있는 논점보다는 일반적인 기술이 많아 아쉬웠다. 전반적으로 문제가 요구하고 있는 논점을 차분히 파악하고 핵심적인 내용을 논리적으로 잘 정리하여 설명하는 기술이 필요하다.

2 기출문제 논점분석

『물음 1』은 기업가치의 구성요소를 묻는 문제로 기업가치의 개념을 활용하면 됩니다. 크게는 유형자산과 무형자산으로 구분하거나 자본과 부채로 구분할 수 있습니다. 감정평가 시 유의사항의 경우는 실무기준 해설서에 있는 내용을 활용해도 되지만, 가격제원칙과 시장분석, 최유효이용 및 감정평가 3방식과 같이 이론적인 감정평가의 전반적인 절차를 활용해도 무방합니다.

『물음 2』는 감정평가의 이론적 배경은 이후 물음인 감정평가방법과의 관련성을 고려한다면, 가치의 3면성을 이론적 근거로 설명할 수 있습니다. 또한, 각각의 유의사항과 장단점은 제시된 대상물건이 계속기업가치라는 점을 고려하여 작성해야 합니다.

『물음 3』은 시산가액 조정 및 배분법과 관련한 내용입니다. 시산가액 조정의 기준과 방법의 일반론을 활용해야 하며, 대신 계속기업가치 등과 같은 대상물건의 특성을 반영해야 합니다. 배분법의 경우는 공제방식과 비율방식의 내용을 활용해서 작성해주면 됩니다.

3 예시답안 목차

Ⅰ. 서

Ⅱ. 『물음 1』

1. 기업가치의 구성요소
2. 기업가치 감정평가 시 유의사항
   1) 가격제원칙 고려 시 유의사항
   2) 수요·공급 시장분석 시 유의사항
   3) 최유효이용 판정 시 유의사항
   4) 감정평가방법 적용 시 유의사항
   5) 시산가액 조정 시 유의사항

Ⅲ. 『물음 2』

1. 기업가치의 감정평가에 관한 이론적 배경
2. 기업가치의 감정평가방법
   1) 수익환원법
   2) 거래사례비교법
   3) 원가법
3. 감정평가방법 적용 시 유의사항 및 장단점
   1) 수익환원법
   2) 거래사례비교법
   3) 원가법

Ⅳ. 『물음 3』

1. 시산가액 조정
   1) 시산가액 조정의 의의 및 기준
   2) 기업가치의 시산가액 조정

2. 구성요소별 배분방법

1) 비율방식

2) 공제방식

Ⅴ. 결

4 예시답안

Ⅰ. 서

기업가치란 해당 기업체가 보유하고 있는 유・무형의 자산 가치를 말하며, 자기자본가치와 타인자본가치로 구성된다. 과거의 유형자산 중심의 평가와 달리 지식정보사회로 시장상황이 변화하고 있으며, 무형자산에 대한 관심이 증가함에 따라 기업가치에 대한 중요성이 올라가고 있다. 이하, 기업가치와 관련된 물음에 답한다.

Ⅱ. 『물음 1』

1. 기업가치의 구성요소

기업가치를 감정평가할 때 재무상태표의 왼쪽 자산항목을 기준으로 할 수 있다. 이때 자산을 구성하고 있는 항목은 토지, 건물 및 설비와 같은 유형자산과 기타 기업 운영과 관련된 무형자산을 구성요소로 한다.

2. 기업가치 감정평가 시 유의사항

1) 가격제원칙 고려 시 유의사항

감정평가 시에는 향후 시장상황의 변동 등에 대해서 예측을 하여 이를 평가액에 반영해야 한다. 특히 시장상황이 지식정보사회로 이행되어 점차 무형자산의 중요성 증대가 예측된다는 점을 고려해야 함에 유의해야 한다.

2) 수요・공급 시장분석 시 유의사항

시장분석은 대상물건에 대한 수요와 공급 상황을 분석하는 것이다. 특히 이후 과정인 최유효이용 판정은 충분한 수요가 있는지 판단하는 절차인바 수요에 대한 분석이 중요하다. 시장분석 시 해당 기업에 대한 충분한 수요가 없다면 최유효이용은 잠정적으로 연기될 수 있음에 유의해야 한다.

3) 최유효이용 판정 시 유의사항

대상물건의 가치는 최유효이용을 전제로 형성되며, 이때 최유효이용은 장기적 고려를 통한 이용으로 지속될 수 있어야 한다. 따라서 해당 기업에 대한 수요가 일시적으로 초과수요를 누리고 있는 상황은 아닌지 유의해야 한다.

4) 감정평가방법 적용 시 유의사항

감정평가방법 적용 시에는 가치의 3면성에 따라 비용성, 수익성, 시장성을 고려해야 한다. 특히 사안은 청산기업이 아닌 계속기업의 가치를 평가하기 때문에 원칙적으로 수익방식을 적용해야 함에 유의해야 한다.

5) 시산가액 조정 시 유의사항

시산가액 조정 시에는 평가목적, 대상물건의 성격, 시장상황, 자료의 신뢰성 등을 고려한다. 사안은 대상물건이 계속기업가치로 수익성이 있는 물건이라는 점에 유의해야 한다. 또한, 해당 기업의 재무제표의 적절성 등 자료의 신뢰성을 고려해야 함에 유의해야 한다.

[실무기준 해설서]

1) 전문적 가치판정 능력

기업가치를 감정평가할 때에는 전문가로서 가치평가원칙과 이론에 대한 일정 수준의 지식, 관련 자료를 파악·수집·분석할 수 있는 능력, 적절한 가치평가접근법 및 평가방법을 적용할 수 있는 기술, 가치의 추정치를 결정할 때 전문가적 판단을 할 수 있는 자질을 갖추어야 한다.

2) 공정성과 객관성

가치평가업무를 수행할 때 공정·불편의 자세를 유지하여야 하고, 가치평가업무를 수행하는 과정에서 객관성을 유지해야 한다. 객관성의 원칙이라 함은 편파적이지 않고, 이해관계에 있어 중립적이고, 이해상충이 없어야 함을 의미하며, 정당한 주의의무를 가지고, 성실하게 업무를 수행해야 한다는 것을 말한다.

3) 비밀엄수

가치평가자가 재무제표 작성회사 외의 제3의 기관일 경우 가치평가업무 수행과정에서 획득한 정보와 가치평가 결과를 정당한 사유 없이 누설하거나 의뢰받은 목적 이외에 사용하여서는 아니 되며, 성공보수 조건의 감정평가업무 수임은 금지되어야 한다.

Ⅲ. 『물음 2』

1. 기업가치의 감정평가에 관한 이론적 배경

대상물건의 가치는 비용성·시장성·수익성과 같은 가치의 3면성의 영향을 받아 형성된다. 기업가치 감정평가 역시 원칙적인 방법으로 수익성을 반영하는 수익방식과 시장성을 반영하는 비교방식 및 비용성을 반영하는 원가방식 적용이 가능하다. 즉, 기업가치의 감정평가에 관한 이론적 배경은 가치의 3면성이라고 할 수 있다.

2. 기업가치의 감정평가방법

1) 수익환원법

① 대상 기업의 현금흐름을 기준으로 한 단계별 예측기간의 영업가치와 예측기간 후의 영구영업가치를 합산하여 전체 영업가치를 산정한 후, 비영업용 자산가치를 더하여 기업가치를 산정하는 할인현금흐름분석법, ② 대상 기업의 단일 연도의 예상이익 추정액이나 몇 년간의 예상이익의 연평균액을 환원율로 환원하는 직접환원법, ③ 환경변화에 의한 경영자의 의사결정에 따라 변동하는 미래현금흐름과 투자비용을 감안하는 옵션평가모형 등의 적용이 가능하다.

2) 거래사례비교법

① 대상 기업과 비슷한 상장기업들의 주가를 기초로 산정된 시장배수를 이용하여 대상 기업의 가치를 감정평가하는 유사기업이용법, ② 대상 기업과 비슷한 기업들의 지분이 기업인수 및 합

병거래시장에서 거래된 가격을 기초로 시장배수를 산정하는 유사거래이용법, ③ 대상 기업 지분의 과거 거래가격을 기초로 시장배수를 산정하여 대상 기업의 가치를 감정평가하는 과거거래이용법 등의 적용이 가능하다.

3) 원가법

원가법을 적용할 때에는 대상 기업의 유・무형의 개별자산의 가치를 합산하여 감정평가한다. 이때 모든 자산은 기준시점에서의 공정가치로 측정되어야 한다. 만약 매각을 전제로 한 감정평가인 경우에는 매각과 관련된 비용이 고려되어야 한다.

3. 감정평가방법 적용 시 유의사항 및 장단점

1) 수익환원법

① 현금흐름을 추정할 때 예측기간은 5년 이상 충분히 길게 하여야 하며, 환원율이나 할인율은 감정평가 대상으로부터 기대되는 현금흐름이 발생되는 시점, 위험요소, 성장성 및 화폐의 시간가치 등을 종합적으로 고려해야 함에 유의해야 한다. ② 기업은 수익발생을 목적으로 하는 대상이므로 특성을 가장 잘 반영할 수 있다는 장점이 있다. 반면, 기업의 시장상황은 변동성이 심하여 현금흐름 및 환원율 산정에 어려움이 있다는 단점이 있다.

2) 거래사례비교법

① 활용되는 유사기업은 대상 기업과 동일한 산업에 속하거나, 동일한 경제 요인에 의해 영향을 받는 산업에 속해야 한다는 점에 유의해야 한다. ② 유사한 기업에 대한 거래사례가 있다면 가장 실증적인 방법이지만, 기업의 특성상 개별성이 강하여 적정한 사례가 없는 경우 적용이 어렵다는 단점이 있다.

3) 원가법

① 계속기업을 전제로 한 가치평가에서 원가법만을 유일한 방법으로 적용해서는 안 되며, 만일 원가법을 적용하여 감정평가한 경우에는 그에 대한 정당한 근거를 제시해야 함에 유의해야 한다. ② 원가법은 청산기업의 경우 가치를 산정하는 데 유용하지만, 계속기업의 경우에는 수익성을 반영할 수 없어 정확한 가치를 산정할 수 없다는 단점이 있다.

Ⅳ. 『물음 3』

1. 시산가액 조정

1) 시산가액 조정의 의의 및 기준

시산가액 조정이란 각 시산가액을 비교・분석하여 그들 사이에 존재하는 유사점과 차이점을 찾아내어 통일적이고 일관된 가액이 도출될 수 있도록 조화시키는 작업을 말한다. 시산가액을 조정할 때에는 감정평가 목적, 대상물건의 특성, 수집한 자료의 신뢰성, 시장상황 등을 종합적으로 고려하여 각 시산가액에 적절한 가중치를 부여하여 결정하여야 한다.

2) 기업가치의 시산가액 조정

현재 기업체가 운영되고 있는 분야에 있어서 시장상황 및 재무제표와 같은 수집된 자료의 신뢰성 등을 고려하여 시산가액 조정을 할 수 있다. 다만, 사안의 경우처럼 사업을 운영하고 있는 계속기업의 경우는 수익을 발생시키고 있다는 대상물건의 특성을 고려한다면 수익방식에 높은 가중치를 부여하여 결정할 수 있다.

2. 구성요소별 배분방법

1) 비율방식

배분기준은 해당 지역의 기업체에 관한 거래관행이 있다면 해당 내용을 반영하거나 유사 기업체의 유형·무형자산의 비율이 있다면, 합리적인 배분비율을 적용하여 배분할 수 있다.

2) 공제방식

유형자산 혹은 무형자산만의 가액을 합리적으로 구할 수 있는 경우에는 전체 기업체의 가치에서 해당 유형·무형자산의 가액을 공제하는 방법을 적용할 수 있다.

Ⅴ. 결

무형자산에 대한 관심이 증가하면서 기업가치에 대한 평가수요도 증가하고 있다. 특히 지식정보사회로 시장상황이 변동함에 따라 정확한 가치 추계를 위해서 실물옵션 및 HPM과 같은 다양한 평가방법의 병용도 필요하다 판단된다.

02 감정평가사 甲은 乙 주식회사가 소유한 ○○동 1번지 소재 업무용 빌딩과 ○○동 1-1번지 나지상태의 토지에 대하여 재무보고 목적의 감정평가를 진행하려 한다. 다음 물음에 답하시오. 30점

1) 본건 감정평가의 기준가치는 무엇인지 그 개념에 관해 설명하고, 시장가치기준 원칙과의 관계에 관해 설명하시오. 10점

2) 甲은 ○○동 1번지 소재 업무용 빌딩에 대하여 할인현금흐름분석법을 적용하려 한다. 이때 적용할 할인율과 최종환원율을 설명하고, 업무용 부동산시장의 경기변동과 관련하여 양자의 관계를 설명하시오. 15점

3) ○○동 1-1번지 토지에 대하여 공시지가기준법을 적용하여 시점수정, 지역요인 및 개별요인의 비교 과정을 거쳐 산정된 가액이 기준가치에 도달하지 못하였다고 가정할 경우 공시지가기준법에 따라 甲이 실무적으로 보정할 수 있는 방법에 관해 설명하시오. 5점

1 출제위원 채점평

본 문제에서는 기준가치가 공정가치인 경우에 시장가치기준 원칙과의 관계, 할인현금흐름분석법 적용 시 경기변동과 관련한 할인율과 최종환원율과의 관계, 공시지가기준법 적용 시 그 밖의 요인 보정 및 다른 방법으로의 합리성의 검토 등에 대하여 물었다. 대부분의 수험생은 관계 법령 및 실무기준, 감정평가이론 등에 기초하여 각각의 용어 정의는 대체로 잘 기술하였으나, 이들을 관계 지어 설명하는 데에는 혼동과 어려움을 겪은 수험생들이 다수 있었다.

『물음 1』에서는 공정가치와 시장가치의 개념에 대한 숙지가 부족한 듯 양자의 관계에 대한 논리적인 설명보다는 용어 정의에만 치우친 차이 분석이나 단순히 결과적으로는 동일하다는 식의 단편적인 설명이 많아 아쉬웠다.

『물음 2』에서도 경기변동에 따른 할인율과 최종환원율 변화의 인과관계를 논리적으로 설명하지 못한 수험생들이 많아 아쉬웠다.

『물음 3』에서는 대부분의 수험생들은 그 밖의 요인 보정 방법에 대해서는 잘 기술한 편이었으나, 일부 수험생들만이 거래사례비교법 등 다른 평가방법과의 합리성 검토를 통한 시산가액 조정까지 설명하였다. 전체적으로 개념에 대한 종합적이고 논리적인 설명보다는 단순 암기사항을 기술하는 데에 그친 수험생들이 많아 대부분의 답안이 대동소이한 점은 크게 아쉬웠다.

2 기출문제 논점분석

『물음 1』과 같이 기준가치를 묻는 문제의 경우는 시장가치 또는 시장가치 외의 가치로 서술해야 합니다. 만일, 시장가치 외의 가치로 보는 경우라면 반드시 시장가치의 개념요소 중에서 어떤 부분을 누락했는지를 설명해야 합니다.

『물음 2』는 할인율과 최종환원율의 관계로 최종환원율은 환원율에 장기위험 프리미엄, 성장률, 소비자물가상승률을 고려하여 산정하게 됩니다. 특히 경기변동과 관련하여 설명을 요구하고 있으므로, 확장국면과 수축국면으로 나누어 답안을 작성해야 합니다.

『물음 3』은 공시지가기준법에서 활용하는 표준지공시지가가 시세를 반영하지 못함으로 인해서 이를 보정해 줄 수 있는 방법에 관한 문제입니다. 그 밖의 요인 보정과 관련된 내용을 서술하면 되고, 실무기준해설서에서 역시 대상토지 기준과 표준지 기준 산정방식 두 가지를 모두 설명하고 있으므로, 각각의 내용을 작성해주면 됩니다.

3 예시답안 목차

Ⅰ. 서

Ⅱ. 『물음 1』

1. 본건 감정평가의 기준가치와 그 개념
    1) 본건 감정평가의 기준가치
    2) 본건 감정평가의 기준가치의 개념
2. 시장가치기준 원칙과의 관계
    1) 가치다원론 측면의 관계
    2) 원칙과 예외의 관계

Ⅲ. 『물음 2』

1. 할인현금흐름분석법의 개념
2. 적용할 할인율과 최종환원율
    1) 적용할 할인율
    2) 적용할 최종환원율
3. 업무용 부동산시장의 경기변동과 관련한 양자의 관계
    1) 업무용 부동산시장의 경기변동 의의와 종류
    2) 업무용 부동산시장의 경기변동과 관련한 양자의 관계
        (1) 확장국면인 경우
        (2) 수축국면인 경우

Ⅳ. 『물음 3』

1. 그 밖의 요인 보정의 의의

2. 그 밖의 요인 보정의 방법
   1) 대상토지 기준 산정방식
   2) 표준지 기준 산정방식

Ⅴ. 결

4 예시답안

Ⅰ. 서

감정평가 시에는 다양한 목적이 존재하고, 이에 따라 감정평가 시 기준가치가 달라지게 된다. 또한, 부동산은 영속성이라는 특성으로 인해 경기변동의 영향을 받으며, 이는 수익방식 적용 시 할인율과 최종환원율에 영향을 미치게 된다. 이는 결국 부동산의 최종적인 경제적 차이에 영향을 미치므로 이에 대한 이해는 중요하다. 이하, 관련된 물음에 답한다.

Ⅱ. 『물음 1』

1. 본건 감정평가의 기준가치와 그 개념

1) 본건 감정평가의 기준가치

기준가치란 감정평가의 기준이 되는 가치를 의미하며, 감정평가에 관한 규칙 제5조에 따라 원칙적인 기준가치는 시장가치가 된다. 이때 시장가치란 대상물건이 통상적인 시장에서 충분한 기간 동안 공개된 후 대상물건의 내용에 정통한 당사자 사이에 신중하고 자발적인 거래가 있을 경우 성립될 가능성이 가장 높다고 인정되는 대상물건의 가액을 말한다.

2) 본건 감정평가의 기준가치의 개념

재무보고 목적의 평가 시에는 공정가치를 기준가치로 하며, 이때 공정가치란 한국채택국제회계기준에 따라 자산 및 부채의 가치를 추정하기 위한 기본적 가치기준으로서 합리적인 판단력과 거래의사가 있는 독립된 당사자 사이의 거래에서 자산이 교환되거나 부채가 결제될 수 있는 금액을 말한다. 해당 재무보고 목적은 기업의 회계 관련한 내용으로 반드시 거래가 되는 시장을 전제로 한 것은 아니기 때문에 시장가치 외의 가치의 성격을 지닌다.

2. 시장가치기준 원칙과의 관계

1) 가치다원론적 측면의 관계

가치다원론이란 가치에 대한 개념이 어떤 상황에서 어떠한 용도로 사용되느냐 그리고 어떤 관점으로 바라보느냐에 따라 달라진다는 내용이다. 사안은 공정가치를 기준가치로 하게 되고, 이는 재무보고 목적이라는 상황으로 인한 것이라는 점에서 시장가치기준 원칙과 가치다원론 측면의 관계가 있다.

2) 원칙과 예외의 관계

감정평가에 관한 규칙 제5조에서는 원칙적인 기준가치로 시장가치를 규정하고 있다. 하지만 해당 재무보고 목적의 기준가치인 공정가치는 충분한 기간 동안 거래를 위하여 공개되었다고 보기 어려워 시장가치의 개념요소를 만족하지 못하므로 시장가치 외의 가치의 성격을 지닌다. 따라서 원칙과 예외의 관계가 있다.

Ⅲ. 『물음 2』

1. 할인현금흐름분석법의 개념

할인현금흐름분석법이란 대상물건이 산출할 것으로 기대되는 미래의 현금흐름을 할인하여 대상물건의 가액을 산정하는 감정평가방법을 말한다.

2. 적용할 할인율과 최종환원율

1) 적용할 할인율

할인율은 미래 여러 기간의 현금흐름을 현재가치로 환산하여 현재 부동산의 가치를 구하는 데 사용되는 율을 말한다. 사안에서 적용할 할인율은 시장에서 업무용 빌딩에 대해서 발표되는 할인율 혹은 업무용 빌딩 투자자의 행태에 근거한 투자자조사법 등을 활용하여 적용할 수 있다.

2) 적용할 최종환원율

최종환원율이란 복귀가액을 산정하는 데 사용되는 율이며 기출환원율이라고도 한다. 최종환원율은 환원율에 장기위험프리미엄・성장률・소비자물가상승률 등을 고려하며, 유사한 업무용 빌딩의 수익률 혹은 업무용 부동산의 위험이나 운영 리스크에 따른 위험정도를 반영하여 적용할 수 있다.

3. 업무용 부동산시장의 경기변동과 관련한 양자의 관계

1) 업무용 부동산시장의 경기변동 의의와 종류

경기변동이란 부동산도 경제재의 일종으로서 확장과 수축을 반복하며 시장상황이 변화한다는 것을 의미한다. 경기변동의 종류에는 가격과 거래량이 상승하고 금리와 공실률이 하락하는 확장국면과, 가격과 거래량이 감소하고 금리와 공실률이 증가하는 수축국면이 있다.

2) 업무용 부동산시장의 경기변동과 관련한 양자의 관계

(1) 확장국면인 경우

할인율과 최종환원율의 관계는 보유기간 동안의 대상부동산 가치변동에 따라 달라지게 된다. 즉, 확장국면이라서 부동산의 가치가 상승하는 경우에는 수요가 상승하기 때문에 최종환원율보다 할인율이 큰 관계가 성립한다.

(2) 수축국면인 경우

반면, 수축국면이라서 부동산의 가치가 하락하는 경우에는 수요가 감소하며 위험이 증가하게 된다. 따라서 이 경우에는 최종환원율이 할인율보다 큰 관계가 성립한다.

Ⅳ. 『물음 3』

1. 그 밖의 요인 보정의 의의

그 밖의 요인이란 시점수정, 지역요인 및 개별요인의 비교 외에 대상토지의 가치에 영향을 미치는 요인이다. 공시지가기준법에 의한 감정평가액이 시점수정, 개별요인 및 지역요인 비교를 거쳤음에도 불구하고 기준가치에 도달하지 못하는 경우가 발생할 수 있다. 그 밖의 요인의 보정은 일반적으로 이러한 격차를 보완하기 위하여 실무적으로 행하는 절차이다.

2. 그 밖의 요인 보정의 방법

1) 대상토지 기준 산정방식

표준지공시지가는 감정평가법인등이 평가한 가격에 대해 지역단위 및 전국단위의 가격균형협의와 지방자치단체장 및 소유자의 의견청취, 중앙부동산평가위원회의 심의 등 「부동산공시법」에서 규정한 절차를 거쳐 국토교통부장관이 직접 공시하는 가격이라는 점에서 직접 보정의 방법은 타당하지 않다. 그러므로 그 밖의 요인 보정은 비교표준지를 기준으로 산정된 대상토지의 감정평가액과 거래사례 등을 기준으로 산정된 대상토지의 감정평가액을 보정하는 방법(대상토지 기준 산정방식)을 원칙으로 한다.

2) 표준지 기준 산정방식

그러나 현행 「감정평가에 관한 규칙」 및 「토지보상법」은 대상토지가 소재하는 지역이 아닌 비교표준지가 소재하는 지역의 지가변동률을 적용하여 시점을 수정하도록 개정되어 표준지공시지가 자체를 수정하는 것으로 변경되었으므로, 거래사례 등을 적용하여 비교표준지 공시지가를 직접 보정한 후 이를 기준으로 대상토지를 감정평가하는 직접 보정방법(표준지 기준 산정방식)도 가능한 것으로 볼 수 있다.

Ⅴ. 결

감정평가 목적과 수익방식 적용 시 최종환원율 및 할인율은 감정평가 과정에 있어 경제적 가치에 영향을 미친다. 즉, 이에 대한 이해는 정확한 경제적 가치 판정에 영향을 미치기 때문에 감정평가 과정에 있어서, 유의해야 한다고 판단된다.

> **03** 사회가 발전하면서 부동산의 가치가 주위의 여러 요인에 따라 변동하게 되었는바, 소음·환경오염 등으로 인한 토지 등의 가치하락분에 대한 감정평가와 관련하여 다음 물음에 답하시오. 20점
>
> 1) 가치하락분 산정의 일반적인 원리와 가치하락분의 제외요인 및 포함요인에 관해 설명하고, 부동산가격제원칙과의 연관성에 관해 논하시오. 15점
>
> 2) 스티그마(STIGMA) 효과의 개념 및 특징에 대해 설명하시오. 5점

1 출제위원 채점평

본 문제에서는 소음 등으로 인한 토지 등의 가치하락분과 관련한 내용과 스티그마 효과에 대하여 물었다. 최근 큰 이슈가 되고 있는 분야인 만큼 대부분의 수험생들은 그 내용들을 빠짐없이 잘 기술한 편이었다. 다만, 본 문제의 내용이 감정평가실무기준 해설서나 수험서적 등에서 다루고 있는 내용이었던 만큼, 대부분의 수험생들은 암기한 내용을 기억해 내어 쓰고자 하는 노력이 강했던 것으로 여겨진다. 상대적으로 좋은 점수를 얻기 위해서는 논리적이고 차별화된 답안의 구성이 필요할 것으로 보인다.

2 기출문제 논점분석

『물음 1』의 가치하락분 산정의 일반적인 원리와 가치하락분의 제외요인 및 포함요인은 실무기준 해설서의 내용이므로 정확하게 암기해서 서술해주는 것이 필요합니다. 또한, 부동산가격제원칙과의 연관성이므로, 내용을 세분화하여 내부·외부·토대·최유효이용의 원칙과 각각 어떤 관련성이 있는지를 언급해주면 됩니다.

『물음 2』 역시 실무기준 해설서와 관련된 내용입니다. 우선적으로, 암기된 내용을 정확하게 쓰는 것이 안정적인 점수를 받을 수 있는 방법입니다.

3 예시답안 목차

Ⅰ. 서

Ⅱ. 『물음 1』

1. 가치하락분 산정의 일반적인 원리
2. 가치하락분의 제외요인 및 포함요인
3. 부동산가격제원칙과의 연관성
   1) 토대가 되는 원칙과의 연관성
   2) 내부적 원칙과의 연관성

3) 외부적 원칙과의 연관성

4) 최유효이용 원칙과의 연관성

Ⅲ. 『물음 2』

1. 스티그마 효과의 개념

2. 스티그마 효과의 특징

Ⅳ. 결

4 예시답안

Ⅰ. 서

부동산가격제원칙은 부동산의 가격이 형성되는 과정의 복잡성을 분석하는 도구이며, 이는 감정평가 시 전제가 되는 최유효이용 판정을 위해서 중요하다. 특히 최근 환경오염과 관련한 관심이 높아지는 만큼, 이하에서는 가치하락분 산정의 일반적인 원리 및 제외·포함요인과 부동산가격제원칙과의 연관성을 설명하고, 스티그마 효과의 개념 및 특징에 관해 설명하고자 한다.

Ⅱ. 『물음 1』

1. 가치하락분 산정의 일반적인 원리

가치하락분은 결국 소음 등이 발생하기 이전과 이후의 차이를 의미하므로, 소음 등이 발생하기 전 대상물건의 가치에서 소음 등이 발생한 후 대상물건의 가치를 차감하여 산정한다. 즉, 소음 등으로 인한 토지 등의 가치하락분 = 소음 등이 발생하기 전 대상물건의 가치 − 소음 등이 발생한 후 대상물건의 가치가 된다.

2. 가치하락분의 제외요인 및 포함요인

가치하락분은 객관적인 가치하락분을 대상으로 한다. 즉, 관련법령 등에 따른 허용사항 및 원상회복에 소요되는 비용과 스티그마 효과가 해당된다. 다만, 일시적이거나 정신적인 피해 등 주관적인 가치하락은 가치하락분에 포함되지 않는다. 그러나 소음 등으로 인하여 가축이나 생명체에 발생한 피해는 가치하락분에 포함할 수 있다. 이때에도 소음 등 발생 전과 후의 차이에 대한 객관적인 근거는 필요하다 할 것이다.

3. 부동산가격제원칙과의 연관성

1) 토대가 되는 원칙과의 연관성

예측의 원칙이란 부동산의 가치가 장래에 어떻게 이용될 것인가에 대한 예측을 근거로 결정된다는 원칙을 말한다. 환경오염 등으로 인한 가치하락분으로 인해 향후 낮은 소득을 창출할 것이 예측되고, 친환경정책을 우선시하도록 시장상황이 변하고 있다. 이는 부동산의 가치에 영향을 미치므로 가치하락분과 부동산가격제원칙은 연관성이 있다.

2) 내부적 원칙과의 연관성

기여의 원칙이란 부동산의 가치는 부동산을 구성하고 있는 생산요소가 기여하는 공헌도의 영향을 받아 결정된다는 원칙이다. 가치가 하락된 토지 등은 전체적인 수익 발생에 기여하는 바가 적고, 그만큼 낮은 수익성이 있기 때문에 토지에 할당되는 잉여생산성도 낮게된다. 이는 부동산의 가치에 영향을 미치므로 가치하락분과 부동산가격제원칙은 연관성이 있다.

3) 외부적 원칙과의 연관성

수요공급의 원칙이란 부동산의 가치는 수요와 공급의 상호작용에 의해 결정된다는 원칙을 말한다. 가치가 하락된 토지 등은 시장에서 수요가 줄어들게 되고, 오염이 되지 않은 토지 등에 비해 주변환경이나 시장수요와 일치하지 않게 된다. 이는 부동산의 가치에 영향을 미치므로 가치하락분과 부동산가격제원칙은 연관성이 있다.

4) 최유효이용 원칙과의 연관성

최유효이용의 원칙이란 부동산의 가치는 최유효이용을 전제로 형성된다는 원칙을 말한다. 토대가 되는 원칙과 내부・외부 측면의 원칙과 부합하지 않는 것은 결국 대상부동산이 최유효이용에 미달된다는 것을 의미한다. 이는 부동산의 가치에 영향을 미치므로 가치하락분과 부동산가격제원칙은 연관성이 있다.

Ⅲ.『물음 2』

1. 스티그마 효과의 개념

일반적으로 스티그마는 환경오염의 영향을 받는 부동산에 대해 일반인들이 갖는 무형의 또는 양을 잴 수 없는 불리한 인식을 말한다. 즉, 스티그마는 환경오염으로 인해 증가되는 위험을 시장참여자들이 인식함으로 인하여 부동산의 가치가 하락하게 되는 부정적인 효과를 의미한다.

2. 스티그마 효과의 특징

첫째, 오염 정화 전의 스티그마 감가는 정화 후의 스티그마보다 크다. 둘째, 주거, 상업, 공업용지의 스티그마 감가는 주거용지에서 가장 크고, 공업용지에서 가장 작다. 셋째, 스티그마 감가는 오염원으로부터 멀어짐에 따라 감소한다. 넷째, 오염 정화 후 남게 되는 스티그마는 시간이 경과함에 따라 감소하고 소멸한다.

Ⅳ. 결

부동산의 가치는 다양한 요인에 의해 복잡하게 형성되며, 이를 파악하는 데 있어서는 가격제원칙의 활용이 중요하다. 특히 사안처럼 가격제원칙과 부합하지 않는 경우는 최유효이용에도 미달되게 되므로 감정평가 3방식 적용 시에는 이에 대한 반영이 필요하다.

04 한국은행 기준금리가 지속적으로 인하되었다. 금리인하가 부동산시장에 미치는 영향에 관해 설명하시오. 10점

1 출제위원 채점평

금리인하가 부동산시장에 미치는 영향을 설명하는 문제는, 금리인하가 환원율의 변화를 통해 부동산가치에 미치는 영향 등과 함께 부동산의 수요와 공급에 미치는 영향 등을 보다 논리적으로 접근하는 것이 필요한데 논리적 접근에 무리가 있는 경우가 있었다.

2 기출문제 논점분석

A가 부동산시장에 미치는 영향을 묻는 문제입니다. 특히 시장에 미치는 가치형성요인으로 금리라는 경제적 요인이 제시되었으며, 금리가 인하되었다는 사실관계가 주어졌기 때문에 4사분면 모형을 활용해 주면 되는 문제입니다.

3 예시답안 목차

Ⅰ. 서

Ⅱ. 가치형성요인으로서 금리의 의의 및 역할

Ⅲ. 금리인하가 부동산시장에 미치는 영향

1. 4사분면 모형의 의의 및 내용
   1) 4사분면 모형의 의의
   2) 4사분면 모형의 내용
2. 금리인하가 부동산시장에 미치는 영향
   1) 금리인하가 자산시장에 미치는 영향
   2) 금리인하가 공간시장에 미치는 영향

4 예시답안

Ⅰ. 서

부동산의 가치는 다양한 가치형성요인에 의해 영향을 받게 된다. 감정평가사는 정확한 경제적 가치를 도출해야 하기 때문에 이러한 가치형성요인에 대한 이해는 중요하다. 이하에서는, 금리인하가 부동산시장에 미치는 영향에 관해 설명한다.

Ⅱ. 가치형성요인으로서 금리의 의의 및 역할

금리란 화폐에 대한 수요와 공급을 통해 결정되는 화폐의 가격이다. 이는 부동산과 금융시장을 직접적으로 연결해주는 매개체 역할을 하기 때문에 중요하며, 부동산의 가치에 영향을 미치는 요인 중 경제적 요인에 해당한다.

Ⅲ. 금리인하가 부동산시장에 미치는 영향

1. 4사분면 모형의 의의 및 내용

1) 4사분면 모형의 의의

4사분면 모형은 부동산시장을 자산시장과 공간시장으로 구분하고 이를 다시 단기시장과 장기시장으로 나누어 전체 부동산시장의 작동을 설명하는 모형이다. 이 모형은 임대료, 자산가격, 신규건설, 공간재고 등의 4개 변수가 어떻게 결정되는지를 보여준다.

2) 4사분면 모형의 내용

1사분면에서는 공간시장에서 결정되는 임대료를 설명해준다. 2사분면에서는 정해진 임대료를 기준으로 자산가치와 비교하며, 이때 기울기는 환원율을 의미한다. 3사분면은 주어진 부동산의 가격과 건설량의 관계를 보여주며, 4사분면은 공간시장의 임대료와 재고량과 관련하여 장기적 통합이 완성되는 곳이다.

2. 금리인하가 부동산시장에 미치는 영향

1) 금리인하가 자산시장에 미치는 영향

금리의 하락은 자본환원율이 하락하도록 영향을 미친다. 이는 2사분면에서 그래프의 기울기가 시계반대 방향으로 움직이게 한다. 이에 따라 주어진 임대료에서 자산가격은 상승하며, 신규공급량은 증가한다.

2) 금리인하가 공간시장에 미치는 영향

신규공급량이 증가하게 되면, 3사분면에서 재고량이 증가하게 된다. 이에 따라, 수요에 비해 재고량이 증가하게 되어 임대료가 하락하도록 영향을 미친다.

Chapter

10 제26회 기출문제 답안

01 A법인은 토지 200제곱미터 및 위 지상에 건축된 연면적 100제곱미터 1층 업무용 건물(집합건물이 아님)을 소유하고 있다. 건물은 101호 및 102호로 구획되어 있으며, 101호는 A법인이 사무실로 사용하고 있고 102호는 B에게 임대하고 있다. 다음 물음에 답하시오. 40점

1) A법인이 소유한 위 부동산(토지 및 건물)을 감정평가할 경우 감정평가규칙에 따른 원칙적인 감정평가방법 및 근거, 해당 방법의 적절성을 논하시오. 15점

2) 임차인 C가 101호를 전세로 임차하기로 하였다. C는 전세금액 및 전세권 설정에 참고하기 위하여 101호 건물 50제곱미터만을 감정평가 의뢰하였다. 본건 평가의 타당성에 관해 설명하시오. 10점

3) 법인은 토지에 저당권을 설정한 이후 건물을 신축하였으나 건물에 대해서는 저당권을 설정하지 않았다. A법인이 이자지급을 연체하자 저당권자가 본건 토지의 임의경매를 신청하였다. 이 경우 토지의 감정평가방법에 관해 설명하시오. 5점

4) 해당 토지의 용적률은 50%이나 주변 토지의 용적률은 100%이다. A법인이 용적률 100%를 조건으로 하는 감정평가를 의뢰하였다. 조건부 평가에 관해 설명하고 본건의 평가 가능여부를 검토하시오. 10점

1 출제위원 채점평

본 문제는 토지와 건물을 별개의 부동산으로 취급하고 있는 우리나라의 법제도하에서 토지와 건물로 구성된 부동산의 평가와 관련된 기본적인 문제들을 묻고 있다. 우선 집합건물이 아닌 토지 및 건물로 구성된 부동산의 평가와 관련하여 감정평가에 관한 규칙에서 규정하고 있는 원칙적인 평가방법, 근거 및 그 정당성에 대해서 묻고 있다. 원칙적인 평가방법에 대해서는 대다수 수험생들이 제대로 썼지만, 그 근거 및 정당성에 대해서는 제대로 논하지 않은 수험생들이 많았다. 전세금 설정을 위한 부분평가에 대해서도 부분평가개념을 제시하지 못한 수험생들이 많았고, 특정 감정방법을 채택할 경우 발생할 수 있는 문제에 대해서 검토하지 못하는 수험생들이 많았다. 토지에 대한 조건부 평가 및 해당 사항의 판단과 관련하여 조건부 평가에 대한 이론적 내용은 대다수 수험생들이 기술하였다. 그러나 해당 사안을 구체적으로 판단하는 것과 관련하여서는 제대로 판단하지 못한 수험생이 많았다. 결과적으로 수험생들이 교과서나 수험서의 내용을 그대로 외워 적는 것에는 익숙하지만 해당 제도의 목적이나 취지에 대한 깊은 이해가 부족하다고 판단된다.

2 기출문제 논점분석

『물음 1』은 개별평가와 일괄평가에 관련된 문제입니다. 특히 개별평가는 법률상으로는 타당하지만, 감정평가 시 가장 중요한 시장의 거래상황을 반영해야 한다는 점과는 부합하지 않는 방식입니다. 또한, 일체로 이용함에 따른 효용을 반영하기 어렵다는 점 등 기본서에 있는 내용을 활용해야 합니다.

『물음 2』는 일부분에 대한 평가이므로 부분평가에 해당하며, 해당 평가가 타당한지 여부는 감정평가에 관한 규칙 제7조에 따른 요건을 검토해야 합니다.

『물음 3』은 경매평가에 있어 제시 외 건물이 소재하는 토지에 관한 내용입니다. 경매라는 목적과 대상물건의 특성을 반영해야 합니다. 다만, 해당 사안은 법정지상권이 성립하는 사안은 아니라는 점을 유의해야 합니다.

『물음 4』는 조건부 평가에 관한 내용으로, 조건부 평가의 의의・요건・검토사항 및 평가서에 표시해야 되는 내용까지 적어주면 일반론을 완벽히 설명했다고 볼 수 있습니다. 최종적으로 조건부 평가가 가능한지 여부는 합리성・적법성・실현가능성이 있는지 여부로 결정되게 됩니다.

3 예시답안 목차

Ⅰ. 서

Ⅱ. 『물음 1』

1. 감정평가에 관한 규칙에 따른 원칙적인 감정평가방법 및 근거
   1) 원칙적인 감정평가방법으로서 개별평가 원칙 및 근거
   2) 토지에 대한 감정평가방법 및 근거
   3) 건물에 대한 감정평가방법 및 근거
2. 원칙적인 감정평가방법의 적절성
   1) 대상물건의 특성 측면에서의 적절성
   2) 가치형성요인 측면에서의 적절성
   3) 부동산시장의 기능 측면에서의 적절성

Ⅲ. 『물음 2』

1. 부분평가의 의의 및 요건
2. 본건 평가의 타당성
   1) 부분평가에 해당하는지 여부
   2) 부분평가의 요건 충족 여부

Ⅳ. 『물음 3』

1. 제시 외 건물이 있는 토지
2. 제시 외 건물이 있는 토지의 감정평가방법
   1) 토지의 이용 등 제한
   2) 제시 외 건물 등의 소재에 따른 감가방법

Ⅴ. 『물음 4』

1. 조건부 평가의 의의 및 요건
   1) 조건부 평가의 의의
   2) 조건부 평가의 요건
2. 본건의 평가 가능 여부
   1) 조건부 평가에 해당하는지 여부
   2) 조건부 평가의 요건 충족 여부

Ⅵ. 결

4 예시답안

Ⅰ. 서

감정평가 시에는 대상물건의 특징에 따라 감정평가방법이 정해지게 된다. 특히 감정평가 시 원칙적으로 현행 감정평가에 관한 규칙에서는 현황평가 및 개별평가를 규정하고 있다. 다만, 일정한 경우 그 예외도 인정하고 있다. 이하에서는, 사안의 대상물건과 관련하여 원칙적인 감정평가방법 및 그 적절성을 논하고, 임차인 C가 의뢰한 부분평가의 타당성 및 A법인이 의뢰한 조건부 평가의 가능여부에 대해 검토해보고자 한다.

Ⅱ. 『물음 1』

1. 감정평가에 관한 규칙에 따른 원칙적인 감정평가방법 및 근거

1) 원칙적인 감정평가방법으로서 개별평가 원칙 및 근거

감정평가에 관한 규칙에 따를 경우 원칙적으로는 감정평가의 대상물건마다 개별로 평가하여야 한다. 이는 부동산이 개별성을 지닌다는 자연적 특성에서 기인한다. 감정평가에 관한 규칙 제7조 제1항이 개별평가에 대한 근거가 된다.

2) 토지에 대한 감정평가방법 및 근거

토지에 대해서는 공시지가기준법이 원칙적인 감정평가방법이 된다. 이때 공시지가기준법이란 감정평가의 대상이 된 토지와 가치형성요인이 같거나 비슷하여 유사한 이용가치를 지닌다고 인정되는 표준지의 공시지가를 기준으로 대상토지의 현황에 맞게 시점수정, 지역요인 및 개별요인 비교, 그 밖의 요인의 보정을 거쳐 대상토지의 가액을 산정하는 감정평가방법을 말한다. 감정평가에 관한 규칙 제14조가 근거가 된다.

3) 건물에 대한 감정평가방법 및 근거

건물에 대해서는 원가법이 원칙적인 감정평가방법이 된다. 이때 원가법이란 대상물건의 재조달원가에 감가수정을 하여 대상물건의 가액을 산정하는 감정평가방법을 말한다. 감정평가에 관한 규칙 제15조가 근거가 된다.

2. 원칙적인 감정평가방법의 적절성

1) 대상물건의 특성 측면에서의 적절성

토지는 영속성과 부증성이 있는 재화이지만, 건물은 재생산이 가능하다는 특징을 가지고 있다. 즉, 각각의 대상물건의 경우 개별적인 특성으로 인해 구별이 가능하다는 점에서 원칙적으로 개별평가는 적절하다.

2) 가치형성요인 측면에서의 적절성

토지와 건물은 특성이 다르기 때문에 가치형성요인도 상이하다. 토지는 지형, 지세, 지질 등의 영향을 받으며, 건물은 부대시설 설비 정도에 따라 가치가 달라진다. 또한, 행정적 요인 측면에서도 부동산 등기제도가 토지와 건물을 각각 보고 있다는 점에서 개별평가는 적절하다.

3) 부동산시장의 기능 측면에서의 적절성

부동산시장은 재화에 대한 교환기능을 수행하며 거래관행이 존재한다. 하지만 현실적으로 토지와 건물이 개별적으로 거래되는 경우는 많지 않다. 즉, 토지와 건물이 일체로 교환되는 경우가 많기 때문에 시장의 기능적인 측면에서는 개별평가보다 일괄평가가 적절하다.

Ⅲ. 『물음 2』

1. 부분평가의 의의 및 요건

부분평가란 일체로 이용되고 있는 대상물건의 일부분에 대하여 평가하는 것을 말하며, 부분평가를 하기 위해서는 일부분을 감정평가하여야 할 특수한 목적이나 합리적인 이유가 있어야 한다(감정평가에 관한 규칙 제7조 제4항).

2. 본건 평가의 타당성

1) 부분평가에 해당하는지 여부

현재 101호는 A법인이 사무실로 사용하고 있으므로 일체로 이용되고 있다고 판단된다. 또한, 임차인 C가 의뢰한 것은 101호 전체가 아닌 일부분인 50제곱미터 부분이기 때문에 부분평가에 해당한다고 판단된다.

2) 부분평가의 요건 충족 여부

임차인 C는 전세금액 및 전세권 설정에 참고하기 위해 감정평가를 의뢰하였다. 이때 전세권은 향후 해당 부동산에 대해 경매가 진행될 경우 변제 등을 받을 수 있다는 특수한 목적 내지 합리적 이유가 있다고 판단되므로 부분평가의 요건을 충족한다.

Ⅳ. 『물음 3』

1. 제시 외 건물이 있는 토지

제시 외 건물 등이 있는 토지란 감정평가를 의뢰하는 자가 의뢰하지 않은 건물・구축물 등 지상 정착물이 있는 토지를 말한다. 사안은 은행이 임의경매를 진행하는 대상은 목록상 토지이므로 지상의 건물은 제시 외 건물에 해당한다.

2. 제시 외 건물이 있는 토지의 감정평가방법

1) 토지의 이용 등 제한

토지와 지상 정착물의 소유권이 서로 다른 경우 불일치하는 소유 관계로 인하여 토지의 이용 등에 제한을 받을 수 있으므로, 토지와 지상 정착물의 소유권 관계를 명확히 파악하여야 정착물의 존재로 인한 토지가치에 대한 영향을 적절하게 고려할 수 있다. 즉, 제시 외 건물이 있는 경우에는 반드시 그 가액을 평가하고, 제시 외 건물이 경매대상에서 제외되어 그 대지가 소유권의 행사를 제한받는 경우에는 그 가액도 평가하여야 한다.

2) 제시 외 건물 등의 소재에 따른 감가방법

제시 외 건물 등의 소재로 인하여 토지이용에 제한을 받는 점을 고려할 때 실무상 등기여부, 구조, 면적, 용도 등에 따라서 통상 정상평가금액의 일정비율을 감가하여 감정평가하며, 제시 외 건물 등의 위치에 따라서 잔여부분의 이용에 제한이 있을 수 있는 점 등을 종합적으로 고려하여 감가한다.

Ⅴ. 『물음 4』

1. 조건부 평가의 의의 및 요건

1) 조건부 평가의 의의

조건부 평가란 법령에 다른 규정이 있거나, 의뢰인이 요청하는 경우 또는 감정평가의 목적이나 대상물건의 특성에 비추어 사회통념상 필요하다고 인정되는 경우 기준시점의 가치형성요인 등을 실제와 다르게 가정하거나 특수한 경우로 한정하여 평가하는 것을 말한다.

2) 조건부 평가의 요건

조건부 평가를 하기 위해서는 감정평가조건의 합리성, 적법성 및 실현가능성을 검토하여야 한다. 다만, 법령에 다른 규정이 있어 조건부 평가를 하는 경우에는 그러하지 아니하다.

2. 본건의 평가 가능 여부

1) 조건부 평가에 해당하는지 여부

사안은 의뢰인인 A법인이 요청하는 경우로서 현재의 용적률은 50%이나 행정적 요인에 해당하는 기준시점의 용적률을 100%로 실제와 다르게 가정하고 있으므로, 조건부 평가에 해당한다고 판단된다.

2) 조건부 평가의 요건 충족 여부

용적률 상승으로 인해 발생하는 수익이 투입되는 비용보다 크다면 합리적이며, 건축법 등 관련 규정상 별다른 제한이 없다면 적법성 요건도 충족할 것으로 판단된다. 또한, 주변 토지의 용적률이 100%이며, 해당 토지 역시 일정한 토목공사 등이 이루어지고 있다면 실현가능성 요건도 충족하여 조건부 평가가 가능하다고 판단된다.

Ⅵ. 결

감정평가 시에는 현황평가 및 개별평가를 원칙으로 하지만, 요건을 충족하는 경우는 예외인 조건부 평가 혹은 구분평가도 가능하다. 이는 부동산의 가치를 판정하는 데 있어서 영향을 미치기 때문에, 각각의 요건에 대해서 엄격하게 판단하는 것이 중요하다.

02 감정평가목적에 따라 감정평가금액의 격차가 큰 경우가 있다. 다음 물음에 답하시오. 30점

1) 보상평가, 경매평가, 담보평가의 목적별 평가방법을 약술하고, 동일한 물건이 감정평가 목적에 따라 감정평가금액의 격차가 큰 사례 5가지를 제시하고 그 이유를 설명하시오. 20점

2) 주거용 건물을 신축하기 위해 건축허가를 득하여 도로를 개설하고 입목을 벌채 중인 임야를 평가하고자 한다. 개발 중인 토지의 평가방식에는 공제방식과 가산방식이 있다. 공제방식은 개발 후 대지가격에서 개발에 소요되는 제반비용을 공제하는 방식이고, 가산방식은 소지가격에 개발에 소요되는 비용을 가산하여 평가하는 방식이다. 두 가지 방식에 따른 감정평가금액의 격차가 클 경우 보상평가, 경매평가, 담보평가에서 각각 어떻게 평가하는 것이 더 적절한지 설명하시오. 10점

1 출제위원 채점평

감정평가목적에 따라 감정평가 대상에 대해 고려해야 할 것과 가격 격차가 클 경우의 평가방법에 대해 물었다. 대다수의 수험생들이 보상평가, 경매평가, 담보평가의 내용을 잘 숙지하고 이를 잘 기술하였으나 일부는 단순한 암기 항목을 나열하거나, 동일한 대상에 대한 감정평가금액의 격차와 감정평가목적에 따라 그 대상 자체가 달라지는 것에 대해 혼동하는 경우도 다수 있었다.

2 기출문제 논점분석

『물음 1』은 사례를 제시하는 문제입니다. 사례를 찾는 경우는 실무기준에 규정되어 있는 물건들의 유형을 활용하는 것이 좋습니다. 또한, 사례 제시는 단순히 사례만 제시하면 안 되고 왜 해당 사례에 해당하는지 그 이유를 반드시 설명해야 합니다.

『물음 2』는 적절한 평가방법을 묻는 문제입니다. 특히 각각의 목적이 주어졌으며, 공제방식과 가산방식은 개발이익 반영 여부에 있어서 차이가 있다는 점, 대상물건은 주거용 건물을 신축하기 위해 벌채 중인 임야라는 점을 반영해서 답안을 작성해야 합니다.

3 예시답안 목차

Ⅰ. 서

Ⅱ. 『물음 1』

1. 목적별 평가방법
   1) 보상평가
   2) 경매평가
   3) 담보평가

2. 감정평가금액의 격차가 큰 사례 5가지

1) 지상권이 설정된 토지

2) 공법상 제한이 있는 토지

3) 도로

4) 제시 외 건물이 있는 토지

5) 타인점유 부분 물건

Ⅲ. 『물음 2』

1. 보상평가에서 더 적절한 방식

1) 보상평가의 목적

2) 보상평가에서 더 적절한 방식

2. 경매평가에서 더 적절한 방식

1) 경매평가의 목적

2) 경매평가에서 더 적절한 방식

3. 담보평가에서 더 적절한 방식

1) 담보평가의 목적

2) 담보평가에서 더 적절한 방식

Ⅳ. 결

4 예시답안

Ⅰ. 서

감정평가 시에는 다양한 평가목적이 존재하며, 각 목적별로 감정평가액 산정 시 고려해야 하는 점이 달라지게 된다. 이는 최종적인 감정평가액에 있어 차이를 발생시킬 수 있기 때문에 이에 대한 이해는 중요하다. 이하, 물음에 답한다.

Ⅱ. 『물음 1』

1. 목적별 평가방법

1) 보상평가

보상평가는 공공의 필요에 의한 적법한 공권력 행사로 인하여 재산에 가하여진 특별한 희생에 대하여 공평부담의 경지에서 행정주체가 행하는 보상액을 산정하기 위한 평가를 말한다. 보상평가 시에는 헌법 제23조에 따라 완전보상으로서 정당한 보상이 이루어지도록 평가한다.

2) 경매평가

경매평가란 해당 집행법원이 경매의 대상이 되는 물건의 경매에서 최저매각가격을 결정하기 위해 의뢰하는 감정평가를 말한다. 경매평가 시에는 최저매각가격을 판정하여 염가매각을 방지함과 동시에 경매가 공정하게 이루어지도록 평가한다.

3) 담보평가

담보평가란 담보를 제공받고 대출 등을 하는 금융기관 등이 대출을 하거나 채무자가 대출을 받기 위하여 의뢰하는 담보물건에 대한 감정평가를 말한다. 이는, 채무자의 재산권을 인정함과 동시에 채권자의 안정적인 채권 확보를 가능하게 하기 위해 담보물건의 환가성을 고려하여 평가한다.

2. 감정평가금액의 격차가 큰 사례 5가지

1) 지상권이 설정된 토지

지상권이 설정된 토지의 경우 토지의 가치에서 지상권의 가치를 차감하여 산정한다. 하지만 보상평가 시에는 토지평가 시 정당보상을 위해 개발이익을 배제하고 평가하지만, 경매와 담보평가 시에는 현실화・구체화된 개발이익을 반영하여 평가할 수 있다. 다만, 담보평가 시 지상권이 저당권의 채권 확보를 위한 지상권이면 이를 감안하지 않고 정상평가하므로, 감정평가금액에 격차가 발생할 수 있다.

2) 공법상 제한이 있는 토지

공법상 제한이 있는 토지의 경우 보상평가 시 개별적 제한 및 해당 사업으로 인한 일반적 제한은 고려하지 않고 평가한다. 경매평가 시에는 감가하여 평가하며, 담보평가 시에는 안정성・환가성을 고려하여 평가 외를 할 수 있기 때문에 감정평가금액에 격차가 발생할 수 있다.

3) 도로

도로의 경우 보상평가 시 토지보상법 시행규칙 제26조에 따라 인근토지의 1/3의 범위 내에서 감가하여 평가하며, 경매평가 시에는 개별적 상황에 따라 감가하여 평가한다. 반면, 담보평가 시에는 도로의 안정성・환가성을 고려하여 평가 외를 할 수 있기 때문에 감정평가금액에 격차가 발생할 수 있다.

4) 제시 외 건물이 있는 토지

보상평가 시에는 나지상정을 하므로 제시 외 건물이 있음으로 인한 영향을 고려하지 않으며, 경매평가 시에는 현저한 제시 외 건물이 있는 경우 나지상정을 한 가액과 소유권의 제한을 받는 가액을 별도로 기입하여 평가한다. 반면, 담보평가 시에는 현저한 제시 외의 경우 감정평가 대상에서 제외하는 것이 원칙이나 금융기관의 요청이 있는 경우 제한을 받는 가액을 기준으로 할 수 있다. 다만 감가율 자체는 담보물로서 안정성과 환가성을 고려하여 경매평가 시 결과와 달라질 수 있으므로 감정평가금액의 격차가 발생할 수 있다.

5) 타인점유 부분 물건

대상물건 중 타인점유 부분이 있는 경우 보상평가는 저촉을 고려하지 않은 상태로 평가한다. 경매평가의 경우 저촉된 점을 고려하여 평가하고, 담보평가 시에는 안전성・환가성을 고려하여 평가 외로 처리하므로 감정평가금액의 차이가 크게 나타날 수 있다.

Ⅲ. 『물음 2』

1. 보상평가에서 더 적절한 방식

1) 보상평가의 목적

보상평가는 공익사업으로 인해 재산권이 수용되는 피수용자에게 손실보상을 하는 평가를 의미한다. 이는 피수용자에게 완전보상을 의미하는 정당보상을 하는 것을 목적으로 한다.

2) 보상평가에서 더 적절한 방식

보상평가는 정당보상을 목적으로 하며, 토지보상법 제67조에 따라 개발이익은 반영하지 않고 평가한다. 하지만 공제방식은 주거용 건물신축 및 도로 개설에 따른 개발이익이 반영될 가능성이 있어 가산방식이 더 적절하다고 판단된다.

2. 경매평가에서 더 적절한 방식

1) 경매평가의 목적

경매평가란 해당 집행법원이 경매의 대상이 되는 물건의 최저매각가격을 결정하기 위해 의뢰하는 감정평가를 의미한다. 이는 대상물건이 부당하게 염가로 매각되는 것을 방지하여 경매가 공정하게 이루어지도록 하는 것을 목적으로 한다.

2) 경매평가에서 더 적절한 방식

경매평가 시에는 낙찰자에게 대상물건의 재산권이 이전되기 때문에 이에 해당하는 부분을 모두 평가한다. 경매를 통한 대상물건의 낙찰자는 건축 및 도로 개설에 따른 이익을 모두 향유하며, 경매의 목적이 공정성을 위한 최저매각가액 결정이라는 점을 고려할 경우 공제방식이 더 적절하다고 판단된다.

3. 담보평가에서 더 적절한 방식

1) 담보평가의 목적

담보평가란 담보를 제공받고 대출 등을 하는 금융기관 등이 대출을 하거나 채무자가 대출을 받기 위하여 의뢰하는 담보물건에 대한 감정평가를 의미한다. 이는 금융기관 등이 보유한 채권의 회수가능가치를 파악하는 것을 목적으로 한다.

2) 담보평가에서 더 적절한 방식

담보평가는 채권회수의 안정성이라는 목적으로 인해 미실현 개발이익은 반영하기 어렵다. 또한, 현재 개발사업이 진행 중이라는 점을 고려할 때, 미실현 개발이익을 반영하는 공제방식보다는 안정성을 고려하는 가산방식이 더 적절하다고 판단된다.

Ⅳ. 결

감정평가의 목적은 대상물건에 대한 감정평가액에 영향을 미칠 수 있으므로, 이에 대한 이해는 중요하다. 따라서 감정평가 시에는 기본적 사항의 확정 단계에서 감정평가의 목적 및 고려해야 할 사항들에 대해서 확인해야 함에 유의해야 한다.

03 토지가 국공유화되어 있는 국가에서 토지의 장기사용권이 거래되는 경우, 토지의 장기사용권 가치산정방법을 감정평가 3방식을 이용해 설명하시오. 20점

1 출제위원 채점평

토지가 국공유화되어 있는 국가에 진출하고 있는 우리 기업들과 관련된 문제로 토지의 소유권이 아닌 장기사용권의 가치를 산정하는 방법에 대해 물었다. 가액의 산정과 임대료의 산정을 혼동하는 수험생도 다수 있었으나, 권리에 대한 가치 평가를 3방식에 따라 설명하고 규정과 업무영역의 확대에 대해 이해도 높은 제안을 해준 수험생들과 토지와 인간과의 관계에 대해 깊은 이해와 이를 표현해 준 일부 수험생들에게 고마운 인사를 드린다.

2 기출문제 논점분석

토지의 장기사용권은 감정평가에 관한 규칙에서는 규정하고 있는 물건이 아닙니다. 따라서 이와 가장 유사한 무형자산의 평가방법을 활용하여 답안을 작성할 수 있습니다. 또는 감정평가 3방식을 이용하여 설명하도록 하고 있으므로, 기본적인 절차를 활용해주면 됩니다. 예를 들어, 원가방식의 경우는 크게 재조달원가 산정과 감가수정으로 목차를 구분해서 장기사용권이라는 특성을 반영해주면 됩니다.

3 예시답안 목차

Ⅰ. 서

Ⅱ. 감정평가 3방식의 의의

1. 수익환원법의 의의
2. 거래사례비교법의 의의
3. 원가법의 의의

Ⅲ. 감정평가 3방식을 이용한 토지의 장기사용권 가치산정방법

1. 수익환원법을 이용한 가치산정방법
   1) 순수익의 산정
   2) 자본환원율의 산정
2. 거래사례비교법을 이용한 가치산정방법
   1) 거래사례 선정 및 사정보정
   2) 가치형성요인 비교

3. 원가법을 이용한 가치산정방법

1) 재조달원가의 산정

2) 감가수정액 산정

Ⅳ. 결

4 예시답안

Ⅰ. 서

대상물건의 가치는 가치의 3면성에 따라 비용성, 시장성, 수익성에 근거한 3방식을 활용하여 산정할 수 있다. 특히 감정평가 3방식의 적용과정에 따라 정확한 경제적 가치가 도출될 수 있기 때문에 이에 대한 이해는 중요하다. 이하에서는 토지가 국공유화되어 있는 국가에서 장기사용권이 거래되는 경우 가치산정방법을 감정평가 3방식을 이용해 설명하고자 한다.

Ⅱ. 감정평가 3방식의 의의

1. 수익환원법의 의의

수익환원법이란 대상물건이 장래 산출할 것으로 기대되는 순수익이나 미래의 현금흐름을 환원하거나 할인하여 대상물건의 가액을 산정하는 감정평가방법을 말한다.

2. 거래사례비교법의 의의

거래사례비교법이란 대상물건과 가치형성요인이 같거나 비슷한 물건의 거래사례와 비교하여 대상물건의 현황에 맞게 사정보정, 시점수정, 가치형성요인 비교 등의 과정을 거쳐 대상물건의 가액을 산정하는 감정평가방법을 말한다.

3. 원가법의 의의

원가법이란 대상물건의 재조달원가에 감가수정을 하여 대상물건의 가액을 산정하는 감정평가방법을 말한다.

Ⅲ. 감정평가 3방식을 이용한 토지의 장기사용권 가치산정방법

1. 수익환원법을 이용한 가치산정방법

1) 순수익의 산정

순수익이란 대상물건에 귀속하는 적절한 수익으로서 유효총수익에서 운영경비를 공제하여 산정한다. 토지의 장기사용권으로 인해 얻게 되는 수익에서 각종 비용을 차감하여야 한다. 이때 비용에는 유지관리비, 보험료, 세금 등이 포함될 수 있다.

2) 자본환원율의 산정

자본환원율이란 장래 발생할 예상수익을 현재가치로 환원하여 자본을 산출하는 데 사용되는 율이다. 토지의 장기사용권에 대한 자본환원율 산정 시에는 대체·경쟁 관계에 있는 장기사용권의 수익률이나 토지가 위치한 지역이나 용도에 따른 위험정도를 반영하여 산정할 수 있다.

2. 거래사례비교법을 이용한 가치산정방법

1) 거래사례 선정 및 사정보정

해당 토지의 장기사용권과 가치형성요인이 유사한 사례를 선정하여야 한다. 이때는 인근지역에 있는 사례를 우선적으로 선정하며, 유사한 토지의 장기사용권 거래사례가 없는 경우는 유사지역 및 동일수급권으로 수집범위를 넓힐 수 있다. 또한, 토지가 국공유화되어 있기 때문에, 장기사용권에 대해 프리미엄이 발생해 거래가 이루어지는 경우 이에 대한 사정보정도 할 수 있다.

2) 가치형성요인 비교

가치형성요인이란 대상물건의 경제적 가치에 영향을 미치는 일반요인, 지역요인, 개별요인 등을 말한다. 거래사례의 장기사용권과 존속기간, 사용의 대상이 되는 토지의 위치나 면적 등에 있어서 차이가 발생하는 경우 가치형성요인 비교과정에서 반영하여 산정할 수 있다.

3. 원가법을 이용한 가치산정방법

1) 재조달원가의 산정

재조달원가란 대상물건을 기준시점에 재생산하거나 재취득하는 데 필요한 적정원가의 총액을 말한다. 장기사용권에 대한 재조달원가 산정 시에는 효용의 동일성이 보다 중요하기 때문에 대체원가의 적용이 타당할 것이며, 이에 수반되는 인허가비용·토지개발비 등을 포함하여 산정할 수 있다.

2) 감가수정액 산정

감가수정이란 대상물건에 대한 재조달원가를 감액하여야 할 요인이 있는 경우에 물리적 감가, 기능적 감가 또는 경제적 감가 등을 고려하여 그에 해당하는 금액을 재조달원가에서 공제하여 기준시점에 있어서의 대상물건의 가액을 적정화하는 작업을 의미한다. 인근의 장기사용권과 비교하여 사용조건 등에 있어 불리함이 있는 경우에는 기능적·경제적 감가를 반영할 수 있다. 또한, 향후 장기사용권에 대한 갱신가능성이 있는 경우에는 관찰감가를 병용하여 잔존 내용연수를 조정할 수 있다.

Ⅳ. 결

대상물건의 가치는 가치의 3면성에 입각하여 형성되게 된다. 따라서 정확한 경제적 가치를 도출하기 위해서는 정확한 감정평가 3방식의 적용이 필요하다. 감정평가 시에는 각각의 방법 적용에 있어서 대상물건의 특성을 반영할 수 있도록 유의해야 한다.

04 부동산 보유세율의 상승이 부동산시장에 미치는 영향을 설명하시오. 10점

1 출제위원 채점평

보유세의 인상이 부동산시장에 미치는 영향을 묻는 문제이다. 매매 및 임대차시장에 미치는 영향에 대해서 논리적인 설명을 요구하고 있다. 결과 및 그 결과가 도출되는 인과관계를 정확히 설명하는 것이 본 문제의 핵심이다. 많은 수험생들이 수험서에 나오는 특정한 내용이나 도표를 그대로 기술하거나 그렸다. 그렇지만 인과관계를 제대로 이해하지 못하는 수험생들이 많았다. 기본적인 내용을 이해하고 이것을 스스로 논리적으로 설명할 수 있어야 하겠다.

2 기출문제 논점분석

A가 B에 미치는 영향을 묻는 문제로, 특히 부동산시장에 미치는 영향을 묻는 문제입니다. 따라서 부동산시장의 분류의 내용을 활용해주면 되고 다만, 부동산 보유세율의 상승이 가치형성요인으로서 행정적인 요인에 해당한다는 점에 대한 설명이 필요합니다.

3 예시답안 목차

Ⅰ. 서

Ⅱ. 가치형성요인으로서 보유세의 의의

Ⅲ. 보유세율의 상승이 부동산시장에 미치는 영향

1. 부동산시장의 의의
2. 보유세율의 상승이 부동산시장에 미치는 영향
   1) 용도별 시장에 미치는 영향
   2) 지역별 시장에 미치는 영향
   3) 매매 및 임대차 시장에 미치는 영향

4 예시답안

Ⅰ. 서

부동산은 다양한 가치형성요인의 영향을 받아 가치가 형성된다. 특히 고정성으로 인해 행정적 요인의 영향을 받게 된다. 이하에서는, 보유세율의 상승으로 인해 부동산시장에 어떤 영향이 생기는지에 대해 설명한다.

Ⅱ. 가치형성요인으로서 보유세의 의의

보유세란 부동산의 소유 사실 자체에 대한 조세를 의미하며, 재산세와 고액의 부동산 보유자에게 중과세하는 종합부동산세가 있다. 이는 부동산의 가치에 영향을 미치는 행정적 요인에 해당한다.

Ⅲ. 보유세율의 상승이 부동산시장에 미치는 영향

1. 부동산시장의 의의

부동산시장은 부동산의 고정성이라는 자연적 특징을 가지고 있기에 일반재화시장과는 달리 지리적 공간을 수반한다. 따라서 부동산시장은 질, 양, 위치 등 여러 가지 측면에서 유사한 부동산에 대해 가치가 균등해지는 경향이 있는 지리적 구역이라고 정의될 수 있다.

2. 보유세율의 상승이 부동산시장에 미치는 영향

1) 용도별 시장에 미치는 영향

부동산의 용도 중에서 주거용 부동산이 가장 높은 비중을 차지하고 있다. 즉, 주거용 부동산을 보유하고 있는 사람이 가장 많기 때문에 보유세율의 상승으로 인한 영향을 상대적으로 가장 많이 받게 된다. 또한, 이로 인해 주거용 부동산시장에서 수요가 감소하고 공급이 증가하도록 영향을 미칠 수 있다.

2) 지역별 시장에 미치는 영향

부동산의 밀집도가 높은 수도권 시장에 더 큰 영향을 미칠 수 있고, 특히나 고가의 부동산이 많기 때문에 종합부동산세의 영향이 클 수 있다. 즉, 수도권 시장에서 수요가 감소하고 공급이 늘어나도록 영향을 미칠 수 있다.

3) 매매 및 임대차 시장에 미치는 영향

보유세는 부동산을 소유함으로 인해서 발생하는 세금이다. 따라서 소유권이 이전되지 않는 임대차 시장보다는 소유권이 이전되는 매매 시장에 더 큰 영향을 미칠 수 있다. 즉, 매매 시장에서 수요가 감소하고 공급이 늘어나도록 영향을 미칠 수 있다.

제25회 기출문제 답안

> **01** 최근 부동산시장 환경변화로 부동산 감정평가에서 고려할 사항이 늘고 있다. 감정평가원리 및 방식에 대한 다음 물음에 답하시오. 40점
>
> 1) 리모델링된 부동산에 대해 감정평가 3방식을 적용하여 감정평가할 때 유의할 사항을 설명하시오. 10점
>
> 2) 토양오염이 의심되는 토지에 대한 감정평가안건의 처리방법을 설명하시오. 15점
>
> 3) 공익사업을 위해 수용될 지구에 포함되어 장기 미사용 중이던 토지가 해당 공익사업의 중단으로 지구지정이 해제되었을 때, 해당 토지 및 주변부 토지에서 초래될 수 있는 경제적 손실을 부동산평가원리에 근거하여 설명하시오. 15점

1 출제위원 채점평

『문제1』은 최근 부동산시장의 환경변화를 반영하여 감정평가사의 역할이 커지는 상황을 이해하고 감정평가 시에 유의해야 할 사항들을 답하도록 구성하여 출제된 문제였다. 단순한 암기사항 정리에 국한하지 않고 자신의 생각을 논리적으로 전개하는 능력의 평가에 중점을 두었으며 감정평가원리와 감정평가조건 설정 등을 충실히 반영하여 기술하는 것을 요구하였다.

부동산 리모델링의 경우 리모델링의 개념을 명확히 알고 유의사항도 3방식별로 핵심적인 내용을 파악하여 기술하는 것이 필요하였는데 대다수 수험생들이 비교적 무난하게 답한 것으로 보인다. 하지만 일부 수험생들은 단순히 3방식만을 열거하고 리모델링과는 연결시키지 못한 채 일반적인 내용의 기술에 그친 경우도 있었다.

오염된 토지에 대한 평가 관련 지문은 전문가의 조언, 감정평가조건의 설정, 그리고 객관적 추정 등을 논리적으로 전개하는 것이 필요한데 다수의 수험생들이 체계를 잡지 못하고 단순히 추정방법만을 기술하는 데 그치고 있었다.

공익사업이 중단된 토지의 평가에 대한 부분도 공익사업의 수용권과 사업 중단에 따른 피해에 대한 이해가 기본이 되어 부동산평가원리를 적용하여 해당 토지의 주변 토지에서 발생하는 경제적 손실을 체계적으로 정리하는 것을 요구하는 지문이었다. 그러나 상당수의 답안이 사업의 피해와 손실에 대한 이해가 깊지 못하였고 부동산평가원리를 충실히 적용하지 못하고 있었다.

2 기출문제 논점분석

『물음 1』은 감정평가 3방식을 적용할 때 유의사항이기 때문에 각 방식별 절차를 나눠서 설명해주면 됩니다. 예를 들어, 원가법의 경우는 크게 재조달원가 산정과 감가수정으로 구분하면 됩니다.

『물음 2』는 감정평가안건의 처리방법으로 『물음 1』과 다르게 전반적인 감정평가 시 유의사항을 적어주어야 합니다. 따라서 가격제원칙과 시장분석 및 최유효이용 판정 등과 같은 내용을 추가적으로 기술할 수 있습니다.

『물음 3』은 경제적 손실을 설명하는 문제입니다. 다만, 부동산평가원리에 근거하여 설명하라는 유형이기 때문에 해당 경제적 손실이 부동산평가원리에 해당하는 내부・외부・토대가 되는 원칙 중 어디와 관련성이 있는지를 설명하여야 합니다.

3 예시답안 목차

Ⅰ. 서

Ⅱ. 『물음 1』

1. 원가방식 적용 시 유의사항
   1) 재조달원가 산정 시 유의사항
   2) 감가수정액 산정 시 유의사항
2. 비교방식 적용 시 유의사항
   1) 거래사례 선정 시 유의사항
   2) 가치형성요인 비교 시 유의사항
3. 수익방식 적용 시 유의사항
   1) 수익산정 시 유의사항
   2) 자본환원율 산정 시 유의사항

Ⅲ. 『물음 2』

1. 토양오염이 의심되는 토지
2. 감정평가안건의 처리방법
   1) 기본적 사항의 확정 시 처리방법
   2) 가격제원칙 고려 시 처리방법
   3) 지역 및 개별분석 시 처리방법
   4) 최유효이용 판정 시 처리방법
   5) 감정평가방법 적용 시 처리방법

Ⅳ. 『물음 3』

1. 부동산평가원리의 의의 및 종류
   1) 부동산평가원리의 의의 및 중요성
   2) 부동산평가원리의 종류

2. 부동산평가원리에 근거한 경제적 손실

1) 해당 토지에서 초래될 수 있는 경제적 손실

(1) 예측의 원칙에 근거한 경제적 손실

(2) 균형의 원칙에 근거한 경제적 손실

2) 주변부 토지에서 초래될 수 있는 경제적 손실

(1) 변동의 원칙에 근거한 경제적 손실

(2) 외부성의 원칙에 근거한 경제적 손실

Ⅴ. 결

4 예시답안

Ⅰ. 서

과거와 달리 감정평가 대상의 다양화, 가치형성요인의 세분화 및 시장상황과 감정평가 목적이 확장됨에 따라 감정평가 시 고려해야 할 사항도 늘어나고 있다. 이는 최종적인 경제적 가치에 있어 차이를 발생시킬 수 있기 때문에 이에 대한 이해는 중요하다. 이하, 물음에 답한다.

Ⅱ. 『물음 1』

1. 원가방식 적용 시 유의사항

1) 재조달원가 산정 시 유의사항

복제원가는 문화재 등 특수건축물의 경우 의미가 있으므로, 리모델링된 부동산의 경우는 대체원가 적용이 타당함에 유의해야 한다. 또한, 리모델링 비용에 관해서도 자가 건설 여하를 불문하고 도급방식을 전제로 산정해야 함에 유의해야 한다.

2) 감가수정액 산정 시 유의사항

재조달원가로 대체원가를 적용할 경우 이미 기능적 변화에 따른 가치손실을 고려하여 기능적 감가를 할 필요가 없음에 유의해야 한다. 또한, 리모델링되었다는 점을 고려한다면, 관찰감가법 등을 병용할 수 있음에 유의해야 한다.

2. 비교방식 적용 시 유의사항

1) 거래사례 선정 시 유의사항

리모델링이 된 부동산이라는 점에서 이와 유사한 거래사례를 선정해야 하며, 사례가 부족한 경우 유사지역 및 동일수급권으로 수집범위를 넓힐 수 있음에 유의해야 한다.

2) 가치형성요인 비교 시 유의사항

리모델링이 된 부동산이기 때문에 잔존내용연수 등에 있어서 변동이 있다. 따라서 잔가율 등 리모델링으로 인해 변한 가치형성요인의 비교 시 유의해야 한다.

3. 수익방식 적용 시 유의사항

1) 수익 산정 시 유의사항

수익방식 적용 시 활용되는 순수익은 유효총수익에서 운영경비 등을 공제하게 된다. 하지만 리모델링 비용 등은 운영경비가 아닌 자본적 지출에 해당하기 때문에 운영경비에서 제외되어야 함에 유의해야 한다.

2) 자본환원율 산정 시 유의사항

리모델링을 한 건물의 경우 매매 혹은 임대가능성에 있어 더 높은 수익을 얻을 수 있다. 따라서 대상물건에 대한 위험도가 줄어들기 때문에 자본환원율 산정 시 이를 반영하여 낮게 산정할 수 있음에 유의해야 한다.

Ⅲ. 『물음 2』

1. 토양오염이 의심되는 토지

토양오염은 오염된 토양이나 토지 자체의 가치를 떨어뜨릴 뿐만 아니라 오염된 토양이나 토지 위에 존재하는 지상물건의 가치에도 영향을 미친다. 이하에서는, 토양오염이 의심되는 토지에 대한 감정평가안건의 처리방법을 설명한다.

2. 감정평가안건의 처리방법

1) 기본적 사항의 확정 시 처리방법

토양오염이 의심되는 토지에 대해서 오염이 안 된 상태로 평가해달라는 조건이 부가되었다면, 해당 조건의 합리성·적법성·실현가능성 여부에 대해서 검토해야 한다. 또한, 판단하기 어려운 오염물질이라면 오염정도 및 복구비용과 관련된 전문가 자문 등을 거치도록 처리할 수 있다.

2) 가격제원칙 고려 시 처리방법

토양오염이 의심되는 상태이기 때문에, 향후 활용에 있어서 부정적인 상황이 예측된다는 점(예측의 원칙), 주변환경이나 시장수요와 적합하지 않다는 점(적합의 원칙), 내부적으로 생산요소가 균형이 맞지 않거나 기여하는 공헌도가 감소할 수 있다는 점(균형 및 기여의 원칙)을 고려하여 처리할 수 있다.

3) 지역 및 개별분석 시 처리방법

대상물건은 인근지역의 표준적인 이용과도 일치하지 않을 것이라는 점과 오염 정도 역시 개별적 요인에 해당되어 대상물건의 가치에 부정적인 영향을 미칠 것이라는 점을 고려하여 처리할 수 있다.

4) 최유효이용 판정 시 처리방법

대상물건의 가치는 최유효이용을 전제로 형성되며, 이때 최유효이용은 해당 용도에 대한 충분한 수요가 있는지를 확인하는 절차이다. 토양오염이 의심되는 토지의 경우는 수요가 부족하기 때문에 최유효이용에 미달되는 부분에 대해 감가를 반영하여 처리할 수 있다.

5) 감정평가방법 적용 시 처리방법

토양오염이 의심되는 토지의 경우 오염 전 토지가액에서 정화비용 및 스티그마 등을 고려하여 평가한다. 이때 스티그마는 환경오염의 영향을 받는 부동산에 대해 일반인들이 갖는 '무형의 또는 양을 잴 수 없는 불리한 인식'을 말한다. 이는 환경오염으로 인해 증가되는 위험을 시장참여자들이 인식함으로 인하여 부동산의 가치가 하락하게 되는 부정적인 효과를 의미한다. 즉, 감정평가방법 적용 시 무형의 스티그마도 반영하여 처리할 수 있다.

Ⅳ. 『물음 3』

1. 부동산평가원리의 의의 및 종류

1) 부동산평가원리의 의의 및 중요성

부동산평가원리란 부동산의 가격이 어떻게 형성되고 유지되는가에 관한 법칙성을 추출하여 부동산평가활동의 지침으로 삼으려는 하나의 행위기준이다. 감정평가는 가격형성과정을 추적하고 분석하여 가치를 결정하는 것을 본질로 하기 때문에, 부동산의 가격형성과정에서 도출되는 원리는 중요한 의미를 갖게 된다.

2) 부동산평가원리의 종류

체계의 중심에는 부동산의 가격은 최유효이용을 전제로 하여 형성된다는 최유효이용원칙을 기준으로 예측 및 변동의 원칙을 내용으로 하는 토대가 되는 원칙, 내부 측면의 원칙, 외부 측면의 원칙으로 구분할 수 있다.

2. 부동산평가원리에 근거한 경제적 손실

1) 해당 토지에서 초래될 수 있는 경제적 손실

(1) 예측의 원칙에 근거한 경제적 손실

예측의 원칙이란 부동산의 가치가 과거와 현재의 이용상태에 의해 결정되는 것이 아니라, 앞으로 어떻게 이용될 것인가에 대한 예측을 근거로 결정된다는 원칙을 말한다. 해당 토지는 향후 공익사업의 시행이 될 것으로 예측되었지만, 해당 사업의 중단으로 인해 개발이 안 되고 장기적으로 미사용 상태로 남을 것으로 판단된다. 이에 따라 경제적 손실이 발생할 수 있다.

(2) 균형의 원칙에 근거한 경제적 손실

균형의 원칙이란 부동산의 가치는 부동산을 구성하고 있는 생산요소 간에 결합비율이 적절한 균형을 이룰 때 최고가 된다는 원칙이다. 토지보상법 제25조에 따라, 공익사업이 시행되는 경우 토지보전의무가 발생하게 되며 이에 따라 해당 토지도 장기 미사용 중인 것으로 판단된다. 이로 인해, 토지를 구성하고 있는 생산요소 간에 결합비율이 불균형하기 때문에 경제적 손실이 발생할 수 있다.

2) 주변부 토지에서 초래될 수 있는 경제적 손실

(1) 변동의 원칙에 근거한 경제적 손실

변동의 원칙이란 부동산의 가치는 끊임없이 변하는 시장상황에 의해 영향을 받아 변동한다는 원칙을 말한다. 주변부 토지는 공익사업의 시행으로 인한 개발이익을 공유할 수 있을 것으로 기대되어 프리미엄이 형성되어 있을 수 있다. 하지만 해당 공익사업의 중단으로 지구지정이 해제되었다는 시장상황이 변동되었기 때문에 이로 인해 경제적 손실이 발생할 수 있다.

(2) 외부성의 원칙에 근거한 경제적 손실

외부성의 원칙이란 부동산의 가치는 외부 환경의 영향을 받아 형성된다는 원칙이다. 주변부 토지의 경우는 주위 환경이 공익사업 지구로 지정되어 장기 미사용으로 방치되어 있을 가능성이 높다. 따라서 공가율 및 노후화가 높고, 이러한 주변 환경의 영향을 받아 외부 불경제 효과로 인해 경제적 손실이 발생할 수 있다.

Ⅴ. 결

대상물건의 특성 및 가치형성요인과 시장상황은 최종적인 경제적 가치에 있어서 영향을 미친다. 감정평가는 대상물건의 가치에 영향을 미치는 다양한 요인을 분석하는 작업인 만큼 감정평가 시에는 이에 유의해야 할 것이다.

02 **근린형 쇼핑센터 내 구분점포('집합건물의 소유 및 관리에 관한 법률'에 의한 상가건물의 구분소유 부분)의 시장가치를 감정평가하려 한다. 인근에 경쟁적인 초대형 쇼핑센터가 입지하여, 대상점포가 소재한 근린형 쇼핑센터의 고객흡인력이 급격히 감소하고 상권이 위축되어 구분점포 거래가 감소하게 된 시장동향을 고려하여 다음 물음에 답하시오.** 35점

1) **대상 구분점포의 감정평가에 거래사례비교법을 적용할 경우 감정평가방법의 개요, 적용상 한계 및 수집된 거래사례의 거래조건보정에 대하여 설명하고, 그 밖에 적용 가능한 다른 감정평가방법의 개요 및 적용 시 유의할 사항에 대하여 설명하시오.** 25점

2) **적용된 각 감정평가방법에 의한 시산가액 간에 괴리가 발생되었을 경우 시산가액 조정의 의미, 기준 및 재검토할 사항에 대하여 설명하시오.** 10점

1 출제위원 채점평

구분점포의 감정평가에 대한 기본적인 이해와 각 시산가액에 괴리가 생겼을 때 재검토해야 할 사항에 대해 물었다. 시장동향의 변화로 거래가 희소해졌기 때문에 이론적으로 가치를 판단하는 감정평가사의 존재가 주목받고 있다. 촉박한 시간에도 구분점포에 대한 감정평가업무를 수행하듯 고민 어린 깊은 이야기를 들려 준 수험생들에게 감사드린다.

2 기출문제 논점분석

『물음 1』은 거래사례비교법과 관련된 내용이며, 특히 대상물건이 "구분점포"이기 때문에 감정평가에 관한 규칙 제16조의 일괄 거래사례비교법과 관련된 내용입니다. 물어보는 부분에 대해서 각각 목차를 작성해주면 되지만 문제에서 주어진 시장상황인 고객흡입력이 급격히 감소하고 상권이 위축되고 있다는 점은 반드시 반영해야 합니다.

『물음 2』는 시산가액 조정과 관련된 내용입니다. 특히 시산가액 조정의 기준과 관련하여 대상물건은 구분점포라는 점과 시장상황에 관하여 고객흡입력이 급격히 감소하고 상권이 위축되고 있다는 점을 반영해야 합니다. 시산가액 조정의 기준을 활용하여 고려할 점 또는 유의사항에 대한 내용을 활용해도 괜찮습니다.

3 예시답안 목차

Ⅰ. 서

Ⅱ. 『물음 1』

1. 거래사례비교법의 개요

    1) 일괄 거래사례의 선정

    2) 층별 · 위치별 효용비의 비교

2. 거래사례비교법의 적용상 한계
   1) 거래사례의 부족
   2) 사정보정의 어려움

3. 거래사례의 거래조건보정
   1) 거래상황
   2) 시장상황

4. 그 밖에 적용 가능한 다른 감정평가방법
   1) 수익환원법에 의한 감정평가
   2) 원가법에 의한 감정평가

5. 다른 감정평가방법의 적용 시 유의할 사항
   1) 수익환원법 적용 시 유의할 사항
   2) 원가법 적용 시 유의할 사항

Ⅲ. 『물음 2』

1. 시산가액 조정의 의미
   1) 시산가액 조정의 개념
   2) 시산가액 조정의 의미

2. 재검토할 사항
   1) 재검토할 사항
   2) 대상 구분점포의 경우

Ⅳ. 결

4 예시답안

Ⅰ. 서

구분점포란 건물부분이 구조상 독립되어 있지 않더라도 일정한 요건을 갖추고, 이용상 구분된 경우에 건물의 일부분을 구분소유권의 객체로 하는 것을 말한다. 감정평가 시에는 동일한 대상물건이라도 시장상황에 따라 감정평가액이 달라질 수 있다. 이하, 구분점포의 감정평가와 관련한 물음에 답한다.

Ⅱ.『물음 1』

1. 거래사례비교법의 개요

1) 일괄 거래사례의 선정

근린형 쇼핑센터 내 구분점포와 층·위치 및 상업용 시설에 따른 업종과 같은 가치형성요인이 유사한 사례를 선정하여야 한다.

2) 층별·위치별 효용비의 비교

층별 효용비율이란 한 동의 건물 내에서 층과 층간에 파악되는 가격격차의 비율을 말한다. 또한, 위치별 효용도란 동일 층 내 위치별 효용의 차이를 말하며, 이러한 위치별 효용도에 의하여 나타나는 가격격차의 비율을 위치별 효용비율이라 한다. 층별 및 위치별 효용비율 산출에서의 면적 기준은 전유면적으로 함을 원칙으로 한다.

2. 거래사례비교법의 적용상 한계

1) 거래사례의 부족

거래사례비교법은 거래사례가 없으면 적용이 불가능하다. 사안과 같이 구분점포 거래가 감소하여 유사한 구분점포의 거래사례를 구할 수 없는 경우 거래사례비교법의 적용이 어렵다는 한계가 있다.

2) 사정보정의 어려움

매도자나 매수자의 협상력의 차이에 의해 매매가격의 왜곡이 있을 수 있어 사정보정에 어려움이 존재한다. 사안과 같이 고객흡입력이 감소하여 경쟁력이 떨어지는 구분점포의 경우에는 매수자 우위의 시장이 형성되고, 이에 따라 매매가격의 왜곡이 발생하여 사정보정에 어려움이 발생한다는 한계가 있다.

3. 거래사례의 거래조건보정

1) 거래상황

부동산거래 시 거래당사자의 특수한 사정이나 개별적인 동기가 개재되는 거래상황이 발생하므로 매도자와 매수자의 전형적인 거래동기를 반영하여 가격을 수정해야 한다. 대상점포가 소재한 근린형 쇼핑센터의 고객흡인력이 급격히 감소하여 급매와 같은 거래상황이 발생할 수 있으므로 보정해야 한다.

2) 시장상황

부동산가격은 인플레이션, 디플레이션, 수요공급의 변화 등 여러 요인에 의해 일어나는 시장상황의 변화에 따라 끊임없이 변동하므로 거래시점의 가격은 기준시점의 가격으로 수정되어야 한다. 사안과 같이 구분점포 거래가 감소하여 사례의 부족으로 과거의 거래사례를 적용한 경우는 과거시점에서 기준시점 현재의 가격으로 보정해야 한다.

4. 그 밖에 적용 가능한 다른 감정평가방법

1) 수익환원법에 의한 감정평가

구분점포가 영업을 통해 장래 산출할 것으로 기대되는 영업이익과 같은 순수익이나 미래의 현금흐름을 환원하거나 할인하여 대상 구분점포의 가액을 산정할 수 있다.

2) 원가법에 의한 감정평가
구분점포가 소재하는 전체 1동의 토지 및 건물 부분의 가액을 구하고, 층별・위치별 효용비율을 적용하여 대상 구분점포의 가액을 구할 수 있다. 이때 토지의 경우는 감정평가에 관한 규칙 제14조에 따라 공시지가기준법을 적용하며, 건물의 경우는 제15조에 따라 원가법을 적용하여 산정할 수 있다.

5. 다른 감정평가방법의 적용 시 유의할 사항

1) 수익환원법 적용 시 유의할 사항
대상점포가 소재한 지역의 고객흡입력이 급격히 감소하여 매출수익이 줄어들 수 있다는 점을 반영하고, 상권이 위축됨에 따라 위험이 증가할 수 있다는 점을 반영하여 환원율을 높게 산정해야 함에 유의해야 한다.

2) 원가법 적용 시 유의할 사항
대상점포가 소재한 근린형 쇼핑센터의 고객흡입력이 급격히 감소하고 상권이 위축되는 점을 반영하여 감가수정 시 경제적 감가를 반영하고, 거래사례가 부족하여 구분소유건물로서 가격형성이 되지 않은 경우에는 인근지역의 임대・매출수준 등을 고려한 층별・위치별 효용비율을 적용하여 배분함으로써 과다평가되지 않도록 유의해야 한다.

Ⅲ.『물음 2』

1. 시산가액 조정의 의미

1) 시산가액 조정의 개념
시산가액이란 대상물건의 감정평가액을 결정하기 위하여 각각의 감정평가방법을 적용하여 산정한 가액을 말한다. 시산가액 조정이란 각 시산가액을 비교・분석하여 그들 사이에 존재하는 유사점과 차이점을 찾아내어 통일적이고 일관된 가액이 도출될 수 있도록 조화시키는 작업이라 할 수 있다.

2) 시산가액 조정의 의미
시산가액의 조정을 통해 각 방식의 평가과정의 객관성과 정당성을 확인하고 평가과정을 비판적으로 재검토함으로써 시산가액 간에 차이가 나는 이유를 발견하고 적절한 가액을 도출할 수 있게 된다. 이러한 과정을 통해 최종적인 감정평가결과에 논리성과 합리성을 부여할 수 있다.

2. 재검토할 사항

1) 재검토할 사항
시산가액을 조정할 때에는 감정평가목적, 대상물건의 특성, 수집한 자료의 신뢰성, 시장상황 등을 종합적으로 고려하여 각 시산가액에 적절한 가중치를 부여하여 감정평가액을 결정하여야 한다.

2) 대상 구분점포의 경우
평가대상이 근린형 쇼핑센터 내 구분점포로 원칙적인 감정평가방법이 일괄 거래사례비교법이라는 점(감정평가에 관한 규칙 제16조), 대상물건에 대한 시장가치를 산정하는 것이 목적이라는 점, 대상점포가 소재한 근린형 쇼핑센터의 고객흡인력이 급격히 감소하고 상권이 위축되어 구분점포 거래가 감소하게 된 시장동향을 반영해야 한다는 점을 고려하여 비교방식 및 수익방식에 높은 가중치를 부여하여 결정할 수 있다.

Ⅳ. 결

감정평가는 정확한 경제적 가치를 판정하는 것을 목적으로 한다. 다만, 동일한 대상물건이라도 시장상황에 따라 감정평가액이 달라질 수 있다. 따라서 감정평가 시에는 현재의 시장상황을 파악하여, 이를 감정평가액에 반영할 수 있도록 유의해야 한다.

03 **감정평가서의 정확성을 점검하고 부실감정평가 등의 도덕적 위험을 예방하기 위하여 평가검토가 필요할 수 있다. 평가검토에 대해 설명하시오.** 15점

1 출제위원 채점평

수험생의 답안은 개념, 목적, 현행 제도와 비교, 유의사항, 정책적 제안 및 윤리 측면의 강조까지 정말 나무랄 데 없는 논문 한 편의 요약을 보는 듯했다. 대다수 수험생의 바람 또는 제안처럼 평가업계의 양적, 질적 성숙도를 고려할 때, 평가검토업무의 본격적 도입을 위한 관련 법령 및 규정 등 체계정비를 시작해야 할 때라고 생각한다.

2 기출문제 논점분석

'A에 관하여 설명하시오' 문제의 유형입니다. 평가검토에 대해 최대한 많은 내용을 설명하여야 하며, 대신 평가검토가 필요할 수 있다는 문장으로 판단했을 때, 평가검토의 필요성 부분에 대한 내용을 강조할 수 있습니다.

3 예시답안 목차

Ⅰ. 서

Ⅱ. 평가검토의 필요성 및 목적

1. 정확성과 일관성 제고 및 의사결정의 근거
2. 다양한 수요자의 요구 충족 및 감정평가업계의 발전

Ⅲ. 평가검토 시 유의사항

1. 보고서 전체를 대상으로 공정한 업무수행
2. 평가시점 당시의 관점에 근거하여 임의변경 금지

4 예시답안

Ⅰ. 서

평가검토란 이미 작성된 감정평가서를 형식적인 측면과 내용적인 측면에서 정밀하게 확인하고, 그 적정성을 검토하는 업무이다. 이는 이미 평가된 가치를 다시 조정하기 위한 조정평가, 재평가와는 다른 작업이다. 이하, 평가검토에 대해 설명한다.

Ⅱ. 평가검토의 필요성 및 목적

1. 정확성과 일관성 제고 및 의사결정의 근거

1차적인 목적은 평가보고서의 형식적 측면의 정확성과 내용적 측면의 논리적 일관성 제고에 있다. 또한, 평가검토는 의뢰인이 보다 합리적이고 타당한 의사결정을 할 수 있는 근거를 평가보고서가 제시하고 있는지 확인하는 역할을 수행한다는 점에서 필요하다.

2. 다양한 수요자의 요구 충족 및 감정평가업계의 발전

평가검토는 기본적으로 의뢰인의 다양한 요구 충족을 위해 수행되며, 평가사들로 하여금 질적으로 우수하고 통일된 체계를 갖춘 평가보고서를 작성하게 함으로써 감정평가업계의 발전을 도모하는 데 기여할 수 있기 때문에 필요하다.

Ⅲ. 평가검토 시 유의사항

1. 보고서 전체를 대상으로 공정한 업무수행

전체가 아닌 일부분만 검토하는 경우에 잘못된 판단을 하게 될 가능성이 크므로 평가보고서 전체를 대상으로 해야 한다. 또한, 의뢰인의 이익을 위해서는 물론이고 검토자 자신의 개인적 이익을 위해서도 이용되어서는 안 된다는 점에 유의해야 한다.

2. 평가시점 당시의 관점에 근거하여 임의변경 금지

평가시점 당시의 상황에 근거하여 이루어져야 하지 과거나 미래의 상황에서 판단을 해서는 안 된다. 또한, 평가보고서의 전제조건이나 문제의 정의 등을 임의로 변경한 경우 새로운 평가가 되기에 자의적으로 해석하고 변경해서는 안 된다.

04 정부에서 추진 중인 상가권리금 보호방안이 제도화될 경우 권리금 감정평가업무에 변화가 나타날 것으로 예상된다. 이에 관한 상가권리금에 대해 설명하시오. 10점

1 출제위원 채점평

문제4는 최근 공론화되고 있는 상가권리금에 대한 충분한 이해를 바탕으로 향후 법제화를 상정하여 감정평가영역에 미칠 영향을 기술하는 것이 요구되는 문제였다. 하지만 대부분의 수험생들이 권리금의 정의와 종류의 기술에 그치는 경우가 많았으며, 권리금에 대한 이해도 깊지 못한 것으로 평가된다. 업무영역의 확대나 새로운 감정평가기법의 도입 등을 충실하게 기술한 답안은 매우 적었다.

2 기출문제 논점분석

상가권리금에 대하여 설명하라는 문제유형이기 때문에 관련된 내용을 최대한 설명해주는 것이 유리합니다. 다만, 문제에서 감정평가업무에 변화가 나타날 것으로 예상된다는 점을 설명한 부분과, 배점이 10점으로 크지 않다는 점을 고려한다면 감정평가방법을 위주로 설명해주는 것이 좋은 답안구성입니다.

3 예시답안 목차

Ⅰ. 서

Ⅱ. 상가권리금의 의의 및 종류

Ⅲ. 상가권리금의 감정평가방법

1. 개별평가 원칙
2. 무형자산과 유형자산의 평가
    1) 무형자산 감정평가
    2) 유형자산 감정평가
3. 새로운 감정평가방법의 적용

4 예시답안

Ⅰ. 서

「상가건물 임대차 보호법」의 개정으로 인해 회수기간이 보호받게 되면서 권리금에 대한 중요도가 올라가고 있다. 특히 이는 새로운 감정평가의 대상으로 됨에 따라 경제적 가치를 판정하는 감정평가업무에 있어서도 영향을 미칠 수 있다. 이하, 권리금에 대한 물음에 답한다.

Ⅱ. 상가권리금의 의의 및 종류

권리금이란 임대차 목적물인 상가건물에서 영업을 하는 자 또는 영업을 하려는 자가 영업시설, 비품, 거래처, 신용, 영업상의 노하우, 상가건물의 위치에 따른 영업상의 이점 등 유형, 무형의 재산적 가치의 양도 또는 이용대가로서 임대인, 임차인에게 보증금과 차임 이외에 지급하는 금전 등의 대가를 말한다. 권리금은 이론상 시설권리금, 지역권리금, 영업권리금으로 구분된다.

Ⅲ. 상가권리금의 감정평가방법

1. 개별평가 원칙

권리금은 유무형재산에 대한 가치형성과정이 다르게 나타나며, 물리적, 구체적 형태의 구분이 가능한 점을 고려하여 개별감정평가를 원칙으로 한다. 다만, 유무형재산의 특성상 개별감정평가가 불가능한 경우나 개별감정평가가 적절하지 않은 경우에는 유무형재산의 구별 없이 일괄로 감정평가할 수 있다. 이때는 수익환원법이 원칙이나, 거래사례비교법도 적용 가능하다.

2. 무형자산과 유형자산의 평가

1) 무형자산 감정평가

무형자산은 수익환원법을 원칙적으로 적용한다. 감정평가대상 상가가 정상영업 중인 경우 무형재산의 가치는 해당 상가의 과거 매출 자료 등을 기준으로 무형재산으로 인하여 장래 발생할 것으로 예상되는 합리적인 장래기대 영업이익 등을 산정한 후 이를 현재가치로 할인 또는 환원하여 산정한다. 이외에도 거래사례비교법이나 원가법도 적용이 가능하다.

2) 유형자산 감정평가

유형재산은 시간경과에 따라 그 가치가 일정 정도 하락하는 물건이고 상가의 개별성에 따라 맞춤형으로 제작, 설치하는 경우가 많으며 신품가격조사가 용이한 점을 고려하여 원가법 적용을 원칙으로 한다. 다만, 원가법을 적용하는 것이 곤란하거나 부적절한 경우 등에는 거래사례비교법으로 감정평가할 수 있다.

3. 새로운 감정평가방법의 적용

권리금을 종속변수로 하고, 권리금에 영향을 미치는 변수를 독립변수로 한 다중회귀분석을 이용하여 권리금을 감정평가할 수 있다. 또한, 대상과 동일 또는 유사업종 상가의 임대료와 권리금 간 표준적인 승수에 감정평가대상 상가의 임대료를 곱하여 상가권리금을 감정평가하는 방법이다.

Chapter

12 제24회 기출문제 답안

01	부동산 감정평가에서 최유효이용에 대한 다음 물음에 답하시오. 40점 1) 부동산 감정평가에서 최유효이용의 개념과 성립요건을 설명하시오. 5점 2) 부동산가격 판단 시 최유효이용을 전제로 판단해야 하는 이유를 설명하시오. 10점 3) 최유효이용의 원칙과 다른 원칙 간의 상호관련성을 설명하시오. 10점 4) 부동산시장이 침체국면일 때 최유효이용의 판단 시 유의사항을 설명하시오. 15점

1 출제위원 채점평

문제1은 최유효사용에 대한 전반적인 이해와 상호관련성을 묻고, 부동산시장이 침체국면일 때 최유효사용의 판단 시 유의해야 할 사항에 대해 설명하는 것으로 구성·출제되었다. 정확한 개념의 설명과 일관된 논리의 전제, 원칙 간 상호관계의 분석이 왜 필요한지, 그러한 관계 속에서 어떻게 최유효사용의 판단이 이루어지는가에 대한 기술이 필요하다. 하지만 대부분의 수험생들이 교과서에 있는 내용을 옮겨 놓은 듯한 형태의 답안이 많았고, 개론책 등에서 나오는 너무나 일반적인 내용을 기술한 답안도 많았다. 출제자가 문제에서 제시한 상황을 잘 해석하고, 최종적으로 묻고자 하는 것이 무엇인가에 집중해야 한다. 이론적이고 교재에 있는 내용을 가지고, 그 상황을 설명하기 위한 논리적인 나름대로의 구성이 필요하다.

2 기출문제 논점분석

『물음 1』부터 『물음 3』과 관련된 내용은 대부분 암기형 문제에 해당합니다. 특히 부동산가격 판단 시 최유효이용을 전제로 판단해야 하는 이유는 최유효이용의 이론적 근거와 관련된 내용을 활용하면 무난합니다. 『물음 4』 역시 최유효이용 판단 시 유의사항은 대부분의 교재에 있는 내용입니다. 다만, 해당 문제에서 중요한 점은 "부동산시장이 침체국면"이라는 조건이 주어졌기 때문에 이를 반드시 반영해주어야 합니다.

3 예시답안 목차

Ⅰ. 서

Ⅱ. 『물음 1』

1. 최유효이용의 개념

2. 최유효이용의 성립요건
   1) 물리적 이용가능성
   2) 합법적 이용가능성
   3) 합리적 이용가능성
   4) 객관적 자료에 의해 뒷받침되는 최고의 수익성

Ⅲ. 『물음 2』

1. 부동산가격 판단의 의의
2. 최유효이용을 전제로 판단해야 하는 이유
   1) 인간의 합리성 추구
   2) 토지 할당
   3) 최유효이용의 강제

Ⅳ. 『물음 3』

1. 최유효이용의 원칙과 다른 원칙의 의의
2. 최유효이용의 원칙과 다른 원칙 간의 상호관련성
   1) 토대가 되는 원칙과의 상호관련성
   2) 내부 측면의 원칙과의 상호관련성
   3) 외부 측면의 원칙과의 상호관련성

Ⅴ. 『물음 4』

1. 부동산시장의 침체국면의 의의 및 특징
   1) 부동산시장의 의의
   2) 부동산시장의 침체국면의 특징
2. 침체국면일 때 최유효이용의 판단 시 유의사항
   1) 통상의 이용능력이 있는 사람에 의한 이용일 것
   2) 예측 가능한 이용일 것
   3) 장기적 고려를 통한 이용일 것
   4) 수요분석에 유의

Ⅵ. 결

4 예시답안

Ⅰ. 서

감정평가 시에는 최유효이용을 전제로 평가하며, 이에 미달되는 부분은 감정평가 3방식의 적용을 통해 반영한다. 즉, 감정평가 시 전제가 되는 만큼 최유효이용에 대한 이해는 중요하다고 할 수 있다. 이하, 최유효이용에 관한 물음에 답한다.

Ⅱ. 『물음 1』

1. 최유효이용의 개념

최유효이용이란 객관적으로 보아 양식과 통상의 이용능력을 가진 사람이 부동산을 합법적이고 합리적이며 최고이자 최선의 방법으로 이용하는 것을 말한다.

2. 최유효이용의 성립요건

1) 물리적 이용가능성

최유효이용이 되려면 먼저 그 용도로 이용되는 것이 물리적으로 가능한 것이어야 한다는 조건이 최유효이용 결정의 가장 기본적인 기준이다. 대상토지는 지반, 지형, 형상 등 개별적 특성과 공공편익시설의 유용성과 같은 인공환경적 요인에 의한 입지여건에 따라 용도가 상이해지고 공사 실행 여부가 결정되므로 최유효이용을 판단하기 위해서는 토지의 물리적 상태와 인공환경적 요인에 대한 분석이 선행되어야 한다.

2) 합법적 이용가능성

대상부동산을 특정용도로 이용하는 것이 용도지역제, 건축법규, 환경기준이나 생태기준과 같은 각종 규제요건에 충족되는 이용이어야 한다는 것이다. 그런데, 현재 용도지역제에서 허용이 안 된다고 해서 해당 이용이 무조건 최유효이용이 될 수 없는 것도 아님에 유의해야 한다. 즉, 평가사는 대상지역의 관련 자료, 용도지역제에 대한 과거의 결정, 그리고 토지이용의 변화추세 등을 종합적으로 파악해서 용도지역제가 변경될 가능성도 검토해야 한다.

3) 합리적 이용가능성

최유효이용이 되려면 합리적으로 가능한 이용이면서 경제적으로도 타당성이 있어야 한다는 것이다. 먼저, 합리적 이용은 합리적으로 가능한 이용을 말한다. 이때 대상토지가 합리적 이용인지 알기 위해서는 '토지이용의 흡수율 분석' 등을 통하여 미래를 예측할 필요가 있다. 흡수율 분석이란 특정지역의 특정부동산에 대한 수요와 공급의 추이를 분석하여 공급된 부동산이 일정기간 동안 얼마나 흡수되었는지 분석하는 것이다. 또한, 합리적 이용이란 경제적 타당성이 있는 이용을 말한다. 여기서 경제적 타당성의 기준은 정의 순현가(NPV) 등의 판단으로 확인할 수 있다.

4) 객관적 자료에 의해 뒷받침되는 최고의 수익성

물리적으로 이용가능하고 합법적이며 합리적인 여러 대안 중에서 그 이용이 최고의 수익을 올릴 수 있다는 것이 객관적 자료에 의해 증명될 수 있는 이용을 말한다. 그러나 현재의 대안적 용도 중 가장 수익이 높다고 무조건 최유효이용이 되는 것은 아니고 적어도 유사부동산의 수익률과 비슷한 수준은 되어야 한다. 만약, 대체・경쟁의 범위를 금융자산까지 넓히면 대체투자수단의 수익률과도 비교해야 한다.

Ⅲ. 『물음 2』

1. 부동산가격 판단의 의의

부동산가격 판단은 감정평가 3방식의 적용 및 시산가액 조정을 통해 최종적인 감정평가액을 도출해내는 과정을 의미한다. 이러한 가격 판단과정에서는 항상 최유효이용을 전제로 감정평가를 하게 된다.

2. 최유효이용을 전제로 판단해야 하는 이유

1) 인간의 합리성 추구

토지는 고정적, 경직적인 자연적 특성이 있으나, 인문적 특성으로서 용도의 다양성에 의거하여 다양한 용도로 이용이 가능한 물건이므로 경제주체들의 합리성 추구로 인해 결국 토지의 이용은 최유효이용으로 귀착되므로, 최유효이용을 전제로 판단해야 한다.

2) 토지 할당

토지는 용도의 다양성이 있기 때문에 제반 환경의 변화에 따라 이용의 주체, 방법, 규모에 있어 대체・경쟁의 관계가 발생한다. 이러한 대체・경쟁관계를 통해 최유효이용에 토지가 할당되므로, 최유효이용을 전제로 판단해야 한다.

3) 최유효이용의 강제

부동산의 경우 한번 잘못 이용되면 악화되기 쉽고, 지속적으로 유지되며, 원상회복이 어렵다. 이것은 대상부동산뿐만 아니라 주변의 다른 부동산에도 부정적인 영향을 미치게 된다. 따라서 국가나 사회는 부동산의 사회성, 공공성이 제대로 발휘될 수 있도록 각종 규제를 통해 최유효이용을 강제하므로, 최유효이용을 전제로 판단해야 한다.

[경응수 감정평가론 제6판]

기본서에 있는 최유효이용의 이론적 근거를 활용해도 괜찮습니다. 다만, 해당 내용을 암기하지 않으셨을 경우에는 총론의 전체적인 흐름인 부동산의 특성 및 부동산시장의 특성을 활용하여 최유효이용을 전제로 판단해야 하는 이유를 설명해주실 수 있습니다. 감정평가론에서도 최유효이용을 전제로 판단해야 하는 이유로 다음과 같이 설명하고 있습니다.

부동산은 일반 재화와는 다르게 '용도의 다양성'이라는 특성을 가지기 때문에 그 이용방법에 있어 여러 용도 간에 대체・경쟁관계가 발생된다. 또한 지리적 위치의 고정성과 부증성으로 인하여 제한된 자원의 효율적 이용이 강조된다. 그러므로 부동산은 최대의 수익을 얻을 수 있는 용도에 이용되며, 거래 또한 최유효이용을 전제로 이루어진다. 이와 같이 자본주의 자유경쟁 시장메커니즘은 수익을 극대화할 수 있는 용도에 토지자원을 할당하게 된다. 개별토지는 물리적・법적・경제적 제약 조건하에서 수익이 극대화될 때 이를 '최유효이용'이라 할 수 있다. 또한 토지는 영속성이라는 자연적 특성이 있기 때문에 악화 성향, 비가역성, 지속성 등의 특성을 지니는 동시에, 사회성과 공공성이 높은 공공재의 성격도 지니므로 국가에 의해 토지의 최유효이용이 강제되기도 한다.

Ⅳ. 『물음 3』

1. 최유효이용의 원칙과 다른 원칙의 의의

최유효이용의 원칙이란 부동산의 가치는 최유효이용을 전제로 형성된다는 원칙을 말하며, 이때 최유효이용이란 객관적으로 보아 양식과 통상의 이용능력을 가진 사람이 대상물건을 합법적이고 합리적이며, 최고최선의 방법으로 이용하는 것을 말한다. 최유효이용원칙은 부동산가격제원칙의 중심을 이루며, 이를 기준으로 토대가 되는 원칙, 내부 측면의 원칙, 외부 측면의 원칙으로 구분할 수 있다.

2. 최유효이용의 원칙과 다른 원칙 간의 상호관련성

1) 토대가 되는 원칙과의 상호관련성

토대가 되는 원칙은 장래 예측과 변동을 기반으로 해서 최유효이용과 부동산가격이 결정된다는 원칙을 말한다. 이는 감정평가의 대상이 되는 부동산의 영속성 및 사회·경제·행정적 위치의 가변성으로 인해 고려해야 하는 원칙이다. 토대가 되는 원칙에 부합하지 않는 경우 최유효이용의 원칙에 위배된다는 점에서 관련성을 갖는다.

2) 내부 측면의 원칙과의 상호관련성

내부 측면의 원칙은 부동산의 최유효이용 여부 및 그에 따른 부동산가격에 대한 내부적인 판단기준으로 기여의 원칙, 수익배분의 원칙, 균형의 원칙 등을 말한다. 이는 감정평가의 대상이 되는 부동산의 개별성으로 인해 고려해야 하는 원칙이다. 내부 측면의 원칙에 부합하지 않는 경우 최유효이용원칙에 위배된다는 점에서 관련성을 갖는다.

3) 외부 측면의 원칙과의 상호관련성

외부 측면의 원칙은 부동산의 최유효이용 여부 및 그에 따른 부동산가격에 대한 외부적인 판단기준으로 적합의 원칙, 외부성의 원칙, 수요공급의 원칙 등을 말한다. 이는 감정평가의 대상이 되는 부동산의 고정성으로 인해 고려해야 하는 원칙이다. 외부 측면의 원칙에 부합하지 않는 경우 최유효이용원칙에 위배된다는 점에서 관련성을 갖는다.

Ⅴ. 『물음 4』

1. 부동산시장의 침체국면의 의의 및 특징

1) 부동산시장의 의의

부동산시장이란 매수자와 매도자에 의해 부동산의 교환이 이루어지는 곳으로 수요공급의 조절, 부동산 가격결정, 공간배분, 공간이용패턴의 결정 등을 위해 의도된 상업 활동이 이루어지는 곳으로 정의된다.

2) 부동산시장의 침체국면의 특징

수축국면인 경우에는 금리가 상승하며 이로 인해 유효수요가 줄어듦에 따라 거래량 감소로 인해 가격 역시 하락하게 된다. 따라서 최종적으로는 부동산시장의 수요가 감소하여 공실률이 증가한다는 특징이 있다.

2. 침체국면일 때 최유효이용의 판단 시 유의사항

1) 통상의 이용능력이 있는 사람에 의한 이용일 것

최유효이용은 통상의 이용능력이 있는 사람에 의한 이용이어야 한다. 침체국면인 경우라도 특별한 능력을 가진 사람의 경우 높은 수익을 올릴 수도 있으나 이는 비정상적인 상황으로 배제해야 함에 유의해야 한다.

2) 예측 가능한 이용일 것

효용발휘시점이 너무 먼 미래로 예측되면 불확실성으로 객관성을 잃을 가능성이 크므로 최유효이용에 따른 효용이 발휘될 수 있는 시점이 예측할 수 있는 기간 내에 이루어져야 한다. 특히 침체국면이 어느 정도 지속될지 또는 언제 확장국면으로 변화할지에 유의해야 한다.

3) 장기적 고려를 통한 이용일 것

일시적인 상황이 계속될 것으로 오해해서는 안 된다. 특히 침체국면이 일시적인 경기불황으로 인한 것인지 확인하여야 한다. 즉, 최유효이용은 장기적 고려를 통해 판정해야 한다는 점에 유의한다.

4) 수요분석에 유의

최유효이용은 해당 용도에 대한 충분한 수요가 있는지 여부를 확인하는 작업인바, 특히 수요분석에 유의해야 한다. 특히 침체국면과 같이 현재시점에 해당 용도에 대한 충분한 수요가 없다면, 최유효이용은 잠정적으로 연기되거나 중도적 이용에 할당된다는 점에 유의해야 한다.

Ⅵ. 결

최유효이용은 감정평가 시 전제가 되는 개념으로서 감정평가액에 영향을 미칠 수 있기 때문에 이에 대한 이해는 중요하다고 할 수 있다. 특히 시장상황의 변동에 따라서도 최유효이용 판정 시 영향을 미칠 수 있기 때문에 유의하여야 할 것이다.

02 시장분석과 지역분석에 관하여 다음 물음에 답하시오. 30점

1) 시장분석의 의의 및 필요성을 설명하고, 시장분석 6단계를 단계별로 설명하시오. 20점

2) 부동산 감정평가에서 행하는 지역분석을 설명하고, 시장분석과의 관계를 설명하시오. 10점

1 출제위원 채점평

『문제2』는 시장분석과 지역분석에 대한 물음으로서 시장분석의 6단계에 대한 이해와 지역분석과의 관계에 대한 내용이다. 시장분석과 지역분석에 대한 기본적인 지식이 있으면 답할 수 있는 문제로서 시장분석의 각 단계별 분석내용에 대한 이해와 시장분석과 관련한 분석지표로서의 과거자료의 한계 등에 대한 설명이 필요하다. 지역분석에 대해 이해하고 시장분석과의 관계를 알고 있다면 어렵지 않은 문제라 할 수 있다.

2 기출문제 논점분석

시장분석의 6단계를 설명하는 문제 유형은 시장분석 단원에서 가장 중요한 내용으로, 암기형 문제이기 때문에 각각의 단계별 키워드를 적어주는 것이 득점에 도움이 됩니다. 특히 『물음 2』와 관련하여 지역분석과 시장분석과의 관계는 "분석과 분석의 관계"이므로 각각의 분석의 목적, 범위, 내용(절차) 측면에서 어떠한 관계가 있는지 서술해주면 됩니다.

3 예시답안 목차

Ⅰ. 서

Ⅱ. 『물음 1』

1. 시장분석의 의의 및 필요성
   1) 시장분석의 의의
   2) 시장분석의 필요성
2. 시장분석의 6단계
   1) 생산성분석(차별화)
   2) 시장획정(세분화)
   3) 수요분석
   4) 공급분석
   5) 균형분석
   6) 포착률의 예측

Ⅲ. 『물음 2』

1. 부동산 감정평가에서 행하는 지역분석

1) 지역분석의 의의

2) 지역분석의 필요성

2. 지역분석과 시장분석과의 관계

1) 분석의 목적 측면의 관계

2) 분석의 범위 측면의 관계

3) 분석의 내용 측면의 관계

Ⅳ. 결

4 예시답안

Ⅰ. 서

가치는 부동산시장의 영향을 받으며, 시장분석은 감정평가 시 전제가 되는 최유효이용의 판정을 위해서 중요하다. 특히 시장분석은 공간적인 측면에서의 지역분석과 수요공급을 파악하는 경제적인 측면의 시장분석이 있다. 이하에서는, 감정평가에서 행하는 지역분석에 대해 설명하고, 지역분석과 시장분석의 관계에 대해 설명하고자 한다.

Ⅱ. 『물음 1』

1. 시장분석의 의의 및 필요성

1) 시장분석의 의의

감정평가에 있어서 시장분석이란 대상부동산에 대한 시장지역의 범위를 결정하고, 대상부동산의 용도 및 가치에 영향을 줄 수 있는 여러 가지 시장상황을 연구하고 분석하여 최유효이용을 판정하고 구체적인 가치에 미치는 영향을 파악하는 것이다.

2) 시장분석의 필요성

감정평가의 대상이 되는 부동산은 시장에서 거래되는 경제재의 특성을 가지며, 감정평가 시 가치의 전제가 되는 최유효이용은 시장에서 충분한 수요가 있는지에 따라 영향을 받기 때문에, 부동산시장에 대한 분석이 필요하다. 또한, 통상적인 시장을 전제로 하는 시장가치의 도출을 위해서도 시장분석은 필요하다.

2. 시장분석의 6단계

1) 생산성분석(차별화)

대상부동산에 관한 자연적, 사회적, 행정적, 경제적 제 특성을 고려하여 대상부동산이 가지고 있는 다양한 생산능력을 확인하고 그중에서 최고의 부동산서비스를 창출할 수 있는 용도가 무엇인지 결정하는 과정이다. 이는 곧 대상부동산 제품이 시장참여자로부터 주목을 받고 수요자의 욕구를 충족시킬 수 있도록 제품의 특성을 다른 제품과 구별하는 것으로 제품차별화라고 부른다.

2) 시장획정(세분화)

시장획정이란 제품차별화 이후에 이에 맞는 시장을 여러 변수에 따라서 구분, 획정하는 것이다. 부동산시장을 인위적으로 부동산의 종류와 특성에 따라 보다 작은 단위의 부분시장으로 나누는 것을 시장의 세분화라고 한다. 시장을 세분화할 때는 대상부동산은 어디에 위치하는가, 대상부동산과 대체・경쟁관계의 부동산, 보완관계의 부동산은 각각 어떤 것이 있는가, 또한 그들의 위치는 어디이며, 영향력의 범위는 어디까지인가 등에 유의해야 한다.

3) 수요분석

획정된 시장별로 잠재유효수요를 파악하고, 수요에 영향을 주는 여러 요인들을 조사 및 분석하는 것이다. 수요분석은 추상적이고 일반적인 요인들에 대한 단순한 나열과 검토만으로 이루어져서는 안 되고, 경쟁부동산의 수요와 공급자료에 바탕을 둔 구체적인 작업이 되어야 한다. 특히 수요의 강도가 어느 정도 되는지를 분석해야 한다는 점에 유의해야 한다.

4) 공급분석

공급분석이란 대상부동산과 동일한 유형의 공급상황을 분석하는 절차이다. 공급은 단순히 신규 부동산의 생산뿐 아니라 기존 부동산의 유용성도 포함하는 개념이므로 건축 중인 부동산, 계획 예정인 부동산, 기존 부동산까지 포함해서 분석해야 한다. 공급분석 시에 건축 중이거나 계획예정인 부동산의 경우 그중 일부가 완공되지 못하고 시장에 최종적으로 공급되지 못할 수도 있고 기존 부동산에 있어 멸실 물량, 전환 물량도 고려해야 하는 것에 유의해야 한다.

5) 균형분석

균형분석이란 전 단계의 수요와 공급분석의 결과를 종합하여, 현재와 미래의 시장수요와 공급량이 균형을 이루고 있는지, 수요가 초과되었는지, 공급이 초과되고 있는지 분석하고 만약 수요와 공급이 초과되고 있다면 언제쯤 해소되는지 분석하는 절차이다. 평가사들은 현재와 미래의 수급상황을 면밀히 검토하여 시장의 흐름과 추세를 적절히 분석할 수 있어야 한다.

6) 포착률의 예측

대상부동산의 특성에 따른 경쟁력을 파악하여 시장에서의 예상포착률을 예측하는 것이다. 포착률의 예측으로 대상부동산이 어떤 가격으로 시장에서 가장 잘 소화될 수 있는지 파악할 수 있게 된다. 포착률은 특정 유형의 부동산에 해당하는 잠재적인 전체시장에서 대상부동산이 차지하고 있거나 차지할 것으로 예상되는 비율을 말한다. 단기의 포착률을 시장흡수율, 장기의 포착률은 시장점유율로 구분할 수 있다.

Ⅲ. 『물음 2』

1. 부동산 감정평가에서 행하는 지역분석

1) 지역분석의 의의

지역분석이란 대상부동산이 속한 지역을 분석하여 부동산의 이용상태 및 표준적 이용을 판정하고, 인근지역 내 상대적 위치를 파악함으로 궁극적으로 가격수준을 파악하는 작업이다.

2) 지역분석의 필요성

감정평가의 대상이 되는 부동산은 고정성과 지역성을 가지게 되며, 일반적으로 가치판정 시 전제가 되는 최유효이용은 표준적 이용의 영향을 받게 된다. 즉, 부동산의 고정성이라는 특성과 가치판정에 전제가 되는 최유효이용에 대한 판정방향을 파악하기 위해 지역분석이 필요하다.

2. 지역분석과 시장분석과의 관계

1) 분석의 목적 측면의 관계

지역분석은 대상지역의 표준적 이용과 가격수준을 판정하는 것을 목적으로 한다. 반면, 시장분석은 특정 부동산에 대한 시장의 수요와 공급상황을 분석하는 것을 목적으로 한다는 점에서 관계가 있다.

2) 분석의 범위 측면의 관계

시장분석은 모든 시장재화를 대상으로 하는 거시적인 분석뿐만 아니라, 미시적인 측면의 시장성 분석도 분석의 범위로 한다. 반면, 지역분석은 인근지역 또는 유사지역과 동일수급권이 분석의 범위가 된다는 관계가 있다.

3) 분석의 내용 측면의 관계

지역분석은 대상부동산이 속한 인근지역을 확정하고 지역요인을 분석한 뒤 표준적 이용과 가격수준을 판정하는 과정을 거친다. 반면, 시장분석은 생산성분석, 시장획정, 수요와 공급분석, 균형분석 및 포착률 예측을 하는 과정을 거친다는 관계에 있다.

Ⅳ. 결

시장분석은 최유효이용 판정을 위한 감정평가의 과정이다. 하지만 시장분석과 관련하여 미래에 대한 정확한 예측을 위해서 이용되는 자료가 단순 과거 자료라는 문제가 있다. 또한, 분석과 관련해서는 비현실적인 가정에 기초한 경우 정확한 시장분석을 할 수 없다는 한계가 존재하는 바 이에 대한 보완이 필요하다 판단된다.

> **03** **감정평가이론상 토지평가방법에는 감정평가 3방식이 있으나, 감정평가 법령은 토지의 경우 표준지공시지가를 기준으로 평가하도록 규정하고 있다. 다음의 물음에 답하시오.** 20점
>
> **1) 토지평가 시 감정평가 3방식을 적용하여 평가한 가격과 표준지공시지가를 기준으로 평가한 가격과의 관계를 설명하시오.** 10점
>
> **2) 표준지공시지가가 시장가치를 반영하지 못하는 경우, 표준지공시지가를 기준으로 해야 하는 감정평가에서 발생가능한 문제와 대책을 기술하시오.** 10점

1 출제위원 채점평

이론적으로 감정평가 3방식에 의한 시산가액과 공시지가를 기준으로 한 감정평가액의 본질적인 관계에 대한 이해가 필요한 문제이다. 또한 시장가치를 적정하게 반영하지 못하는 표준지공시지가를 기준으로 한 감정평가의 문제점에 대한 이해와 함께 표준지공시지가를 기준으로 한 토지의 평가에 대한 한계를 묻는 문제이다. 또한 감정평가이론에 의한 감정평가 3방식을 적용하는 감정평가 등에 대한 언급이 필요한 문제로서 공시지가기준으로 한 감정평가에 대한 기본적인 이해와 고찰이 있다면 어렵지 않은 문제이다.

2 기출문제 논점분석

『물음 1』은 A와 B의 관계를 물어보는 유형이기 때문에, 각각의 절차에 따른 가격을 세분화하는 것이 필요합니다. 즉, 세부적인 감정평가방법이 제시되었다면 감정평가 각론 단원의 구체적인 절차부터 생각해서 관계를 찾아주는 것이 필요합니다.

『물음 2』는 문제점과 대책을 물어보는 문제로 어려운 유형에 속하는 문제입니다. 이 역시 문제점은 항상 감정평가 각론의 절차부터 생각해야 구체적인 답안이 될 수 있습니다. 특히 대책도 함께 물어보는 경우 앞서 제시한 문제점과 대책이 서로 대응이 되어야 한다는 점도 주의해야 합니다.

3 예시답안 목차

Ⅰ. 서

Ⅱ. **『물음 1』**

1. 감정평가 3방식을 적용하여 평가한 가격의 의의
2. 표준지공시지가를 기준으로 평가한 가격의 의의
3. 각 방법을 적용하여 평가한 가격의 관계
   1) 감정평가 절차 측면에서의 관계
   2) 가치의 기능 측면에서의 관계
   3) 대체의 원칙 고려 측면에서의 관계
   4) 최유효이용 측면에서의 관계

Ⅲ. 『물음 2』

1. 표준지공시지가를 기준으로 하는 감정평가에서 발생가능한 문제

1) 그 밖의 요인 보정 절차 측면에서의 문제점

2) 시장가치 산정 측면에서의 문제점

2. 발생가능한 문제에 대한 대책

1) 그 밖의 요인 보정 절차의 정확성

2) 표준지공시지가의 현실화

Ⅳ. 결

4 예시답안

Ⅰ. 서

토지에 대한 감정평가 시 감정평가에 관한 규칙 제14조에 따라 원칙적으로 공시지가기준법을 적용하게 된다. 다만, 표준지공시지가의 성격으로 인해 문제가 발생하는 바, 이하 관련된 물음에 답한다.

Ⅱ. 『물음 1』

1. 감정평가 3방식을 적용하여 평가한 가격의 의의

토지평가에 있어, 감정평가 3방식에 의한 가격이란 거래사례비교법, 원가법(조성원가법, 개발법), 수익환원법(토지잔여법) 등 3방식을 적용하여 평가한 후 시산가액 조정을 통해 최종적으로 결정된 가격을 의미한다.

2. 표준지공시지가를 기준으로 평가한 가격의 의의

표준지공시지가를 기준으로 평가한 가격을 공시지가기준법을 적용하여 평가한 가격을 의미한다. 이때 공시지가기준법이란 감정평가법 제3조 제1항 본문에 따라 감정평가의 대상이 된 토지와 가치형성요인이 같거나 비슷하여 유사한 이용가치를 지닌다고 인정되는 표준지의 공시지가를 기준으로 대상토지의 현황에 맞게 시점수정, 지역요인 및 개별요인 비교, 그 밖의 요인의 보정을 거쳐 대상토지의 가액을 산정하는 감정평가방법을 말한다.

3. 각 방법을 적용하여 평가한 가격의 관계

1) 감정평가 절차 측면에서의 관계

감정평가 3방식을 적용하기 위한 시장자료는 불완전한 시장의 자료이기 때문에 부동산의 개별성으로 인한 사정이 개입되어 있을 수 있다. 따라서 3방식을 적용하는 경우는 사정보정 절차를 거친다. 반면, 공시지가기준법으로 평가한 가격은 표준지공시지가의 성격으로 인해 그 밖의 요인 보정 절차를 거친다. 즉, 3방식을 적용하여 평가한 가격은 "사정보정" 절차를, 표준지공시지가를 기준으로 평가한 가격은 "그 밖의 요인 보정" 절차를 통해 적정화된 가격이라는 관계에 있다.

2) 가치의 기능 측면에서의 관계

각 방법을 적용하여 평가한 가격은 가치의 기능적인 측면에서 가격의 정보제공 및 파라미터적 기능을 수행한다. 즉, 부동산활동 주체에게 정보를 제공하고, 수요자와 공급자의 행동을 결정하는 데 중요한 매개변수가 되어 수요와 공급이 같아지도록 유도하는 기능을 한다는 관계에 있다.

3) 대체의 원칙 고려 측면에서의 관계

감정평가 3방식 적용 시 거래사례 선정, 재조달원가의 산정 혹은 환원율 산정 시 대체자산의 수익률 등을 고려한다는 점에서 대체의 원칙이 고려된다. 표준지공시지가를 기준으로 평가한 가격 역시 본건과 이용상황 측면에서 대체 관계에 있는 표준지공시지가를 활용했다는 점에서 모두 대체의 원칙을 고려한 가격이라는 관계에 있다.

4) 최유효이용 측면에서의 관계

감정평가 3방식을 적용한 가격은 비교방식 적용 시에는 가치형성요인 비교에서 수익방식 적용에서는 순수익 산정 및 환원이율 산정 절차에서 최유효이용에 미달되는 부분을 반영한 가격이다. 표준지공시지가를 기준으로 한 가격 역시 최유효이용을 전제로 미달되는 부분은 개별요인 비교에 있어서 반영해준다는 점에서 모두 최유효이용을 전제로 한 가격이라는 관계에 있다.

Ⅲ. 『물음 2』

1. 표준지공시지가를 기준으로 하는 감정평가에서 발생가능한 문제

1) 그 밖의 요인 보정 절차 측면에서의 문제점

표준지공시지가가 시장가치를 반영하지 못하는 경우, 이를 보완하기 위해서 감정평가에 관한 규칙 제14조에서는 '그 밖의 요인 보정 절차'에 대해 규정하고 있다. 하지만 이러한 과정 시 평가사의 주관이 개입될 여지가 있고, 아직은 누적된 평가선례의 부족 혹은 거래사례의 사정개입 문제로 인해 오류가 발생할 가능성이 높다는 문제점이 있다.

2) 시장가치 산정 측면에서의 문제점

감정평가는 감정평가에 관한 규칙 제5조에 따라 시장가치를 기준으로 하는 것을 원칙으로 한다. 실무상 '그 밖의 요인 보정 절차'를 통해 시가와의 괴리를 보정하고 있지만, 절차 자체의 한계로 인해 미달되는 부분을 모두 적절히 반영한다고 보기 어렵다. 이로 인해 적절한 시장가치가 산정되지 않아, 경매・담보와 같이 정확성이 요구되는 경우에 있어 오류가 발생할 가능성이 높다는 문제점이 있다.

2. 발생가능한 문제에 대한 대책

1) 그 밖의 요인 보정 절차의 정확성

다양한 평가선례가 누적될 수 있도록 평가선례 관련 DB에 자료를 누적하거나, 사정이 개입된 거래사례인지 여부를 판단하기 위해, 실거래가에 대한 검증제도를 만들어 실행할 수 있다. 이로 인해, 평가선례의 부족 혹은 거래사례의 사정개입으로 인한 문제를 해결할 수 있다.

2) 표준지공시지가의 현실화

'그 밖의 요인 보정 절차'로 반영할 수 없거나 누락되는 시가와의 괴리를 줄이기 위해서는 표준지공시지가 자체의 현실화율을 높일 필요가 있다. 즉, 현실화율을 통해 시장가치와의 격차를 줄임으로써, 적절한 경제적 가치 산정이 되도록 하여 문제를 해결할 수 있다.

Ⅳ. 결

표준지공시지가의 낮은 시세 반영은 시장의 거래관행을 반영하여 정확한 경제적 가치를 도출하는 감정평가 과정에 있어서도 부정적인 영향을 미칠 수 있다. 따라서 정확한 가치 판정을 위하여 이에 대한 해결이 필요하다고 판단된다.

04 부동산업을 법인형태로 영위하는 경우, 해당 법인의 주식가치 평가방법을 설명하시오. 10점

1 출제위원 채점평

주식가치 평가방법 중 부동산업을 법인형태로 영위하는 경우의 평가방법 설명에 대한 제시로서 준비 부족이거나 간과하여 설명하지 못한 수험생이 있고, 감정평가에 관한 규칙 규정의 내용을 대신하는 경우가 있어 아쉬움이 있다.

2 기출문제 논점분석

감정평가에 관한 규칙에서는 주식의 감정평가방법에 대하여 규정하고 있으며, 특히 상장주식과 비상장 주식으로 구별하여 설명하고 있습니다. 물론, 부동산업을 다양한 법인형태로 구별하여 작성하는 것도 좋지만, 실제 시험장에서 상황을 고려한다면, 암기해둔 내용인 감정평가의 관한 규칙상 주식가치 평가방법을 설명하는 것이 최선이라고 생각합니다.

3 예시답안 목차

Ⅰ. 서

Ⅱ. 상장법인의 주식인 경우

1. 거래사례비교법
2. 증권거래소 등의 시세가 없는 경우

Ⅲ. 비상장법인의 주식인 경우

1. 순자산가치법
2. 주당가치를 직접 산정할 수 있는 경우

4 예시답안

Ⅰ. 서

자본주의 시장경제에서 기업의 주식가치가 합리적이고 적정하게 결정된다는 것은 매우 중요한 일이다. 주식의 가치가 올바르게 형성되어야 자원의 분배 및 투자를 적정하게 할 수 있기 때문이다. 이하에서는, 부동산업을 법인형태로 영위하는 경우, 해당 법인의 주식가치 평가방법을 상장주식과 비상장주식으로 구분하여 설명한다.

Ⅱ. 상장법인의 주식인 경우

1. 거래사례비교법

「감정평가에 관한 규칙」에서는 상장주식을 감정평가할 때 거래사례비교법을 원칙으로 적용하도록 정하고 있으며, 거래사례비교법을 적용하는 경우 "대상 상장주식의 기준시점 이전 30일간 실거래가액의 합계액을 30일간 실제 총 거래량으로 나누어 감정평가한다."라고 규정하고 있다.

2. 증권거래소 등의 시세가 없는 경우

상장주식 중 거래소에서 매매가 이루어지지 않거나, 특정한 이유로 인하여 매매가 정지되어 있는 경우가 있다. 이 경우에는 거래사례비교법을 적용하는 것이 곤란하므로, 비상장주식의 감정평가방법에 따라 감정평가한다.

Ⅲ. 비상장법인의 주식인 경우

1. 순자산가치법

해당 회사의 자산, 부채 및 자본항목을 기준시점 현재의 가액으로 평가하여 수정재무상태표를 작성한 후, 자산총계에서 부채총계를 공제한 기업체의 자기자본가치를 발행주식수로 나누어 비상장주식의 주당가액을 평가하는 방법이다. 이때 기업가치의 감정평가가 필요하며, 기업가치를 감정평가하는 방법으로는 수익환원법(할인현금흐름분석법, 직접환원법, 옵션평가모형 등), 거래사례비교법(유사기업이용법, 유사거래이용법, 과거거래이용법 등), 원가법(유・무형의 개별자산의 가치를 합산하는 방법) 등이 있다.

2. 주당가치를 직접 산정할 수 있는 경우

대상 주식의 거래가격이나 시세 또는 시장배수 등을 파악할 수 있는 경우에는 기업가치의 산정과정을 거치지 않고, 비상장주식의 가치를 직접 산정할 수 있다.

Chapter

13 제23회 기출문제 답안

01	시장가치에 관한 다음의 물음에 답하시오. 40점 1) 시장가치 개념의 개념요소를 설명하시오. 20점 2) 최근 시장가치 정의의 통계학적 의미를 최종가치의 표현방법과 관련하여 설명하시오. 20점

1 출제위원 채점평

감정평가이론 1번 문제는 배점기준이 가장 높은 40점 만점 문항으로 시장가치에 대한 질문으로서 시장가치의 변천과정과 시장가치 정의의 통계학적 의미를 시장가치의 표현방법과 관련하여 설명하는 것으로 구성・출제되었다. 정확한 답변을 위해서는 시장가치에 대한 명확한 정의를 바탕으로 서술되어야 한다. 아울러 시장가치의 변천과정에 대한 기술이 포함되어야 한다. 하지만 아쉽게도 많은 수험자가 이러한 원칙적인 서술에 비중을 적게 두다 보니, 시장가치 정의의 통계학적 의미를 최종가치의 표현방법과 관련한 설명에 있어서 매우 미흡하게 답변하거나 질문을 이해하지 못했던 답안도 다수 있었다고 판단된다. 질문에 대한 정확한 의도를 파악하는 것이 매우 중요하다는 것으로 보여주는 문제가 감정평가이론 1번 문제로서, 배점기준이 가장 높은 문항이었다.

2 기출문제 논점분석

『물음 1』은 전형적인 암기형 문제입니다. 특히 시장가치 개념요소와 관련한 설명은 실무기준 해설서에서 하고 있으므로, 이에 대한 정확한 암기가 필요합니다. 시장가치의 개념요소는 A라는 가치가 시장가치인지 시장가치 외의 가치인지를 구별하는 기준으로도 활용할 수 있기 때문에 반드시 암기해야 하는 내용입니다.

『물음 2』는 난이도가 높은 유형입니다. A와 B의 관련성을 물어보는 문제로 A와 B 각각에 대한 세분화가 필요합니다. 특히 최종가치의 표현방법은 이론상 크게 점추정치와 구간추정치로 구분할 수 있다는 점을 기억해두어야 합니다.

3 예시답안 목차

Ⅰ. 서

Ⅱ. 『물음 1』

1. 시장가치의 개념

2. 시장가치의 개념요소

   1) 통상적인 시장

2) 충분한 기간 동안 거래를 위하여 공개된 후

3) 대상물건의 내용에 정통한 당사자 사이

4) 신중하고 자발적인 거래가 있을 경우

5) 성립될 가능성이 가장 높다고 인정되는

Ⅲ. 『물음 2』

1. 시장가치 정의의 통계학적 의미

1) 통계학적 의미로서 산술평균치

2) 통계학적 의미로서 중위치

3) 통계학적 의미로서 최빈치

2. 최종가치의 표현방법

1) 점추정 방법

2) 구간추정 방법

3. 최종가치의 표현방법과 관련한 통계학적 의미

1) 점추정 방법과 관련한 통계학적 의미

2) 구간추정 방법과 관련한 통계학적 의미

Ⅳ. 결

4 예시답안

Ⅰ. 서

「감정평가에 관한 규칙」 제5조에 따라 감정평가 시 시장가치를 원칙적인 기준가치로 정하고 있다. 특히 이를 기준으로 감정평가액을 산정하게 되며, 감정평가서에 그 가액을 표시하므로, 이에 대한 이해는 중요하다. 이하, 관련된 물음에 답한다.

Ⅱ. 『물음 1』

1. 시장가치의 개념

시장가치란 감정평가의 대상이 되는 토지 등이 통상적인 시장에서 충분한 기간 동안 거래를 위하여 공개된 후, 그 대상물건의 내용에 정통한 당사자 사이에 신중하고 자발적인 거래가 있을 경우 성립될 가능성이 가장 높다고 인정되는 대상물건의 가액을 말한다.

2. 시장가치의 개념요소

1) 통상적인 시장

부동산시장의 속성은 시장참여자별로 정보비용의 차이가 발생하는 점, 모든 시장의 정보가 가격에 바로 반영되는 효율적 시장으로 보기 어려운 점에 비추어 보면, 현실적으로 불완전경쟁시장의 성격을 가진다고 보아야 할 것이다. 여기서 전제가 되는 통상적인 부동산 거래 시장은 일반재화가 거래된 시장과는 특성이 다르나, '시장가치'의 제반 조건을 만족하는 상정된 시장이지만 현실에 존재하지 아니하는 시장이 아니고, 통상적인 부동산 거래가 이루어질 수 있는 시장을 지칭한다.

2) 충분한 기간 동안 거래를 위하여 공개된 후

기준시점 이전 대상부동산을 시장에 출품하되, 충분하고 합리적인 기간 동안 매도자의 적정 마케팅 활동이 수반되어야 한다는 개념으로 정리할 수 있다.

3) 대상물건의 내용에 정통한 당사자 사이

거래에 참가하는 시장참여자에 대한 조건에 대해서 미국 AI기준은 다수의 매도자와 매수자가 시장통제나 거래를 강제하는 수단이 없고, 수요와 공급이 자유롭게 작동하는 공개시장에 다수의 매수자와 매도자가 존재하고, 매수자나 매도자 쌍방이 시장의 사정에 충분히 정통하고 자기의 이익을 위해 사려 깊게 거래 활동을 한다고 보고 있다.

4) 신중하고 자발적인 거래가 있을 경우

미국 AI기준은 경쟁시장이란 용어를 사용하면서도 시장의 공정한 거래를 하기 위한 필요조건으로, 물건의 내용에 정통한 거래당사자가 '특별한 제약이나 거래동기를 갖지 않고 신중하고 자발적인 의사에 의해 거래가 이루어지는 형태'를 상정하고 있다. 따라서 자발적인 거래의사를 필요조건으로 함으로써 징벌이나 기타 강제적인 수단에 의한 거래에서 발생하는 경우의 가격을 배제하고 있다.

5) 성립될 가능성이 가장 높다고 인정되는

미국 AI기준의 내용은 거래가능가격의 평균을 의미하는 것이 아니고, 거래가능가격 중에서 가장 일어날 수 있는 빈도수가 높은 거래가능가격을 의미한다고 보면, '성립될 가능성이 가장 높은'이란 문구의 타당성이 있다.

Ⅲ. 『물음 2』

1. 시장가치 정의의 통계학적 의미

1) 통계학적 의미로서 산술평균치

산술평균은 모든 관측치의 값을 합한 후 그 값을 표본의 수로 나누어 계산한 값이다. 가장 일반적이고 계산하기 쉽다는 장점이 있지만, 극단적인 값이 있으면 측정치가 왜곡될 수 있다는 단점이 있다.

2) 통계학적 의미로서 중위치

중위치는 데이터를 가장 낮은 수에서 가장 높은 수로 배열했을 때 그 중간에 위치한 값을 의미한다. 데이터의 극단적인 값에 영향을 받지 않는 장점이 있지만, 데이터의 순서정보만 활용되고 구체적인 값은 무시되기에 정보의 손실이 발생한다는 단점이 있다.

3) 통계학적 의미로서 최빈치

최빈치는 모든 데이터에서 가장 빈번하게 발생하는 관측치를 말한다. 극단적인 값에 영향을 받지 않고 분포경향을 쉽게 파악하는 장점이 있지만, 자료를 어떻게 묶느냐에 따라 값의 변화가 커서 중심경향치 중에서 가장 안정성이 낮다는 단점이 있다.

2. 최종가치의 표현방법

1) 점추정 방법

평가액의 산출을 성립할 가능성이 가장 큰 특정 금액으로 표시하는 것을 점추정이라 한다. 전통적으로 부동산 과세, 강제수용에 대한 보상, 가격을 통한 임대료 산정, 자산 매입 및 매각 등의 목적에 있어 특정 금액을 요구하는 경우 활용되는 방법이다.

2) 구간추정 방법

평가액의 산출에 있어 경우에 따라서는 구간으로 추정할 수도 있다. 범위로 평가액을 산출할 경우 평가액의 범위를 상한과 하한의 범위로 산정하는 방법을 말한다. 컨설팅이나 타당성 분석과 같은 업무영역에 있어서 활용되는 방법이다.

3. 최종가치의 표현방법과 관련한 통계학적 의미

1) 점추정 방법과 관련한 통계학적 의미

다만, 문제에서 감정평가업무에 변화가 나타날 것으로 예상된다는 점을 설명한 부분과, 배점이 10통계학적 의미로서 산술평균치와 중위치는 하나의 단일한 값을 도출하는 경우에 해당한다. 따라서 이는 최종가치의 표현방법 중에서 하나의 값으로 표현하는 점추정 방법과 관련성이 존재하게 된다.

2) 구간추정 방법과 관련한 통계학적 의미

최빈치의 경우는 단일한 값이 나올 수도 있지만, 여러 개가 존재할 수도 있다. 즉, 구간의 값으로 나타날 수도 있기 때문에, 최종가치의 표현방법 중에서 일정한 구간으로 표현하는 구간추정 방법과 관련성이 존재하게 된다.

Ⅳ. 결

실무상은 감정평가서에 가액을 점추정치의 방식으로 평가하고 있다. 다만, 시장가치는 개념상 하나의 값이 아닌 일정한 구간의 값을 가지는 것으로 보는 것이 타당한 바, 단순히 점추정치가 아닌 구간추정의 방식으로 평가액을 표시하는 것도 필요하다고 판단된다.

> **02** **최근 수익성 부동산의 임대차 시장에서는 보증부월세가 주된 임대차계약 형태로 자리 잡고 있다. 이 수익성 부동산을 수익환원법으로 평가하고자 할 때, 다음 물음에 답하시오.** 30점
>
> **1) 이 수익성 부동산의 평가절차에 대해서 설명하시오.** 10점
>
> **2) 보증금의 처리방법과 문제점에 대해서 논하시오.** 20점

1 출제위원 채점평

현재 부동산시장의 주요 변화 중의 하나인 전세에서 보증부월세로의 임대 방식의 변화를 통하여 수익성 부동산의 일반적인 평가방법을 이해하고 있는지, 또 우리나라 부동산시장의 특성이라고 할 수 있는 보증금에 대한 이론적·실무적 성격 및 처리방법 등을 알고 있는지를 파악하기 위한 문제이다.

『물음 1』은 수익성 부동산의 평가절차에 대한 질문으로 그 핵심은 수익성 부동산 평가의 일반적인 과정인 순수익의 파악, 환원율의 결정 및 환원방법의 선정에 대해서 기본적인 사항을 알고 있나 하는 것이다. 그런데 다수의 수험생이 일반적인 평가절차의 문제와 혼동하고 있었다. 즉, 감정평가에 관한 규칙에서 규정하고 있는 일반적인 감정평가절차에 대해서 주로 서술하고 부차적으로 수익성 부동산의 평가에 대해서 서술하는 수험생이 다수 있었다.

『물음 2』는 우리나라 부동산시장의 특성인 보증금을 수익성 부동산 평가 시에 어떻게 처리해야 하는가 하는 문제이다. 이는 실무적으로 일반적인 처리 방법이 있지만 학술적으로는 그 성격 등에 대해서 아직 논의가 진행 중인 사안이다. 다수의 수험생이 일반적인 처리 방법인 보증금운용이율을 적용한다는 데에 대해 잘 알고 서술하였지만 그 외의 다른 처리방법이 있을 수도 있다는 점은 다소 간과하고 있었다.

전체적으로 다수의 수험생이 원론적인 수익성 부동산의 평가방법 및 절차에 대해서는 잘 알고 있었지만, 이를 구체적인 현실에 적용했을 때보다 다양한 방법으로 이해하는 점에서 다소 부족했던 것으로 판단된다.

2 기출문제 논점분석

『물음 1』은 평가절차에 대해 물어보고 있습니다. 다만, 해당 문제에서는 "수익환원법"을 적용한다는 구체적인 감정평가방법이 제시되었기 때문에 감정평가의 전반적인 과정을 물어보는 문제가 아닌 수익환원법의 절차를 물어보는 문제라고 보아야 합니다. 특히 수익환원법은 자본환원방법을 먼저 결정해야 하므로 순서상 이에 대한 내용이 나오는 것이 필요합니다.

『물음 2』는 문제점을 물어보는 유형으로 난이도가 높습니다. 또한, 구체적인 논점에 대해서 직접적으로 대비한 수험생은 거의 없기 때문에 시험장에서는 비슷한 개념이 무엇인지에 대한 고민을 반드시 해야 합니다. 보증금의 처리방법은 크게 보증금 × 보증금 운용이율의 절차로 이루어지며 보증금과 적용하는 운용이율과 유사한 기본서의 개념이 어떤 것이 있는지 생각해보아야 합니다.

3 예시답안 목차

Ⅰ. 서

Ⅱ. 『물음 1』

1. 자본환원방법의 결정
2. 수익의 산정
   1) 직접환원법의 경우
   2) 할인현금흐름분석법의 경우
3. 자본환원율의 결정
   1) 직접환원법의 경우
   2) 할인현금흐름분석법의 경우

Ⅲ. 『물음 2』

1. 보증금의 의의
2. 보증금의 처리방법
   1) 대상부동산의 사업자금에 충당하는 관점
   2) 금융상품으로 운용한다는 관점
   3) 원금보장형으로 운용한다는 관점
3. 보증금의 처리방법에 대한 문제점
   1) 보증금 산정의 어려움 측면
   2) 보증금 운용이율 적용의 적절성 측면
   3) 부동산 전월세 신고제도 측면
   4) 임대차 시장의 특성 측면

Ⅳ. 결

4 예시답안

Ⅰ. 서

과거와 달리 임대소득에 관한 관심이 증가함에 따라 수익성 부동산에 대한 수요가 증가하고 있다. 감정평가는 대상물건의 특성과 변화한 시장상황을 감정평가액에 반영하여야 하므로 이에 대한 이해는 중요하다. 특히 수익성 부동산은 수익이 발생한다는 특성이 있는 바, 이하 물음에 답한다.

Ⅱ. 『물음 1』

1. 자본환원방법의 결정

환원방법은 단일기간의 순수익을 적절한 환원율로 환원하여 대상물건의 가액을 산정하는 방법인 직접환원법과, 대상물건의 보유기간에 발생하는 복수기간의 순수익과 보유기간 말의 복귀가액에 적절한 할인율을 적용하여 현재가치로 할인한 후 더하여 대상물건의 가액을 산정하는 방법인 할인현금흐름분석법이 있다. 이때 두 가지 방법 중 감정평가 목적이나 대상물건에 적절한 방법을 선택하여 적용한다. 최근 임대차 시장에서 거래되고 있는 수익성 부동산의 특성을 고려한다면, 일정기간의 보유기간을 가정하는 DCF방식 적용이 타당할 수 있다.

2. 수익의 산정

1) 직접환원법의 경우

환원대상이 되는 순수익은 가능총수익에 공실손실상당액 및 대손충당금을 공제한 유효총수익에서 운영경비를 공제하여 산정한다.

2) 할인현금흐름분석법의 경우

할인현금흐름분석법에서는 매기 순수익과 기말복귀가액을 고려한다. 이때 기말복귀가액은 보유기간 경과 후 초년도의 순수익을 추정하여 최종환원율로 환원한 후 매도비용을 공제하여 산정한다.

3. 자본환원율의 결정

1) 직접환원법의 경우

직접환원법에서 사용할 환원율은 시장추출법으로 구하는 것을 원칙으로 한다. 다만, 시장추출법의 적용이 적절하지 않은 때에는 요소구성법, 투자결합법, 유효총수익승수에 의한 결정방법, 시장에서 발표된 환원율 등을 검토하여 조정할 수 있다.

2) 할인현금흐름분석법의 경우

할인현금흐름분석법에서 사용할 할인율은 투자자조사법, 투자결합법, 시장에서 발표된 할인율 등을 고려하여 대상물건의 위험이 적절히 반영되도록 결정하되 추정된 현금흐름에 맞는 할인율을 적용한다. 또한, 복귀가액 산정을 위한 최종환원율을 환원율에 장기프리미엄, 성장률, 소비자물가상승률 등을 고려하여 결정한다.

Ⅲ. 『물음 2』

1. 보증금의 의의

보증금이란 임차인이 임대인에게 지불하는 지불임대료 이외에 지불임대료의 이행을 담보조건으로 계약임대기간 종료 시 되돌려 받을 것을 조건으로 일시에 지급하는 계약금액을 의미한다.

2. 보증금의 처리방법

1) 대상부동산의 사업자금에 충당하는 관점

보증금을 은행의 대출금과 같은 차입금으로 보아 이것을 부동산 경영에 필요한 자금으로 사용한다는 관점이다. 이때 보증금은 대상부동산의 투자자금의 상환에 사용하거나 그 투자자금과 동등한 자본효율이 생기는 것으로 간주하기 때문에 금융기관의 대출금리와 같은 이율로 운용되는 것으로 보게 된다.

2) 금융상품으로 운용한다는 관점

위험과 수익은 상쇄관계에 있다는 것에 근거해서 원금보장형에 가까운 금융상품에 투자하는 경우에는 운용이율이 낮아지고, 위험이 커질수록 운용이율은 높아지게 된다. 일반적으로 회사채금리 등이 주요한 기준으로 작용한다. 따라서 대체자산의 수익률로 운용되는 것으로 보게 된다.

3) 원금보장형으로 운용한다는 관점

계약 만료 시 임차인에게 반환할 보증금이 안전하다는 것을 분명히 하기 위해 국공채 등 원금보장형 상품을 구입하여 운용한다는 시각이다. 원금보장형 이율로서 국공채, 은행 정기예금 등이 있지만, 상품마다 다양한 이율이 있고 대상부동산의 유형이 다양하여 운용기관 간의 관련성을 함께 고려해야 한다.

3. 보증금의 처리방법에 대한 문제점

1) 보증금 산정의 어려움 측면

보증금 산정 시에는 최근 계약된 사례를 기준으로 하는 것이 타당하다. 하지만 일반적인 계약기간은 장기간에 해당하는 경우가 많고, 임대료의 경직성 및 지연성 등으로 인해 현실의 임대료 수준을 적정하게 나타내지 못한다는 문제점이 있다.

2) 보증금 운용이율 적용의 적절성 측면

보증금 운용이율 산정 시 금융시장의 환경뿐만 아니라, 임대차 목적물의 용도와 유형에 따른 지역, 개별분석을 통해 결정해야 한다. 하지만 현실적으로는 이를 고려하지 않고 획일화된 운용이율을 반영한다는 문제점이 있다.

3) 부동산 전월세 신고제도 측면

현행 제도상, 매매거래 시에는 그 계약서에 대해서 관할 행정기관에 신고를 하고 있다. 최근 임대차법 개정으로 인해 임대차 계약 역시 신고의무가 존재하나, 세금 등의 문제로 실제 계약내용을 신고하지 않는 한계가 존재하므로, 정확한 내역을 파악하기 어렵다는 문제점이 있다.

4) 임대차 시장의 특성 측면

부동산시장은 거래 정보를 파악하기 어려운 비공개적인 특징이 있고, 사정개입도 많이 발생한다. 이는 임대차 시장에서도 마찬가지이기 때문에, 임대차 계약서를 확인한다고 하더라도 사정개입 가능성 혹은 다운계약서 가능성에 대해서 파악하기 어렵다는 문제점이 있다.

Ⅳ. 결

수익성 부동산은 보증금이 큰 비중을 차지하나, 실무상 이에 대한 일률적인 처리방법은 존재하지 않는다. 따라서 평가 시에는 대상물건의 특성이나 시장상황에 따라 가장 적절한 방법을 적용하여 경제적 가치를 도출하여야 할 것이며, 앞으로 보증금의 처리방법에 대한 기준이 필요하다고 판단된다.

03 다음 사항을 설명하시오. 20점

1) 실물옵션 10점

2) 재건축정비사업에 있어서 매도청구소송목적의 감정평가 10점

1 출제위원 채점평

『물음 1』은 실물옵션에 대한 문제이다. 이는 재무관리이론이 감정평가에 적용된 것으로 문제의 취지는 재무관리이론으로서의 옵션에 대해서 묻는 것이 아니라 옵션이론이 부동산과 결합하였을 때, 어떻게 적용되느냐 하는 것이다. 그런데 다수의 수험생이 일반 옵션이론에 대해서는 잘 이해하여 서술하였지만, 이를 부동산평가와 접목시키는 데는 다소 부족해 보였다. 즉, 부동산투자와 관련한 옵션의 정의 및 평가방법 또는 유의사항 등이 주요 내용인데 부차적인 내용으로 대부분의 지면을 채운 답안이 다수 있었다.

『물음 2』는 주택재건축정비사업에 있어서 매도청구소송목적의 감정평가에 대한 문제이다. 이는 도시정비사업의 일종인 재건축정비사업 및 그 과정에서 발생하는 여러 평가 중 매도청구소송목적의 감정평가에 대한 이해도를 묻는 문제이다. 이 문제 역시 수험생들이 문제의 핵심보다는 일반적인 정비사업 및 재건축사업에 대해 서술하는 경우가 많았다. 주어진 배점에 따른 제한된 지면을 고려하여 문제의 핵심이 어디에 있는지를 파악하여 답안을 서술하는 것이 필요한데, 부차적인 문제에 집중하여 논점을 놓쳐버리는 경우가 많았다. 하지만 다수의 수험생은 전체적인 맥락에서 해당 문제의 논점을 대체적으로 파악하고 있었다고 보인다. 다만, 좀 더 정확한 개념 해설과 용어 선택이 필요해 보인다.

2 기출문제 논점분석

각각의 내용에 대해서 기본서에 있는 암기된 내용을 정확히 설명하면 되는 문제입니다. 다만, 하나의 개념만 물어본 것이 아니라 두 가지 개념을 함께 물어봤다는 점은 두 개념 사이에 연관성이 존재할 가능성이 높습니다. 특히 실물옵션은 선택권과 관련하여 다양한 불확실성을 고려할 수 있고, 매도청구소송 역시 재건축사업에 있어서 다양한 불확실성이 존재하는 만큼 양자의 관련성을 설명해주는 것이 필요합니다.

3 예시답안 목차

Ⅰ. 서

Ⅱ. 『물음 1』

1. 실물옵션의 의의

2. 부동산의 실물옵션 적용가능성

3. 실물옵션 가격모형
   1) 블랙숄즈모형
   2) 이항옵션모형

Ⅲ. 『물음 2』

1. 매도청구의 의의

2. 매도청구에 따른 감정평가의 기준시점

3. 시가의 의미 및 감정평가방법
   1) 판례의 태도
   2) 시가 감정평가 시 유의할 점

Ⅳ. 결

4 예시답안

Ⅰ. 서

기존의 감정평가 3방식 및 일반적인 목적과 달리, 최근에는 실물옵션 및 재건축과 같은 다양한 평가방법 및 평가목적에 대한 수요가 증가하고 있다. 이러한 평가방법 및 평가목적은 정확한 경제적 가치의 판정을 위해서도 중요한 바, 이하 물음에 답한다.

Ⅱ. 『물음 1』

1. 실물옵션의 의의

기존의 순현재가치법은 정적인 평가방법으로 미래의 상황변화에 따른 의사결정의 변경가능성 즉, 신축성을 무시하기 때문에 실제 상황을 충분히 반영하지 못하는 단점이 있다. 실물옵션 방법론은 이러한 사업의 변동성을 핵심변수로 감안하여 유연하고 동적인 투자전략을 평가해주는 방법론이라고 할 수 있다.

2. 부동산의 실물옵션 적용가능성

부동산과 관련해서는 불확실성이 매우 높다. 특히 정부의 잦은 정책 변경뿐만 아니라, 부동산개발사업의 경우 개발 이후의 수요 및 가격의 변동성으로 인하여 개발사업 자체에 일정수준의 불확실성이 존재한다. 실물옵션은 이러한 불확실성 반영에 유리한 바, 부동산에 적용이 가능하다.

3. 실물옵션 가격모형

1) 블랙숄즈모형

유럽식 콜옵션의 가격을 도출하기 위한 모형으로 무배당 주식의 콜옵션을 대상으로 차익거래의 기회가 없는 균형가격을 찾아낸다. 이는 변수를 대입하기만 하면 옵션가치를 쉽게 산정할 수 있다는 장점이 있다. 다만, 이 모형을 이해하려면 고도의 수학적 지식과 통계기법을 이해해야 한다는 단점이 있다.

2) 이항옵션모형

기초자산의 가격이 이산적으로 변하며 그 변동은 두 가지로 한정되며, 위험중립이라는 가정하에 옵션의 가치를 계산하는 모형이다. 이는 복잡한 수리계산과 통계기법을 사용하지 않고도 쉽게 계산할 수 있다는 장점이 있으나, 기초자산의 가격변화가 상승과 하락이라는 두 가지 경우로만 이루어진 비현실적인 가정에 기초한다는 단점이 있다.

Ⅲ. 『물음 2』

1. 매도청구의 의의

매도청구는 재건축사업을 시행할 때 조합설립 부동의자 등에 대해 그 소유 토지 등을 시가에 매도할 것을 청구하는 것으로, 매도청구권은 재건축에 참가하는 토지 등 소유자가 재건축에 불참한 토지 등 소유자에 대하여 일정한 절차를 거쳐 토지·건물의 매도를 청구하는 권리를 말한다.

2. 매도청구에 따른 감정평가의 기준시점

재건축사업구역 안의 토지 등에 대한 도정법 제39조의 매도청구에 따른 감정평가는 법원에서 제시하는 날을 기준으로 한다. 다만, 기준시점에 현실화·구체화되지 아니한 개발이익이나 조합원의 비용부담을 전제로 한 개발이익은 배제하여 감정평가한다.

3. 시가의 의미 및 감정평가방법

1) 판례의 태도

대법원은 매도청구소송에서의 '시가' 개념이 해당 재건축사업으로 인해 발생할 것으로 예상되는 개발이익이 포함되어야 한다는 점을 일관되게 유지하고 있다.

2) 시가 감정평가 시 유의할 점

판례에서 말하는 '재건축사업으로 인해 발생할 것으로 예상되는 개발이익이 포함된 시가'라는 것은 철거예정에 있는 노후화된 건물의 감가를 모두 인정하고 토지자산에 준하는 상태의 가격, 즉 '노후되어 철거될 상태를 전제로 한 가격'이 아님을 강조하기 위한 것으로서, 토지·건물 일체로 거래되는 가격, 즉 재건축결의 및 조합설립인가에 따라 시장에서 형성·반영되고 있는 개발이익 모두를 반영하라는 의미로 해석되어야 한다. 그렇지만 재건축사업의 주체로서 조합원이 지는 리스크나 향후 현실화·구체화되지 아니한 개발이익까지 개발이익으로 기준시점 당시에 반영하라는 의미로 해석할 수는 없다.

Ⅳ. 결

실물옵션은 불확실성을 포함하는 부동산의 특성에 적합한 방식이다. 특히 재건축사업은 향후 개발사업의 성공 여부와 관련하여 높은 불확실성이 존재하는 바, 실물옵션의 적용가능성이 높은 영역이라고 할 수 있을 것이다.

04 국토교통부의 부동산 실거래가 자료축적의 의의와 한계극복을 위한 감정평가사의 역할에 대해서 설명하시오. 10점

1 출제위원 채점평

감정평가이론 4번 문제는 배점기준이 10점 만점인 문항으로서 국토교통부의 부동산 실거래가 자료축적의 의의와 한계극복을 위한 감정평가사의 역할을 묻고 있다. 비교적 실무적이면서도 수험자의 답안 작성에 용이한 구성으로 만들어진 질문이다. 부동산 실거래가의 의의, 자료축적의 과정과 현재의 현황 그리고 부동산 실거래가제도의 향후 발전가능성과 감정평가사의 역할 등을 중점으로 비교적 우수하게 작성된 답안이 타 문항에 비해 다수 있었다.

2 기출문제 논점분석

A와 관련한 감정평가사의 역할을 묻는 문제입니다. A에 어떤 정책이 나오는지에 따라서 구체적인 답안의 방향이 달라질 수 있지만, 기본적으로는 기본서에 있는 감정평가의 기능 부분의 일반론을 활용하면 됩니다. 다만, 해당 내용을 활용하더라도 A에 제시된 내용에 대한 반영은 필요합니다.

3 예시답안 목차

Ⅰ. 서

Ⅱ. 부동산 실거래가 자료축적의 의의

1. 부동산의 개별성 완화
2. 부동산시장의 비공개성 완화

Ⅲ. 한계극복을 위한 감정평가사의 역할

1. 실거래가의 검증
2. 거래질서의 확립과 유지
3. 파라미터적 기능

4 예시답안

Ⅰ. 서

부동산 실거래가와 관련하여 부동산 매매 시 거래 당사자 또는 중개업자가 계약체결일로부터 30일 이내에 실제 거래가격을 시장·군수·구청장에게 공동으로 신고해야 하는 실거래가 신고제를 시행하고 있다. 이로 인해, 실거래가 자료축적이 증가하고 있는 만큼, 이와 관련한 물음에 답한다.

Ⅱ. 부동산 실거래가 자료축적의 의의

1. 부동산의 개별성 완화

부동산은 개별성으로 인해 동일한 재화는 존재하지 않으며, 이로 인해 일물일가 법칙이 성립하지 않는다는 특징이 있다. 하지만 실거래가 자료축적으로 인해 유사한 물건에 있어서 가격범위를 파악할 수 있게 되었고, 이로 인해 부동산가격 파악에 있어 어려움이 완화되었다는 데 의의가 있다.

2. 부동산시장의 비공개성 완화

부동산이 거래되는 부동산시장은 개별성과 같은 부동산의 특성으로 인해 거래내역을 알 수 없는 비공개적인 특징이 있다. 하지만 실거래가 자료축적으로 인해 부동산 거래내역을 파악할 수 있게 됨으로써, 이러한 부동산시장의 비공개성이 완화되었다는 의의가 있다.

Ⅲ. 한계극복을 위한 감정평가사의 역할

1. 실거래가의 검증

과세산정 시에 감정평가사는 검증업무를 담당함으로써 과세가 합리적으로 이루어지도록 한다. 실거래가 역시 개별성으로 인해 사정개입 가능성이 높기 때문에, 이러한 검증업무를 통해서 한계극복을 할 수 있다.

2. 거래질서의 확립과 유지

감정평가활동은 부동산의 공정하고 합리적인 가치를 제시함으로 매매, 임대, 담보, 경매 등의 활동을 합리적이고 능률적으로 수행하도록 거래질서 확립과 유지에 기여한다. 이를 통해, 실거래가격이 공정하게 결정되도록 하여 한계극복을 할 수 있다.

3. 파라미터적 기능

감정평가액은 시장참여자들의 행동지표로서 기능을 수행하여 종국적으로 수요와 공급이 서로 같아지도록 유도해 간다. 즉, 수요자와 공급자는 새로운 행동을 함에 있어 전문가에 의해 평가된 가격을 중요한 지표로서 인식하게 된다. 즉, 적정한 평가액을 산정하여 실거래가격이 균형 있게 결정되도록 하여 한계극복을 할 수 있다.

Chapter 14

제22회 기출문제 답안

01 부동산의 가치는 여러 가지 요인에 의해 영향을 받기 때문에 감정평가사는 대상부동산의 개별적 특성뿐만 아니라 정부의 정책과 부동산시장 변화에 대해서도 이해할 필요가 있는바, 다음 물음에 답하시오. 40점

1) 최근 전력난을 완화하기 위한 초고압 송전선로 설치가 빈번하게 발생하고 있으며 이를 둘러싼 이해관계자의 갈등도 증폭되고 있는데, 이와 관련한 선하지의 보상평가방법과 송전선로 설치에 따른 '보상되지 않는 손실'에 대해 설명하시오. 15점

2) 최근 수익형 부동산에 대한 관심이 확산되고 있는데 수익형 부동산의 특징과 그 가격형성원리에 대해 설명하시오. 15점

3) 수익형 부동산의 평가방법에 대해 설명하시오. 10점

1 기출문제 논점분석

『물음 1』은 보상과 관련된 내용으로 기본적으로 감정평가이론 과목에서 자주 다루는 논점은 아닙니다. 다만, 선하지의 보상평가방법은 실무에서 하는 방법을 생각해보아야 하며, 송전선로 설치에 따른 '보상되지 않는 손실'에 대해서는 실무기준 해설서에서 다루는 내용 중 "고압선 통과 토지"와 관련된 내용 중 활용할만한 부분을 생각해보는 것이 좋습니다.

『물음 2』는 암기형 문제에 해당합니다. 부동산현상과 관련하여 가격형성과정을 설명하면 됩니다. 다만, "수익형 부동산"이라는 대상물건이 주어졌기 때문에 이에 대한 반영이 필요합니다.

『물음 3』은 수익형 부동산의 감정평가방법을 물어보고 있습니다. 기본적인 감정평가 3방식에 대해서는 설명하여야 하며, 단지 전통적인 감정평가방법에 대해서만 규정하고 있지 않으므로, 새로운 감정평가방법에 대한 설명도 필요합니다. 특히 대상물건의 특성을 고려한다면 수익방식을 가장 먼저 서술하는 것이 좋습니다.

2 예시답안 목차

Ⅰ. 서

Ⅱ. 『물음 1』

1. 선하지의 보상평가방법
   1) 관련 규정의 검토
   2) 일시적인 사용의 경우
   3) 영구적인 사용의 경우

2. 송전선로 설치에 따른 '보상되지 않는 손실'
   1) 위험시설로서의 심리적 부담감
   2) 등기사항전부증명서상 하자
   3) 장래 기대이익의 상실

Ⅲ. 『물음 2』
1. 수익형 부동산의 의의
2. 수익형 부동산의 특징
3. 수익형 부동산의 가격형성원리
   1) 가격수준의 형성
   2) 가치의 개별화 및 구체화

Ⅳ. 『물음 3』
1. 수익환원법
2. 거래사례비교법
3. 원가법
4. HPM

Ⅴ. 결

3 예시답안

Ⅰ. 서

부동산시장의 변화로 인해 수익형 부동산에 대한 관심 및 송전선로 설치와 같은 행정적인 요인에 대한 관심이 증가하고 있다. 대상물건의 특징 및 가치형성요인은 경제적 가치에 영향을 미치기 때문에 감정평가 시 이에 대한 이해는 중요하다. 이하, 관련한 물음에 답한다.

Ⅱ. 『물음 1』

1. 선하지의 보상평가방법
   1) 관련 규정의 검토

> [토지보상법 제71조(사용하는 토지의 보상 등)]
>
> ① 협의 또는 재결에 의하여 사용하는 토지에 대하여는 그 토지와 인근 유사토지의 지료(地料), 임대료, 사용방법, 사용기간 및 그 토지의 가격 등을 고려하여 평가한 적정가격으로 보상하여야 한다.

② 사용하는 토지와 그 지하 및 지상의 공간 사용에 대한 구체적인 보상액 산정 및 평가방법은 투자비용, 예상수익 및 거래가격 등을 고려하여 국토교통부령으로 정한다.

[토지보상법 시행규칙 제31조(토지의 지하·지상공간의 사용에 대한 평가)]

① 토지의 지하 또는 지상공간을 사실상 영구적으로 사용하는 경우 당해 공간에 대한 사용료는 제22조의 규정에 의하여 산정한 당해 토지의 가격에 당해 공간을 사용함으로 인하여 토지의 이용이 저해되는 정도에 따른 적정한 비율(이하 이 조에서 "입체이용저해율"이라 한다)을 곱하여 산정한 금액으로 평가한다.

② 토지의 지하 또는 지상공간을 일정한 기간 동안 사용하는 경우 당해 공간에 대한 사용료는 제30조의 규정에 의하여 산정한 당해 토지의 사용료에 입체이용저해율을 곱하여 산정한 금액으로 평가한다.

2) 일시적인 사용의 경우

토지의 지상공간에 일부를 일시적으로 사용하는 경우 그 사용료는 일반적인 토지사용료의 감정평가액에 입체이용저해율을 곱하여 감정평가한다. 즉, 토지의 지상공간의 일부를 일시적으로 사용하는 경우에는 사용료에 대한 저해로 보고 토지 전체를 사용하는 것을 전제로 한 사용료의 감정평가액에서 지상공간의 일부를 사용함으로 인하여 해당 토지의 이용이 저해되는 정도에 따른 적절한 율인 입체이용저해율을 곱하여 감정평가한다.

3) 영구적인 사용의 경우

토지의 지상공간의 일부를 사실상 영구적으로 사용하는 경우 그 사용료는 표준지공시지가를 기준으로 산정한 해당 토지의 가액에 입체이용저해율을 곱하여 감정평가한다. 즉, 토지의 지상공간의 일부를 사실상 영구적으로 사용하는 경우에는 가격에 대한 저해로 보고 토지의 가액에 입체이용저해율을 곱하여 감정평가한다.

2. 송전선로 설치에 따른 '보상되지 않는 손실'

1) 위험시설로서의 심리적 부담감

선하지는 TV 수신 장애 등 전파장애는 물론 송배전 시 수반되는 소음으로 인한 불쾌감, 전선의 단락이나 과전류로 인한 감전사고의 위험이 상존하고 있어 하나의 위험시설로 간주된다. 또한, 조망 및 경관미가 저해되는 경우도 있으며, 이러한 위험시설이 존재함으로 소유자에게 심리적·정신적 고통을 주게 된다. 하지만 보상평가 시 이러한 주관적 손실은 대상이 아니므로 '보상되지 않는 손실'에 해당한다.

2) 등기사항전부증명서상 하자

토지등기사항전부증명서에 구분지상권 등 지상의 전선을 보호하기 위한 권리가 설정되면 지상권자 등은 이 권리를 보전하기 위해 여러 가지 행위제한을 요구할 수 있다. 그리고 권리 설정으로 대상 토지의 최유효이용이 전혀 제한받지 않는 경우라 할지라도 일반금융기관에서는 담보설정을 기피할 가능성이 있고, 건축허가를 받기 위해 해당기관의 심의를 거쳐야 하는 등 번거로운 행정상의 규제가 따르므로 이러한 요인도 하나의 감가요인이 되나, 보상평가 시 고려되지 않는 '보상되지 않는 손실'에 해당한다.

3) 장래 기대이익의 상실

비록 현재 임야 또는 농지로 이용 중에 있는 토지라도 도심권의 확장으로 도시지역에 포함되거나 유용성이 높은 택지로서의 이용이 가능할 경우가 있다. 이러한 토지의 공중공간에 송전선로가 설치됨으로 인하여 지상권이나 임차권이 설정된다면 이로 인해 비록 장기적이나 먼 장래에 있을 토지의 입체이용에서 오는 기대이익은 상실되거나 감소된다. 하지만 보상평가 시 이러한 점을 모두 고려할 수는 없으므로 '보상되지 않는 손실'에 해당한다.

Ⅲ. 『물음 2』

1. 수익형 부동산의 의의

수익형 부동산이란 수익 발생을 목적으로 하는 부동산을 의미하며, 일반적인 상업용 부동산이 이에 해당한다. 다만, 주거용 부동산이라고 하더라도 임대료를 수취할 수 있는 경우라면 수익성 부동산에 해당한다고 볼 수 있다.

2. 수익형 부동산의 특징

수익형 부동산은 수익발생을 목적으로 하는 부동산이기 때문에 수익성과 관련된 요인의 영향을 받게 된다. 특히 지역적인 측면에서는 배후지, 교통시설과의 접근성, 주변 상권의 업종의 영향을 받으며, 개별적인 측면에서는 인테리어, 건축물의 노후화 정도, 층수 등의 영향을 받게 된다는 특징이 있다.

3. 수익형 부동산의 가격형성원리

1) 가격수준의 형성

부동산의 지역성 및 지역요인에 따라 일정한 지역특성이 발생하게 되고, 이 결과 표준적 이용과 가격수준이 형성되게 된다. 수익형 부동산 역시 입지하고 있는 위치, 주변 배후지의 범위, 상권의 업종 등의 영향을 받아 일정한 가격수준이 형성되게 된다.

2) 가치의 개별화 및 구체화

부동산의 개별성 및 개별요인은 표준적 사용과 가격수준과 결합하여 최유효이용과 가치가 개별화·구체화되게 된다. 해당 수익형 부동산의 경과연수, 인테리어, 업종 등과 같은 개별요인에 따라서 가치가 개별화 및 구체화되게 된다.

Ⅳ. 『물음 3』

1. 수익환원법

수익환원법이란 대상물건이 장래 산출할 것으로 기대되는 순수익이나 미래의 현금흐름을 환원하거나 할인하여 대상물건의 가액을 산정하는 감정평가방법을 말한다. 즉, 수익형 부동산이 장래 산출할 것으로 기대되는 매출액·임대료와 같은 현금흐름을 환원하거나 할인하여 평가할 수 있다.

2. 거래사례비교법

거래사례비교법이란 대상물건과 가치형성요인이 같거나 비슷한 물건의 거래사례와 비교하여 대상물건의 현황에 맞게 사정보정, 시점수정, 가치형성요인 비교 등의 과정을 거쳐 대상물건의 가액을 산정하는 감정평가방법을 말한다. 즉, 수익형 부동산과 매출액·상권 및 배후지와 같은 가치형성요인이 유사한 물건의 거래사례와 비교하여 평가할 수 있다.

3. 원가법

원가법이란 대상물건의 재조달원가에 감가수정을 하여 대상물건의 가액을 산정하는 감정평가방법을 말한다. 즉, 수익형 부동산을 기준시점에 있어 재생산하거나 재취득하기 위한 재조달원가에 감가수정을 해야 하며 상권・유동인구에 따라 수요가 부족한 경우에는 경제적 감가를 반영하여 평가할 수 있다.

4. HPM

통계적 관점에서 독립변수와 종속변수 사이의 상호관계성을 찾아 이를 일반화시키는 계량적 분석기법이다. 수익형 부동산에 영향을 미치는 상권・배후지・교통시설과의 접근성 등 가치형성요인과 수익형 부동산의 가치와의 상관관계를 파악하여 평가할 수 있다.

Ⅴ. 결

대상물건 및 가치형성요인이 다양해짐으로 인해 정확한 가치 추계를 위해서 다양한 평가방법의 적용이 필요하다. 특히 '보상되지 않는 손실'에 대한 고려를 통한 정당한 보상액 산정과 수익형 부동산에 대한 다양한 가치형성요인을 반영할 수 있는 HPM의 적용을 통한 정확한 가치 산정에 유의해야 한다.

02 **부동산 감정평가 시 다양한 평가방법이 있고 정확한 가격 평가를 위해서는 경제적 상황의 변화도 고려해야 할 필요가 있다. 다음의 물음에 답하시오.** 30점

1) 감정평가에 사용될 수 있는 계량적(정량적) 방법인 특성가격함수모형(Hedonic Price Model)에 대해 설명하고, 감정평가사의 주관적 평가와 비교하여 그 장점 및 단점을 논하시오. 10점

2) 최근의 세계경제 위기가 국내 부동산시장에 미치는 영향을 기술하고, 이러한 영향하에서 부동산 감정평가를 할 경우 비교방식, 원가방식, 수익방식별로 유의점을 논하시오. 20점

1 기출문제 논점분석

『물음 1』은 특성가격함수모형에 관한 암기형 문제입니다. 특히 배점이 한정되어 있기 때문에 구체적인 특성가격함수모형의 절차에 많은 배점을 할당해주는 것이 득점에 유리합니다.

『물음 2』는 A가 B에 미치는 영향과 A의 감정평가방법 적용 시 유의사항과 관련된 유형입니다. A에 해당하는 세계경제 위기가 어떤 가치형성요인에 해당하는지 설명하고, 부동산시장에 대해서 세분화를 해야 합니다. 또한, 감정평가방법 적용 시 유의사항은 각각의 방식마다 구체적인 절차를 나눠주는 것이 좋고, 세계경제 위기라는 시장상황이 주어졌기 때문에 각각의 절차에 대해 설명하면서 이러한 조건에 대한 반영이 필요합니다.

2 예시답안 목차

Ⅰ. 서

Ⅱ. 『물음 1』

1. 특성가격함수모형(HPM)
   1) 특성가격함수모형의 의의
   2) 특성가격함수모형의 절차
2. 주관적 평가와 비교한 장점 및 단점
   1) 주관적 평가와 비교한 장점
   2) 주관적 평가와 비교한 단점

Ⅲ. 『물음 2』

1. 세계경제 위기가 부동산시장에 미치는 영향
   1) 가치형성요인으로서 세계경제 위기
   2) 세계경제 위기가 부동산시장에 미치는 영향
      (1) 매매 · 임대차 시장에 미치는 영향

(2) 지역별 시장에 미치는 영향

(3) 용도별 시장에 미치는 영향

2. 비교방식 · 원가방식 · 수익방식별로 유의점

1) 비교방식 적용 시 유의점

2) 원가방식 적용 시 유의점

3) 수익방식 적용 시 유의점

Ⅳ. 결

3 예시답안

Ⅰ. 서

사회가 복잡해짐에 따라 대상물건의 가치에 영향을 미치는 가치형성요인 역시 복잡해지고 있다. 이처럼 가치형성요인의 다양성이 나타나고 평가대상이 확대되며 수요자의 요구가 다원화됨에 따라 전통적인 평가방법의 한계가 나타나고 있다. 즉, 다양성의 확대에 발맞추어 가치평가에 있어서도 새로운 방법의 중요성이 증가하고 있다. 이하, 물음에 답한다.

Ⅱ. 『물음 1』

1. 특성가격함수모형(HPM)

1) 특성가격함수모형의 의의

통계적 관점에서 독립변수와 종속변수 사이의 상호관계성을 찾아 이를 일반화시키는 계량적 분석기법이다. 이러한 회귀분석의 목적은 변수들 간의 상호관계를 파악하여 추정과 예측을 하기 위해서이다.

2) 특성가격함수모형의 절차

통계적 기법에 활용하기 위해 사례표본을 선정한 뒤, 어떠한 변수를 기준으로 분석할 것인가에 관한 특성변수를 선정해야 한다. 이후, 특성의 코딩과 통계치의 분석과정을 거친다. 이후, 도출된 회귀식에 대한 통계적 검증을 통해 투입된 자료 및 특성변수에 대한 재검토를 거치고 회귀모형의 검증이 끝나게 되면 적용을 하는 절차를 거친다.

2. 주관적 평가와 비교한 장점 및 단점

1) 주관적 평가와 비교한 장점

주관적 평가의 경우는 주관이 개입되므로, 정확한 가치가 산정되지 않을 수 있으나 특성가격함수모형은 평가사의 주관을 배제하고 객관적인 가치평가를 할 수 있다는 장점이 있다. 또한, 주관적 평가는 시간적인 제약으로 대량의 부동산을 평가하기 어려울 수 있으나, 특성가격함수모형의 경우는 많은 자료를 기반으로 하므로 설득력이 있고 대량의 부동산에 대해 신속하고 공정하게 평가를 한다는 장점이 있다.

2) 주관적 평가와 비교한 단점

주관적 평가는 개별 부동산에 대한 가치형성요인을 반영할 수 있다. 반면, 특성가격함수모형의 경우는 수없이 많은 가치형성요인들을 제대로 반영하지 못하는 한계가 있다. 또한, 부동산의 차기를 평가함에 있어 전문가적인 판단과 경험이 반영되지 않으므로 오히려 왜곡된 결과를 초래할 수 있다는 단점이 있다.

Ⅲ. 『물음 2』

1. 세계경제 위기가 부동산시장에 미치는 영향

1) 가치형성요인으로서 세계경제 위기

세계경제 위기란 수출대상국가의 경기침체, 세계경제의 경기둔화 등을 의미하며, 이는 부동산의 가치에 영향을 미치는 가치형성요인 중 경제적 요인에 해당한다.

2) 세계경제 위기가 부동산시장에 미치는 영향

(1) 매매·임대차 시장에 미치는 영향

세계경제 위기와 같은 수축국면에서는 금리가 상승하게 된다. 부동산은 고가성으로 인해 타인자본 활용이 중요하지만, 금리상승으로 인해 대출이 어려워지게 되면, 수요가 감소하게 된다. 이에 따라, 구매력이 감소하여 상대적으로 매매시장에 있어서 수요가 감소하게 되고, 임대차 시장으로 수요가 이동하도록 영향을 미칠 수 있다.

(2) 지역별 시장에 미치는 영향

금리가 상승하게 되면, 새로운 대출이 어려워지고, 이로 인한 수요의 감소는 저가의 부동산보다 고가의 부동산에 더 많은 영향을 미칠 수 있다. 즉, 상대적으로 대출을 통한 타인자본의 활용이 필요한 고가의 부동산시장의 수요가 저가의 부동산시장의 수요보다 상대적으로 감소하도록 영향을 미칠 수 있다.

(3) 용도별 시장에 미치는 영향

세계경제 위기로 인해서 금리가 상승하게 되면, 타인자본 활용에 있어 부담이 증가하게 된다. 특히 타인자본 활용 비율이 높은 상업용 부동산의 경우에는 비교적 다른 용도의 부동산시장에 비해 수요가 더 많이 감소하도록 영향을 미칠 수 있다.

2. 비교방식·원가방식·수익방식별로 유의점

1) 비교방식 적용 시 유의점

사례선정 시 세계경제 위기로 인해 거래가 감소함에 따라 거래사례가 부족해지게 된다. 이로 인해, 사례가 없는 경우 사례수집범위를 유사지역 또는 동일수급권의 범위로 확장할 수 있음에 유의해야 한다. 또한, 거래감소로 인해 급매와 같은 사정이 개입된 거래사례가 생길 수 있으므로 사정보정에 유의해야 한다.

2) 원가방식 적용 시 유의점

재조달원가 산정 시 수축국면이므로 하락한 물가를 반영하여 재조달원가를 낮게 산정할 수 있다. 또한, 감가수정 시 세계경제 위기로 인해 수요가 감소함에 따른 경제적 감가액이 증가할 수 있으며, 개별적인 부동산의 상태에 따라 관찰감가를 병용할 수 있음에 유의해야 한다.

3) 수익방식 적용 시 유의점

수익산정 시 세계경제 위기로 수요가 감소하고 공실률의 증가 및 운영경비 등의 증가로 순수익이 감소할 수 있음에 유의해야 한다. 또한, 세계경제 위기에 따른 관리 및 처분의 어려움으로 인한 위험을 환원율에 반영하여 높게 산정해야 함에 유의해야 한다.

Ⅳ. 결

감정평가는 다양한 가치형성요인을 반영하여 대상물건의 경제적 가치를 판정하는 과정이다. 특히 사회가 발전함에 따라 세계경제 위기와 같은 다양한 가치형성요인이 증가하고 있으며, 이에 대한 반영이 필요하다. 따라서 전통적인 3방식뿐만 아니라, 다양한 평가방법의 적용을 통해 정확한 시장가치를 도출할 수 있도록 유의해야 한다.

03 **정비사업은 도시환경을 개선하고 주거생활의 질을 높이는 것이 목적인데 그중 주택재개발사업은 정비기반시설이 열악하고 노후 및 불량건축물이 밀집한 지역의 주거환경을 개선하기 위한 사업이다. 이에 관한 감정평가사의 역할이 중요한 바, 다음 물음에 답하시오.** 20점

1) 주택재개발사업의 추진단계별 목적에 따른 감정평가업무를 분류하고 설명하시오. 10점

2) 종전자산(종전의 토지 또는 건축물)과 종후자산(분양예정인 대지 또는 건축물의 추산액)과의 관계를 설명하시오. 10점

1 기출문제 논점분석

『물음 1』은 암기형 문제에 해당합니다. 전반적인 정비사업 진행과 관련한 감정평가업무를 설명하면 됩니다. 특히 실무에서 문제풀이를 했던 경험을 떠올려 그 순서대로 작성해주는 것이 좋습니다.

『물음 2』는 A와 B의 관계를 물어보는 문제입니다. 각각의 개념을 세분화하는 것이 필요하지만, 만일 세분화가 되지 않는다고 판단한다면 전체적인 체계도의 측면에서 어떠한 관련성을 활용할 수 있는지 고민이 필요합니다.

2 예시답안 목차

Ⅰ. 서

Ⅱ. 『물음 1』

1. 정비기반시설의 무상귀속 및 양도
2. 종전자산 및 종후자산 감정평가
3. 국공유지 처분 감정평가
4. 현금청산 감정평가

Ⅲ. 『물음 2』

1. 비례율 산정의 관계
2. 분담금 결정의 관계
3. 현황평가와 조건부 평가의 관계
4. 감정평가의 필요성 측면의 관계

Ⅳ. 결

3 예시답안

Ⅰ. 서

정비사업은 조합 및 조합원과 관련하여 다양한 이해관계가 대립하는 사업에 해당한다. 감정평가사는 이러한 사업의 진행과 관련하여 일정한 업무를 수행하고 있는 바, 사업의 진행과정에 대한 이해가 중요하다. 이하, 물음에 답한다.

Ⅱ. 『물음 1』

1. 정비기반시설의 무상귀속 및 양도

새로이 설치하는 정비기반시설은 국가 또는 지방자치단체에 무상으로 귀속되며, 용도가 폐지되는 정비기반시설은 새로이 설치하는 정비기반시설의 설치비용의 범위 내에서 사업시행자에게 무상으로 양도되므로, 양 시설에 대한 감정평가를 하는 과정이다.

2. 종전자산 및 종후자산 감정평가

종전자산 감정평가는 관리처분계획의 인가를 받기 위해서 필수적으로 받아야 하는 감정평가로서 분양대상자별 종전의 토지 또는 건물에 대한 감정평가를 진행하게 된다. 또한, 종후자산 감정평가는 분양예정인 토지 또는 건물에 대한 감정평가를 의미하며 관리처분계획의 수립 및 조합원 분담금 산정을 위한 과정이다.

3. 국공유지 처분 감정평가

주택재개발 사업구역 내 국공유지는 정비사업 외의 목적으로는 매각하거나 양도할 수 없고 사업시행자인 조합과 점유자인 조합원에게 우선 매각하도록 하고 있다. 따라서 이 단계는 정비구역 내 국공유지를 조합 또는 점유자인 조합원에게 처분하기 위한 과정이다.

4. 현금청산 감정평가

분양신청을 하지 않은 조합원의 토지를 강제적으로 취득하기 위한 단계에 해당한다. 재개발사업에는 그 공익적인 성격상 현금청산 과정에서 토지보상법을 준용하도록 규정하고 있으므로, 현금청산 감정평가 시 기준은 토지보상법에 따라서 진행하게 된다.

Ⅲ. 『물음 2』

1. 비례율 산정의 관계

비례율은 (종후자산－개발비용)의 값을 종전자산 값으로 나누어 산정한다. 즉, 종전자산과 종후자산의 평가 목적은 비례율을 산정하기 위한 것으로 평가목적 측면에서 관계를 지닌다.

2. 분담금 결정의 관계

분담금은 조합원의 종후자산 평가액에서 권리가액을 공제하여 산정하게 된다. 이때 권리가액은 종전자산 평가액에 비례율을 곱하여 산출하게 된다. 즉, 종전자산과 종후자산은 분담금 결정을 위한 것이라는 점에서 관계를 지닌다.

3. 현황평가와 조건부 평가의 관계

종전자산의 평가는 기준시점에 있어서 일반적인 이용방법에 의한 객관적인 상황을 기준으로 평가하여야 한다. 또한, 대상물건의 소유자가 생각하고 있는 주관적 가치 등을 고려하지 않고 객관적이며 일반적인 이용상태에 따라 평가하여야 한다. 반면, 종후자산 감정평가는 기준시점 당시 현재 착공 전 상태이므로, 대상부동산이 적법하게 완공된 상태를 전제로 감정평가하는 조건부 평가이다. 즉, 양자는 현황평가와 조건부 평가의 관계에 있다.

4. 감정평가의 필요성 측면의 관계

도시정비사업은 다수의 이해관계가 얽혀 있으며 사회경제 전반에 미치는 영향이 상당히 크다. 부동산은 그 자체로 국가성립의 기반이고, 사회형성기초로 공익에 기여하는 바가 크고, 일반재화에 비해 경제적 비중이 매우 크다. 즉, 조합원뿐만 아니라 일반국민에게 영향을 미치는바 사회성과 공공성이 특히 강조된다. 이에 따라 일반재화와 달리 종전자산과 종후자산은 전문성과 윤리성이 높게 요구되는 전문가에 의한 감정평가가 모두 필요하다는 측면에서 관계가 있다.

Ⅳ. 결

재개발사업은 도시정비법에 따라 감정평가가 진행되나, 관계 법령상 구체적인 감정평가 기준에 대한 규정은 부족한 상황이다. 도시정비사업은 다양한 이해관계자들의 갈등이 예상되는 바, 관련 규정상 구체적인 감정평가방법에 대한 명시가 필요하다고 판단된다.

04 최유효이용에 관한 다음의 물음에 답하시오. 10점

1) 최유효이용 판단 시 유의사항을 설명하시오. 5점

2) 최유효이용의 장애요인을 설명하시오. 5점

1 기출문제 논점분석

최유효이용과 관련한 전형적인 논점으로 암기형 문제에 해당합니다. 일반론을 정확하게 작성해주면 되고, 최근 출제경향과 관련해서는 단순 암기형보다는 전제조건을 제시하고 반영하는 형식의 문제가 나오기 때문에 이에 대한 대비가 필요합니다.

2 예시답안 목차

Ⅰ. 서

Ⅱ. 『물음 1』

1. 동태적 관점

2. 수요분석에 유의

3. 소유자에 의한 이용 및 특수상황의 최유효이용

Ⅲ. 『물음 2』

1. 부동산시장의 불완전성

2. 정부의 행정적 규제

3 예시답안

Ⅰ. 서

최유효이용이란 객관적으로 보아 양식과 통상의 이용능력을 가진 사람이 부동산을 합법적이고 합리적이며, 최고최선의 방법으로 이용하는 것을 말한다. 감정평가 시에는 최유효이용을 전제로 한 시장가치를 추계하므로 이에 대한 이해는 중요하다. 이하 물음에 답한다.

Ⅱ. 『물음 1』

1. 동태적 관점

최유효이용은 평가시점을 기준으로만 파악하면 오류를 범하기 쉽다. 부동산은 사회적, 경제적, 행정적, 환경적 조건의 변화에 따라 계속적으로 변화하는 것이므로 동태적 관점에서 분석되어야 한다.

2. 수요분석에 유의

최유효이용은 해당 용도에 대한 충분한 수요가 있는지 여부를 확인하는 작업인 바, 특히 수요분석에 유의해야 한다. 만약 현재시점에 해당 용도에 대한 충분한 수요가 없다면 최유효이용은 잠정적으로 연기되거나 중도적 이용에 할당된다.

3. 소유자에 의한 이용 및 특수상황의 최유효이용

최유효이용은 단순사용자가 아닌 소유자에 의한 이용임에 유의하여야 한다. 또한 단독이용 등의 특수한 경우에는 표준적 사용과 유사하지 않지만 최유효이용이 되는 경우도 있음에 유의해야 한다.

Ⅲ. 『물음 2』

1. 부동산시장의 불완전성

부동산은 시장에서의 대체, 경쟁과정을 통해 최고가격을 지불하는 사람에게 할당되며, 최고가격에 상응하는 방안이 최유효이용에 해당된다. 그러나 부동산의 자연적 특성인 지리적 위치의 고정성으로 인한 지역적 이동의 어려움과 고가성으로 인한 시장참여자의 제한, 개별성으로 인한 정보의 불완전성 등으로 인하여 완전경쟁이 제약되는 바 최유효이용을 방해하는 장애요인으로 작용한다.

2. 정부의 행정적 규제

정부는 토지자원의 최적할당 및 공공복리 증진을 위하여 지역지구제나 건축 인허가권한을 행사하여 사유지의 최대수익 창출을 위한 최유효이용으로의 진입을 막거나 임대료 통제 등의 법적 규제를 통해 최유효이용으로의 진입을 지연시키는 경우가 있다. 그러나 부동산활동은 합법성을 전제로 하는 바 결국 합법적인 한도 내에서 사업자는 이윤을, 가계는 효용의 극대화를 추구하게 된다.

Chapter 15

제21회 기출문제 답안

01 부동산가격은 여러 가치형성요인의 상호작용에 의하여 영향을 받는바, 가치형성요인에 관한 다음의 물음에 답하시오. 40점

1) 다른 조건이 일정할 경우 출생률 저하, 핵가족화가 주거용 부동산시장에 미치는 영향을 설명하고, 주거용 부동산 감정평가 시 유의사항에 대하여 논하시오. 30점

2) 기후변화에 대한 관심이 높아지는바, 기후변화가 부동산가치형성요인에 미칠 영향에 대하여 약술하시오. 10점

1 기출문제 논점분석

『물음 1』은 A가 B에 미치는 영향과 감정평가 시 유의사항과 관련된 유형입니다. A에 해당하는 내용이 어떤 가치형성요인에 해당하는지와 주거용 부동산시장이므로, 시장의 분류를 활용하여 답안지를 작성해주면 됩니다. 감정평가 시 유의사항의 경우는 최대한 다양한 감정평가의 전반적인 과정을 활용해주는 것이 좋습니다.

『물음 2』 역시 A가 B에 미치는 영향과 관련된 내용입니다. 기후변화가 어떤 가치형성요인에 해당하는지와 B에 해당하는 가치형성요인을 세분화해서 물음에 답해주면 됩니다.

2 예시답안 목차

Ⅰ. 서

Ⅱ. 『물음 1』

1. 출생률 저하, 핵가족화가 주거용 부동산시장에 미치는 영향
    1) 가치형성요인으로서 출생률 저하와 핵가족화의 의의
    2) 출생률 저하와 핵가족화가 주거용 부동산시장에 미치는 영향
        (1) 용도별 주거용 시장에 미치는 영향
        (2) 지역별 주거용 시장에 미치는 영향
        (3) 규모별 주거용 시장에 미치는 영향
        (4) 매매 및 임대차 시장에 미치는 영향
2. 주거용 부동산 감정평가 시 유의사항
    1) 기본적 사항의 확정 시 유의사항
    2) 가격제원칙 고려 시 유의사항

3) 지역 및 개별분석 시 유의사항

4) 최유효이용 분석 시 유의사항

5) 감정평가방법 적용 시 유의사항

Ⅲ. 『물음 2』

1. 가치형성요인으로서의 기후변화

2. 기후변화가 부동산가치형성요인에 미칠 영향

1) 자연적 요인에 미칠 영향

2) 사회적 요인에 미칠 영향

3) 경제적 요인에 미칠 영향

4) 행정적 요인에 미칠 영향

Ⅳ. 결

3 예시답안

Ⅰ. 서

감정평가는 토지 등의 경제적 가치를 판정하는 것을 목적으로 하며, 이러한 경제적 가치는 다양한 가치형성요인의 영향을 받아 변화하게 된다. 따라서 감정평가 시에는 다양한 가치형성요인이 대상물건의 가치 및 부동산시장에 미치는 영향에 대한 파악이 중요하다. 이하, 물음에 답하고자 한다.

Ⅱ. 『물음 1』

1. 출생률 저하, 핵가족화가 주거용 부동산시장에 미치는 영향

1) 가치형성요인으로서 출생률 저하와 핵가족화의 의의

핵가족화란 부부와 미혼의 자녀로 구성되어 소규모 가족화가 되는 현상을 말한다. 이는 출생률 저하와 같이 부동산가치에 영향을 미치는 요인 중 사회적 요인에 해당한다.

2) 출생률 저하와 핵가족화가 주거용 부동산시장에 미치는 영향

(1) 용도별 주거용 시장에 미치는 영향

주거용 시장은 다시 아파트와 오피스텔 및 단독주택 등으로 구분이 가능하다. 출생률 저하와 핵가족화가 이루어지게 되면, 가족구성원이 줄어들어 기존의 넓은 단독주택보다는 아파트 혹은 오피스텔에 대한 수요가 증가하도록 영향을 미칠 수 있다.

(2) 지역별 주거용 시장에 미치는 영향

출생률 저하와 핵가족화가 되게 되면, 자녀에 대한 교육열이 증가할 것으로 판단된다. 따라서 수도권과 비수도권 중 교육환경이 우수한 수도권 시장에 대한 수요가 증가하도록 영향을 미칠 수 있다.

(3) 규모별 주거용 시장에 미치는 영향

출생률 저하 및 핵가족화로 인해 가족구성원이 줄어들게 됨에 따라 규모가 큰 주택보다는 비교적 규모가 작은 부동산시장에 대한 수요가 증가하도록 영향을 미칠 수 있다.

(4) 매매 및 임대차 시장에 미치는 영향

핵가족화 등으로 인해 자녀 교육 혹은 취업 등의 문제로 이동을 해야 하는 경우가 발생할 수 있다. 따라서 매매 시장보다는 비교적 이동이 용이한 임대차 시장으로 수요가 증가하도록 영향을 미칠 수 있다.

2. 주거용 부동산 감정평가 시 유의사항

1) 기본적 사항의 확정 시 유의사항

주거용 부동산의 형태에 따라 수집해야 하는 자료 등의 형태가 달라질 수 있다. 예를 들어, 단독주택인 경우는 토지 및 건물 각각에 대한 토지이용계획확인원 및 건물의 재조달원가 자료를 수집해야 하고, 집합건물의 경우에는 집합건물 등기부등본 혹은 일체 거래사례 등의 수집을 해야 한다는 점에 유의해야 한다.

2) 가격제원칙 고려 시 유의사항

감정평가 시에는 향후 대상 주거용 부동산이 어떻게 이용될지에 대해서 고려해야 하며(예측의 원칙), 해당 주거용 부동산에 대한 시장상황 및 가치형성요인의 변화도 고려해야 한다(변동의 원칙). 특히 출생률 저하와 핵가족화가 같이 시장상황이 변동되면 이에 따라 단독주택보다는 아파트 혹은 오피스텔에 대한 수요가 증가하여 용도전환이 일어날 수도 있다는 부분을 고려해야 함에 유의한다.

3) 지역 및 개별분석 시 유의사항

출생률 저하・핵가족화로 인해 선호하는 주거용 부동산의 형태가 달라짐에 따라, 단독주택이 표준적 이용인 상황에서 아파트 및 오피스텔로 표준적 이용이 변화할 수 있다. 또한, 이에 따라 지역분석 시 유사지역 및 동일수급권의 범위가 달라질 수 있다. 개별분석 시에는 시장상황에 따라 에어컨, 주차장과 같은 선호하는 옵션의 종류에 따른 개별요인이 달라질 수 있음에 유의해야 한다.

4) 최유효이용 분석 시 유의사항

감정평가 시에는 최유효이용을 전제로 가치를 추계하며, 이때 미달되는 부분은 3방식의 적용을 통해 반영한다. 사안과 같이 출생률 저하로 인해 인구가 감소하게 되면 수요가 부족해지게 된다. 최유효이용 분석은 대상물건에 대한 충분한 수요가 있는지 확인하는 작업이므로, 주거용 부동산에 대한 수요감소로 최유효이용에 미달될 수 있음에 유의해야 한다.

5) 감정평가방법 적용 시 유의사항

주거용 부동산이 단독주택인 경우는 원칙적으로 개별평가로서 토지는 공시지가기준법, 건물은 원가법을 적용하며, 집합건물인 경우에는 감정평가에 관한 규칙 제16조에 따라 거래사례비교법을 적용할 수 있다. 다만, 주거용 부동산은 수익 발생을 목적으로 하는 재화는 아니므로 수익방식 적용에 어려움이 있음에 유의해야 한다.

Ⅲ. 『물음 2』

1. 가치형성요인으로서의 기후변화

가치형성요인이란 대상물건의 경제적 가치에 영향을 미치는 일반요인, 지역요인 및 개별요인 등을 말한다. 기후변화란 현재의 기후가 자연적 및 인문적 요인에 의하여 변화하는 현상을 말하며, 가치형성요인 중 자연적 요인에 해당한다.

2. 기후변화가 부동산가치형성요인에 미칠 영향

1) 자연적 요인에 미칠 영향

기후변화는 다른 자연적 요인이 변화하도록 영향을 미칠 수 있다. 예를 들어, 기후가 상승하여 해수면이 상승하는 등의 변화가 발생하도록 영향을 미칠 수 있다.

2) 사회적 요인에 미칠 영향

기후변화로 인해 사회적 요인에도 변화가 생길 수 있다. 예를 들어, 가옥구조가 변화하거나 냉·난방 시설 등과 같이 생활구조가 변화하도록 영향을 미칠 수 있다.

3) 경제적 요인에 미칠 영향

기후변화로 인해 해당 지역의 기반산업이 변화하도록 영향을 미칠 수 있다. 예를 들어, 기온이 상승하여 여름철 휴양지로서 관광 산업이 발전하도록 하여 해당 지역의 경제적 요인이 변화하도록 영향을 미칠 수 있다.

4) 행정적 요인에 미칠 영향

기후변화로 인해 행정적 요인에도 변화가 생길 수 있다. 예를 들어, 기후변화로 인해 건축공법 등을 규정하여 내구성이 높은 건축자재를 활용하도록 하는 등 행정적 요인이 변화하도록 영향을 미칠 수 있다.

Ⅳ. 결

다양한 가치형성요인은 끊임없이 변화하기 때문에 감정평가 대상의 경제적 가치 역시 변화하게 된다. 감정평가는 정확한 시장가치를 판정하는 것을 목적으로 하는 바, 위와 같은 다양한 가치형성요인의 변화 및 시장에 미치는 영향 등에 대한 이해는 중요하다고 판단된다.

02 비상장법인 A주식회사는 특허권을 가지고 전자제품을 제조 및 판매하는 공장과 임대업에 사용하는 업무용 빌딩을 소유하고 있다. A주식회사는 2009년 전자제품 부문에서 50억원, 임대업에서 20억원의 당기순이익을 얻었다. A주식회사의 주식을 평가하고자 한다. 30점

1) 본건 평가와 관련하여 감정평가에 관한 규칙이 인정하는 방법 및 그 장단점을 논하시오. 15점

2) 감정평가에 관한 규칙에서 규정하고 있지 않은 주식평가방법(양 방법을 혼합한 방법 포함)들을 예시하고, 평가이론의 관점에서 동 규칙 외의 방법에 의한 평가의 타당성을 논하시오. 15점

1 기출문제 논점분석

『물음 1』은 전형적인 감정평가 각론과 관련된 문제입니다. 각각의 물건에 대한 감정평가방법 및 그에 대한 장점 및 단점은 암기가 되어 있어야 합니다. 다만, 단순히 비상장주식만 주어진 것이 아니라, 해당 법인의 상황이 주어졌기 때문에 이에 대한 반영이 필요합니다.

『물음 2』는 기본서에는 없는 내용에 해당합니다. 특히 해당 평가방법의 타당성을 물어보는 경우 관련 규정상 별도의 요건이 없다면 체계도를 활용하여 알고 있는 감정평가이론의 암기된 내용을 최대한 활용해야 합니다.

2 예시답안 목차

Ⅰ. 서

Ⅱ. 『물음 1』

1. 비상장주식의 의의
2. 감정평가에 관한 규칙이 인정하는 방법
   1) 순자산가치법
      (1) 순자산가치법의 절차
      (2) 기업가치의 감정평가
   2) 주당 주식가치를 직접 산정할 수 있는 경우
3. 인정하는 방법의 장단점
   1) 순자산가치법의 장단점
      (1) 순자산가치법의 장점
      (2) 순자산가치법의 단점

2) 주당 주식가치를 직접 산정하는 방법의 장단점

(1) 주당 주식가치를 직접 산정하는 방법의 장점

(2) 주당 주식가치를 직접 산정하는 방법의 단점

Ⅲ. 『물음 2』

1. 규정하고 있지 않은 주식평가방법

1) 상속세 및 증여세법의 규정

2) 유가증권 발행 및 공시에 관한 규정

3) 국유재산법에 관한 규정

2. 동 규칙 외의 방법에 의한 평가의 타당성

1) 대상물건의 특성 측면

2) 가치의 3면성 반영 측면

3) 시산가액 조정 측면

Ⅳ. 결

3 예시답안

Ⅰ. 서

자본주의 시장경제에서 기업의 주식가치가 합리적이고 적정하게 결정된다는 것은 매우 중요한 일이다. 주식의 가치가 올바르게 형성되어야 자원의 분배 및 투자를 적정하게 할 수 있기 때문이다. 특히 비상장 주식의 감정평가는 상장주식의 감정평가보다 복잡하고 어렵기 때문에 그 가치를 객관적으로 파악하는 경우 많은 문제가 생긴다. 따라서 이에 대한 감정평가의 중요성이 강조되는바 이하 물음에 답한다.

Ⅱ. 『물음 1』

1. 비상장주식의 의의

비상장주식은 「자본시장과 금융투자업에 관한 법률」에서 규정하고 있는 주권상장법인을 제외한 법인의 주권을 의미한다. 일반적으로는 거래소에 상장되지 아니한 법인의 주권을 의미한다.

2. 감정평가에 관한 규칙이 인정하는 방법

1) 순자산가치법

(1) 순자산가치법의 절차

해당 회사의 자산, 부채 및 자본항목을 기준시점 현재의 가액으로 평가하여 수정재무상태표를 작성한 후, 자산총계에서 부채총계를 공제한 기업체의 자기자본가치(순자산가치)를 발행주식수로 나누어 비상장주식의 주당가액을 평가하는 방법이다. 각각의 자산과 부채에 대하여 기준시점 현재의 공정가치를 평가하고, 이를 토대로 수정재무상태표를 작성하여 여기서의 총자산에서 총부채를 차감하여 평가를 하여야 한다.

(2) 기업가치의 감정평가

기업가치를 감정평가하는 방법으로는 수익환원법(할인현금흐름분석법, 직접환원법, 옵션평가모형 등), 거래사례비교법(유사기업이용법, 유사거래이용법, 과거거래이용법 등), 원가법(유·무형의 개별자산의 가치를 합산하는 방법) 등이 있다.

2) 주당 주식가치를 직접 산정할 수 있는 경우

대상 주식의 거래가격이나 시세 또는 시장배수 등을 파악할 수 있는 경우에는 기업가치의 산정과정을 거치지 않고, 비상장주식의 가치를 직접 산정할 수 있다.

3. 인정하는 방법의 장단점

1) 순자산가치법의 장단점

(1) 순자산가치법의 장점

순자산가치법은 개별자산을 고려하기 때문에 기업체가 보유한 자산 반영에 유리하다는 장점이 있다. 또한, 기업의 재무제표를 기초로 평가가 이루어지기 때문에 회계적인 측면도 반영하여 가치를 산정할 수 있다는 장점이 있다.

(2) 순자산가치법의 단점

기업가치를 산정하는 과정에서 향후 기업상황을 예측하기 어렵고, 시장상황의 변동성이 일반재화보다 크기 때문에 현금흐름이나 환원율을 산정하는 과정에서 오류발생 가능성이 높다는 단점이 있다. 또한, 설립된지 얼마 되지 않은 신규 기업의 경우 안정적인 매출이 확보되지 않아 적용이 어렵다는 단점이 있다.

2) 주당 주식가치를 직접 산정하는 방법의 장단점

(1) 주당 주식가치를 직접 산정하는 방법의 장점

시장성의 원리에 의한 것으로 실증적, 객관적이며 설득력이 있다. 또한, 거래사례가 있는 경우에는 적용이 가능하며, 현재 당장 수익창출이 되지 않는 경우라도 적용이 가능하다는 장점이 있다.

(2) 주당 주식가치를 직접 산정하는 방법의 단점

유사한 비상장주식에 대한 거래사례가 없으면 적용이 불가능하다. 또한, 매도자나 매수자의 협상력의 차이에 의해 매매가격의 왜곡이 있을 수 있어 사정보정에 어려움이 존재하며, 개별적인 비상장기업의 특성상 가치형성요인비교 시 감정평가주체의 주관이 개입될 수 있다는 단점이 있다.

Ⅲ. 『물음 2』

1. 규정하고 있지 않은 주식평가방법

1) 상속세 및 증여세법의 규정

세법상의 비상장주식의 가액은 시가를 원칙으로 하되, 시가가 불분명한 경우에는 동법에 의한 보충적 평가방법에 의하여 산정한 가액을 과세기준으로 한다고 규정하고 있다. 즉, 동법 시행령에 의하면 비상장주식의 평가는 순손익가치와 순자산가치를 각각 3과 2의 비율로 가중평균한 가액에 의한다고 규정하고 있다.

2) 유가증권 발행 및 공시에 관한 규정

보통주식은 본질가치(수익가치 및 자산가치로 한다)의 내용을 분석하도록 정하고 있으며, 또한 보통주식의 본질가치는 자산가치와 수익가치를 각각 1과 1.5로 하여 가중 산술평균한 가액으로 한다고 정하고 있다.

3) 국유재산법에 관한 규정

비상장주식의 처분예정가격은 기획재정부령이 정하는 산출방식에 따라 산정된 자산가치・수익가치 및 상대가치를 고려하여 산출한 가격 이상으로 한다.

2. 동 규칙 외의 방법에 의한 평가의 타당성

1) 대상물건의 특성 측면

비상장주식은 수익 발생을 목적으로 하는 자산이기 때문에, 규칙 외의 방법에서 대상물건의 수익성을 고려하는 것은 타당하다. 사안에서 A주식회사는 전자제품 부문뿐만 아니라, 임대업에서도 당기순이익을 얻고 있는 상황이므로 이러한 수익성을 반영하는 것이 타당하다.

2) 가치의 3면성 반영 측면

대상물건의 가치는 비용성・수익성・시장성과 같은 3면성을 반영하여 형성된다. 따라서 수익 발생을 목적으로 하는 비상장주식에 해당하더라도, 자산가치 또는 상대가치와 같은 다른 방식을 고려하는 평가는 타당하다.

3) 시산가액 조정 측면

시장의 불완전성으로 인하여, 3방식에 의한 시산가액이 일치하지 않는 경우는 대상물건・평가목적・시장상황 및 자료의 신뢰성을 고려하여 가중치를 부여한 시산가액 조정을 하여야 한다. 이때 가중치는 상황에 따라 달라질 수 있으나, 일정한 비율의 가중치를 적용하도록 규정한 것은 시산가액 조정 측면에서 타당하지 않다.

Ⅳ. 결

비상장주식은 객관적인 자료가 없기 때문에 상대적으로 상장주식보다 감정평가에 어려움이 존재한다. 따라서 비상장주식의 감정평가와 관련된 다양한 규정상 평가방법을 파악하고, 각각의 목적 및 상황에 따른 적절한 감정평가방법의 적용이 필요하다 판단된다.

03	부동산가격에 관한 다음 물음에 답하시오. 30점 1) 부동산가격의 본질에 대하여 설명하시오. 5점 2) 부동산가격의 특징 및 가격형성원리에 대해 설명하시오. 10점 3) 부동산가격과 가격시점(기준시점) 간의 관계에 대해 설명하시오. 10점 4) 특정가격과 한정가격의 개념을 설명하시오. 5점

1 기출문제 논점분석

각각의 소물음은 비교적 암기형 문제에 해당합니다. 다만, 『물음 3』의 경우는 기본서에 암기된 내용이 있다면 그대로 작성해주면 되지만, 암기된 내용이 없더라도 스스로 체계도를 활용해서 목차를 잡을 수 있는지 점검은 필요합니다. 또한, 『물음 4』와 관련하여 특정가격과 한정가격의 개념을 같이 물어본 경우에는 단순히 각각의 개념만 설명하는 것이 아니라, 특정가격과 한정가격의 관련성이 있는지 여부에 대한 목차도 작성해주면 추가 득점이 가능합니다.

2 예시답안 목차

Ⅰ. 서

Ⅱ. 『물음 1』

1. 부동산의 특성 측면에서의 본질
2. 부동산가격의 특징 측면에서의 본질

Ⅲ. 『물음 2』

1. 부동산가격의 특징
   1) 교환의 대가인 가격과 용익의 대가인 임대료
   2) 소유권 및 기타 권리이익의 가격
   3) 장기적 배려하의 형성 및 단기적으로 수요요인에 의한 가격형성
2. 부동산가격형성원리
   1) 가격수준의 형성
   2) 가치의 개별화 및 구체화

Ⅳ. 『물음 3』

1. 기준시점의 의의

2. 부동산가격과 기준시점 간의 관계
   1) 부동산의 특성 측면에서의 관계
   2) 가치의 개념 측면에서의 관계
   3) 변동의 원칙 측면에서의 관계
   4) 부동산 경기변동 측면에서의 관계
   5) 수익환원법 측면에서의 관계

Ⅴ. 『물음 4』

1. 특정가격의 개념
2. 한정가격의 개념
3. 특정가격과 한정가격의 관련성

Ⅵ. 결

3 예시답안

Ⅰ. 서

감정평가는 토지 등의 경제적 가치를 판정하는 것을 목적으로 한다. 즉, 감정평가는 가격이 아닌 가치를 파악하는 작업인 바, 이에 대한 이해는 중요하다. 이하에서는 부동산가치 및 감정평가 시 감정평가액의 기준이 되는 시점에 대한 물음에 답한다.

Ⅱ. 『물음 1』

1. 부동산의 특성 측면에서의 본질

부동산은 영속성을 지니는 재화이기 때문에 장래 일정한 기간 동안 지속적으로 수익 발생이 예상된다. 따라서 부동산가격의 본질은 부동산의 영속성이라는 특성으로 인해 장래 편익을 현재가치로 환원한 값이라고 할 수 있다.

2. 부동산가격의 특징 측면에서의 본질

부동산가격은 기본적으로 소유권에 기반한 개념이다. 특히 부동산은 소유권 제도라는 법적인 보호에 있기 때문에 일정기간 동안 지속적인 효용을 배타적으로 얻을 수 있다. 즉, 부동산가격의 본질은 소유권 제도에 기반한 것이라고 할 수 있다.

Ⅲ. 『물음 2』

1. 부동산가격의 특징

1) 교환의 대가인 가격과 용익의 대가인 임대료

일반 경제재는 통상 존속기간이 단기이므로 임대차의 대상이 되지 못하나, 부동산은 영속성이 있기 때문에 임대차의 대상이 된다. 따라서 부동산은 교환의 대가인 가격과 용익의 대가인 임대료로 표시되며, 가격과 임대료는 원본과 과실의 상관관계에 있다.

2) 소유권 및 기타 권리이익의 가격

일반 경제재는 그 재화 자체가 순환하는데, 부동산은 지리적 위치의 고정성 때문에 부동산 그 자체가 순환하지 못하고 부동산을 추상화시킨 권리가 순환된다. 따라서 부동산은 소유권 및 기타 권리이익의 가격이라는 특징을 지닌다.

3) 장기적 배려하의 형성 및 단기적으로 수요요인에 의한 가격형성

부동산은 영속성이 있기 때문에 부동산가격은 과거, 현재, 미래의 장기적 배려하에서 형성된다. 또한, 부동산은 부증성이 있기 때문에 부동산가격은 공급을 즉각 늘릴 수 없는 단기에는 주로 수요요인에 의하여 결정되는 수요자 가격이다.

2. 부동산가격형성원리

1) 가격수준의 형성

부동산은 지역성에 의한 일반적 요인의 지역지향성으로, 일반적 요인이 지역적 차원으로 축소되고 자연적 조건과 결합하여 형성된 지역요인은 지역특성을 나타내게 되고, 이 결과 표준적 사용과 가격수준이 형성된다.

2) 가치의 개별화 및 구체화

부동산의 표준적 사용과 가격수준은 개개 부동산의 개별적 요인과 결합하여 최유효이용을 결정하게 되고, 이에 의해 가격수준은 개별화, 구체화되어 구체적 가격을 형성하게 된다.

Ⅳ. 『물음 3』

1. 기준시점의 의의

기준시점이란 대상물건의 감정평가액을 결정하는 기준이 되는 날짜를 말한다. 감정평가에 관한 규칙 제9조에서는 가격조사를 완료한 날짜를 원칙적인 기준시점으로 규정하고 있다.

2. 부동산가격과 기준시점 간의 관계

1) 부동산의 특성 측면에서의 관계

부동산은 영속성과 사회・경제・행정적 측면에서 가변성을 지니는 재화이다. 따라서 부동산가격은 장기적인 영향을 고려하여 형성된다. 즉, 기준시점이 언제인지에 따라 가격이 변동하게 되고, 이는 부동산의 특성에 기인한다는 관계에 있다.

2) 가치의 개념 측면에서의 관계

가치란 장래 기대되는 편익을 현재가치로 환원한 값으로 정의된다. 즉, 부동산가격(가치)은 장래 편익을 기준시점 현재의 값으로 환원하여 산정되므로 기준시점의 영향을 받으며, 이는 가치의 개념에서 기인한다는 관계에 있다.

3) 변동의 원칙 측면에서의 관계

변동의 원칙이란 부동산가격은 장래 영향을 받아 형성된다는 원칙을 말한다. 즉, 기준시점에서의 변동된 시장상황을 반영하여 산정하기 때문에 부동산가격은 기준시점의 영향을 받으며, 이는 변동의 원칙에서 기인한다는 관계에 있다.

4) 부동산 경기변동 측면에서의 관계

부동산 경기변동이란 부동산도 경제재의 하나로서 일반경기변동과 마찬가지로 일정기간을 주기

로 하여 호황과 불황을 반복하면서 변화하는 것을 말한다. 부동산가격은 확장국면인 경우에는 상승하며, 수축국면인 경우에는 하락하게 된다. 즉, 기준시점이 어디인지에 따라 부동산가격이 달라지게 되며, 이는 부동산 경기변동에 기인한다는 관계에 있다.

5) 수익환원법 측면에서의 관계

수익환원법이란 대상물건이 장래 산출할 것으로 기대되는 순수익이나 미래의 현금흐름을 환원하거나 할인하여 대상물건의 가액을 산정하는 감정평가방법을 말한다. 수익환원법을 통한 수익가액이 산정되기 위해서는 미래 현금흐름을 현가화할 기준시점이 필요하게 된다. 즉, 부동산가격은 현가화하게 되는 기준점인 기준시점의 영향을 받으며, 이는 수익환원법의 평가논리에서 기인한다는 관계에 있다.

Ⅴ. 『물음 4』

1. 특정가격의 개념

특정가격이란 시장성을 갖는 부동산에서 법령 등에 따른 사회적 요청을 배경으로 하는 평가목적하에서 정상가격의 전제가 되는 제 조건을 만족시키지 않는 경우에 부동산의 경제적 가치를 적정히 나타내는 가격을 의미한다.

2. 한정가격의 개념

한정가격이란 시장성을 갖는 부동산에 대해 부동산과 취득할 타 부동산과의 병합 또는 부동산의 일부를 취득할 때 분할 등으로 인하여 합리적인 시장에서 형성될 수 있는 시장가치와 괴리됨으로써 시장이 상대적으로 한정되는 경우, 취득부분이 해당 시장에 한정되는 데 근거하여 시장가치를 적정하게 표시하는 가격을 의미한다.

3. 특정가격과 한정가격의 관련성

특정가격과 한정가격은 모두 일본 기준상 정상가격의 예외로, 감정평가에 관한 규칙상으로 본다면 시장가치 외의 가치에 해당한다. 또한, 양자는 모두 감정평가 목적 등에 따라 상이한 개념으로 가치다원론과도 관련성이 있다.

Ⅵ. 결

감정평가는 대상물건의 경제적 가치를 파악하는 작업인 바, 가치가 형성되는 과정 및 가치다원론에 따른 다양한 가치개념의 이해가 필요하다. 위와 같은 내용에 대한 이해가 수반되어야 정확한 경제적 가치로서의 시장가치 추계가 가능할 것이다.

Chapter 16

제20회 기출문제 답안

01	지상권이 설정된 토지가 시장에서 거래되고 있다. 이와 관련된 다음 물음에 답하시오. 40점 1) 위 토지의 담보평가 시 유의할 점과 감가 또는 증가요인을 설명하시오. 15점 2) 위 토지의 보상평가 시 검토되어야 할 주요 사항을 설명하시오. 10점 3) 감정평가목적에 따라 감정평가액의 차이가 발생할 수 있는 이유를 감정평가의 기능과 관련하여 논하시오. 15점

1 기출문제 논점분석

해당 문제의 경우에는 전제조건이 여러 가지가 제시되었기 때문에 이에 대한 반영이 전반적으로 필요한 문제입니다. 우선은 공통적으로 "지상권이 설정된 토지"라는 대상물건이 제시되었기 때문에 이러한 특성에 대한 반영이 필요합니다. 또한, 『물음 1』에서는 감정평가 목적으로 담보평가가 제시되었기 때문에 환가성에 대한 고려가 필요하다는 점, 『물음 2』에서는 보상평가가 목적으로 제시되었기 때문에 정당보상이라는 관점 역시 답안지 작성 시에 반영되어야 합니다.

2 예시답안 목차

Ⅰ. 서

Ⅱ. 『물음 1』

1. 토지의 감정평가 시 유의할 점
   1) 기본적 사항의 확정 시 유의할 점
   2) 가격제원칙 고려 시 유의할 점
   3) 지역 및 개별분석 시 유의할 점
   4) 감정평가방법 적용 시 유의할 점
   5) 시산가액 조정 시 유의할 점
2. 감가 또는 증가요인
   1) 감가요인
   2) 증가요인

Ⅲ. 『물음 2』

1. 대상물건의 확정 측면 검토사항
2. 감정평가 목적 관련 검토사항

3. 최유효이용 판정 시 검토사항

4. 감정평가방법 적용 시 검토사항

Ⅳ. 『물음 3』

1. 감정평가의 기능

1) 감정평가의 정책적 기능

(1) 손실보상의 적정화

(2) 과세의 합리화

2) 감정평가의 일반・경제적 기능

(1) 부동산 의사결정의 판단기준 제시

(2) 파라미터적 기능

2. 감정평가의 기능과 관련한 감정평가액의 차이

1) 정책적 기능과 관련한 차이

(1) 손실보상의 적정화와 관련한 차이

(2) 과세의 합리화와 관련한 차이

2) 일반・경제적 기능과 관련한 차이

(1) 의사결정의 판단기준 제시와 관련한 차이

(2) 파라미터적 기능과 관련한 차이

Ⅴ. 결

3 예시답안

Ⅰ. 서

감정평가 시에는 동일한 대상물건이더라도 감정평가의 목적과 관련하여 고려해야 할 사항이 달라질 수 있다. 이는 최종적인 감정평가액에도 영향을 미칠 수 있는바, 각각의 평가목적에 대한 이해는 중요하다. 이하, 물음에 답하고자 한다.

Ⅱ. 『물음 1』

1. 토지의 감정평가 시 유의할 점

1) 기본적 사항의 확정 시 유의할 점

담보평가는 담보물건의 적절한 경제적 가치 판단을 통해 채무자의 재산권 인정과 동시에 채권자의 안정적인 채권 확보를 가능하게 하는 것을 목적으로 한다는 점을 유의해야 한다. 또한, 대상물건은 지상권이 설정되어 있으므로, 지상권의 존속기간, 지료 등에 대한 내용을 확정하되, 기존 저당권자가 채권 확보를 위해 설정한 것이라면 이에 구애되지 않고 평가함에 유의해야 한다.

2) 가격제원칙 고려 시 유의할 점

담보평가는 안정적인 채권 확보를 위해, 대상물건의 환가성 등을 고려해야 한다. 이를 위해서는 가격제원칙 중 향후 대상물건이 어떻게 이용될 수 있는지(예측의 원칙)와 시장상황이 어떻게 변화할 수 있는지(변동의 원칙)를 고려해야 함에 유의해야 한다.

3) 지역 및 개별분석 시 유의할 점

지역분석 시 지역요인은 고정되어 있는 것이 아니라 변동하므로 동태적 분석을 해야 한다. 또한, 시장참가자의 행동 및 거래상황 등 부동산시장에 기반한 자료의 수집과 분석을 통해 담보물건의 적정성 확보를 해야 함에 유의해야 한다. 또한, 개별분석 시에는 지상권이 토지에 미치는 영향 등 가치에 영향을 미치는 개별요인 분석에 유의해야 한다.

4) 감정평가방법 적용 시 유의할 점

지상권이 설정되지 않은 상태의 토지가액에서 해당 지상권에 따른 제한을 고려하여 감정평가한다. 다만, 지상권이 설정되어 있는 상태로 거래된 사례가 있다면, 해당 거래사례를 기준으로 거래사례비교법을 적용하되, 지상권의 기간, 지료 등의 차이에 따른 가치형성요인을 비교해야 함에 유의해야 한다.

5) 시산가액 조정 시 유의할 점

시산가액 조정 시에는 평가목적, 대상물건의 성격, 시장상황 및 자료의 신뢰성 등을 고려한다. 사안은 평가목적이 채권 확보 등을 위한 담보평가라는 점, 담보대상이 되는 지상권 설정 계약 관련 제시한 자료의 신뢰성 등을 고려하여 시산가액 조정을 해야 함에 유의해야 한다.

2. 감가 또는 증가요인

1) 감가요인

지상권이 설정되게 되면, 토지소유자로서는 그만큼 토지의 이용에 제약을 받게 된다. 즉, 가치발생요인으로서 욕구나 필요를 만족시켜주는 재화의 능력인 효용이 감소된다고 볼 수 있으므로, 감가요인에 해당한다.

2) 증가요인

대상물건은 지상권이 설정된 토지이므로, 지상권 설정에 따른 지료를 받고 있을 수 있다. 이는 대상물건의 가치에 영향을 미치는 가치형성요인으로서 수익창출에 영향을 미치기 때문에 증가요인에 해당한다.

Ⅲ. 『물음 2』

1. 대상물건의 확정 측면 검토사항

지상권이 설정된 토지의 보상평가를 위해서는 토지의 가치에서 지상권의 가치를 차감한다. 이를 위해서 지상권의 존속기간 및 지료와 같은 기대이익에 대한 자료가 필요하므로(토지보상법 시행규칙 제28조) 이에 관해 검토해야 한다.

2. 감정평가 목적 관련 검토사항

보상평가는 피수용자에 대한 정당보상을 목적으로 한다. 따라서 지상권이 설정된 토지의 경우 지상권자와 토지소유자 모두에게 정당보상이 이루어질 수 있도록 감정평가 목적에 관해 검토해야 한다.

3. 최유효이용 판정 시 검토사항

대상물건의 가치는 최유효이용을 전제로 형성되며, 이에 미달되는 부분은 감정평가방법 적용 시 반영한다. 지상권이 설정된 토지 역시 지상권으로 인해 토지의 최유효이용이 제약될 수 있다는 점을 검토해야 한다.

4. 감정평가방법 적용 시 검토사항

소유권 외의 권리인 지상권이 설정된 토지에 대해서는 해당 권리가 없는 것으로 하여 토지보상법 시행규칙 제22조 내지 제27조에 따라 평가한 금액에서 지상권의 가액을 차감하여 산정한다. 이때 지상권은 거래사례비교법을 적용하여 평가함을 원칙으로 하되, 양도성이 없다고 판단될 경우에는 지상권 유무에 따른 토지의 가격차액 또는 권리설정계약을 검토해야 한다.

Ⅳ. 『물음 3』

1. 감정평가의 기능

1) 감정평가의 정책적 기능

(1) 손실보상의 적정화

공익사업을 수행하는 경우 헌법상 정당보상금을 산정하여 합리적인 보상을 유도함으로 국민의 재산권 보호에 기여한다. 특히 시장성이 없는 부동산이나 가치측정이 용이하지 않은 부동산의 보상액 산정에 있어 그 유용성이 크다고 할 수 있다.

(2) 과세의 합리화

국가나 지방자치단체는 국민의 재산권에 대하여 세금을 부과할 수 있는데 이때 세금부과의 기초가 되는 것이 부동산가격이다. 감정평가는 공정하고 합리적인 과세활동이 이루어질 수 있도록 주요한 기능을 수행한다. 대표적으로 개별공시지가는 세금산정의 기준이 되는데 평가사는 검증업무를 담당함으로써 과세가 합리적으로 이루어지도록 한다.

2) 감정평가의 일반 · 경제적 기능

(1) 부동산 의사결정의 판단기준 제시

감정평가결과는 개발사업의 타당성 분석기준으로 유용하게 활용되고, 거래나 투자결정 등 의사결정에 있어서 판단기준으로 역할을 수행한다.

(2) 파라미터적 기능

감정평가액은 시장참여자들의 행동지표로서 기능을 수행하여 종국적으로 수요와 공급이 서로 같아지도록 유도해 간다. 즉, 수요자와 공급자는 새로운 행동을 함에 있어 전문가에 의해 평가된 가격을 중요한 지표로서 인식하게 된다. 법원경매에서 입찰할 때 경매가격을 바탕으로 입찰 여부와 입찰가격을 결정하는 것이 있다.

2. 감정평가의 기능과 관련한 감정평가액의 차이

1) 정책적 기능과 관련한 차이

(1) 손실보상의 적정화와 관련한 차이

지상권이 설정된 토지의 경우에는 지상권자와 토지소유자 모두에게 정당보상이 지급되어야 한다. 즉, 이를 통해 각각의 피수용자의 재산권 보호에 기여하기 위해 감정평가액에 차이가 발생할 수 있다.

(2) 과세의 합리화와 관련한 차이

과세 목적의 공시지가를 산정하기 위해서는 지상권과 같은 사권의 경우는 반영하지 않고 평가한다. 즉, 이를 통해 과세의 합리화와 형평성 보호에 기여하기 위해 감정평가액에 차이가 발생할 수 있다.

2) 일반 · 경제적 기능과 관련한 차이

(1) 의사결정의 판단기준 제시와 관련한 차이

타당성 혹은 투자결정을 하는 데 있어서는 수익뿐만 아니라 개발비용도 고려하게 된다. 이때 지상권이 설정된 경우 지상권 소멸 등이 비용항목에 포함될 수 있어서 감정평가액에 차이가 발생할 수 있다.

(2) 파라미터적 기능과 관련한 차이

감정평가액은 행동지표로서 기능하게 되는데, 지상권이 설정된 토지가 경매 진행이 될 경우 입찰 여부 판단에 있어서 영향을 미친다. 즉, 낙찰자가 되는 경우 지상권이 설정되면 재산권 행사에 영향을 받을 수 있고, 이를 감정평가액에 반영해야 한다는 측면에서 차이가 발생할 수 있다.

Ⅴ. 결

감정평가는 공적인 기능과 사적인 기능을 모두 수행하며 각각의 기능에 있어서 감정평가 목적에 따라 그 결과인 감정평가액이 달라질 수 있다. 따라서 담보 및 보상 목적과 관련하여 각각 고려해야 하는 사항에 대한 충분한 이해가 수반되어야 정확한 경제적 가치가 도출될 수 있다고 판단된다.

02 공동주택 분양가 상한제를 설명하고, 이 제도와 관련한 감정평가사의 역할에 대하여 논하시오. 20점

1 기출문제 논점분석

특정한 부동산 정책에 대한 내용이 기출로 종종 출제되는 경우가 있습니다. 다양한 부동산 정책에 대해 물어보는 경우에는 크게 해당 제도의 의의, 내용 및 효과(긍정적 효과와 부정적 효과)로 설명해주면 됩니다. 또한, 감정평가사의 역할과 관련해서는 기본서에 있는 감정평가의 기능과 관련된 내용을 활용해주면 무난합니다.

2 예시답안 목차

Ⅰ. 서

Ⅱ. 공동주택 분양가 상한제

1. 공동주택 분양가 상한제의 의의
2. 공동주택 분양가 상한제의 내용
3. 공동주택 분양가 상한제의 효과
    1) 긍정적인 효과
    2) 부정적인 효과

Ⅲ. 공동주택 분양가 상한제와 관련한 감정평가사의 역할

1. 공동주택의 효율적 이용과 관리
2. 적정한 가격형성 유도
3. 공동주택의 효율적 배분
4. 파라미터적 기능

Ⅳ. 결

3 예시답안

Ⅰ. 서

부동산과 관련해서는 행정적인 요인으로서 다양한 정책이 존재하며, 감정평가사는 일반・경제적 기능뿐만 아니라 공적인 기능도 수행하므로 부동산 관련 제도에 있어서도 역할을 수행한다. 이하에서는, 공동주택 분양가 상한제와 이 제도와 관련된 감정평가사의 역할에 대해 설명하고자 한다.

Ⅱ. 공동주택 분양가 상한제

1. 공동주택 분양가 상한제의 의의

공동주택의 분양가를 산정할 때 일정한 표준건축비와 택지비에 가산비를 더해 분양가를 산정하고, 그 가격 이하로 분양하도록 한 제도를 말한다.

2. 공동주택 분양가 상한제의 내용

감정된 토지비용(택지비)과 정부가 정한 기본형 건축비에 개별 아파트에 따라 추가된 비용인 가산비용을 더해 분양가의 상한선을 결정하게 된다. 기본형 건축비는 6개월마다 조정된다.

3. 공동주택 분양가 상한제의 효과

1) 긍정적인 효과

분양가를 일정 수준 이하로 통제하게 되면, 공동주택을 비교적 낮은 가격으로 분양을 받을 수 있고 이에 따라 단기적으로는 주거를 안정화시킬 수 있다는 긍정적인 효과가 발생할 수 있다.

2) 부정적인 효과

오히려 가격 규제를 하게 되면, 장기적으로 건설사의 입장에서는 공동주택 분양으로 인해 얻는 경제적 이윤이 줄어들기 때문에 건설 공급을 중단할 수 있다. 이에 따라 주택 공급 물량이 감소하여 주택가격이 상승하는 부정적인 효과가 발생할 수 있다.

Ⅲ. 공동주택 분양가 상한제와 관련한 감정평가사의 역할

1. 공동주택의 효율적 이용과 관리

부동산을 감정평가하는 과정에서 해당 택지의 최유효이용을 파악하게 되고 부동산의 효율적인 이용과 관리를 지원한다. 또한, 택지비 평가와 같은 결과는 공동주택 분양사업의 사업성 판단 등에 활용됨으로 실질적인 부동산의 이용과 관리에 도움을 준다.

2. 적정한 가격형성 유도

전문가인 감정평가사에 의해 평가된 가격은 주택시장의 불완전성을 보완하여 비정상적인 가치형성을 억제하고 적정한 가치형성을 유도한다. 경우에 따라서는 해당 지역의 과도한 주택가격의 상승과 하락을 억제하기도 한다.

3. 공동주택의 효율적 배분

주택시장은 일반재화시장과는 달리 불완전한 특성으로 가치 파악이 어렵다. 이에 따라 공동주택의 분양가와 관련하여 적정한 가격을 제시함으로 공동주택이 효율적으로 배분될 수 있도록 지원한다.

4. 파라미터적 기능

감정평가액은 공동주택 분양시장참여자들의 행동지표로서 기능을 수행하여 종국적으로 해당 주택에 대한 수요와 공급이 서로 같아지도록 유도해 간다. 즉, 분양업자와 입주자는 전문가에 의해 평가된 가격을 중요한 지표로서 인식하게 된다.

Ⅳ. 결

감정평가사는 다양한 부동산 관련 정부 정책에 있어서도 일정한 기능을 수행하는 만큼, 직업윤리가 중요하다고 볼 수 있다. 따라서 가치판정 시에는 윤리규정을 준수하여 정확한 경제적 가치를 판정할 수 있도록 유의해야 한다.

03 일단지(一團地) 평가에 관한 다음 물음에 답하시오. 20점

1) 일단지의 개념과 판단 시 고려할 사항에 대하여 설명하시오. 10점

2) 일단지 평가가 해당 토지가격에 미치는 영향을 설명하고, 일단지 평가의 사례 3가지를 서술하시오. 10점

1 기출문제 논점분석

『물음 1』의 일단지의 개념과 판단 시 고려할 사항은 대부분 기본서에 있는 내용인 만큼, 정확한 암기를 통한 서술이 필요합니다.

『물음 2』는 A가 B에 미치는 영향과 관련된 유형이므로, 가격(가치)을 가치발생요인과 가치형성요인으로 구분해서 작성해주면 됩니다. 사례를 제시하는 문제는 단순히 다양한 사례를 제시하는 것이 아닌 왜 해당 사례가 일단지 평가에 해당하는지 요건을 반드시 포섭해주어야 합니다.

2 예시답안 목차

Ⅰ. 서

Ⅱ. 『물음 1』

1. 일단지의 개념

2. 일단지 판단 시 고려할 사항

1) 용도상 불가분의 관계

2) 토지소유자의 동일성

3) 공간정보의 구축 및 관리 등에 관한 법률

4) 일시적인 이용상황

5) 건축물 존재 여부 및 인정시점

Ⅲ. 『물음 2』

1. 일단지 평가가 해당 토지가격에 미치는 영향

1) 일단지 평가의 의의

2) 일단지 평가가 해당 토지가격에 미치는 영향

(1) 가치발생요인에 미치는 영향

(2) 가치형성요인에 미치는 영향

2. 일단지 평가의 사례 3가지

1) 골프장 용지

2) 택지 등 조성공사 중에 있는 토지

3) 공장재단의 부지

Ⅳ. 결

3 예시답안

Ⅰ. 서

감정평가에 관한 규칙 제7조 제1항에서는 원칙적으로 대상물건은 개별평가를 하도록 규정하고 있으나, 예외적으로 용도상 불가분의 관계에 있는 경우 등에 해당한다면 일괄평가를 할 수 있도록 규정하고 있다. 일단지 역시 일괄평가의 사례로서 이는 대상물건의 경제적 가치에 영향을 미치는 바 이에 대한 이해는 중요하다. 이하, 물음에 답하고자 한다.

Ⅱ. 『물음 1』

1. 일단지의 개념

지적공부상 2필지 이상으로 구분 등록이 되어 있는 토지가 해당 토지의 최유효이용의 관점에서 볼 때 인접토지와 일단을 이루어 같은 용도로 이용되는 것이 가장 수익성이 높은 경우를 일단지라 한다.

2. 일단지 판단 시 고려할 사항

1) 용도상 불가분의 관계

감정평가에 관한 규칙 제7조 제2항에 따른 일괄평가에 해당하기 위해서는 용도상 불가분의 관계에 있어야 한다. 대법원은 용도상 불가분의 관계에 있다는 내용에 대해 "일단의 토지로 이용되고 있는 상황이 사회적 · 경제적 · 행정적 측면에서 합리적이고 토지의 가치 형성적 측면에서도 타당하다고 인정되는 관계에 있는 경우"라고 판시한 바 있다.

2) 토지소유자의 동일성

일단지의 판단기준과 토지소유자의 동일성은 원칙적으로 직접적인 관련이 없다. 즉, 2필지 이상의 토지가 용도상 불가분의 관계에 있다고 인정되는 경우에는 각각의 토지소유자가 다른 경우에도 민법상 공유관계로 보아 일단지에 포함시키고 있다.

3) 공간정보의 구축 및 관리 등에 관한 법률

공간정보의 구축 및 관리 등에 관한 법률상의 지목 분류와 관련하여 볼 때, 일단지의 구체적인 판정기준은 용도상 불가분의 관계에 있는지 여부이지 지목의 동일성 여부는 아니므로 지목 분류의 개념과 반드시 일치하는 것은 아니다.

4) 일시적인 이용상황

2필지 이상의 토지가 일단을 이루어 이용되고 있어도 그것이 주위환경 등의 사정으로 보아 일시적인 이용상황인 경우에는 이를 일단지로 보지 않는 것이 타당하다. 이러한 경우의 예로서 가설건축물의 부지, 조경자재제조장, 골재야적장, 간이창고 등으로 이용되고 있는 경우를 들 수 있다.

5) 건축물 존재 여부 및 인정시점

건축물을 건축 중인 경우 또는 나지상태로서 착공 이전인 경우에는 주의 깊게 판단하여야 한다. 표준지공시지가 조사평가기준 제20조 제4항에서는 건축 중에 있는 토지와 공시기준일 현재 나지상태이나 건축허가 등을 받고 공사를 착수한 때에는 토지소유자가 다른 경우에도 이를 일단지로 본다고 규정하고 있다.

Ⅲ. 『물음 2』

1. 일단지 평가가 해당 토지가격에 미치는 영향

1) 일단지 평가의 의의

일단지 토지란 지적공부상 2필지 이상으로 구분 등록이 되어 있는 토지가 해당 토지의 최유효이용의 관점에서 볼 때 인접토지와 일단을 이루어 같은 용도로 이용되는 것이 가장 수익성이 높은 경우를 말한다. 일단지는 토지의 가치에 영향을 미치는 개별적 요인에 해당한다.

2) 일단지 평가가 해당 토지가격에 미치는 영향

(1) 가치발생요인에 미치는 영향

일단지 평가를 하게 되면, 기존의 면적보다 넓어지게 되어 효용이 증가하게 되고, 인근의 표준적인 토지와 비교했을 때 상대적으로 희소해질 수 있기 때문에 토지가격이 증가하도록 영향을 미친다.

(2) 가치형성요인에 미치는 영향

일단지 평가를 하게 되는 경우 획지조건이나 면적 등을 유리해진 일단지를 기준으로 평가하게 된다. 이는 개별적 요인으로서 토지가격이 증가하도록 영향을 미친다.

2. 일단지 평가의 사례 3가지

1) 골프장 용지

골프장 용지는 골프장의 등록된 면적 전체를 일단지로 보고 평가한다. 이는, 골프장이 거래되는 경우 골프장 용지가 일체로 거래되며, 등록면적 일체로 수익을 발생시키기 때문에, 일단지로 보는 것이 경제적 측면에서도 타당하므로 일단지 평가의 사례에 해당한다.

2) 택지 등 조성공사 중에 있는 토지

도시 및 주거환경정비법에 의한 주택재개발사업이나 재건축사업에 의하여 새로이 아파트 등을 신축하는 경우에는 같은 아파트의 부지로 이용된다는 사회적 측면 및 일단으로 개발사업이 이루어진다는 경제적 측면에서 용도상 불가분의 관계에 있기 때문에 일단지 평가의 사례에 해당한다.

3) 공장재단의 부지

지상 위에 공장이 설립되어 있는 경우에는 공장이 이전될 때 부지 역시 일체로 거래가 되며, 지상 위 건축물과 일체로 수익을 발생시키고 있으므로, 토지 역시 경제적인 측면에서 용도상 불가분의 관계로 보는 것이 타당하다. 따라서 일단지 평가의 사례에 해당한다.

Ⅳ. 결

일단지 평가는 대상물건의 가치형성요인에 영향을 미쳐 최종적으로는 경제적 가치에 변화를 미치는 바 이에 대한 이해는 중요하다. 특히 일단지 평가를 하는 경우에는 감정평가에 관한 규칙 제7조 제2항의 요건에 해당하는지 여부에 대한 검토가 필요하다.

04 비주거용 부동산가격공시제도의 도입 필요성에 대하여 설명하시오. 10점

1 기출문제 논점분석

당시 부동산공시법과 관련한 시대상을 반영한 문제입니다. 다만, 현재 시점에서는 해당 논점 자체가 중요하다기보다는 시험장에서 해당 내용을 모르는 경우 어떻게 대처해야 할지를 고민해보기에는 좋은 문제입니다. 전체적인 체계도 중에서 활용할 만한 내용을 고민해보아야 하며, 특히 "비주거용 부동산"이라는 대상물건이 제시되었기 때문에 이에 대한 반영도 필요합니다.

2 예시답안 목차

Ⅰ. 서

Ⅱ. 비주거용 가격공시제도의 도입 필요성

1. 과세제도의 목적 측면
2. 비주거용 부동산의 개별성 측면
3. 가격의 기능적인 측면
4. 가치형성요인의 복잡성 측면
5. 부동산시장의 불완전성 측면

3 예시답안

Ⅰ. 서

과세가치란 국가나 지방자치단체에서 취득세나 재산세 등의 각종 세금을 부과하는 데 사용되는 기준으로 활용되는 가치로 관련 법규에 의해 산정되는 개념을 말한다. 다만, 현재 비주거용 부동산의 경우 공시제도가 이루어지지 않고 있다. 이하에서, 비주거용 부동산가격공시제도의 도입 필요성에 대해 설명하고자 한다.

Ⅱ. 비주거용 가격공시제도의 도입 필요성

1. 과세제도의 목적 측면

부동산가격공시제도는 부동산의 적정한 가격형성과 각종 조세의 형평성을 위한 제도이다. 비주거용 부동산 역시 재산세 등 세금 부과의 대상이 되는 자산인바, 비주거용 부동산가격 공시제도를 통해서 다른 자산들과의 형평성을 유지하는 과세의 목적 측면에서 도입이 필요하다.

2. 비주거용 부동산의 개별성 측면
비주거용 부동산은 주거용을 제외한 다양한 용도들이 포함되어 있다. 그에 따라 개별성이 큰 재화들이 있기 때문에 일반인들이 이에 대한 적정가격을 판단하기가 어렵다. 따라서 부동산가격공시제도를 통해 이에 관한 정보를 제공하기 위해 도입이 필요하다.

3. 가격의 기능적인 측면
부동산의 가치는 다양한 부동산활동 주체에게 정보를 제공하고, 수요와 공급이 같아지도록 유도하는 기능을 한다. 비주거용 부동산의 경우 역시 가격공시를 통해서, 거래당사자에게 파라미터적 기능을 하기 위해 도입이 필요하다.

4. 가치형성요인의 복잡성 측면
가치형성요인은 다양하며, 특히 비주거용 부동산의 경우에는 개별성이라는 특성상 복잡한 가치형성요인을 지니고 있다. 따라서 이를 고려한 비주거용 부동산가격을 공시함으로써 적정한 가격형성을 유지하기 위해 도입이 필요하다.

5. 부동산시장의 불완전성 측면
부동산시장은 거래되는 부동산의 개별성으로 인해 불완전한 성격을 지닌다. 특히 비주거용 부동산의 경우는 개별성이 크고 거래내역이 잘 공개되지 않는 특징이 있다. 따라서 부동산시장의 불완전성을 완화하고 원활한 교환기능을 수행하기 위해 도입이 필요하다.

05 **저금리기조가 지속되는 과정에서 주택시장에 나타날 수 있는 시장변화에 대하여 설명하시오.** 10점

1 기출문제 논점분석

A가 B에 미치는 영향을 물어보는 유형입니다. 가치형성요인으로서 금리가 제시되었지만, 변동하는 것이 아닌 저금리기조가 유지되기 때문에 4사분면 모형을 활용하는 방향으로 답안을 서술하는 것이 어렵습니다. 부동산시장에 미치는 영향이기 때문에 원칙적인 세분화를 통해 부동산시장의 분류를 활용하는 것이 좋습니다.

2 예시답안 목차

Ⅰ. 서

Ⅱ. 가치형성요인으로서 금리의 의의 및 역할

Ⅲ. 저금리기조로 주택시장에서 나타날 수 있는 변화

1. 용도별 시장에서 나타날 수 있는 변화
2. 가격별 시장에서 나타날 수 있는 변화
3. 지역별 시장에서 나타날 수 있는 변화
4. 매매 및 임대차 시장에서 나타날 수 있는 변화

3 예시답안

Ⅰ. 서

부동산은 고가성으로 인해 타인자본에 기반한 금융활동이 수반될 수밖에 없는 구조적인 특성이 있다. 따라서 부동산시장을 파악하기 위해서는 금융시장에 대한 이해 및 상관관계를 파악할 수 있어야 한다. 이하에서는 저금리기조로 인해 주택시장에서 나타날 수 있는 변화에 대해 설명한다.

Ⅱ. 가치형성요인으로서 금리의 의의 및 역할

금리란 화폐에 대한 수요와 공급을 통해 결정되는 화폐의 가격을 의미한다. 금리는 부동산시장과 자본시장을 직접적으로 연결해주는 매개체 역할을 하기 때문에 부동산에 있어서도 매우 중요한 역할을 한다. 이는 부동산의 가치에 영향을 미치는 경제적 요인에 해당한다.

Ⅲ. 저금리기조로 주택시장에서 나타날 수 있는 변화

1. 용도별 시장에서 나타날 수 있는 변화

저금리기조가 지속되면, 타인자본 활용에 대한 이자비용이 낮아지게 된다. 따라서 타인자본 활용으로 인해 비교적 높은 수익을 올릴 수 있는 상업용 시장으로 수요가 이동하도록 변화가 나타날 수 있다.

2. 가격별 시장에서 나타날 수 있는 변화

저금리기조가 지속되면 타인자본 활용이 보다 용이해진다. 따라서 기존에는 가격의 문제로 접근할 수 없었던 고가의 부동산시장으로 수요가 증가하도록 변화가 나타날 수 있다.

3. 지역별 시장에서 나타날 수 있는 변화

타인자본의 활용을 통해 고가의 부동산에 대한 접근이 용이해진다. 따라서 비교적 고가의 부동산이 밀집해있는 수도권 부동산시장에 대한 수요가 증가하도록 변화가 나타날 수 있다.

4. 매매 및 임대차 시장에서 나타날 수 있는 변화

저금리기조로 인해 타인자본 활용이 용이해짐에 따라 기존에 임대 시장에서 수요자로 있던 사람들이 매매 시장으로 이동할 수 있다. 즉, 기존의 전세금과 타인자본을 활용하여 매매를 함으로써 매매 시장의 수요가 증가하도록 변화가 나타날 수 있다.

제19회 기출문제 답안

01	일괄평가방법과 관련하여, 다음을 논하시오. 30점 1) 토지, 건물 일괄평가에 관한 이론적 근거와 평가방법을 논하시오. 10점 2) 일괄평가된 가격을 필요에 의해 토지, 건물가격으로 각각 구분할 경우 합리적인 배분기준을 논하시오. 10점 3) 표준주택가격의 평가와 관련하여 일괄평가 시 평가 3방식 적용의 타당성을 논하시오. 10점

1 기출문제 논점분석

『물음 1』은 정확한 내용이 떠오르지 않는 경우에는 체계도를 활용하여야 합니다. 일괄평가를 통해 어떤 점을 가치에 잘 반영할 수 있는지, 어떤 관점에서 시장상황을 잘 반영할 수 있는지와 감정평가 시 최유효이용을 고려해야 한다는 점 등 다양한 관점에서 일괄평가에 관한 이론적 근거를 찾는 연습을 해야 합니다.

『물음 2』는 실무기준 해설서와 관련한 내용입니다. 복합부동산의 감정평가와 관련된 내용이며, 공제방식과 비율방식에 관한 내용이 암기가 되어 있어야 합니다.

『물음 3』은 A의 타당성을 묻는 문제로 규정상의 요건이 없기 때문에 전체적인 체계도를 활용해야 합니다. 특히 대상물건이 "표준주택"으로 주어졌다는 점과 구체적인 평가방법으로 "일괄평가"가 제시되었다는 점도 누락하면 안 됩니다.

2 예시답안 목차

Ⅰ. 서

Ⅱ. 『물음 1』

1. 일괄평가에 관한 이론적 근거
   1) 부동산시장의 기능적인 측면
   2) 최유효이용 판정 측면
2. 일괄평가에 관한 평가방법
   1) 비교방식
   2) 수익방식
   3) 원가방식

Ⅲ. 『물음 2』

1. 일괄평가된 가격 구분의 필요성

2. 합리적인 배분기준

1) 적정한 비율을 적용하여 배분하는 방법

2) 일체의 가액에서 공제하여 배분하는 방법

Ⅳ. 『물음 3』

1. 표준주택가격의 의의

2. 일괄평가 시 감정평가 3방식 적용의 타당성

1) 원가방식 적용의 타당성

2) 비교방식 적용의 타당성

3) 수익방식 적용의 타당성

Ⅴ. 결

3 예시답안

Ⅰ. 서

일괄평가란 둘 이상의 대상물건이 일체로 거래되거나 대상물건 상호 간에 용도상 불가분의 관계가 있는 경우에는 일괄하여 평가하는 것을 말한다. 감정평가에 관한 규칙 제7조 제2항에 근거한다. 이하, 일괄평가와 관련된 물음에 답하고자 한다.

Ⅱ. 『물음 1』

1. 일괄평가에 관한 이론적 근거

1) 부동산시장의 기능적인 측면

부동산시장은 교환기능을 수행하며, 이 경우 수요자와 공급자는 토지 및 건물을 개별적이 아닌 일체로 거래하는 관행이 있다. 감정평가는 시장상황을 반영한 경제적 가치 판정을 목적으로 하므로, 이러한 교환기능을 수행하는 부동산시장의 거래관행이 일괄평가에 관한 이론적 근거가 된다.

2) 최유효이용 판정 측면

일괄평가의 요건이 되는 용도상 불가분의 관계의 판정은 최유효이용의 4가지 판정기준, 즉 물리적 가능성, 법적 허용성, 경제적 타당성, 그리고 최대수익성 등을 고려하여 개별적인 용도별로 판정하게 된다. 즉, 감정평가는 최유효이용을 전제로 이루어지며, 일체로 이용되는 상황이 이에 부합하므로, 일괄평가에 관한 이론적 근거가 된다.

2. 일괄평가에 관한 평가방법

1) 비교방식

토지 및 건물의 일체의 거래사례가 있는 경우 이를 기준으로 사정보정, 시점수정, 가치형성요인 비교 등의 과정을 거쳐 평가할 수 있다. 비교방식을 적용하는 경우 거래사례의 가격구성비를 기준으로 물건별로 비교하는 방법과 일괄 비교하는 기준으로 비교하는 방법 등으로 감정평가할 수 있을 것이다.

2) 수익방식

토지 및 건물로부터 발생하는 수익 및 현금흐름을 바탕으로 수익환원법을 적용하여 대상물건이 장래 산출할 것으로 기대되는 순수익이나 미래의 현금흐름을 환원하거나 할인하여 대상물건을 감정평가한다.

3) 원가방식

토지 및 건물에 대한 재조달원가에 감가수정을 하여 대상물건을 감정평가하는 것으로, 토지와 건물이 결합되어 있는 상태를 기준으로 하여 적용하도록 한다. 주로 신축건물이나 특수목적부동산에 접근 가능한 방법이 될 것이다.

Ⅲ. 『물음 2』

1. 일괄평가된 가격 구분의 필요성

우리나라에서는 토지와 건물을 별개의 부동산으로 보고 각각 공부에 등재되고 있다. 이에 따라 복합부동산을 일괄하여 감정평가한 가액을 토지 및 건물의 가격으로 합리적으로 구분하여야 하는 경우가 발생할 수 있다.

2. 합리적인 배분기준

1) 적정한 비율을 적용하여 배분하는 방법

대상물건의 인근지역에 대한 조사를 통하여 합리적인 배분비율을 산출할 수 있는 경우에는 그 비율을 적용하여 배분한다(실무적으로 주거용, 비주거용 부동산에 대해 각각 배분비율이 존재하며 용도, 위치, 노후 정도, 층 등에 따라 배분비율이 다르다).

2) 일체의 가액에서 공제하여 배분하는 방법

토지 또는 건물만의 가액을 합리적으로 구할 수 있는 경우에는 이를 구하여 공제하는 방법을 적용한다.

Ⅳ. 『물음 3』

1. 표준주택가격의 의의

표준주택가격이란 국토교통부장관이 용도지역, 건물구조 등이 유사하다고 인정되는 일단의 단독주택 중에서 선정한 표준주택에 대한 매년 공시기준일 현재 적정가격을 말한다.

2. 일괄평가 시 감정평가 3방식 적용의 타당성

1) 원가방식 적용의 타당성

원가방식은 기본적으로 일괄평가와 부합하는 방식이 아니다. 또한, 주택의 경우는 토지와 건물을 포함하는 개념이며, 이 중 토지는 재생산이 불가능한 재화이기 때문에 표준주택가격 산정 시 비용성을 고려하는 원가방식 적용은 타당하지 않다.

2) 비교방식 적용의 타당성

비교방식은 시장에서 대상물건이 일체로 거래되는 관행을 반영하는 것으로 일괄평가 시 적용하는 평가방법으로 타당하다. 또한, 주택의 경우는 거래사례 역시 충분하여 사례 선정 시 별다른 어려움도 없기 때문에 표준주택가격 산정 시 비교방식 적용은 타당하다.

3) 수익방식 적용의 타당성

수익방식은 일체로 평가하는 논리로서, 일괄평가 시의 적용하는 평가방법으로 타당하다. 다만, 수익방식은 수익 발생을 목적으로 하는 부동산에 타당한 평가방법이나, 주택의 경우는 수익 발생이 목적인 부동산이 아니라는 특징을 가지고 있으므로 수익방식 적용은 타당하지 않다.

Ⅴ. 결

「감정평가에 관한 규칙」 제7조에서는 원칙적으로 개별평가를 규정하고 있으나, 예외적인 경우 일괄평가의 가능성에 대해 규정하고 있다. 적용하는 방법에 따라 감정평가액이 달라질 수 있으므로, 감정평가사는 적절한 방법을 적용하여 정확한 경제적 가치 추계를 하여야 할 것이다.

02 부동산가격지수와 관련하여, 다음을 설명하시오. 20점

1) 부동산가격지수의 필요성과 기능을 설명하시오. 10점

2) 부동산가격지수를 산정하는 데 사용되는 대표적인 계량모형인 특성가격모형(Hedonic Price Model)과 반복매매모형(Repeat Sale Model)의 원리와 각각의 장·단점을 설명하시오. 10점

1 기출문제 논점분석

『물음 1』은 익숙하지 않은 개념과 유형에 해당합니다. 항상 특이한 내용이 나오는 경우라면 암기하고 있는 일반이론 중에서 가장 유사한 부분으로 변환하는 연습을 해야 합니다. 부동산가격지수는 일종의 가격정보를 제공해준다는 점에서 사실상 감정평가의 필요성 및 기능과 유사하다고 볼 수 있습니다. 따라서 해당 내용을 활용하면서 부동산가격지수라는 점을 반영하면 됩니다.

『물음 2』는 통계적 평가방법과 관련한 내용입니다. 특성가격모형은 익숙하신 개념이지만, 반복매매모형은 생소한 개념일 수 있습니다. 다만, 문제를 푸는 과정에서 두 개의 개념이 함께 나왔다면 서로 대비되는 개념일 가능성이 크기 때문에 이러한 점을 고려해서 답안을 채워주는 것이 필요합니다.

2 예시답안 목차

Ⅰ. 서

Ⅱ. 『물음 1』

1. 부동산가격지수의 필요성
   1) 합리적 시장 결여
   2) 부동산 가치형성의 복잡성
2. 부동산가격지수의 기능
   1) 부동산 의사결정의 판단기준 제시
   2) 적정한 가격형성 유도

Ⅲ. 『물음 2』

1. 특성가격모형과 반복매매모형의 원리
   1) 특성가격모형의 의의 및 원리
   2) 반복매매모형의 의의 및 원리

2. 각각의 장점 및 단점

1) 특성가격모형의 장점 및 단점

2) 반복매매모형의 장점 및 단점

Ⅳ. 결

3 예시답안

Ⅰ. 서

부동산가격지수는 부동산시장을 나타낼 수 있는 지표로서 일종의 통계치에 해당한다고 볼 수 있다. 시장거래가 활발해지고 다양한 거래유형이 발생함에 따라 시장상황을 파악하는 다양한 지표가 필요할 수 있다. 부동산가격지수 역시 이러한 기능을 수행할 수 있는바 이하 물음에 답한다.

Ⅱ. 『물음 1』

1. 부동산가격지수의 필요성

1) 합리적 시장 결여

부동산시장은 구체적, 합리적 시장이 결여되어 적정가격의 식별이 용이하지 않고 왜곡된 가격이 도출될 수 있는바 적정가격을 파악하기 위하여 부동산가격지수가 필요하다.

2) 부동산 가치형성의 복잡성

부동산가격은 가치형성요인이 복잡 다양하고 항상 변동의 과정에 있으며 부동산의 고정성으로 복잡한 법적 제한을 받는바, 적정가격의 파악을 위하여 부동산가격지수가 필요하다.

2. 부동산가격지수의 기능

1) 부동산 의사결정의 판단기준 제시

부동산가격지수는 시장참가자들에게 의사결정의 판단기준을 제시할 수 있다. 특히 구매・투자・금융 등의 의사결정에 있어서 부동산가격지수는 분석기준이 될 수 있다.

2) 적정한 가격형성 유도

부동산가격지수는 일종의 판단기준을 제시함으로써 비정상적인 가격형성을 억제하고 적정한 가격의 형성을 유도하며, 이 가격은 부동산가격 상승의 억제기능을 담당할 수 있다.

Ⅲ. 『물음 2』

1. 특성가격모형과 반복매매모형의 원리

1) 특성가격모형의 의의 및 원리

통계적 관점에서 독립변수와 종속변수 사이의 상호관계성을 찾아 이를 일반화시키는 계량적 분석기법이다. 이러한 특성가격모형은 재화의 가격이 해당 재화에 내포되어 있는 여러 특성에 의해 결정된다는 것을 원리로 한다.

2) 반복매매모형의 의의 및 원리

반복매매모형은 헤도닉 가격모형의 변형으로 동일한 부동산에 대한 시점별 가격자료를 이용하는 방법이다. 부동산의 속성변수들이 변화하지 않고 고정되어 있다는 원리하에 가격지수를 산출한다.

2. 각각의 장점 및 단점

1) 특성가격모형의 장점 및 단점

특성가격모형은 평가사의 주관을 배제하고 객관적인 가치평가를 할 수 있다. 또한, 많은 자료를 기반으로 하므로 설득력이 있고 대량의 부동산을 평가하는 경우 신속하고 공정하게 할 수 있다는 장점이 있다. 반면, 부동산의 수많은 가치형성요인들의 영향을 제대로 반영하기 어렵고, 전문가적인 판단과 경험이 반영되지 않아 결론이 왜곡될 수 있다는 단점이 있다.

2) 반복매매모형의 장점 및 단점

반복매매모형은 지수산출이 용이하고 자료요구량이 많지 않아 자료수집에 있어 시간과 노력이 절감된다는 장점이 있다. 다만, 반복매매된 부동산만을 대상으로 하여 표본 확보에 한계가 있다는 단점이 있다.

Ⅳ. 결

부동산가격지수는 일종의 통계치로서 부동산시장 상황을 파악하는 유용한 자료로 활용될 수 있다. 또한, 전통적인 3방식 이외의 특성가격모형과 반복매매모형과 같은 통계방식 역시 경제적 가치를 추계하는 방법 중 하나로 활용될 수 있다. 정확한 시장가치 추계를 위하여 다양한 평가방식의 필요성이 인정된다.

03 **향후 전자제품을 개발 · 생산 · 판매하기 위하여 설립된 비상장 영리법인인 A기업은 설립 후 자본금 전액을 기술개발에 지출하여 해당 금액을 무형자산으로 계상하였다(다른 자산 부채는 없음). 해당 기업의 주식가치를 평가하고자 한다. 적합한 평가방법 및 근거를 구체적으로 설명하고 장 · 단점을 설명하시오.** 20점

1 기출문제 논점분석

해당 문제는 주식에 대한 감정평가방법을 물어보고 있으므로, 우선적으로 상장주식인지 또는 비상장주식인지에 대한 판단이 필요합니다. 또한, 감정평가 각론과 관련된 문제가 기출되는 경우에는 해당 감정평가방법뿐만 아니라, 유의사항 및 장단점에 대한 암기는 철저히 되어 있어야 합니다. 또한, 항상 특정한 사실관계가 제시되기 때문에 어떤 전제조건이 있는지도 확인하는 것이 좋습니다.

2 예시답안 목차

Ⅰ. 서

Ⅱ. 적합한 평가방법 및 근거

1. 비상장주식의 의의
2. 비상장주식의 평가방법
   1) 순자산가치법
   2) 주당가치를 직접 산정할 수 있는 경우
3. 적합한 평가방법 및 근거

Ⅲ. 적합한 평가방법의 장 · 단점

1. 순자산가치법의 장점
   1) 자산반영에 우수
   2) 재무제표 반영
2. 순자산가치법의 단점
   1) 수익산정 시 오류 가능성
   2) 신규기업의 적용 가능성

Ⅳ. 결

3 예시답안

Ⅰ. 서

비상장주식의 감정평가는 상장주식의 감정평가보다 복잡하고 어렵기 때문에 많은 문제가 발생한다. 거래소에 상장된 주식은 거래된 가격이 객관적으로 이용될 수 있는 데 비해 비상장주식은 이와 같은 객관적 자료가 없기 때문이다. 이하에서는, 이러한 비상장주식과 관련한 물음에 답한다.

Ⅱ. 적합한 평가방법 및 근거

1. 비상장주식의 의의

비상장주식은 자본시장과 금융투자업에 관한 법률에서 규정하고 있는 주권상장법인을 제외한 법인의 주권을 의미한다. 일반적으로는 거래소에 상장되지 아니한 법인의 주권을 의미한다.

2. 비상장주식의 평가방법

1) 순자산가치법

해당 회사의 자산, 부채 및 자본항목을 기준시점 현재의 가액으로 평가하여 수정재무상태표를 작성한 후, 자산총계에서 부채총계를 공제한 기업체의 자기자본가치를 발행주식수로 나누어 비상장주식의 주당가액을 평가하는 방법이다. 이때 기업가치는 수익환원법, 거래사례비교법, 원가법을 적용하여 산정할 수 있다.

2) 주당가치를 직접 산정할 수 있는 경우

대상 주식의 거래가격이나 시세 또는 시장배수 등을 파악할 수 있는 경우에는 기업가치의 산정 과정을 거치지 않고, 비상장주식의 가치를 직접 산정할 수 있다.

3. 적합한 평가방법 및 근거

영리법인인 A기업은 전자제품을 개발・생산・판매하여 수익 발생을 목적으로 하고 있다는 특징을 가지고 있다. 대상물건의 특수성을 고려했을 때 비슷한 사례선정에 어려움이 있어 이와 유사한 시세 또는 시장배수를 고려하는 비교방식은 적용이 어렵다고 보인다. 따라서 수익성을 반영할 수 있는 순자산가치법의 적용이 타당하며, 향후 영업활동을 고려하여 기업가치는 수익환원법 적용이 가능하다.

Ⅲ. 적합한 평가방법의 장・단점

1. 순자산가치법의 장점

1) 자산반영에 우수

순자산가치법은 개별자산을 고려하기 때문에 기업체가 보유한 자산 반영에 있어 유용하다. 즉, 해당 기업체가 보유하고 있는 무형자산뿐만 아니라, 향후 전자제품 판매 활동을 영위하면서 얻게 되는 개별자산을 가치에 직접 반영할 수 있다는 장점이 있다.

2) 재무제표 반영

순자산가치법은 기업의 재무제표를 기초로 평가가 이루어지기 때문에 회계적 측면도 반영할 수 있다. 즉, 기업활동과 연관성이 높은 재무제표를 감정평가 과정에 있어 고려함으로써 현실성 있는 가치를 산정할 수 있다는 장점이 있다.

2. 순자산가치법의 단점

1) 수익산정 시 오류 가능성

기업가치를 산정하는 과정에서 향후 기업상황을 예측하기가 어렵고, 시장상황의 변동성이 일반재화보다 크기 때문에 현금흐름이나 환원율을 산정하는 과정에서 오류발생가능성이 높다. 즉, 기업의 특성으로 인해 오류가 발생하여 가치산정에 어려움이 있다는 단점이 있다.

2) 신규기업의 적용 가능성

설립된지 얼마 되지 않은 신규기업의 경우 안정적인 매출이 확보되지 않아 기업가치를 수익환원법으로 평가하기 어렵다. 사안과 같이 설립된지 얼마 안 된 기업의 경우는 향후 전자제품의 판매에 따른 안정적인 수익을 판단하는 데 어려움이 있다는 단점이 있다.

Ⅳ. 결

비상장주식은 다양한 이해관계가 얽혀 있으며, 첨예한 대립이 발생할 수 있기 때문에 더욱 더 정확한 가치 판정이 필요하다. 따라서 감정평가 시에는 대상물건의 특성을 파악하여 적절한 평가방법을 적용할 수 있도록 유의해야 한다.

04 **'부동산 가격공시 및 감정평가에 관한 법률'의 표준지공시지가를 기준으로 평가한 보상평가가격과 적정가격, 실거래가격과의 관계를 설명하시오.** 10점

1 기출문제 논점분석

A와 B의 관계를 물어보는 문제유형입니다. 원칙적으로는 A와 B 각각을 세분화하는 방식으로의 접근이 타당하나, 사안은 특정한 가치(또는 가격)와 가치 사이의 관계를 물어보는 문제유형이기 때문에 별도의 방식으로 접근이 필요합니다. 기본서에 있는 전형적인 내용인 시장가치와 공정가치 또는 투자가치와의 비교와 관련된 목차를 활용하면 됩니다. 만일, 해당 내용에서 활용할 만한 부분이 없는 경우라면 전체적인 체계도 중 감정평가 각론과 관련된 부분을 활용하면 됩니다.

2 예시답안 목차

Ⅰ. 서

Ⅱ. 각 가격의 개념

Ⅲ. 각 가격의 관계

1. 보상평가가격과 적정가격의 관계
   1) 적정가격 기준 측면의 관계
   2) 적용분야 측면의 관계
2. 보상평가가격과 실거래가격의 관계
   1) 그 밖의 요인 보정 측면의 관계
   2) 객관적인 성격
3. 적정가격과 실거래가격의 관계
   1) 실거래가격 반영 측면의 관계
   2) 가치의 3면성 반영 측면의 관계

3 예시답안

Ⅰ. 서

가치다원론이란 가치가 사용되는 상황이나 용도, 바라보는 관점에 따라 개념이 다양하다고 보는 것을 말한다. 보상평가가격과 적정가격 및 실거래가격은 서로 상이한 개념이지만, 일정한 관계를 지닌다고 볼 수 있다. 이하, 각 가격의 개념과 관계에 대해 설명하고자 한다.

Ⅱ. 각 가격의 개념

보상평가가격이란 공공의 필요에 따른 적법한 행정상의 공권력 행사로 인하여 재산에 가하여진 특별한 희생에 대하여 공평부담의 견지에서 행정주체가 행하는 보상의 기준이 되는 개념이다. 적정가격은 토지, 주택 및 비주거용 부동산에 대하여 통상적인 시장에서 정상적인 거래가 이루어지는 경우 성립될 가능성이 가장 높다고 인정되는 가격을 말한다. 실거래가격은 교환거래에서 매수자와 매도자가 상호 합의한 거래금액을 의미한다.

Ⅲ. 각 가격의 관계

1. 보상평가가격과 적정가격의 관계

1) 적정가격 기준 측면의 관계

토지보상법 제70조에서는 협의나 재결에 의하여 취득하는 토지에 대하여는 '부동산 가격공시에 관한 법률'에 따른 공시지가를 기준으로 하여 보상한다고 규정하고 있다. 즉, 보상평가가격은 적정가격을 기준으로 하여 산정한다는 절차적인 측면에서 관계가 있다.

2) 적용분야 측면의 관계

보상평가가격은 일반적으로 수용에 따른 보상금 산정 시에 적용되는 개념으로 '정당보상'에 목적이 있다. 적정가격은 조세부과를 위한 세금 산정 시에 적용되는 개념으로 '과세의 형평성'에 목적이 있다는 관계가 있다.

2. 보상평가가격과 실거래가격의 관계

1) 그 밖의 요인 보정 측면의 관계

토지보상법 제70조에서는 지역요인과 개별요인 이외에 토지의 위치・형상・환경・이용상황 등을 고려하여 평가한 적정가격으로 보상하여야 한다고 규정하고 있다. 이는 그 밖의 요인 보정 절차로 보상선례 및 실거래가격을 고려하여 산정한다. 즉, 보상평가가격은 그 밖의 요인 보정 절차에서 실거래가격을 활용한다는 관계가 있다.

2) 객관적인 성격

보상평가가격의 경우는 『헌법』 제23조의 정당보상을 실현하기 위하여 피침해재산의 객관적인 범위를 보상해야 하며 『토지보상법』 제70조에서도 주관적인 상황을 배제하도록 규정하고 있으므로 객관적인 성격을 지닌다. 반면 실거래가격의 경우에는 정보의 비공개성 등으로 인하여 사정이 개입될 수 있으므로 주관적인 성격을 지닌다는 관계가 있다.

3. 적정가격과 실거래가격의 관계

1) 실거래가격 반영 측면의 관계

표준지의 적정가격을 조사・평가할 때에는 인근지역 및 동일수급권 안의 유사지역에 있는 거래사례나 분양사례 등을 고려하도록 하고 있다. 즉, 실거래가격은 적정가격 평가 시에 고려되는 자료라는 점에서 관계가 있다.

2) 가치의 3면성 반영 측면의 관계

적정가격은 시장성・비용성・수익성을 종합 고려하여 결정되는 개념으로 가치의 3면성을 반영하였다는 성격을 지닌다. 반면, 실거래가격은 시장에서 수요자와 공급자에 의해 결정된 개념으로 가치의 3면성 중에서 시장성 중심의 개념이라는 관계가 있다.

Chapter 18

제18회 기출문제 답안

01 **개별 부동산을 평가함에 있어 통계적 평가방법에 의한 가격이 전통적인 감정평가 3방식에 의한 가격보다 정상가격(시장가치)과의 차이가 크게 나타날 가능성이 있다. 그 이유를 설명하시오.** 30점

1 기출문제 논점분석

통계적 평가방법은 결국 전통적인 3방식에 비해 정확한 시장가치를 추계하기 어렵다는 관점의 문제입니다. 만일 암기된 내용이 없다면 감정평가이론의 전체적인 체계도를 활용하여 감정평가 각론의 통계적 평가방법의 절차부터 활용하는 것이 필요합니다.

2 예시답안 목차

Ⅰ. 서

Ⅱ. 통계적 평가방법과 감정평가 3방식

1. 통계적 평가방법의 의의
2. 감정평가 3방식의 의의

Ⅲ. 통계적 평가방법이 시장가치와 차이가 크게 나타날 수 있는 이유

1. 시장가치의 의의
2. 시장가치와 차이가 크게 나타날 수 있는 이유
   1) 통계모형 자체의 설정 절차의 오류 가능성 측면
   2) 대상부동산의 개별적인 특성 측면
   3) 가치형성과정의 개별성 및 복잡성 측면
   4) 가치의 3면성과 감정평가 3방식의 적용 측면
   5) 감정평가 목적에 따른 감정평가액의 조정 가능성 측면

Ⅳ. 결

3 예시답안

Ⅰ. 서

전통적인 3방식에서 발전하여 통계적 모형과 같은 다양한 평가방법에 대한 필요성이 증가하고 있다. 다만, 통계적 평가방법의 경우에는 기존의 3방식에 비하여 일정한 한계가 존재할 수 있으며 그로 인해 정확한 시장가치 추계에 어려움이 발생하게 된다. 이하, 이와 관련한 물음에 답한다.

Ⅱ. 통계적 평가방법과 감정평가 3방식

1. 통계적 평가방법의 의의

통계적 평가방법이란 다양한 수학적 통계모형을 활용하여 부동산의 경제적 가치를 추계하는 방법을 말한다. 대표적으로 HPM과 같이 다양한 독립변수를 설정하고 변수들 사이의 상관관계를 설정하여 가치를 추계하는 방법이 있다.

2. 감정평가 3방식의 의의

감정평가 3방식에는 원가방식, 비교방식, 수익방식이 있다. 이때 원가방식이란 원가법 및 적산법 등 비용성의 원리에 기초한 감정평가방식을 의미하며, 비교방식이란 거래사례비교법, 임대사례비교법 등 시장성의 원리에 기초한 감정평가방식 및 공시지가기준법, 수익방식이란 수익환원법 및 수익분석법 등 수익성의 원리에 기초한 감정평가방식을 의미한다.

Ⅲ. 통계적 평가방법이 시장가치와 차이가 크게 나타날 수 있는 이유

1. 시장가치의 의의

시장가치란 감정평가의 대상이 된 토지 등이 통상적인 시장에서 충분한 기간 동안 거래를 위해 공개된 후 그 대상물건의 내용에 정통한 당사자 사이에 신중하고 자발적인 거래가 있을 경우 성립될 가능성이 가장 높다고 인정되는 대상물건의 가액을 말한다.

2. 시장가치와 차이가 크게 나타날 수 있는 이유

1) 통계모형 자체의 설정 절차의 오류 가능성 측면

통계적인 평가방법은 통계모형을 설정하는 과정에 있어 오류 가능성이 존재한다. 예를 들어, HPM에서는 다양한 변수의 설정을 통해 산식을 도출하는 과정에서 오류 가능성이 존재한다. 따라서 이러한 통계모형 자체의 한계로 인해 시장가치와 차이가 크게 나타날 가능성이 있다.

2) 대상부동산의 개별적인 특성 측면

감정평가의 대상이 되는 토지 등은 개별성이 큰 재화에 해당한다. 따라서 개별적인 상황에 따른 대상물건의 특성 반영이 필요하다. 하지만 통계적 평가방법의 경우에는 기존의 통계수치 등을 활용하는 것이기 때문에 이러한 개별성 반영이 미흡하다. 따라서 이로 인해 시장가치와 차이가 크게 나타날 가능성이 있다.

3) 가치형성과정의 개별성 및 복잡성 측면

대상물건의 경제적 가치에는 다양한 가치형성요인이 영향을 미치며, 서로 영향을 주고받는다. 이러한 가치형성과정의 복잡성으로 인해 감정평가 시에는 개별적인 가치형성요인에 대한 파악이 필요하다. 하지만 통계적 평가방법의 경우에는 다양한 가치형성요인 반영에 어려움이 존재하며, 각각의 상관관계를 파악하는 데도 문제가 발생할 수 있는 바, 시장가치와 차이가 크게 나타날 가능성이 있다.

4) 가치의 3면성과 감정평가 3방식의 적용 측면

대상물건의 경제적 가치는 비용성, 수익성, 시장성에 따른 가치의 3면성을 통해 형성되게 된다. 따라서 감정평가방법 적용 시에도 이러한 점을 고려하여 3방식의 병용에 대한 필요성이 인정된다. 하지만 통계적 평가방법의 경우에는 사실상 통계자료를 활용하는 방식으로 시장성의 원리에 한정되기 때문에 가치의 3면성을 반영하기 어렵다는 점에서 시장가치와 차이가 크게 나타날 가능성이 있다.

5) 감정평가 목적에 따른 감정평가액의 조정 가능성 측면

감정평가 결과인 시장가치는 감정평가의 목적에 따라 달라질 수 있다. 즉, 동일한 물건이라도 담보목적의 감정평가와 보상목적의 감정평가의 결과는 달라질 수 있다. 하지만 통계적 평가방법의 경우에는 유사한 사례를 활용하는 것이기 때문에 동일한 물건이라고 하더라도 목적에 따른 감정평가액의 조정이 어려워 시장가치와 차이가 크게 나타날 가능성이 있다.

Ⅳ. 결

통계적 평가방법의 경우에는 다양한 자료를 빠른 시간 안에 처리할 수 있다는 점에서 그 유용성을 인정받고 있다. 하지만 통계적 평가방법 모형 자체의 한계와 시장상황 반영 측면에서 있어서 문제점으로 인해 주된 평가방법보다는 전통적인 3방식에 있어 적절성을 검증하는 방식으로의 활용이 필요하다.

02 **「부동산 가격공시 및 감정평가에 관한 법률」에 의한 표준지공시지가와 표준주택가격의 같은 점과 다른 점을 설명하시오.** 20점

1 기출문제 논점분석

A와 B의 공통점과 차이점을 묻는 유형입니다. 공통점의 경우는 거시적인 측면에서부터 찾는 것이 유리하기 때문에 감정평가 개론 단원부터 찾는 것이 좋습니다. 반면, 차이점의 경우에는 미시적인 측면에서부터 찾는 것이 유리하기 때문에 감정평가 각론 단원부터 관련 내용을 찾아야 합니다.

2 예시답안 목차

Ⅰ. 서

Ⅱ. 표준지공시지가와 표준주택가격의 개념

1. 표준지공시지가의 개념
2. 표준주택가격의 개념

Ⅲ. 표준지공시지가와 표준주택가격의 같은 점

1. 정책가격의 성격 측면
2. 가치의 3면성 반영 측면
3. 기능적인 측면

Ⅳ. 표준지공시지가와 표준주택가격의 다른 점

1. 평가대상 측면
2. 평가주체 측면
3. 평가방법 측면

Ⅴ. 결

3 예시답안

Ⅰ. 서

부동산공시법에서는 과세 목적을 위해 표준지공시지가와 표준주택가격에 대해 규정하고 있다. 이하에서는 양자의 개념이 어떤 점에서 같고 어떤 점에서 다른지에 대해 설명하고자 한다.

Ⅱ. 표준지공시지가와 표준주택가격의 개념

1. 표준지공시지가의 개념

표준지공시지가란 토지이용상황이나 주변 환경, 그 밖의 자연적 · 사회적 조건이 일반적으로 유사하다고 인정되는 일단의 토지 중에서 선정한 표준지에 대한 매년 공시기준일 현재의 단위면적당 적정가격을 말한다.

2. 표준주택가격의 개념

표준주택가격이란 용도지역, 건물구조 등이 일반적으로 유사하다고 인정되는 일단의 단독주택 중에서 선정한 표준주택에 대한 매년 공시기준일 현재의 적정가격을 말한다.

Ⅲ. 표준지공시지가와 표준주택가격의 같은 점

1. 정책가격의 성격 측면

표준지공시지가와 표준주택가격은 모두 부동산의 적정한 가격형성과 각종 조세 · 부담금 등의 형평성을 도모하고 국민경제의 발전에 이바지함을 목적으로 한다. 즉, 정책의 목적을 달성하기 위한 개념이라는 점에서 정책가격의 성격을 지닌다는 공통점이 있다.

2. 가치의 3면성 반영 측면

표준지공시지가와 표준주택가격 모두 산정 과정에서 유사 물건의 거래가격 · 임대료 · 조성비용을 고려하도록 규정하고 있다. 따라서 각 개념은 모두 시장성 · 수익성 · 비용성과 같은 가치의 3면성을 반영한 개념이라는 공통점이 있다.

3. 기능적인 측면

부동산시장은 불완전시장이므로 표준지공시지가와 표준주택가격은 적정가격으로서 균형가격의 역할을 대신하여 자원분배와 수급조정기능을 수행한다. 즉, 각 개념은 모두 가격의 기능적인 측면을 수행한다는 점에서 공통점이 있다.

Ⅳ. 표준지공시지가와 표준주택가격의 다른 점

1. 평가대상 측면

표준지공시지가의 경우는 토지만을 대상으로 하지만, 표준주택가격의 경우는 토지뿐만 아니라 지상 위 주거용 건축물도 같이 평가하게 된다. 즉, 평가대상 측면에서 토지와 복합부동산이라는 차이점이 있다.

2. 평가주체 측면

표준지공시지가는 둘 이상의 감정평가법인등에 의하여 토지의 적정가격을 조사 · 평가하나, 표준주택가격은 한국부동산원에 의해 단독주택의 적정가격을 조사 · 산정한다. 즉, 평가주체에 있어 감정평가법인등과 한국부동산원이라는 차이점이 있다.

3. 평가방법 측면

표준지공시지가는 실제 이용상황을 기준으로 해당 정착물 또는 권리가 존재하지 아니하는 나지로 상정해 적정가격을 평가한다. 반면, 표준주택가격은 지상 위 정착물을 고려하여 산정한다는 점에서 차이점이 있다.

Ⅴ. 결

표준지공시지가와 표준주택가격은 모두 과세의 형평성을 위한 것으로 그 가격의 정확성이 중요하다. 특히 감정평가사는 표준지공시지가의 조사평가를 담당하기 때문에 직업윤리 의식에 대한 중요성이 더욱 요구된다고 판단된다.

03 **다음 사항을 약술하시오.** 30점

1) 공적평가에서 복수평가의 필요성 10점

2) 동적 DCF분석법과 정적 DCF분석법의 비교 10점

3) 건부증가와 건부감가의 성립논리 10점

1 기출문제 논점분석

『물음 1』은 복수평가의 필요성을 묻는 내용으로 암기된 내용을 활용해도 무방하나, 만일 처음 보는 논점이라면 체계도를 활용하는 것이 필요합니다. 특히 "공적"평가라고 제시되었기 때문에 이와 관련한 구체적인 목적인 보상이나 과세산정을 설명하는 것도 좋습니다.

『물음 2』는 정적 DCF와 동적 DCF의 비교를 묻는 문제이기 때문에 기본적으로는 공통점과 차이점으로 나누는 것이 좋습니다. 이때 공통점은 감정평가 개론부터, 차이점은 감정평가 각론부터 찾는 것이 유리합니다. 특히 양자의 차이점은 현금흐름의 변동성 및 적용되는 할인율의 성격과 관련한 차이점이 있다는 점을 누락하면 안 됩니다.

『물음 3』은 건부증가와 건부감가와 관련된 내용으로 대표적으로 비적법이용에서 건부증가가 발생하며, 철거가 타당한 상황에서 건부감가와 관련된 상황이 발생합니다. 특히 양자는 건축물이 존재하는 부지에 대해서만 발생하는 개념이라는 점을 유의하기 바랍니다.

2 예시답안 목차

Ⅰ. **『물음 1』**

1. 공적평가의 목적 측면
2. 부동산의 사회성 · 공공성 측면
3. 가치형성요인의 특성 측면
4. 부동산시장의 불완전성 측면

Ⅱ. **『물음 2』**

1. 동적 DCF분석법과 정적 DCF분석법의 공통점
   1) 예측 · 변동의 원칙 반영
   2) 수익성의 반영
2. 동적 DCF분석법과 정적 DCF분석법의 차이점
   1) 현금흐름의 불확실성
   2) 할인율의 위험

Ⅲ. 『물음 3』

1. 건부증가의 성립논리

1) 건부증가의 의의

2) 건부증가의 성립논리

2. 건부감가의 성립논리

1) 건부감가의 의의

2) 건부감가의 성립논리

3 예시답안

Ⅰ. 『물음 1』

1. 공적평가의 목적 측면

감정평가는 과세 · 보상과 같은 공적평가의 업무를 수행한다. 이때 과세는 적정가격의 형성과 과세의 형평성을 목적으로 하며, 보상의 경우는 완전보상을 의미하는 정당한 보상액을 산정하는 것을 목적으로 한다. 즉, 공정성이 필요한 공적평가의 목적 측면에서 객관성을 확보하기 위해 복수평가가 필요하다.

2. 부동산의 사회성 · 공공성 측면

부동산은 그 자체로서 사회 전반적으로 미치는 영향력이 큰 사회성 · 공공성이 있는 재화이다. 즉, 부동산의 특성 자체가 사회성 · 공공성을 지니는 재화이기 때문에, 사회에 미치는 영향을 고려하여 복수평가가 필요하다.

3. 가치형성요인의 특성 측면

부동산의 가치는 다양한 가치형성요인의 영향을 받아 형성되지만, 그 과정이 복잡하며, 변동성도 크기 때문에 단독으로는 파악하기가 어렵다. 공적평가에 있어서 객관성과 정확성이 필요하다는 점을 고려한다면, 이러한 복잡하며 변동성이 큰 가치형성요인을 분석하기 위해서는 복수평가가 필요하다.

4. 부동산시장의 불완전성 측면

부동산시장은 거래되는 부동산의 개별성과 같은 특성으로 거래가 비공개되거나 사정이 개입된 거래가 발생하여 불완전한 시장의 특징을 지닌다. 공적평가의 목적을 고려한다면, 이러한 시장을 분석하는 과정에서 공정성을 확보하기 위해 복수평가가 필요하다.

Ⅱ. 『물음 2』

1. 동적 DCF분석법과 정적 DCF분석법의 공통점

1) 예측 · 변동의 원칙 반영

예측 · 변동의 원칙이란 향후 대상물건의 이용상황 및 변동하는 시장상황을 반영하여 평가해야 한다는 것을 의미한다. 동적 DCF와 정적 DCF 모두 매기 현금흐름 및 기말복귀가액과 자본환원율 산정에 있어서 변동성을 예측하고 반영한다는 점에서 공통점이 있다.

2) 수익성의 반영

동적 DCF와 정적 DCF 모두 할인현금흐름분석법의 일종으로, 임대료와 같이 수익이 발생하는 부동산의 평가에 적합한 방법이다. 즉, 각 방법은 모두 대상부동산의 수익성을 반영한 평가방법이라는 공통점이 있다.

2. 동적 DCF분석법과 정적 DCF분석법의 차이점

1) 현금흐름의 불확실성

정적 DCF는 미래현금흐름을 현재가치로 평가하는 방식으로, 불확실성에 의한 현금흐름의 변동위험에 관하여는 충분히 반영하지 못하는 취약성이 있다. 반면, 동적 DCF는 현재가치를 산정하는 과정의 변수를 확률변수로 인식하고 다양한 통계기법을 활용하여 현금흐름 자체의 불확실성을 고려한다는 차이점이 있다.

2) 할인율의 위험

정적 DCF에서는 위험을 매기 현금흐름과 기말복귀가액 및 할인율에 반영하며, 동적 DCF에서는 현금흐름과 기말복귀가액에 반영한다. 즉, 정적 DCF에서는 리스크 프리미엄을 가산한 할인율이 활용되지만, 동적 DCF법에서는 기본적으로 무위험이자율이 활용된다는 차이점이 있다.

Ⅲ. 『물음 3』

1. 건부증가의 성립논리

1) 건부증가의 의의

건부증가란 토지가격이 나지일 때보다 건부지가 되었을 때 더 높아지는 경우를 의미한다. 이는 지상 위 건축물이 존재하는 건부지인 경우에 발생하며, 가치가 높아지는 이유는 건물로 인해 발생하는 것이다.

2) 건부증가의 성립논리

건부증가는 비적법이용인 경우에 발생한다. 즉, 지상 위 건축물이 현재 건축법 등 관련 규정에는 부합하지 않지만, 기득권을 인정받아 현재 이용을 유지할 수 있는 경우에 건축물로 인하여 가치상승현상이 생기는데 이러한 기득권이 건부증가의 성립논리가 된다.

2. 건부감가의 성립논리

1) 건부감가의 의의

건부감가란 토지라도 나지상태일 때가 가격이 더 높고 건부지가 되면 가격이 낮아지는 것을 말한다. 일반적으로 건부감가는 지상 위 건축물의 철거비로 측정된다.

2) 건부감가의 성립논리

건부감가는 지상 위 건축물이 더 이상 토지에 기여하는 공헌도가 없는 경우에 발생한다. 즉, 건축물이 오히려 토지 가치에 (−) 기여도를 공헌하고 있는 경우 발생하며, 지상 위 건축물이 철거가 타당한 경우에 건부감가가 성립한다.

Chapter 19

제17회 기출문제 답안

01 **부동산 감정평가에서 부동산의 종류는 종별과 유형의 복합개념이다. 이와 관련하여 다음 사항을 논하시오.** 30점

1) 부동산의 종별 및 유형의 개념과 분류 목적 10점

2) 종별 및 유형에 따른 가치형성요인의 분석 10점

3) 종별 및 유형에 따른 감정평가 시 유의하여야 할 사항 10점

1 기출문제 논점분석

『물음 1』은 일본기준과 관련된 내용입니다. 특히 분류 목적과 관련해서 부동산의 특성을 다양하게 분류하는 이유는 최종적인 경제적 가치에 영향을 미치기 때문입니다. 즉, 부동산의 특성은 시장가치를 추계하는 감정평가와 관련하여 전체적인 절차에 영향을 미치므로 중요하다는 점을 기억해두는 것이 좋습니다.

『물음 2』는 가치형성요인의 분석과 관련된 내용이므로 지역분석과 개별분석을 생각하여야 합니다. 특히 종별은 용도적인 측면에서 지역성과 관련되며, 유형은 개별성과 관련된다는 점을 기억하면 그에 따른 가치형성요인의 분석과 연결이 용이합니다.

『물음 3』은 감정평가 시 유의사항과 관련된 내용입니다. 부동산의 특성을 다양하게 분류하는 이유는 결국 감정평가 과정에 영향을 미치기 때문이므로, 감정평가 시 유의사항과 관련되게 됩니다. 특히 감정평가 시 유의사항은 단순히 감정평가 3방식이 아닌 전체적인 감정평가로서 경제적 가치를 판정하는 과정을 보여주어야 합니다.

2 예시답안 목차

Ⅰ. 서

Ⅱ. 『물음 1』

1. 부동산의 종별 및 유형의 개념
   1) 종별의 개념
   2) 유형의 개념
2. 부동산의 종별 및 유형의 분류 목적
   1) 부동산의 특성에 따른 분류
   2) 정확한 경제적 가치 판정을 위한 분류

Ⅲ. 『물음 2』

1. 종별에 따른 지역분석

1) 지역분석의 의의

2) 부동산의 종별과 지역분석

2. 유형에 따른 개별분석

1) 개별분석의 의의

2) 부동산의 유형과 개별분석

Ⅳ. 『물음 3』

1. 대상물건의 확정 시 유의사항

2. 가격제원칙 적용 시 유의사항

3. 지역 및 개별분석 시 유의사항

4. 감정평가방법 적용 시 유의사항

5. 시산가액 조정 시 유의사항

Ⅴ. 결

3 예시답안

Ⅰ. 서

종별이란 부동산의 용도에 따른 부동산의 분류로서 지역종별과 토지종별로 구별된다. 유형이란 부동산 이용의 행태에 따라 구분되는 부동산의 분류를 의미한다. 이는 감정평가의 절차와 관련하여 일정한 영향을 미치는바, 이에 대한 이해는 중요하다. 이하, 물음에 답한다.

Ⅱ. 『물음 1』

1. 부동산의 종별 및 유형의 개념

1) 종별의 개념

부동산의 종별이란 부동산의 용도에 따라 구분되는 부동산의 분류를 말한다. 이는 지역의 용도에 따른 분류인 지역종별과 해당 토지의 용도에 따른 토지종별로 구분된다.

2) 유형의 개념

유형이란 대상물건의 유형적 이용 및 권리관계의 태양에 따라 구분되는 부동산의 분류를 말한다. 건물 및 그 부지의 유형은 자용의 건물 및 그 부지, 임차권이 설정된 건물 및 그 부지 등으로 구분된다.

2. 부동산의 종별 및 유형의 분류 목적

1) 부동산의 특성에 따른 분류

부동산은 고정성이 있는 재화로 그 지역의 영향을 받게 되며, 개별성이 있는 재화이기 때문에 각각의 부동산마다 그 특성이 다르다. 따라서 고정성 및 지역성의 특성을 반영한 종별과 개별성의 특성을 반영한 유형으로 분류한 목적이 있다.

2) 정확한 경제적 가치 판정을 위한 분류

감정평가는 대상물건의 특성을 반영하여 정확한 경제적 가치인 시장가치를 추계하는 것을 목적으로 한다. 이에 따라, 정확한 가치 판정을 위해 부동산은 특성에 따라 종별과 유형으로 분류한 목적이 있다.

Ⅲ.『물음 2』

1. 종별에 따른 지역분석

1) 지역분석의 의의

지역분석이란 대상부동산의 가격형성에 전반적 영향을 미치는 지역요인을 분석하여 표준적 사용, 장래의 동향을 파악하여 최유효이용의 판정방향을 제시하는 등 가격수준을 판정하는 감정평가 작업이다.

2) 부동산의 종별과 지역분석

지역분석은 인근지역, 유사지역, 동일수급권으로 지역의 범위를 한정하여 지역분석의 대상지역에서 부동산의 종별에 따라 택지지역, 농지지역, 임지지역 등으로 구분하여 분석함으로써 가격수준 파악의 정도가 높아진다. 즉, 종별에 따라 표준적 이용 및 가격수준을 파악한다.

2. 유형에 따른 개별분석

1) 개별분석의 의의

개별분석이란 대상부동산의 구체적 가격형성에 영향을 미치는 개별적 요인을 분석하여 최유효이용판정과 구체적 가격을 파악하는 감정평가상 작업이다.

2) 부동산의 유형과 개별분석

개별분석도 대상부동산의 구체적 이용형태와 권리태양을 개별적으로 분석하는 것인 만큼 부동산의 유형으로 접근함이 합리적이다. 즉, 대상부동산이 토지인지 복합부동산인지 그에 따른 기타 권리설정 여부 등으로 나누어 구체적 가격에 접근해 나아가게 된다.

Ⅳ.『물음 3』

1. 대상물건의 확정 시 유의사항

종별의 판단 시 등기부상 지목, 도시관리계획상 지정된 용도지역 등에 좌우되는 것이 아니라 평가주체가 사회적, 경제적, 행정적 관점에서 합리적으로 판단해야 한다. 또한, 유형의 판단 시 권리관계는 표면상 잘 드러나지 않는 경우가 많으므로 임장활동을 통해 물적, 법적 사실관계를 파악해야 한다.

2. 가격제원칙 적용 시 유의사항

종별은 지역적 관점에 따른 분류이므로 외부적 측면의 가격제원칙과, 유형은 개별부동산 관점에 따른 분류이므로 내부적 측면의 가격제원칙과 밀접한 관련성을 가진다. 따라서 종별은 용도적 측면에서의 판단이므로 부동산의 유용성을 최고로 발휘하기 위해서는 인근지역에 적합해야 한다는 적합의 원칙과 지역 내의 용도적 경쟁과 대체에 따르는 대체·경쟁의 원칙에 유의해야 한다. 반면, 유형은 부동산의 유용성을 최고로 발휘하기 위해서는 구성요소 간의 내부결합에 균형이 있어야 한다는 균형의 원칙에 유의해야 한다.

3. 지역 및 개별분석 시 유의사항

종별은 지역분석 절차에서 용도적·기능적 동질성이 인정되는 지역으로 인근지역을 구분할 때 중요한 요소 중의 하나이다. 유형은 물리적인 측면에서 토지이용행태가 무엇인지, 법률적인 측면에서 부동산활동에 제약을 가하는 요인은 어떤 것이 있는지와 같이 개별분석 절차에서 중요한 고려요소가 된다는 점에 유의해야 한다.

4. 감정평가방법 적용 시 유의사항

비교방식의 경우 자료수집의 범위확정, 시점수정 및 지역요인 비교 시 종별에 유의하여야 하고, 개별요인 비교 시 유형에 유의해야 한다. 원가방식의 경우 간접법에 의한 재조달원가 산정 시 종별에 의거해 자료수집의 범위를 확정하고 감가수정 시 경제적 감가는 종별, 물리적·기능적 감가는 유형에 따른다. 수익방식의 경우 환원방법은 유형을 중시하여 선택하고, 순수익은 종별에 의거해 자료수집의 범위를 확정하고 지역요인의 비교를 행하며, 유형에 의거해 개별요인을 비교한다. 환원율은 종별에 유의하여 시장환원율을 적용하여야 함에 유의해야 한다.

5. 시산가액 조정 시 유의사항

대상과 동일한 종류에 해당하는 사례 자료가 수집되었는가, 종별과 유형에 따른 가치형성요인의 분석은 적정한가, 종별과 유형에 의거하여 적정한 평가방법을 선택하였는가 등에 유의해야 한다.

Ⅴ. 결

부동산의 종별과 유형과 같은 특성은 최종적인 경제적 가치에 영향을 미치기 때문에 이에 대한 이해는 중요하다. 특히 구체적으로는 시장가치를 추계하는 과정에 있어서 세부적인 감정평가 절차에 영향을 미치는 만큼 감정평가 시 종별과 유형에 유의해야 할 것이다.

> **02** **감정평가에 있어 시장가치, 투자가치, 계속기업가치 및 담보가치에 대하여 각각의 개념을 설명하고, 각 가치개념 간의 차이점을 비교한 후, 이를 가치다원론의 관점에서 논하시오.** 30점

1 기출문제 논점분석

각 가치개념 간의 차이점을 설명하는 문제는 가치와 가치 사이의 비교이기 때문에 시장가치와 공정가치 혹은 시장가치와 투자가치를 비교하는 목차 중에서 적절한 내용을 활용하면 됩니다. 해당 방식이 아니더라도, 차이점이기 때문에 감정평가 각론에 있는 구체적인 산정방법에 있어서 차이점이 있는지를 설명해주는 것이 좋습니다.

또한, 각각의 차이점을 "가치다원론의 관점"에서 논하라고 하고 있기 때문에 'A를 B의 관점에서 설명하시오'와 관련되는 유형입니다. 따라서 기본적으로는 가치다원론과 관련되어 있는 목차를 "세분화"하여 활용가능한 내용을 찾는 접근법이 필요합니다.

2 예시답안 목차

Ⅰ. 서

Ⅱ. 시장가치 · 투자가치 · 계속기업가치 및 담보가치의 개념

1. 시장가치의 개념(감정평가에 관한 규칙 제2조)
2. 투자가치의 개념
3. 계속기업가치의 개념
4. 담보가치의 개념

Ⅲ. 각 가치개념 간의 차이점

1. 시장가치와 투자가치의 차이점
2. 시장가치와 계속기업가치의 차이점
3. 시장가치와 담보가치의 차이점

Ⅳ. 가치다원론의 관점에서 각 가치개념 간의 차이점

1. 가치다원론의 의의 및 근거
2. 가치다원론의 관점에서 각 가치개념 간의 차이점
    1) 의뢰목적에 부응 및 사회발전에 기여 관점에서 차이점
    2) 가치형성요인의 다양성 관점에서 차이점
    3) 감정평가의 정확성과 안정성 관점에서 차이점

Ⅴ. 결

3 예시답안

Ⅰ. 서

감정평가는 정확한 경제적 가치를 도출하는 것을 목적으로 하며, 최근 감정평가에 대한 수요가 다양해짐에 따라 감정평가 목적 역시 세분화되고 있다. 평가 시에는 각각의 목적을 반영하는 것이 정확한 경제적 가치 도출에 영향을 줄 수 있으므로 이에 대한 이해는 중요하다. 이하에서는 감정평가에 있어 시장가치, 투자가치, 계속기업가치 및 담보가치의 각각의 개념을 설명하고, 차이점을 비교한 후 이를 가치다원론의 관점에서 논하고자 한다.

Ⅱ. 시장가치 · 투자가치 · 계속기업가치 및 담보가치의 개념

1. 시장가치의 개념(감정평가에 관한 규칙 제2조)

시장가치란 감정평가의 대상이 되는 토지 등이 통상적인 시장에서 충분한 기간 동안 거래를 위하여 공개된 후 그 대상물건의 내용에 정통한 당사자 사이에 신중하고 자발적인 거래가 있을 경우 성립될 가능성이 가장 높다고 인정되는 대상물건의 가액을 말한다.

2. 투자가치의 개념

투자가치란 특정한 투자자가 특정 투자목적에 대하여 부여하는 투자조건에 따라 투자대상물건이 발휘하게 되는 가치이다. 투자자는 시장가치와 투자가치를 비교하여 투자결정을 하게 되는데, 시장에서 팔릴 수 있는 시장가치보다 투자가치가 오히려 작다고 하면 투자하기를 주저할 것이다.

3. 계속기업가치의 개념

계속기업가치란 유형·무형의 기업자산을 개별적으로 판단하지 않고, 총체적인 관점에서 계속기업이 가질 수 있는 가치이다. 이때 계속기업이란 가까운 미래에 청산되지 않는 것이 확실하고 미래 수명이 무기한적인 회사를 의미한다.

4. 담보가치의 개념

담보가치란 은행 등 금융기관에서 해당 물건을 담보로 대출을 실행하기 위해 사용되는 가치이다. 담보가치는 시장가치를 기준으로 하는 것이 원칙이지만, 담보물건의 안정성 등으로 인해 특수한 조건 등이 수반되는 경우 시장가치 이외의 가치로 평가할 수도 있다.

Ⅲ. 각 가치개념 간의 차이점

1. 시장가치와 투자가치의 차이점

시장가치가 대상부동산에 대해 시장이 부여하는 객관적 가치라면, 투자가치는 투자자가 대상물건에 대하여 갖게 되는 주관적 가치이다. 또한, 시장가치는 특정한 금융조건이 결부되지 않은 전형적인 저당대부와 세율을 고려하지만, 투자가치는 특정 투자자의 세금신분, 요구수익률, 대상부동산의 저당대부 등을 고려한다는 차이점이 있다.

2. 시장가치와 계속기업가치의 차이점

기업합병과 같은 시너지효과가 반영되는 경우처럼 특정한 조건이 수반되는 경우에는 계속기업가치라 하더라도 시장가치 외의 가치의 성격을 갖는 경우가 있다는 점에서 차이점이 있다. 또한, 시장가치는 전통적인 감정평가 3방식에 의해 추계되지만 계속기업가치는 주로 수익방식으로 추계된다는 점에서 차이점이 있다.

3. 시장가치와 담보가치의 차이점

시장가치는 일반적으로 부동산의 평가 시에 적용되는 개념이나, 담보가치는 금융기관에서 해당 물건을 담보로 대출을 실행하기 위해 적용되는 가치개념이라는 점에서 적용분야에 차이가 있다. 또한, 담보가치 역시 담보물건의 안정성·환가성 등으로 인해 특수한 조건 등이 수반되는 경우 시장가치 이외의 가치가 될 수 있다는 차이점이 있다.

Ⅳ. 가치다원론의 관점에서 가치개념 간의 차이점

1. 가치다원론의 의의 및 근거

가치에 대한 개념은 그것이 어떤 상황에서 어떠한 용도로 사용되느냐 그리고 어떤 관점으로 바라보느냐에 따라 달라진다. 이처럼 가치가 사용되는 상황이나 용도, 바라보는 관점에 따라 개념이 다양하다고 보는 것을 가치의 다원적 개념 또는 가치다원론이라고 한다. 이는 의뢰인의 의뢰목적에 부응 및 사회발전에 기여함과 가치형성요인의 다양성, 감정평가의 정확성 및 안정성에 근거한다.

2. 가치다원론의 관점에서 가치개념 간의 차이점

1) 의뢰목적에 부응 및 사회발전에 기여 관점에서 차이점

평가의뢰인의 의뢰목적에 부응하여 그에 맞는 적절한 정보를 제공함으로써 의뢰인의 욕구를 충족시킬 수 있다. 또한, 유용한 정보는 제대로 된 의사결정에 기여하므로 궁극적으로 사회발전에 기여한다. 투자가치는 특정한 투자자의 투자조건에 따른 타당성과 같은 의뢰목적에 부응하기 위해 시장가치와 차이점이 있다.

2) 가치형성요인의 다양성 관점에서 차이점

부동산은 가치형성요인이 복잡하고 다양하여 한 가지 가치만 형성되는 것은 아니다. 이에 부동산가치는 정형화된 하나의 가치만으로는 설명하기 어려운 부분이 많다. 특히 계속기업가치의 무형자산의 경우는 시장상황뿐만 아니라 제품의 경쟁력과 브랜드의 우수성과 같은 다양한 가치형성요인의 영향을 받기 때문에 시장가치와 차이점이 있다.

3) 감정평가의 정확성과 안정성 관점에서 차이점

부동산가치의 다원성을 이해함으로써 평가의 정확성과 안정성을 제고할 수 있다. 즉, 한 가지 정형화된 가치만으로 평가할 경우보다 다양한 개념 접근을 통해 개별적이고 구체적인 상황을 반영함으로써 보다 타당성이 높고, 정확한 평가가 가능하게 되고 이는 결국 평가의 안정성을 높이게 되는 것이다. 담보가치는 향후 시장상황에서 담보물건의 안정성과 환가성을 고려하여 안정적인 채권회수를 고려하기 때문에 시장가치와 차이점이 있다.

Ⅴ. 결

가치다원론의 관점에서 가치가 다양해짐에 따라 각각의 평가목적에 있어서 반영해야 될 부분이 조금씩 다르다. 따라서 다양한 가치의 개념을 이해함으로써 평가목적에 따라 정확한 가치를 도출할 수 있도록 해야 함에 유의해야 한다.

03 **부동산가격형성의 일반요인은 자연적, 사회적, 경제적, 행정적 제 요인으로 구분할 수 있다. 부동산가격형성의 행정적 요인 중 부동산거래규제의 내용에 대하여 설명하고, 거래규제가 감정평가에 미치는 영향에 대하여 설명하시오.** 20점

1 기출문제 논점분석

부동산거래규제의 경우는 행정적인 요인과 관련된 내용으로 고정성으로 인해 행정적 조건의 영향을 받는 특성을 고려하여 자주 출제되는 내용입니다. 특정한 정책과 관련된 내용을 물어본다면, 해당 규제의 의의, 내용 및 효과(장점과 단점) 위주로 설명해주면 됩니다.

특히 이러한 거래규제가 감정평가에 미치는 영향에 관해서는 거래규제가 행정적 요인에 해당한다는 점과 감정평가를 “세분화”하여 각각의 감정평가 절차에 있어 미치는 영향을 설명해주어야 합니다.

2 예시답안 목차

Ⅰ. 서

Ⅱ. 부동산거래규제의 내용

1. 양도소득세 강화
2. 실거래가 신고제
3. LTV 및 DTI 강화
4. 토지거래허가제

Ⅲ. 거래규제가 감정평가에 미치는 영향

1. 대상물건의 확정에 미치는 영향
2. 개별분석 단계에 미치는 영향
3. 감정평가 3방식 중 비교방식에 미치는 영향
4. 시산가액 조정 단계에 미치는 영향

Ⅳ. 결

3 예시답안

Ⅰ. 서

부동산은 고정성을 지니는 재화의 특성으로 인해 특정 지역에 대한 행정규제 등 다양한 공법상 제한의 영향을 받게 된다. 특히 부동산은 시장에서 거래되는 재화이므로 수급상황을 조절하는 부동산거래규제

는 가치에 영향을 크게 미친다. 이하, 이러한 부동산거래규제의 내용과 감정평가에 미치는 영향에 대하여 설명하고자 한다.

Ⅱ. 부동산거래규제의 내용

1. 양도소득세 강화

양도소득세는 부동산처분을 통한 이득을 환수하기 위한 조세정책에 해당한다. 1975년 '소득세법'에 부동산투기억제세의 내용을 일부 흡수시켜 확장한 것이 양도소득세다. 개인이 부동산을 매매·교환 등으로 유상으로 타인에게 양도할 때 발생하는 자본이득에 대해 부과하는 조세이다. 산정의 기준이 되는 기준시가는 실지거래가액을 기준으로 하며, 확인이 불가능한 경우는 매매사례가액 혹은 감정가액 등으로 결정한다.

2. 실거래가 신고제

부동산 매매 시 거래 당사자 또는 중개업자가 계약체결일로부터 30일 이내에 실제 거래가격을 시장·군수·구청장에게 공동으로 신고해야 하는 제도를 말한다.

3. LTV 및 DTI 강화

LTV란 주택담보대출비율을 의미하며 주택가격 즉, 담보가치에 대하여 대출을 받을 수 있는 비율을 의미한다. 은행에서는 해당 주거지에 대하여 담보를 잡고 이에 대해 대출을 해 줄 때 받을 수 있는 최대한도를 정하게 된다. DTI란 총부채상환비율을 의미하는데 대출의 한도를 정할 때 소득을 따져보고 그 한도를 정하는 것을 의미한다. 즉, 대출 상환을 해야 하는 금액이 자신의 소득 일정 비율 이상을 차지하지 않도록 제한하기 위해 실시하는 과정에 해당한다.

4. 토지거래허가제

투기억제를 위해 국토교통부장관이 특정 지역을 거래규제지역으로 지정하는 제도를 말한다. 투기가 나타나거나 우려되는 지역을 대상으로 하며 각 지역에서 일정 면적 이상의 토지를 거래하려면 계약 전에 시도지사의 허가를 받아야 한다.

Ⅲ. 거래규제가 감정평가에 미치는 영향

1. 대상물건의 확정에 미치는 영향

거래규제 같은 경우는 행정적 요인으로 대상부동산의 가치에 영향을 미친다. 따라서 대상물건을 확정하는 데 있어서 공법상 제한사항 등에 관한 공부서류를 수집하도록 영향을 미친다.

2. 개별분석 단계에 미치는 영향

개별분석 시 부동산의 개별성에 따라 이용상태 및 구체적 가격에 미치는 영향의 정도가 달라진다. 부동산거래규제 역시 개별적 요인으로 부동산가치에 영향을 주기 때문에 개별분석 단계에서 이를 고려하도록 영향을 미친다.

3. 감정평가 3방식 중 비교방식에 미치는 영향

비교방식을 적용하는 경우에는 거래사례를 선정해야 한다. 하지만 거래규제로 인해 거래가 희소한 경우 사례 수집범위를 인근지역뿐만 아니라 유사지역 혹은 동일수급권까지 넓히도록 영향을 미친다.

4. 시산가액 조정 단계에 미치는 영향

시산가액 조정은 가격형성 메커니즘과 일치해야 하기 때문에 현실의 수급동향을 정확하게 반영하고 있는지를 파악해야 한다. 거래규제로 인해 시장에서 수급에 영향을 주기 때문에 시산가액 조정 시 이를 반영하도록 영향을 미친다.

Ⅳ. 결

부동산거래규제는 가치형성요인 중 행정적인 요인에 해당하며, 부동산가치에 영향을 미치는 바 감정평가 시에는 이에 대한 이해가 중요하다. 특히 우리나라는 다양한 행정적인 규제가 존재하는바, 이에 대한 명확한 이해가 필요하다고 판단된다.

04 건물의 치유불가능한 기능적 감가의 개념과 사례를 기술하고, 이 경우 감정평가 시 고려해야 할 사항에 대하여 설명하시오. 10점

1 기출문제 논점분석

사례를 제시하는 문제의 경우는 단순히 사례를 여러 개 나열해서 좋은 점수를 받을 수 없습니다. 사안의 경우에는 사례를 제시하더라도 왜 치유가 불가능한지와 어떤 점에서 기능적 감가에 해당하는지에 대해서 포섭을 해주어야 합니다.

또한, 감정평가 시 고려해야 할 사항의 경우는 단순히 감가수정 시 유의사항뿐만이 아니라, 전체적인 감정평가 절차에서 활용할 수 있는 내용이 있다면 설명해주는 것이 좋습니다. 다만, 배점을 고려한다면 여러 가지 절차를 쓰기는 어렵습니다.

2 예시답안 목차

Ⅰ. 서

Ⅱ. 치유불가능한 기능적 감가의 개념과 사례

1. 치유불가능한 기능적 감가의 개념
2. 치유불가능한 기능적 감가의 사례

Ⅲ. 감정평가 시 고려해야 할 사항

1. 가격제원칙 적용 시 고려해야 할 사항
2. 재조달원가 산정 시 고려해야 할 사항

3 예시답안

Ⅰ. 서

감가수정이란 대상물건에 대한 재조달원가를 감액하여야 할 요인이 있는 경우에 물리적 감가, 기능적 감가 또는 경제적 감가 등을 고려하여 그에 해당하는 금액을 재조달원가에서 공제하여 기준시점에 있어서의 대상물건의 가액을 적정화하는 작업을 말한다. 이하에서는, 치유불가능한 기능적 감가와 관련된 물음에 답하고자 한다.

Ⅱ. 치유불가능한 기능적 감가의 개념과 사례

1. 치유불가능한 기능적 감가의 개념

기능적 감가란 대상물건의 기능적 효용 변화에 따른 감가요인을 말하며, 치유불가능한 기능적 감가란 물리적, 기술적인 관점을 기초로 경제적 타당성이 없어 치유 가능성이 없는 감가를 의미한다.

2. 치유불가능한 기능적 감가의 사례

건물 안에 엘리베이터가 있지만, 면적이 좁거나 속도가 느린 경우는 원래의 기능을 제대로 수행할 수 없으므로 기능적 효용에 따른 감가에 해당한다. 하지만 새로운 엘리베이터를 설치하거나 교체하기 위해서 건물의 일부 철거가 필요하다는 이유로 인해 비용이 과도하게 소요되어 경제적 타당성이 없는 경우는 치유불가능한 기능적 감가의 사례에 해당한다.

Ⅲ. 감정평가 시 고려해야 할 사항

1. 가격제원칙 적용 시 고려해야 할 사항

대상물건의 내부 면적이 너무 넓어서 균형이 맞지 않거나, 엘리베이터가 좁아서 기여하는 공헌도가 낮은 경우와 같이 균형 및 기여의 원칙에 부합하지 않는 경우가 있을 수 있다. 따라서 가격제원칙 적용 시 이러한 내부적인 원칙에 부합하는지 여부를 고려해야 한다.

2. 재조달원가 산정 시 고려해야 할 사항

재조달원가 산정 시에는 효용이 동일한 대체원가를 적용할 수 있으며, 대체원가를 적용한 경우는 상황에 따라 이미 기능적 감가가 반영되어 있기에 별도의 감가대상이 되지 않는다는 점을 고려해야 한다.

Chapter 20

제16회 기출문제 답안

01 **감정평가에 관한 규칙 제25조(소음 등으로 인한 대상물건의 가치하락분에 대한 평가)에 환경오염이 발생한 경우의 평가에 대한 기준을 제시하고 있다. 토양오염이 부동산의 가치에 미치는 영향과 평가 시 유의사항에 대하여 설명하시오.** 20점

1 기출문제 논점분석

해당 문제의 경우에는 ① 토양오염이 부동산의 가치에 미치는 영향 ② 감정평가 시 유의사항에 대하여 물어보고 있습니다. 첫 번째 물음은 A가 B에 미치는 영향이기 때문에 토양오염이 어떠한 가치형성요인에 해당하는지 검토한 뒤 가치를 "세분화"하여 가치발생요인과 가치형성요인에 어떤 영향을 미치는지 설명해주는 것이 필요합니다. 또한, 두 번째 물음의 감정평가 시 유의사항의 경우에는 단순히 감정평가 방법을 중심으로 설명하는 것이 아닌 최대한 다양한 관점에서 감정평가의 전반적인 절차를 활용해주는 것이 좋습니다.

2 예시답안 목차

Ⅰ. 서

Ⅱ. 토양오염이 부동산의 가치에 미치는 영향

1. 가치형성요인으로서 토양오염의 의의
2. 토양오염이 부동산의 가치에 미치는 영향
   1) 가치발생요인에 미치는 영향
   2) 가치형성요인에 미치는 영향

Ⅲ. 감정평가 시 유의사항

1. 기본적 사항의 확정 시 처리방법
2. 가격제원칙 고려 시 처리방법
3. 최유효이용 판정 시 처리방법
4. 감정평가방법 적용 시 처리방법

Ⅳ. 결

3 예시답안

Ⅰ. 서

산업화와 더불어 환경권의 신장은 관련된 분쟁을 증가시켰으며, 이는 침해받는 권리를 경제적 가치로 산출하는 감정평가 수요로 이어지게 했다. 이에 따라 토양오염에 대한 관심이 증가하여 그 중요도가 올라갔다고 볼 수 있다. 이하에서는 토양오염과 관련된 물음에 답한다.

Ⅱ. 토양오염이 부동산의 가치에 미치는 영향

1. 가치형성요인으로서 토양오염의 의의

토양오염이란 인간활동으로 인한 화학물질 등으로 인해 토지 황폐화가 발생한 것을 말한다. 이는 부동산의 가치에 영향을 미치는 가치형성요인 중 개별요인에 해당한다.

2. 토양오염이 부동산의 가치에 미치는 영향

1) 가치발생요인에 미치는 영향

토양오염이 발생하게 되면 정화비용 등으로 인해 효용이 줄어들게 되며, 오염된 토지에 대한 구매의사가 줄어들어 유효수요도 감소하게 된다. 이는 가치발생요인으로서 부동산의 가치가 감소하도록 영향을 미친다.

2) 가치형성요인에 미치는 영향

최근 친환경 정책에 대한 관심도가 증가하고 있으며, 토양오염이 발생한 토지의 경우는 과태료 등 행정처분의 대상이 되기도 한다. 이는 개별적 요인으로서 부동산의 가치가 감소하도록 영향을 미친다.

Ⅲ. 감정평가 시 유의사항

1. 기본적 사항의 확정 시 처리방법

오염된 토지에 대해서 오염이 안 된 상태로 평가해달라는 조건이 부가되었는지 혹은 오염 정도 파악에 있어서 관련 전문가에 대한 자문 또는 용역을 고려하여 처리할 수 있다.

2. 가격제원칙 고려 시 처리방법

토양오염이 의심되는 상태이기 때문에, 향후 활용에 있어서 부정적인 상황이 예측된다는 점(예측의 원칙), 주변환경이나 시장수요와 적합하지 않다는 점(적합의 원칙), 내부적으로 생산요소가 균형이 맞지 않거나 기여하는 공헌도가 감소할 수 있다는 점(균형 및 기여의 원칙)을 고려하여 처리할 수 있다.

3. 최유효이용 판정 시 처리방법

대상물건의 가치는 최유효이용을 전제로 형성되며, 이때 최유효이용은 해당 용도에 대한 충분한 수요가 있는지를 확인하는 절차이다. 토양오염이 의심되는 토지의 경우는 수요가 부족하기 때문에 최유효이용에 미달되는 부분에 대해 감가를 반영하여 처리할 수 있다.

4. 감정평가방법 적용 시 처리방법

토양오염이 의심되는 토지의 경우 오염 전 토지가액에서 정화비용 및 스티그마 등을 고려하여 평가한다. 이때 스티그마는 환경오염의 영향을 받는 부동산에 대해 일반인들이 갖는 '무형의 또는 양을 잴 수 없는 불리한 인식'을 말한다. 이는 환경오염으로 인해 증가되는 위험을 시장참여자들이 인식함으로 인하여 부동산의 가치가 하락하게 되는 부정적인 효과를 의미한다. 즉, 감정평가방법 적용 시 무형의 스티그마도 반영하여 처리할 수 있다.

Ⅳ. 결

토양오염에 대한 수요가 증가함에 따라 정확한 가치추계를 위해 다양한 평가방법의 적용이 필요하다. CVM 혹은 HPM과 같이 새로운 평가방법의 적용을 통해 오염과 관련한 정확한 시장가치를 추계할 수 있도록 관심이 필요하다고 판단된다.

02 부동산 가격공시 및 감정평가에 관한 법률(감정평가 및 감정평가사에 관한 법률) 제3조에서는 "토지를 감정평가하는 경우에는 그 토지와 이용가치가 비슷하다고 인정되는 표준지공시지가를 기준으로 하여야 한다."라고 규정되어 있으나 표준지공시지가와 정상거래가격과의 차이가 있는 경우 기타요인(그 밖의 요인)으로 보정하고 있다. 기타요인(그 밖의 요인) 보정의 개념을 기술하고, 관련 법규 및 판례 등을 중심으로 그 타당성을 설명하시오. 20점

1 기출문제 논점분석

그 밖의 요인 보정의 개념에 대해서는 실무기준 해설서에서 다루는 내용입니다. 그 밖의 요인 보정의 의의와 절차를 중심으로 작성해주면 됩니다. 또한, 그 밖의 요인 보정의 타당성을 물어보고 있으나, 관련법규 및 판례 등을 중심으로 하라는 조건을 제시하고 있으므로, 이와 관련된 규정 및 판례 등에 대한 설명이 필요합니다.

2 예시답안 목차

Ⅰ. 서

Ⅱ. 그 밖의 요인 보정의 개념

1. 그 밖의 요인 보정의 의의
2. 그 밖의 요인 보정의 근거
3. 그 밖의 요인 보정의 방법
   1) 대상토지 기준 산정방식
   2) 표준지 기준 산정방식

Ⅲ. 관련 법규 및 판례에 따른 타당성

1. 관련 법규 및 판례
   1) 관련 법규의 내용
   2) 관련 판례의 태도
2. 관련 법규 및 판례에 따른 타당성
   1) 관련 법규에 따른 타당성
   2) 관련 판례에 따른 타당성

Ⅳ. 결

3 예시답안

Ⅰ. 서

토지를 평가하는 경우에는 원칙적으로 공시지가기준법을 적용하도록 규정되어 있으며, 이때는 시가와의 격차를 보정하기 위한 절차로 그 밖의 요인 보정 절차를 거치게 된다. 이는 정확한 경제적 가치를 도출하기 위한 과정의 일부분이기 때문에 중요성이 높다. 이하에서는, 이러한 그 밖의 요인 보정의 개념을 설명하고 관련 법규 및 판례에 따른 타당성을 설명한다.

Ⅱ. 그 밖의 요인 보정의 개념

1. 그 밖의 요인 보정의 의의

그 밖의 요인이란 시점수정, 지역요인 및 개별요인의 비교 외에 대상토지의 가치에 영향을 미치는 요인을 말한다. 공시지가기준법에 의한 감정평가액이 시점수정, 지역요인 및 개별요인 비교를 거쳤음에도 불구하고 기준가치에 도달하지 못하는 경우가 발생할 수 있다. 그 밖의 요인 보정은 일반적으로 이러한 격차를 보완하기 위하여 실무적으로 행하는 절차이다.

2. 그 밖의 요인 보정의 근거

그 밖의 요인 보정은 '감정평가에 관한 규칙' 제14조에 근거를 두고 있다. 전부 개정된 '감정평가에 관한 규칙'에서 명확하게 "그 밖의 요인" 보정과 관련된 근거를 마련하였다.

3. 그 밖의 요인 보정의 방법

1) 대상토지 기준 산정방식

대상토지 기준 산정방식은 대상토지를 기준으로 보상선례와 비교표준지를 각각 보정한 후 그 밖의 요인 보정치를 추계하는 방법으로 보상선례 등과 대상토지를 비교할 수 있는 자료가 있는 경우에 사용할 수 있는 방식이다.

2) 표준지 기준 산정방식

표준지 기준 산정방식은 보상선례와 비교표준지를 직접비교하여 보정치를 추계하는 방법으로, 보상선례 등과 보상선례 등의 토지를 표준지공시지가로 평가할 수 있는 자료가 있을 경우 사용할 수 있는 방식이다.

Ⅲ. 관련 법규 및 판례에 따른 타당성

1. 관련 법규 및 판례

1) 관련 법규의 내용

[헌법 제23조]
① 모든 국민의 재산권은 보장된다. 그 내용과 한계는 법률로 정한다.
② 재산권의 행사는 공공복리에 적합하도록 하여야 한다.
③ 공공필요에 의한 재산권의 수용・사용 또는 제한 및 그에 대한 보상은 법률로써 하되, 정당한 보상을 지급하여야 한다.

[토지보상법 제1조(목적)]
이 법은 공익사업에 필요한 토지 등을 협의 또는 수용에 의하여 취득하거나 사용함에 따른 손실의 보상에 관한 사항을 규정함으로써 공익사업의 효율적인 수행을 통하여 공공복리의 증진과 재산권의 적정한 보호를 도모하는 것을 목적으로 한다.

[토지보상법 제70조(취득하는 토지의 보상) 제1항]
협의나 재결에 의하여 취득하는 토지에 대하여는 「부동산 가격공시에 관한 법률」에 따른 공시지가를 기준으로 하여 보상하되, 그 공시기준일부터 가격시점까지의 관계 법령에 따른 그 토지의 이용계획, 해당 공익사업으로 인한 지가의 영향을 받지 아니하는 지역의 대통령령으로 정하는 지가변동률, 생산자물가상승률(「한국은행법」 제86조에 따라 한국은행이 조사・발표하는 생산자물가지수에 따라 산정된 비율을 말한다)과 그 밖에 그 토지의 위치・형상・환경・이용상황 등을 고려하여 평가한 적정가격으로 보상하여야 한다.

2) 관련 판례의 태도

[헌법재판소 1990.6.25, 89헌마107]
헌법 제23조 제3항은 "공공필요에 의한 재산권의 수용・사용 또는 제한 및 그에 대한 보상은 법률로써 하되, 정당한 보상을 지급하여야 한다."고 규정하고 있다. 헌법이 규정한 '정당한 보상'이란 이 사건 소원의 발단이 된 소송사건에서와 같이 손실보상의 원인이 되는 재산권의 침해가 기존의 법질서 안에서 개인의 재산권에 대한 개별적인 침해인 경우에는 그 손실보상은 원칙적으로 피수용재산의 객관적인 재산가치를 완전하게 보상하는 것이어야 한다는 완전보상을 뜻하는 것으로서 보상금액뿐만 아니라 보상의 시기나 방법 등에 있어서도 어떠한 제한을 두어서는 아니된다는 것을 의미한다.

[판결요지] [대법원 1998.1.23, 97누17711]
[1] 토지수용 보상액을 평가함에 있어서는 관계 법령에서 들고 있는 모든 가격산정요인들을 구체적・종합적으로 참작하여 그 각 요인들이 빠짐없이 반영된 적정가격을 산출하여야 하고, 이 경우 감정평가서에는 모든 가격산정요인의 세세한 부분까지 일일이 설시하거나 그 요소가 평가에 미치는 영향을 수치적으로 표현할 수는 없다고 하더라도 적어도 그 가격산정요인들을 특정 명시하고 그 요인들이 어떻게 참작되었는지를 알아 볼 수 있는 정도로 기술하여야 한다.
[2] 토지수용법 제46조 제2항, 구 지가공시 및 토지 등의 평가에 관한 법률(1995.12.29. 법률 제5108호로 개정되기 전의 것) 제9조, 제10조, 감정평가에 관한 규칙 제17조 제1항, 제6항 등 토지수용에 있어서의 손실보상액 산정에 관한 관계 법령의 규정을 종합하여 보면, 수용대상 토지의 정당한 보상액을 산정함에 있어서 인근 유사토지의 정상거래사례를 반드시 조사하여 참작하여야 하는 것은 아니지만, 인근 유사토지가 거래된 사례나 보상이 된 사례가 있고 그 가격이 정상적인 것으로서 적정한 보상액 평가에 영향을 미칠 수 있는 것임이 입증된 경우에는 이를 참작할 수 있다.

> [3] 토지수용의 손실보상액을 산정함에 있어서 참작할 수 있는 "인근 유사토지의 정상거래가격"이라고 함은 그 토지가 수용대상 토지의 인근지역에 위치하고 용도지역, 지목, 등급, 지적, 형태, 이용상황, 법령상의 제한 등 자연적·사회적 조건이 수용대상 토지와 동일하거나 유사한 토지에 관하여 통상의 거래에서 성립된 가격으로서, 개발이익이 포함되지 아니하고, 투기적인 거래에서 형성된 것이 아닌 가격을 말한다.

2. 관련 법규 및 판례에 따른 타당성

1) 관련 법규에 따른 타당성

토지보상법 제70조에서는 "그 밖에 그 토지의 위치·형상·환경·이용상황 등을 고려하여 평가한 적정가격으로 보상하여야 한다."라고 규정되어 있으며, 이는 토지보상법 제1조의 피수용자의 재산권의 적정한 보호를 목적으로 하여야 한다는 취지와 헌법 제23조의 완전보상을 의미하는 정당보상을 하기 위한 규정으로 볼 수 있다. 즉, 수용되는 토지에 대한 완전보상을 실현하기 위해 그 밖의 요인 보정을 하는 것은 타당하다.

2) 관련 판례에 따른 타당성

판례 역시 "적정한 보상액 평가에 영향을 미칠 수 있는 것임이 입증된 경우에는 이를 참작할 수 있다."라고 판시하여 그 밖의 요인 보정 적용에 대해 긍정하고 있다. 이는, 실질적으로 편입되는 토지 가치에 영향을 미치며, 이러한 요인을 반영하는 것이 헌법 제23조의 정당보상의 취지에도 부합하기 때문에 판례의 태도를 보더라도 그 밖의 요인 보정을 하는 것은 타당하다.

Ⅳ. 결

그 밖의 요인 보정은 실질적으로 보상금액 산정에 영향을 미치기 때문에 정당보상을 위해 반영하는 것이 필요하다. 하지만 현행 토지보상법 제70조에서는 이에 관한 명시적인 규정이 없기 때문에 향후 개정을 통하여 이러한 절차를 명시적으로 반영할 필요가 있다고 판단된다.

03 감정평가사 김氏는 K은행으로부터 대상부동산에 대한 담보감정평가를 의뢰받았다. 감정평가사 김氏는 현장조사 및 자료분석을 통하여 아래와 같은 자료를 수집하였다. 아래 대상부동산의 시장분석자료를 근거로 감정평가사 김氏가 K은행 대출담당자에게 담보가격의 결정에 대한 이론적 근거에 대해 부동산가격제원칙을 중심으로 기술하시오. 10점

〈대상부동산〉

서울시 ○○구 ○○동 ×××－×번지 AA빌라 3층 301호 100평형
대상부동산 분양예정가 : 10억원

〈현장조사 및 자료분석 내용〉

분양성 검토 : 대형 평형으로 인해 인근지역 내에서 분양성 악화가 우려됨
인근지역의 표준적 이용상황 : 40 ~ 50평형
인근지역의 담보평가가격 : 3.5 ~ 4.5억원
거래가능가격(표준적 이용상황기준) : 평형당 1,000만원

1 기출문제 논점분석

해당 문제는 담보가격의 결정에 대해 "부동산가격제원칙을 중심으로" 설명하도록 요구하고 있습니다. 따라서 부동산가격제원칙의 내용들 중에서 어떤 부분을 활용할지에 대한 검토가 필요합니다. 또한, 사안의 경우는 감정평가 대상 및 목적, 시장상황 등 다양한 전제조건이 제시되었기 때문에 이에 대한 반영은 꼭 해주어야 합니다.

2 예시답안 목차

Ⅰ. 서

Ⅱ. 부동산가격제원칙의 의의 및 내용

Ⅲ. 부동산가격제원칙에 근거한 담보가격 결정

1. 토대가 되는 원칙에 근거한 담보가격의 결정
2. 내부 측면의 원칙에 근거한 담보가격의 결정
3. 외부 측면의 원칙에 근거한 담보가격의 결정
4. 최유효이용의 원칙에 근거한 담보가격의 결정

3 예시답안

Ⅰ. 서

감정평가는 가격형성과정을 추적하고 분석하여 가치를 결정하는 것을 본질로 하기 때문에 부동산의 가격형성과정에서 도출되는 일정한 법칙성인 가격제원칙은 매우 중요한 의미를 갖게 된다. 이하에서는 이러한 가격제원칙에 근거하여 사안의 담보가격 결정의 이론적 근거에 대해 기술한다.

Ⅱ. 부동산가격제원칙의 의의 및 내용

부동산가격제원칙이란 부동산의 가격이 어떻게 형성되고 유지되는가에 관한 법칙성을 추출하여 부동산 평가활동의 지침으로 삼으려는 하나의 행위기준이다. 체계의 중심에는 부동산의 가격은 최유효이용을 전제로 하여 형성된다는 최유효이용원칙을 기준으로 토대가 되는 원칙, 내부 측면의 원칙, 외부 측면의 원칙으로 구분할 수 있다.

Ⅲ. 부동산가격제원칙에 근거한 담보가격 결정

1. 토대가 되는 원칙에 근거한 담보가격의 결정

토대가 되는 원칙 중 변동의 원칙이란 부동산의 가치는 끊임없이 변하는 시장상황에 의해 영향을 받아 변동한다는 원칙을 말한다. 대상부동산은 분양성 검토에 있어서 악화가 우려되기 때문에 향후 부정적인 시장상황에 영향을 받아 감가하여 담보가격을 결정해야 한다.

2. 내부 측면의 원칙에 근거한 담보가격의 결정

내부 측면의 원칙 중 균형의 원칙이란 부동산의 가치는 부동산을 구성하고 있는 생산요소 간에 결합비율이 균형을 이룰 때 최고가 된다는 원칙을 말한다. 대상부동산은 대형 평형으로 인해서 내부 구조에 있어 결합비율이 균형을 이루지 않을 수 있다는 점을 고려하여 감가하여 담보가격을 결정해야 한다.

3. 외부 측면의 원칙에 근거한 담보가격의 결정

외부 측면의 원칙 중 적합의 원칙이란 부동산의 이용이나 특성이 주위환경이나 시장수요와 일치할 때 최고의 가치가 창출되며 이것이 유지될 수 있다는 원칙을 말한다. 대상부동산은 인근지역의 표준적 이용상황인 40 ~ 50평형이라는 특성과도 부합하지 않고, 분양성 악화도 우려되어 시장수요와도 일치하지 않는다는 점을 고려하여 담보가격을 결정해야 한다.

4. 최유효이용의 원칙에 근거한 담보가격의 결정

최유효이용의 원칙이란 부동산의 가격은 최유효이용을 전제로 하여 형성된다는 원칙으로 감정평가에 있어 가장 기본적이고 핵심적인 가격원칙이라고 할 수 있다. 대상부동산은 예측의 원칙과 내부・외부 측면의 원칙에 부합하지 않으므로 최유효이용에 미달한다는 점을 고려하여 담보가격을 결정해야 한다.

04 인근지역의 개념, 요건 및 경계와 범위를 설명하시오. 10점

1 기출문제 논점분석

인근지역과 관련된 개념과 경계, 범위 등과 관련된 문제입니다. 해당 내용은 시장분석 단원 중 지역분석과 연관되는 내용이므로, 상위개념에 해당하는 지역분석에 대해 "서"에서 간단히 설명해주면 좋습니다. 물음 자체는 암기형 문제이므로 기본적인 내용에 대한 숙지가 필요합니다.

2 예시답안 목차

Ⅰ. 서

Ⅱ. 인근지역의 개념 및 요건

1. 인근지역의 개념(「감정평가에 관한 규칙」 제2조)
2. 인근지역의 요건

Ⅲ. 경계와 범위

1. 경계와 범위의 의의
2. 경계와 범위 설정의 기준
   1) 일반적 기준
   2) 구체적 기준

3 예시답안

Ⅰ. 서

지역분석은 분석의 대상이 되는 지역 설정을 통해 표준적 이용과 가격수준을 파악하는 과정에 해당한다. 정확한 인근지역 및 경계와 범위의 설정을 통해 지역분석의 정확도를 높일 수 있는 바 이에 대한 이해는 중요하다. 이하, 물음에 답한다.

Ⅱ. 인근지역의 개념 및 요건

1. 인근지역의 개념(「감정평가에 관한 규칙」 제2조)
인근지역이란 감정평가의 대상이 된 부동산이 속한 지역으로서 부동산의 이용이 동질적이고 가치형성요인 중 지역요인을 공유하는 지역을 말한다.

2. 인근지역의 요건
① 대상부동산이 속해 있는 지역의 일부분일 것, ② 도시, 농촌과 같은 종합형태의 지역사회보다 작은 지역일 것, ③ 주거활동, 상업활동, 공업활동 등의 특정한 토지용도를 중심으로 집중된 형태

일 것, ④ 인근지역의 지역특성이 대상부동산의 가격형성에 직접 영향을 미칠 것 등을 요건으로 한다. 즉, 인근지역은 지역 내 부동산들의 용도상 공통성이 있고, 기능적인 면에서 동질성이 있으며 상호 대체·경쟁관계에 있어야 한다.

Ⅲ. 경계와 범위

1. 경계와 범위의 의의

부동산은 자연적 특성인 개별성으로 물리적 대체성이 인정되지 않으며 비동질적이나, 인문적 특성인 용도의 다양성으로 용도적·기능적 측면에서 동질성이 인정된다. 따라서 인근지역의 경계와 범위란 이러한 동질성이 인정되는 지역의 범위를 정하는 것이라 할 수 있다.

2. 경계와 범위 설정의 기준

1) 일반적 기준

토지의 이용형태와 토지이용의 편리성, 연속성의 차단, 교통체계 등을 중시해야 하며, 부동산의 종별을 고려하고 용도적 동질성을 기준으로 설정해야 한다.

2) 구체적 기준

연속성을 차단하는 하천, 산악, 구릉 등 부동산 이용형태에 차이를 주는 지반, 지세, 지질 등의 자연적 경계와 도로, 철도, 공원 등의 인공적 경계, 종교, 언어, 소득수준, 문화수준, 토지이용계획 및 규제, 용도지역 등의 인문적 경계를 기준으로 한다.

PART

02

최신기출문제

제15회~제01회 기출문제 답안

제15회 기출문제 답안

> **01** 부동산 감정평가의 3방식을 이용하여 시산가액을 도출하기 위해서는 여러 단계가 필요하다. 이때 부동산 감정평가를 위하여 구분하는 지역을 구체적으로 열거하고 대체성과 경쟁성 및 접근성과 관련하여 설명하시오. 10점

1 기출문제 논점분석

인근지역, 유사지역 및 동일수급권과 관련한 내용입니다. 특히 유사지역 및 동일수급권은 각각 인근지역과 대체·경쟁관계에 있는 범위가 상이합니다. 즉, 유사지역 및 동일수급권을 판단하는 기준이 상이한 만큼, 이에 대한 구별은 필요합니다.

2 예시답안 목차

Ⅰ. 서

Ⅱ. 부동산 감정평가를 위하여 구분하는 지역

Ⅲ. 대체성과 경쟁성 및 접근성과 관련한 지역

1. 대체성과 경쟁성 및 접근성의 의의
2. 대체성과 경쟁성과 관련한 지역
3. 접근성과 관련한 지역

Ⅳ. 결

3 예시답안

Ⅰ. 서

감정평가 시에는 지역분석의 대상이 되는 지역의 설정에 따라 표준적 이용 및 가격수준이 달라지므로 이에 대한 정확한 판정이 중요하다. 특히 감정평가 시에는 인근지역, 유사지역, 동일수급권이 분석의 대상지역으로 존재하는 바, 이하 물음에 답한다.

Ⅱ. 부동산 감정평가를 위하여 구분하는 지역

감정평가 시에는 지역을 인근지역과 유사지역 및 동일수급권으로 구분한다. 이때 ① 인근지역이란 감정평가의 대상이 된 부동산이 속한 지역으로서 부동산의 이용이 동질적이고 가치형성요인 중 지역요인을 공유하는 지역을 말한다. ② 유사지역이란 대상부동산이 속하지 아니하는 지역으로 인근지역과 유사한 특성을 갖는 지역을 말한다. ③ 동일수급권이란 대상부동산과 대체·경쟁관계가 성립하고 가치형성에 서로 영향을 미치는 관계에 있는 다른 부동산이 존재하는 권역을 말하며, 인근지역과 유사지역을 포함한다.

Ⅲ. 대체성과 경쟁성 및 접근성과 관련한 지역

1. 대체성과 경쟁성 및 접근성의 의의

대체성과 경쟁성은 부동산의 유용성과 가격을 서로 비교하여 다른 부동산으로 바꿀 수 있는 성질을 말한다. 접근성은 상호 비교대상 간의 멀고 가까움의 정도를 의미한다.

2. 대체성과 경쟁성과 관련한 지역

인근지역은 대상부동산이 속한 지역으로 지역적인 측면에서 대체성 및 경쟁성과 관련이 있다. 또한, 유사지역 역시 표준적 이용 및 가격수준과 같은 지역적인 측면에서 대체·경쟁성과 관련이 있다. 반면, 동일수급권의 경우는 지역적인 측면보다 개별적인 측면에서 대상부동산과 대체·경쟁성이 있다는 점에서 관련이 있다.

3. 접근성과 관련한 지역

인근지역은 대상부동산이 속한 지역이기 때문에 지역적인 측면에서 접근성이 우세하다는 관련이 있다. 반면, 유사지역과 동일수급권은 접근성이 아닌 대상부동산이 속한 지역과의 유사성 혹은 대상부동산의 개별적인 특성과의 유사성을 기준으로 구분한다는 점에서 접근성이 완화된다는 점에서 관련이 있다.

Ⅳ. 결

각각의 지역분석 대상은 서로 대체·경쟁관계가 있다. 따라서 지역분석을 통해 정확한 경제적 가치의 도출을 위해서는 인근지역뿐만 아니라 유사지역 및 동일수급권에 대해서도 분석을 병행하는 것이 필요하다고 판단된다.

02 시장가격이 없는 부동산 혹은 재화의 가치를 감정평가하는 방법에 대하여 설명하시오. 20점

1 기출문제 논점분석

A에 대한 감정평가방법을 물어보는 문제유형입니다. 기본적으로 감정평가방법에 대해서 물어보는 경우에는 전통적인 3방식에 대한 설명이 필요합니다. 다만, A에 해당하는 물건의 특성이 "시장가격이 없는 부동산 혹은 재화"에 해당하기 때문에 거래사례비교법을 설명하는 것이 어려울 것입니다. 전통적인 3방식에 대한 설명이 끝난 경우라면 새로운 감정평가방법에 대하여 다양하게 설명해주는 것이 좋습니다.

2 예시답안 목차

Ⅰ. 서

Ⅱ. 시장가격이 없는 부동산 혹은 재화의 의의 및 특징

1. 시장가격이 없는 부동산 혹은 재화의 의의
2. 시장가격이 없는 부동산 혹은 재화의 특징

Ⅲ. 전통적인 감정평가방법

1. 원가법
2. 수익환원법

Ⅳ. 새로운 감정평가방법

1. HPM
2. CVM
3. TCM
4. ABM

Ⅴ. 결

3 예시답안

Ⅰ. 서

감정평가방법은 감정평가 3방식이라는 이론적 체계를 바탕으로 발전해왔다. 그러나 전통적인 평가방식인 3방식만으로는 현실의 부동산시장에서 형성되는 가치를 찾아내기에는 한계가 있었고, 시장가격이 없는 재화와 같은 특수한 물건 평가에 어려움이 존재했다. 이하에서는, 특수한 경우인 시장가격이 없는 재화의 가치를 감정평가하는 전통적인 방법과 새로운 방법에 대해 설명하고자 한다.

Ⅱ. 시장가격이 없는 부동산 혹은 재화의 의의 및 특징

1. 시장가격이 없는 부동산 혹은 재화의 의의

시장가격이란 매수자와 매도자가 시장에서 상호합의한 거래금액을 말한다. 따라서 시장가격이 없는 부동산 혹은 재화는 거래대상이 되지 않거나 제한되어서 시장성이 없는 물건을 의미한다.

2. 시장가격이 없는 부동산 혹은 재화의 특징

시장가격이 없는 부동산 혹은 재화의 경우는 시장성이 없기 때문에 거래사례가 존재하지 않는다. 따라서 감정평가 3방식 중에서 거래사례를 전제로 하는 비교방식을 사용할 수 없다는 특징이 있다. 이하, 거래사례비교법을 제외한 전통적인 감정평가방법 및 새로운 평가방법에 대해 설명한다.

Ⅲ. 전통적인 감정평가방법

1. 원가법

원가법이란 대상물건의 재조달원가에 감가수정을 하여 대상물건의 가액을 산정하는 감정평가방법을 말한다. 기준시점에서 시장가격이 없는 재화를 취득하기 위해 소요된 재조달원가에서 감가수정을 하여 산정할 수 있다. 이때 재조달원가 산정 시에는 대체원가 · 복제원가 중에서 적절한 방식을 적용해야 하며, 감가수정 시에는 물리 · 기능 · 경제적 감가 및 관찰감가법 병용을 고려해야 한다.

2. 수익환원법

수익환원법이란 대상물건이 장래 산출할 것으로 기대되는 순수익이나 미래의 현금흐름을 환원하거나 할인하여 대상물건의 가액을 산정하는 감정평가방법을 말한다. 시장가격이 없는 재화를 통해 얻게 되는 수익이 있는 경우 이를 기준으로 적절한 환원율을 적용하여 산정할 수 있다. 수익 산정 시에는 운영경비 등을 차감해야 하며, 자본환원율 산정 시에는 시장가격이 없음에 따른 적절한 위험률을 가산해서 산정해야 한다.

Ⅳ. 새로운 감정평가방법

1. HPM

평가대상 부동산의 가격결정에 영향을 미치는 직 · 간접적인 요인들을 계량화하고, 이를 함수화하여 평가가격을 도출하는 평가법이다. 이 평가방법은 화력발전소의 입지결정, 쓰레기 매립장, 공항 주변의 소음과 관련된 문제 등을 논리적으로 설명하고 평가하는 데 유용하게 사용되고 있다.

2. CVM

조건부 가치측정법은 공공적 자산과 환경적 재화에 부여된 객관적 가치를 측정하기 위해서 창안되었다. 이 방식은 설문조사를 통하여 개개인이 특정한 재화나 부동산에 가진 호감도와 현금지불의사를 확인하는 방법으로 자산을 평가한다.

3. TCM

여행비용 접근법은 시장적인 가치평가가 곤란한 재화의 가치를 추정하기 위해서 수요자의 소비행위를 가치측정방식에 원용하는 방법을 사용하고 있다. 이 평가기법은 야외활동과 휴양에 관련된 환경적 재화의 가치평가에 주로 사용되고 있다.

4. ABM

회피행동 분석법은 가계생산함수모형을 이용하여 환경적 요소와 결부된 가치를 측정하는 평가방법이다. 이 방법은 주로 환경적 재화, 예를 들어 수돗물의 수질, 대기오염 및 지하수의 오염과 같은 생활환경적 재화의 가치를 측정하는 데 사용된다.

Ⅴ. 결

시장가격이 없는 재화와 같이 평가대상이 확대되며 수요자의 요구가 다원화되는 상황에서 전통적인 평가방법은 많은 한계가 있다. 다양성의 확대에 발맞추어 가치평가에 있어서도 새로운 평가방법의 도입이 필요하다.

03 다음 물음에 답하시오. 20점

1) 감정평가 시 대상물건을 분류하는 목적을 설명하시오. 5점

2) 일괄평가, 구분평가 및 부분평가의 사례를 서술하시오. 15점

1 기출문제 논점분석

대상부동산을 분류하는 과정은 감정평가 절차에 있어서 기본적 사항의 확정과 관련된 내용입니다. 감정평가의 각 과정의 최종목적은 정확한 시장가치 산정에 있다는 점을 고려해본다면 접근할 수 있는 문제에 해당합니다. 또한, A에 관한 사례를 제시하는 문제유형의 경우는 단순히 다양한 사례를 제시한다고 좋은 점수를 받을 수 없습니다. 항상 해당 사례에 해당하기 위한 "요건"을 암기해두어야 하며, 제시한 사례와 해당 요건이 충족되는지 여부를 반드시 포섭해주어야 합니다.

2 예시답안 목차

Ⅰ. 서

Ⅱ. 『물음 1』

1. 감정평가의 신뢰성
2. 대상부동산의 확정

Ⅲ. 『물음 2』

1. 일괄평가의 의의 및 사례
   1) 일괄평가의 의의(감정평가에 관한 규칙 제7조 제2항)
   2) 일괄평가의 사례
      (1) 구분소유부동산의 평가
      (2) 공장재단의 평가
2. 구분평가의 의의 및 사례
   1) 구분평가의 의의(감정평가에 관한 규칙 제7조 제3항)
   2) 구분평가의 사례
      (1) 공법상 제한을 받는 토지의 평가
      (2) 선박의 평가
3. 부분평가의 의의 및 사례
   1) 부분평가의 의의(감정평가에 관한 규칙 제7조 제4항)

2) 부분평가의 사례

(1) 공유지분토지의 평가

(2) 보상목적 시 잔여지의 평가

Ⅳ. 결

3 예시답안

Ⅰ. 서

「감정평가에 관한 규칙」 제7조에서는 대상물건을 감정평가하는 경우에는 물건별로 평가하여야 한다고 규정하여, 개별평가를 원칙적인 방법으로 규정하고 있다. 다만, 예외적인 경우 일괄·구분·부분평가를 할 수 있도록 규정하고 있다. 이하에서는, 감정평가를 체계적으로 분류하는 목적 및 일괄·구분·부분평가의 사례를 설명하고자 한다.

Ⅱ. 『물음 1』

1. 감정평가의 신뢰성

감정평가방법의 체계화에 기여함으로 이론의 구성에 대한 지침을 제공한다. 감정평가활동의 목표를 명백히 함으로써 감정평가활동의 능률화에 기여하게 되고 궁극적으로는 감정평가의 신뢰성을 향상시킬 수 있다.

2. 대상부동산의 확정

감정평가의 분류는 대상부동산을 확정하는 데 유용하다. 감정평가에 있어 시발점이면서 가장 중요한 절차가 바로 기본적 사항의 확정인데 그중에서도 특히 대상부동산의 확정이 중요하다. 대상부동산이 명확하게 정의되고 확정되지 않으면 향후 책임소재와 관련하여 민원과 법적 분쟁의 대상이 될 수 있기 때문이다. 감정평가의 분류가 명확하게 되어 있으면 이를 바탕으로 감정평가의 목적, 조건 등에 따라 대상부동산의 확정이 용이하게 된다.

Ⅲ. 『물음 2』

1. 일괄평가의 의의 및 사례

1) 일괄평가의 의의(감정평가에 관한 규칙 제7조 제2항)

둘 이상의 대상물건이 일체로 거래되거나 대상물건 상호 간에 용도상 불가분의 관계가 있는 경우에 일괄로 평가하는 것을 의미한다. 이때 용도상 불가분의 관계라는 의미는 일단의 용도로 이용되고 있는 상황이 사회적, 경제적, 행정적 측면에서 합리적이고 토지의 가치 형성적 측면에서도 타당하다고 인정되는 관계에 있는 경우를 의미한다.

2) 일괄평가의 사례

(1) 구분소유부동산의 평가

구분소유부동산의 경우는 건물부분과 토지부분인 대지권이 일체로 거래된다. 따라서 일단의 용도로 이용되고 있는 상황이 거래관행상 사회적으로 타당하기 때문에 일괄감정평가의 사례에 해당한다.

(2) 공장재단의 평가

공장재단은 개별평가가 원칙이지만, 지속적인 수익이 인정되는 경우에는 일괄하여 수익환원법 적용이 가능하다. 공장재단은 결국 일체로 운영되어 사업수익 발생을 목적으로 하기 때문에 경제적인 측면에서 용도상 불가분의 관계가 있다고 판단된다. 따라서 일괄감정평가의 사례에 해당한다.

2. 구분평가의 의의 및 사례

1) 구분평가의 의의(감정평가에 관한 규칙 제7조 제3항)

구분감정평가란 하나의 대상물건이라도 가치를 달리하는 부분이 있는 경우에 이를 구분하여 감정평가하는 것을 의미한다.

2) 구분평가의 사례

(1) 공법상 제한을 받는 토지의 평가

공법상 제한은 행정적 요인으로 토지가치에 영향을 미치게 된다. 특히 용도지역이 다른 경우는 하나의 토지라도 건폐율과 용적률 등의 차이가 발생하여 가치를 달리한다. 따라서 구분평가의 사례에 해당한다.

(2) 선박의 평가

선박 역시 일체의 대상물건이지만, 선박을 구성하는 선체와 기관, 의장은 각각 그 구성과 가치를 달리하게 된다. 따라서 구분평가의 사례에 해당한다.

3. 부분평가의 의의 및 사례

1) 부분평가의 의의(감정평가에 관한 규칙 제7조 제4항)

일체로 이용되고 있는 대상물건의 일부분에 대하여 감정평가하여야 할 특수한 목적이나 합리적인 이유가 있는 경우에 그 부분에 대하여 감정평가하는 것을 의미한다.

2) 부분평가의 사례

(1) 공유지분토지의 평가

「민법」상 공유는 물건의 지분에 의하여 수인의 소유로 귀속되고 있는 공동소유의 형태를 말한다. 공유지분토지는 하나의 토지를 2인 이상의 다수인이 공동으로 소유하고 각 공유자가 지분을 가지고 있는 토지를 의미한다. 공유지분을 감정평가할 때는 대상토지 전체의 가액에 지분비율을 적용하여 감정평가하므로 부분평가의 사례에 해당한다.

(2) 보상목적 시 잔여지의 평가

잔여지란 공익사업에 편입되고 남은 토지를 의미한다. 이 역시도 피수용자의 재산권으로서 공익사업의 시행으로 인한 손실을 보상한다는 정당보상이라는 특수한 목적이 있으므로 부분평가의 사례에 해당한다.

Ⅳ. 결

감정평가 시에는 대상물건의 확정 및 적용하는 감정평가방법에 따라 산정되는 가치가 달라질 수 있다. 따라서 대상물건의 경제적 가치를 판정하는 과정에 있어서는 「감정평가에 관한 규칙」 제7조에 따른 요건을 검토하여 적절한 방식을 선택하여 정확한 시장가치를 도출할 수 있도록 유의해야 한다.

04 정부가 부동산시장에 개입하는 이유에 대하여 설명하시오. 10점

1 기출문제 논점분석

기본서에 있는 내용이기 때문에 암기된 내용을 활용해도 무방합니다. 다만, 항상 시험장에서 모르는 내용이 나오더라도 어떻게 답안을 작성할지에 대한 연습은 미리 돼있어야 합니다. 특히 정부가 부동산시장에 개입하는 이유는 부동산시장으로부터 찾아야 합니다. 다른 재화가 아닌 "부동산"이라는 점과 그로 인한 부동산시장의 특징 및 기능 등 다양한 일반론을 활용하면 됩니다.

2 예시답안 목차

Ⅰ. 서

Ⅱ. 부동산시장의 의의

Ⅲ. 정부가 부동산시장에 개입하는 이유

1. 부동산의 개별적인 특성
2. 부동산시장의 불완전성
3. 부동산시장의 자원배분 기능

3 예시답안

Ⅰ. 서

감정평가는 시장상황을 파악하여, 시장참가자들의 거래관행을 반영하는 경제적 가치를 추계하는 것을 목적으로 한다. 하지만 부동산시장은 부동산의 특성으로 인하여 일반재화시장과 구별되는 특징을 가지고 있는 바, 정부의 정책적인 개입이 필요하다. 이하, 물음에 답한다.

Ⅱ. 부동산시장의 의의

부동산시장이란 양 · 질 · 위치 등 제 측면에서 유사한 부동산에 대하여 그 가격이 균등해지려는 경향이 있는 지리적 구역으로 정의된다. 이러한 부동산시장은 부동산이 지니고 있는 자연적 특성으로 인하여 일반상품시장과는 다른 특징을 가진다.

Ⅲ. 정부가 부동산시장에 개입하는 이유

1. 부동산의 개별적인 특성

부동산시장에서 거래되는 재화인 부동산은 개별성으로 인해 사정개입이 용이하고, 투기적인 거래가 발생할 가능성이 높다. 또한, 이로 인해 거래의 은밀성이 높고 그 성질상 고도로 사적인 경향을 띠고 있다. 이로 인해 부동산 거래에 있어 문제가 발생할 수 있는바 정부의 부동산시장 개입이 필요할 수 있다.

Ⅲ. 『물음 2』

1. 도시성장 및 발전이론

(1) 동심원이론

(2) 선형이론

(3) 다핵심이론

2. 도시성장 및 발전과 연계한 부동산의 생산성

(1) 동심원이론과 연계한 부동산의 생산성

(2) 선형이론과 연계한 부동산의 생산성

(3) 다핵심이론과 연계한 부동산의 생산성

Ⅳ. 결

3 예시답안

Ⅰ. 서

감정평가 시에는 시장가치의 전제가 되는 최유효이용과 감정평가 3방식 적용에 있어서 필요한 자료를 수집하기 위해 시장분석이 필요하다. 특히 이러한 시장분석은 도시성장 및 발전에 따라 대상부동산의 생산성이 달라지므로, 중요성이 높다고 할 수 있다. 이하, 물음에 답한다.

Ⅱ. 『물음 1』

1. 시장분석과 시장성분석의 개념

시장분석이란 대상물건에 대한 차별화 및 세분화를 거쳐 대상부동산의 수요와 공급상황을 분석하는 것을 말한다. 시장성분석은 시장분석에 기초하여 대상부동산의 매매 및 임대차 가능성을 분석하는 것을 말한다.

2. 시장분석과 시장성분석의 공통점

(1) 부동산의 특성 측면에서의 공통점

감정평가의 대상이 되는 부동산은 시장에서 거래되는 재화로서 경제재의 성격을 지니기 때문에 수요와 공급에 대한 분석이 중요하다. 따라서 시장에서의 수요와 공급을 분석하는 시장분석과 시장성분석은 경제재로서 부동산의 특성을 반영하였다는 공통점이 있다.

(2) 최유효이용 측면에서의 공통점

시장분석과 시장성분석은 시장에서 대상부동산에 대한 충분한 수요가 있는지를 파악하여 최종적으로는 현재의 이용이 최유효이용에 해당하는지를 판단하는 작업이다. 즉, 양자는 모두 감정평가 시 전제가 되는 최휴효이용 여부 판단에 목적이 있다는 공통점이 있다.

(3) 시장가치 측면에서의 공통점

감정평가 시에는 시장가치를 판정하게 되며, 이때의 시장가치는 일반적인 부동산이 거래되는 불완전경쟁시장으로서 통상적인 시장을 전제로 한다. 따라서 시장분석과 시장성분석은 시장가치를 도출하기 위한 전제로서 시장을 분석하는 과정이라는 공통점이 있다.

3. 시장분석과 시장성분석의 차이점

(1) 분석 범위 측면에서의 차이점

시장분석은 대상부동산이 속한 지역의 수요 및 공급상황을 분석하는 것으로 거시적 분석에 해당한다. 반면, 시장성분석은 대상부동산 자체에 대해 분석한다는 점에서 미시적 분석이라는 차이점이 있다.

(2) 분석 목적 측면에서의 차이점

시장분석은 수요와 공급을 분석하는 것을 목적으로 하며, 상품의 특성에 따라 부동산을 구별하는 차별화와 소비자를 범주화하여 구별하는 세분화가 핵심적인 비중을 차지한다. 반면, 시장성분석은 시장상황에서 매매되거나 임대될 수 있는 가능성 및 능력을 조사하는 것으로 포착률 예측이 목적이라는 점에서 차이점이 있다.

(3) 분석 내용 측면에서의 차이점

시장분석은 차별화에 해당하는 생산성분석과 세분화에 해당하는 시장획정을 거쳐 수요와 공급 및 이들 사이의 균형을 분석하는 과정을 거친다. 반면, 시장성분석은 포착률 예측을 하는 과정을 거친다는 차이점이 있다. 이때 포착률이란 특정 유형의 부동산에 해당하는 잠재적인 전체시장에서 대상부동산이 차지하고 있거나 차지할 것으로 예상되는 비율을 말한다.

Ⅲ. 『물음 2』

1. 도시성장 및 발전이론

(1) 동심원이론

도시는 중심지에서 동심원상으로 확대되어 성장하는 경향이 있다는 이론으로, 버제스 등이 전개한 이론이다. 이 이론은 튀넨의 농촌의 토지이용구조를 도시의 토지이용구조에 적용시킨 것으로 토양의 균일성, 균질적인 지형, 수송비 조건의 동일성이 전제된다. 도시는 중심지로부터 원을 그리며 성장하고, 중심지에서 멀수록 접근성과 지대 및 인구밀도가 낮아진다는 것을 내용으로 한다.

(2) 선형이론

선형이론이란 도시가 교통망의 축에 따라서 확대·성장되는 현상을 중시하며, 호이트가 전개한 이론이다. 이 이론은 동질적인 도심에서 시작되어 점차 교통망을 따라 확대, 성장하며 원을 변형한 부채꼴 모양으로 도시가 성장한다는 것을 내용으로 한다.

(3) 다핵심이론

다핵심이론이란 도시에 있어서 그 이용형태는 어떤 지역 내에서 여러 개의 핵을 형성하면서 지역공간을 구성해 간다는 이론으로, 해리스와 울만에 의해 전개되었다. 도시는 유사토지이용군별로 여러 개의 핵을 형성하면서 지역공간을 형성해간다는 이론으로, 유사토지이용군은 서로 흡인력을 가지고 동질적인 집단을 형성한다는 것을 내용으로 한다.

PART 02

2. 도시성장 및 발전과 연계한 부동산의 생산성

(1) 동심원이론과 연계한 부동산의 생산성

도심에서 멀어질수록 접근성, 지대, 인구밀도가 낮아지게 됨에 따라 현실적으로 도심주변은 피폐화가 발생하고, 도심근교는 쾌적한 주거환경이나 교통정리가 잘 반영되게 된다. 즉, 도시의 정치・경제・문화적인 중심관리기능이 집합되어 있는 CBD를 중심으로, 상공업지대와 같이 생산성이 결정되고, 외곽지로 이동할수록 주거지대로 생산성이 결정되게 된다.

(2) 선형이론과 연계한 부동산의 생산성

도로 교통망의 발달에 따라서 부동산의 생산성이 결정되게 된다. 즉, 고수준의 주택은 기존 교통망이 발달된 도시 내의 고급경관지대에 입지하고, 중수준의 주택은 고수준 주택의 인근에 입지하며, 저수준의 주택은 고수준 주택의 반대편에 입지하게 된다. 즉, 교통망이 우세할수록 고수준 주택지나 중심업무지구로 생산성이 결정되며, 교통망이 열세할수록 저수준 주택으로 생산성이 결정되게 된다.

(3) 다핵심이론과 연계한 부동산의 생산성

저소득층이 거주하는 지역은 경공업지역과 인접하게 되며, 중공업지역과 고소득층 주거지역은 정반대의 지역에 입지하게 된다. 그리하여 각각의 핵을 이루고 있는 집단은 각 지역의 특성에 알맞게 전문화된다. 또한, 하나의 핵이 이루는 곳에 교통망이 모이게 되고 해당 지역은 주거・상업지역 등 토지이용군이 형성되어 생산성이 결정되게 된다.

Ⅳ. 결

시장분석과 시장성분석은 정확한 최유효이용의 파악을 위해 중요한 절차에 해당한다. 하지만 시장분석을 하는 경우 여전히 과거의 자료에 기반하여 분석하는 경향이 있으며, 불필요한 자료 수집을 통해 시간이 오래 소요되는 한계점도 존재한다. 정확한 시장가치 추계를 위해 이에 대한 개선이 필요하다.

02 **수익성 부동산의 가치는 할인된 현금흐름(DCF)과 순운영소득(NOI)을 이용하여 구할 수 있고, 이 가치들은 대부기관의 담보가치 결정 기준이 된다. 다음 물음에 답하시오.** 20점

1) 이때 두 평가방법으로 구한 부동산의 담보가치를 비교하여 설명하시오. 10점

2) 담보가치의 결정에서 고려해야 할 사항들에 대하여 설명하시오. 10점

1 기출문제 논점분석

『물음 1』은 담보가치의 비교이지만 사실상 자본환원방법에 차이가 있기 때문에 직접환원법과 할인현금흐름분석법을 비교하는 문제라고 보면 됩니다. 특히 비교라고 하고 있으므로 원칙적으로는 공통점과 차이점을 서술해주면 됩니다.

『물음 2』는 담보가치의 결정에서 고려해야 할 사항이므로 감정평가 시 유의사항을 묻는 유형이라고 보면 됩니다. 특히 감정평가 목적이 담보라는 점과 구체적인 감정평가방법으로 수익환원법이 주어졌기 때문에 이에 대한 반영이 필요합니다.

2 예시답안 목차

Ⅰ. 서

Ⅱ. 『물음 1』

1. 직접환원법과 DCF법의 의의
2. 두 평가방법으로 구한 담보가치의 비교
    1) 공통점
        (1) 시장 증거에 기초
        (2) 예측 · 변동의 원칙
    2) 차이점
        (1) 금융 및 세금조건의 반영
        (2) 환원율과 할인율

Ⅲ. 『물음 2』

1. 직접환원법 적용 시 고려사항
    1) 순영업소득 산정 시 고려사항
    2) 자본환원율 산정 시 고려사항

2. 할인현금흐름분석법 적용 시 고려사항

1) 현금흐름 산정 시 고려사항

2) 자본환원율 산정 시 고려사항

Ⅳ. 결

3 예시답안

Ⅰ. 서

담보평가는 특정 물건에 담보권 설정을 통해 대출을 실행하기 위하여 진행하는 평가이다. 이는 담보물건의 안정성 및 환가성을 고려하여 감정평가를 해야 하는 바 이에 대한 이해는 중요하다고 할 수 있다. 이하, 담보평가와 관련된 물음에 답한다.

Ⅱ. 『물음 1』

1. 직접환원법과 DCF법의 의의

직접환원법이란 단일기간의 순수익을 적절한 환원율로 환원하여 대상물건의 가액을 산정하는 방법을 말한다. DCF법이란 대상물건의 보유기간에 발생하는 복수기간의 순수익과 보유기간 말의 복귀가액에 적절한 할인율을 적용하여 현재가치로 할인한 후 더하여 대상물건의 가액을 산정하는 방법을 말한다.

2. 두 평가방법으로 구한 담보가치의 비교

1) 공통점

(1) 시장 증거에 기초

두 평가방법으로 구한 담보가치는 모두 안정성과 환가성을 고려하여 수익성 부동산이 실제 발생시키고 있는 단일기간 혹은 복수기간의 수익을 기반으로 산정되었다. 따라서 양자는 모두 시장증거를 활용한다는 공통점이 있다.

(2) 예측 · 변동의 원칙

예측 · 변동의 원칙이란 부동산의 가치는 장래에 어떻게 이용될 것인가에 대한 예측과 시장상황의 영향을 받아 변동한다는 원칙을 말한다. 직접환원법은 순수익과 환원율 산정에 있어서, DCF법은 매기 현금흐름과 재매도가격 및 할인율 산정에 있어서 향후 안정성과 환가성이 고려된 예측 및 변동성을 반영한다는 점에서 공통점이 있다.

2) 차이점

(1) 금융 및 세금조건의 반영

직접환원법은 담보가치 산정에 있어서 채무자의 개별적인 금융이나 세금조건을 반영하기 어렵지만, 할인현금흐름분석법은 BTCF나 ATCF를 활용하여 개별적인 금융이나 세금조건을 반영할 수 있다는 차이점이 있다.

(2) 환원율과 할인율

직접환원법은 한 해 소득을 환원할 때 사용하는 환원율을 적용하여 담보가치 산정에 있어서 향후 안정성이나 환가성에 의한 변동 및 불확실성을 환원율에 모두 반영한다. 반면, 할인현금흐름분석법은 변동성은 현금흐름에 반영하나, 불확실성은 할인율에 반영한다는 차이점이 있다.

Ⅲ. 『물음 2』

1. 직접환원법 적용 시 고려사항

1) 순영업소득 산정 시 고려사항

순영업소득은 대상부동산으로부터 장래 기대되는 유효총수익에서 운영경비를 공제하여 산정한다. 여기서 유효총수익은 대상부동산이 완전히 임대되었을 때 얻을 수 있는 가능총수익에서 임차자 전출입 등으로 인한 공실 및 대손충당금을 공제하여 구한다. 담보가치 결정이라는 목적을 고려하여 대출기간 동안의 인근지역의 변화 등 수익에 영향을 줄 수 있는 장래 동향을 예측하여 정확히 판단하여 산정해야 한다.

2) 자본환원율 산정 시 고려사항

직접환원법 적용 시 산정하는 환원율은 시장추출법으로 구하는 것을 원칙으로 한다. 시장추출법은 시장으로부터 직접 환원율을 추출하는 방법으로서 대상부동산과 유사한 최근의 거래사례로부터 환원율을 찾아내는 방법이다. 금리에 민감한 담보가치 결정이라는 목적을 고려하여 자산수익률, 금융시장의 환경 그리고 거시경제적인 변수 등을 고려해야 한다.

2. 할인현금흐름분석법 적용 시 고려사항

1) 현금흐름 산정 시 고려사항

전형적인 보유기간 동안의 순영업소득과 보유기간 경과 후 재매도가치를 산정해야 한다. 이때 재매도가치의 산정방법으로 내부추계법과 외부추계법이 있으며, 외부추계법 적용 시에는 담보가치 결정이므로 안정성과 환가성 및 금리와 연관되는 성장률과 인플레이션의 관계 등을 고려해야 한다.

2) 자본환원율 산정 시 고려사항

할인율은 투자자조사법, 투자결합법, 시장에서 발표된 할인율 등을 고려하여 산정해야 하며, 재매도가치 산정을 위한 최종환원율은 환원율에 장기위험프리미엄, 성장률, 소비자물가상승률을 고려하여 결정한다. 담보가치 결정이라는 목적을 고려하여 금리 추세 등 금융환경의 변화 그리고 GDP성장률, 소비자물가지수 상승률 등의 거시경제적인 상황에 따른 부동산시장의 변동요인도 고려해야 한다.

Ⅳ. 결

담보평가 시 수익환원법을 적용하는 경우 특히 향후 대상물건의 안정성과 환가성을 고려해야 하며, 수익환원법 역시 장래 예상되는 현금흐름에 대한 예측을 해야 한다. 따라서 매기 현금흐름을 산정하는 과정에서 일정부분 보수적인 접근이 필요하다고 판단된다.

Chapter

03 제13회 기출문제 답안

01	최근 상업용 부동산의 가치평가에서 수익방식의 적용이 중시되고 있는바 수익방식에 대한 다음 사항을 설명하시오. 20점 1) 수익방식의 성립근거와 유용성 2) 환원율과 할인율의 차이점 및 양자의 관계 3) 할인현금수지분석법(DCF)의 적용 시 재매도가격의 개념 및 구체적 산정방법 4) 수익방식을 적용하기 위한 조사자료 항목을 열거하고 우리나라에서의 수익방식 적용의 문제점

1 기출문제 논점분석

Ⅰ. 『물음 1』

수익방식과 관련된 일반론을 물어보는 기본적인 문제입니다. 이 중에서 수익방식의 성립근거를 작성하시는 경우에는 수익성의 원리에 기반한다는 점은 누락 없이 작성해주셔야 합니다.

Ⅱ. 『물음 2』

환원율과 할인율의 차이점에 있어서는 변동성 반영에 있어서 처리방법이 상이하다는 점이 누락 없이 작성되어야 하며 양자의 관계에 대해서는 환원율은 할인율과 자본회수율의 합이라는 점을 기준으로 작성해주셔야 합니다.

Ⅲ. 『물음 3』

재매도가격의 개념을 설명하는 경우에는 기말복귀가액의 개념과 엄밀하게 구분해주시는게 필요하며 산정방법은 내부추계법과 외부추계법의 두 가지로 구분해주시면 됩니다.

Ⅳ. 『물음 4』

수익방식을 적용하기 위한 조사자료 항목과 문제점 모두 수익방식이라는 구체적인 감정평가방법이 제시되었으므로 수익방식의 절차를 기준으로 접근해주시면 됩니다. 즉, 순수익을 산정하는 경우와 자본환원율을 산정하는 경우 어떠한 조사자료 항목과 문제점이 있는지를 생각해주셔야 합니다.

2 예시답안 목차

Ⅰ. 서

Ⅱ. 『물음 1』

1. 수익방식의 성립근거
   (1) 수익성의 원리
   (2) 한계효용학파와 예측 · 변동 및 대체의 원칙
2. 수익방식의 유용성
   (1) 거래사례비교법에 대한 검증수단
   (2) 가치추계 및 비가치추계에 대한 적용 가능성

Ⅲ. 『물음 2』

1. 환원율과 할인율의 의의
2. 환원율과 할인율의 차이점
   1) 환원방법
   2) 위험반영
3. 환원율과 할인율의 관계
   1) 자본회수율의 의의
   2) 환원율과 할인율의 관계

Ⅳ. 『물음 3』

1. 재매도 가격의 개념
   (1) 재매도 가격의 개념
   (2) 기말복귀가액과의 구분
2. 구체적 산정방법
   (1) 내부추계법
   (2) 외부추계법

Ⅴ. 『물음 4』

1. 수익방식을 적용하기 위한 조사자료
   1) 순수익 산정 시 조사자료
   2) 자본환원율 산정 시 조사자료

2. 우리나라에서의 수익방식 적용의 문제점

1) 순수익 산정 시 문제점

2) 자본환원율 산정 시 문제점

Ⅵ. 결

3 예시답안

Ⅰ. 서

최근 임대소득에 대한 관심이 증가함에 따라 수익형 부동산의 수가 증가하고 있고, 이러한 시장상황으로 인해 감정평가 시에도 수익방식 적용에 대한 필요성이 증가하고 있다. 따라서 수익방식에 대한 이해가 중요한 바, 이하 물음에 답하고자 한다.

Ⅱ. 『물음 1』

1. 수익방식의 성립근거

(1) 수익성의 원리

수익성의 원리란 대상물건의 가치는 어느 정도의 수익이 발생하는지에 의해 결정된다는 원리를 의미한다. 수익방식의 경우에는 순수익과 같이 대상 부동산이 발생시키는 수익을 환원하여 가액을 구하므로 이러한 수익성의 원리가 수익방식의 성립근거가 된다.

(2) 한계효용학파와 예측 · 변동 및 대체의 원칙

① 한계효용학파는 단위당 재화를 추가로 소비함으로 인한 한계효용에 의해 대상물건의 가치가 정해진다고 보았으며, 수익방식은 부동산으로 인한 임대료와 같은 편익을 활용한다는 점에서 한계효용학파가 성립근거가 된다.

② 추가적으로 장래 수익을 예상한다는 점과 자본환원율은 산정하는 경우 대체자산의 수익률을 고려한다는 점에서 대체의 원칙이 성립근거가 된다.

2. 수익방식의 유용성

(1) 거래사례비교법에 대한 검증수단

활황 시장인 경우 거래사례에 의한 비준가액은 그 가액이 선행하는 경향이 있다. 따라서 이러한 거래사례비교법에 의한 비준가액이 적절한지 검토하기 위해 수익방식에 의한 수익가액이 유용하다.

(2) 가치추계 및 비가치추계에 대한 적용 가능성

단순히 가치추계만이 아니라 투자 타당성 검토에 해당하는 컨설팅과 같이 비가치추계 업무가 증가하고 있다. 수익방식은 장래 수익성을 고려하여 투자 타당성 검토를 판단할 수 있다는 점에서 유용하다.

Ⅲ. 『물음 2』

1. 환원율과 할인율의 의의

환원율이란 한 해의 수익을 현재가치로 환산하기 위하여 사용되는 율이다. 할인율은 여러 해의 수익을 현재가치로 환산하기 위하여 적용되는 율이다.

2. 환원율과 할인율의 차이점

1) 환원방법

환원율은 직접환원법의 수익가액 및 할인현금흐름분석법의 복귀가액을 산정할 때 한 해의 순수익에서 부동산의 가치를 직접 구할 때 사용하는 율이다. 반면, 할인율은 할인현금흐름분석법에서 여러 기간에 걸쳐 발생하는 미래시점의 각 수익을 현재가치로 환산할 때 사용하는 율이라는 점에서 차이점이 있다.

2) 위험반영

환원율은 미래수익에 영향을 미치는 요인의 변동과 예측에 따른 미래수익에서 발생하는 불확실성을 모두 고려하게 된다. 반면, 할인율은 환원율에 포함되는 변동예측과 예측에 따른 불확실성 중 수익 예상에서 고려되는 연속하는 복수기간에 발생하는 순수익과 복귀가액의 변동예측에 관계된 것을 제외했다는 점에서 차이점이 있다.

3. 환원율과 할인율의 관계

1) 자본회수율의 의의

자본회수율은 매기 회수해야 하는 자본의 크기를 나타내는 비율이다. 상각자산은 시간의 경과에 따라 가치가 소모되므로 그 자산의 가치가 만료되는 경우 투자한 자금은 소멸된다. 따라서 자산의 내용연수 동안 매기에 투자한 자금을 적립하여 회수하여야 한다.

2) 환원율과 할인율의 관계

환원율은 할인율에 자본회수율의 합으로 구성된다는 관계가 있다. 따라서 환원율과 할인율의 관계는 가치의 변동에 따른 자본회수율의 변화에 따라 달라지게 된다.

Ⅳ. 『물음 3』

1. 재매도 가격의 개념

(1) 재매도 가격의 개념

재매도 가격이란 할인현금흐름분석법을 적용하는 경우 전형적인 보유기간 이후에 대상 부동산은 다시 매도하는 경우 예상되는 금액을 의미한다.

(2) 기말복귀가액과의 구분

재매도 가격은 기말복귀가액과 구분되는 개념이다. 재매도가격에서 매도하는 과정에서 발생할 수 있는 중개수수료나 매도비용 등을 최종적으로 차감하게 되면 기말복귀가액을 산정할 수 있다.

2. 구체적 산정방법

(1) 내부추계법

내부추계법이란 보유기간 동안의 현금흐름과 같이 내부자료를 활용하여 재매도 가격을 산정하는 방법을 말한다. 보유기간 이후 초년도의 순수익을 최종환원율로 환원하여 구하게 되며 이 경우 최종환원율은 기입환원율에 장기위험 프리미엄이나 성장률 및 소비자 물가상승률 등을 가산하여 산정한다.

(2) 외부추계법

외부추계법이란 내부자료가 아닌 물가상승률과 같은 외부적인 가격변동률을 활용하여 재매도 가격을 산정하는 방법을 말한다. 초년도의 가격에 보유기간 동안의 인플레이션률 등을 고려하는 방식 혹은 재매도계약서가 존재하는 경우에는 해당 계약조건을 고려하여 산정한다.

Ⅴ. 『물음 4』

1. 수익방식을 적용하기 위한 조사자료

1) 순수익 산정 시 조사자료

가능총수익 산정을 위한 연간 임대료 및 관리비수입과 주차장・광고 등 부동산 운영에 따른 수입자료 및 유효총수익 산정을 위한 공실손실상당액 및 손실충당금, 순수익 산정을 위한 운영경비에 포함되는 인건비, 수도광열비, 보험료 등에 관한 조사자료가 필요하다.

2) 자본환원율 산정 시 조사자료

자본환원율 산정 시 시장추출법을 원칙으로 하기 때문에 유사한 최근의 거래사례, 대상부동산과 대체・경쟁관계에 있는 리츠수익률・주식수익률・회사채수익률・국공채수익률 및 거시경제변수와 관련한 GDP, 소비자 및 생산자물가지수, 환율 등에 대한 조사자료가 필요하다.

2. 우리나라에서의 수익방식 적용의 문제점

1) 순수익 산정 시 문제점

임대료의 경우 경직성, 지연성 등으로 현실의 임대료 수준을 적정하게 나타내지 못하는 경우가 있으므로 최근 계약된 사례를 기준으로 한다. 하지만 실질적으로 계약된 사례의 임대료 내역을 확인하기가 어렵고, 검증제도가 미비하여 그 적정성을 파악하기도 쉽지 않다는 문제점이 있다.

2) 자본환원율 산정 시 문제점

자본환원율 산정 시 원칙적으로 유사한 최근의 거래사례를 활용하는 시장추출법을 적용한다. 하지만 우리나라 부동산시장은 거래정보의 비공개성, 부동산관리의 개념 미정립으로 시장추출법의 적용에 한계가 많다는 문제점이 있다.

Ⅵ. 결

수익방식은 장래 기대되는 편익을 현재가치로 환원한다는 피셔의 정의에도 가장 잘 부합하는 방식이라는 장점이 있다. 다만, 장래 현금흐름 혹은 환원율을 예측하는 과정에서 오류의 가능성이 존재하는 바이에 유의해야 할 것이다.

02 **최근 노후공동주택의 재건축이 사회문제로 대두되고 있는 가운데 재건축의 용적률이 핵심 쟁점이 되고 있다. '토지가치의 극대화'라는 최유효이용의 관점에서 재건축의 용적률이 이론적으로 어떻게 결정되는지를 설명하고, 현실적인 용적률 규제와 주택가격의 상승이 이러한 이론적 적용용적률에 미치는 영향을 설명하시오.** 20점

1 기출문제 논점분석

재건축의 용적률 결정을 최유효이용의 관점에서 서술하도록 요구하고 있으므로, 최유효이용의 단원을 세분화하여 활용가능한 내용이 어떤 것인지 생각해보아야 합니다. 또한, 현실적인 용적률 규제와 주택가격의 상승이 적용용적률에 미치는 영향을 물어보고 있으므로, A가 B에 미치는 영향에 해당하는 접근방식을 생각해야 합니다.

2 예시답안 목차

Ⅰ. 서

Ⅱ. 최유효이용의 관점에서 재건축의 용적률 결정

1. 물리적 이용가능성 관점에서 결정
2. 합법적 이용가능성 관점에서 결정
3. 합리적 이용가능성 관점에서 결정
4. 최대수익성 관점에서 결정

Ⅲ. 현실적인 용적률 규제와 주택가격의 상승이 적용용적률에 미치는 영향

1. 용적률 규제가 적용용적률에 미치는 영향
   1) 용적률 규제의 의의
   2) 용적률 규제가 적용용적률에 미치는 영향
2. 주택가격의 상승이 적용용적률에 미치는 영향
   1) 주택가격 상승의 의의
   2) 주택가격의 상승이 적용용적률에 미치는 영향

Ⅳ. 결

3 예시답안

Ⅰ. 서

최유효이용이란 객관적으로 보아 양식과 통상의 이용능력을 가진 사람이 부동산을 합법적이고 합리적이며 최고·최선의 방법으로 이용하는 것을 말한다. 이를 판단하기 위해서는 물리적·법적·경제적 타당성 및 최대수익성을 고려해야 한다. 이하에서는, 재건축의 용적률이 최유효이용의 관점에서 어떻게 결정되는지와 용적률 규제와 주택가격의 상승이 적정용적률에 미치는 영향에 대해 설명하고자 한다.

Ⅱ. 최유효이용의 관점에서 재건축의 용적률 결정

1. 물리적 이용가능성 관점에서 결정

최유효이용이 되려면 먼저 해당 용적률로 건축하는 것이 물리적으로 가능해야 한다. 이때는 토지의 지반, 지형, 형상 등 자체 특성과 해당 재건축사업에 있어 건축재료의 공법과 같은 인공환경적 요인에 대한 분석이 선행되어야 한다.

2. 합법적 이용가능성 관점에서 결정

대상부동산의 용적률로 이용하는 것이 용도지역제, 건축법 혹은 관련 지방자치단체의 조례와 같은 각종 규제요건에 충족되는 이용이어야 한다. 그런데 현재 용도지역제에서 허용이 안 된다고 해서 무조건 최유효이용이 안 되는 것은 아니고, 향후 규제의 변경가능성까지 고려해야 한다.

3. 합리적 이용가능성 관점에서 결정

해당 용적률로 건축하게 되면서 얻게 되는 편익이 해당 층수까지 건축하는 비용과 철거비용 등의 합보다 커야 한다. 또한, 흡수율분석을 활용할 수도 있는데, 이때 흡수율분석이란 특정지역의 공동주택에 대한 수요와 공급추이를 분석하여 공급된 부동산이 일정기간 동안 얼마나 분양되었는지를 분석하는 것을 의미한다.

4. 최대수익성 관점에서 결정

여러 용적률 중에서 최고의 분양수익을 올릴 수 있는 것으로 결정하게 된다. 또한, 대안적 용적률 중에서 가장 수익이 높다고 무조건 최유효이용이 되는 것은 아니고, 인근의 대체가능한 아파트의 수익과 비슷한 수준은 되어야 한다.

Ⅲ. 현실적인 용적률 규제와 주택가격의 상승이 적용용적률에 미치는 영향

1. 용적률 규제가 적용용적률에 미치는 영향

1) 용적률 규제의 의의

용적률 규제는 도시의 과밀화와 도시기반시설의 부재를 막기 위한 조치로서 직접적인 용적률 상한 규제 혹은 기부채납 요건 등 간접적인 규제가 있다. 이는 가치형성요인 중 행정적 요인에 해당한다.

2) 용적률 규제가 적용용적률에 미치는 영향

용적률 규제는 최유효이용의 판단기준 중 법적 타당성에 영향을 미친다. 즉, 공법상 제한으로서 적정 용적률의 상한 범위를 조정하여, 용적률이 낮아지도록 영향을 미친다.

2. 주택가격의 상승이 적용용적률에 미치는 영향

1) 주택가격 상승의 의의

주택가격의 상승은 재건축 이후 공동주택 분양수입의 증가를 의미하는 것으로, 가치형성요인 중 사회적 요인에 해당한다.

2) 주택가격의 상승이 적용용적률에 미치는 영향

주택가격의 상승은 최유효이용의 판단기준 중 경제적 타당성에 영향을 미친다. 즉, 분양수입이 증가함으로 인해 얻게 되는 편익이 건축 및 철거비용보다 높아지게 되고 이는 적정 용적률이 상승하도록 영향을 미친다.

Ⅳ. 결

재건축사업은 수익성과 특히나 연관성이 많으며, 조합원들 사이에 권리·의무에 있어서도 분쟁이 많은 평가에 해당한다. 따라서 감정평가 시에는 정확한 경제적 가치를 산출하되, 최유효이용의 관점에서 최대의 수익성을 올릴 수 있는 방법에 대해서 반영해야 할 것이라고 판단된다.

03 **감정평가 목적 등에 따라 부동산가격이 달라질 수 있는지에 대하여 국내 및 외국의 부동산 가격 다원화에 대한 견해 등을 중심으로 논하시오.** 20점

1 기출문제 논점분석

목적에 따라 부동산가격이 달라질 수 있는지를 국내 및 외국의 견해를 중심으로 설명하도록 요구하고 있습니다. 따라서 목차 자체에는 국내 및 외국의 견해에 대한 근거가 나와야 합니다. 국내의 견해로는 감정평가에 관한 규칙 제5조 또는 부동산공시법 제8조를 활용하면 되고, 외국은 대표적인 미국 또는 일본의 견해를 활용하면 됩니다.

2 예시답안 목차

Ⅰ. 서

Ⅱ. 국내 및 외국의 부동산가격 다원화에 대한 견해

1. 국내 부동산가격 다원화에 대한 견해
   1) 감정평가에 관한 규칙 제5조
   2) 부동산공시법 제8조
2. 외국의 부동산가격 다원화에 대한 견해
   1) 미국의 경우
   2) 일본의 경우

Ⅲ. 감정평가목적 등에 따라 부동산가격이 달라질 수 있는지 여부

1. 국내 부동산가격 다원화에 대한 견해
   1) 감정평가에 관한 규칙 제5조에 근거
   2) 부동산공시법 제8조에 근거
2. 외국의 부동산가격 다원화에 대한 견해
   1) 미국의 경우에 근거
   2) 일본의 경우에 근거

Ⅳ. 결

3 예시답안

Ⅰ. 서

가치에 대한 개념은 그것이 어떤 상황에서 어떠한 용도로 사용되느냐 그리고 어떤 관점으로 바라보느냐에 따라 달라지는데, 이처럼 가치가 사용되는 상황이나 용도, 바라보는 관점에 따라 개념이 다양하다고 보는 것을 가치의 다원적 개념 또는 가치다원론이라고 한다. 다양한 가치에 대한 이해는 정확한 경제적 가치 판단에 있어 영향을 미치므로 이에 대한 이해는 중요하다. 이하, 물음에 답한다.

Ⅱ. 국내 및 외국의 부동산가격 다원화에 대한 견해

1. 국내 부동산가격 다원화에 대한 견해

1) 감정평가에 관한 규칙 제5조

'시장가치 기준원칙'을 규정하면서도 일정한 요건을 충족한 경우 '시장가치 외의 가치'라는 개념을 규정하여 가치다원론을 인정한다.

2) 부동산공시법 제8조

국가, 지방자치단체, 공공기관 그 밖에 대통령령으로 정하는 공공단체가 다음의 목적을 위하여 지가를 산정하는 경우에는 그 토지와 유사한 이용가치를 지닌다고 인정되는 하나 또는 둘 이상의 표준지공시지가를 기준으로 토지가격비준표를 사용하여 지가를 직접 산정하거나 감정평가업자에게 감정평가를 의뢰하여 산정할 수 있다. 다만, 필요하다고 인정하는 때에는 산정된 지가를 제2호 각 목의 목적에 따라 가감 조정하여 적용할 수 있다.

2. 외국의 부동산가격 다원화에 대한 견해

1) 미국의 경우

미국은 기준가치인 시장가치를 기준으로 보험가치, 과세가치, 사용가치 등 다원적 가치를 정립하고 있다. 또한, 미국의 USPAP에서는 시장가치 이외의 가치로 감정평가할 경우에는 비시장가치에 대한 정의와 그 정의의 출처를 명시하도록 규정하고 있다. 이처럼 미국도 가치의 다원적 개념을 인정하고 있다.

2) 일본의 경우

일본은 가격의 종류들 중 정상가격을 원칙으로 하고 특정가격, 한정가격, 특수가격을 예외로 분류한다. 이 중에서 정상가격을 시장가치로 규정하고 있으며, 특정가격, 한정가격, 특수가격을 비시장가치로 분류하고 있다. 이처럼 일본은 가치의 다원적 개념을 인정하고 있다.

Ⅲ. 감정평가목적 등에 따라 부동산가격이 달라질 수 있는지 여부

1. 국내 부동산가격 다원화에 대한 견해

1) 감정평가에 관한 규칙 제5조에 근거

최근 평가업무가 다양해지고 전문화되어 감정평가사의 업무분야도 점점 세분화됨에 따라 시장가치 외의 가치개념의 중요성이 부각되고 있다. 컨설팅이나 투자 타당성 등과 같이 의뢰인의 요구를 비교적 정확한 기준하에 담아낼 수 있고, 평가업무의 정밀도 측면에서도 감정평가 목적 등에 따라 부동산가격이 달라질 수 있다.

2) 부동산공시법 제8조에 근거

부동산공시법은 지가를 산정하거나 조세를 부과하는 데 있어서 활용되는 기준이다. 이러한 공적인 영역은 특히 국민의 재산권에 영향을 미치기 때문에 중요성이 높다. 과세 목적의 평가는 조세의 형평성·공정성 확보를 목적으로 하기 때문에 필요한 목적에 따라 부동산가격이 달라질 수 있다.

2. 외국의 부동산가격 다원화에 대한 견해

1) 미국의 경우에 근거

부동산가격을 일원화의 개념으로 접근하게 되면 감정평가의 기능과 업무영역을 과도하게 축소시키게 된다. 그러나 사회가 발전함에 따라 현실세계에서 발생하는 복잡하고 다양한 문제들 속에서 보험가치 산정 등과 같이 감정평가의 기능 및 업무영역의 확대가 요구되는 사항을 고려한다면 목적에 따라 부동산가격이 달라질 수 있다.

2) 일본의 경우에 근거

부동산은 가치형성요인이 복잡하고 다양하여 한 가지 가격만이 형성되는 것이 아니다. 정상적인 시장가격이 형성되다가도 개발에 따른 기대감이 과도하게 반영될 경우에는 투기가격이 형성되기도 하고 개별적인 상황에 따라서는 한정가격이 형성되기도 한다. 따라서 목적에 따라 부동산가격이 달라질 수 있다.

Ⅳ. 결

최근 감정평가의 업무범위의 확장 및 수요 증대로 인해 시장가치 외의 가치에 대한 중요성이 증가하고 있다. 감정평가는 다양한 목적에 있어 경제적 가치 판정을 목적으로 하기 때문에 여러 가치의 개념에 대한 이해가 중요하다. 즉, 이러한 가치개념에 대한 이해를 통해 정확한 경제적 가치를 판정할 수 있음에 유의해야 한다.

Chapter 04 제12회 기출문제 답안

> **01** **대체의 원칙이 감정평가과정에서 중요한 지침이 되는 이유를 부동산의 자연적 특성의 하나인 개별성과 관련하여 설명하고 이 원칙이 협의의 가격을 구하는 감정평가 3방식에서 어떻게 활용되는지 기술하시오.** 20점

1 출제위원 채점평

부동산의 가격은 독자적으로 형성되는 것이 아니라 대체 부동산의 가격 또는 대체 재화의 가격과 상관관계를 가지고 형성된다. 부동산투자에 있어서도 은행예금, 주식, 대체 부동산의 동향이 중요하고 대체 재화의 수익률이 기회비용으로서 부동산투자분석을 하는 데 있어서 중요성을 가지고 있다. 따라서 감정평가과정에서 대체 부동산의 동향이 특히 중요시되고 대체 부동산의 영향을 받아서 대상 부동산의 가격이 결정된다는 대체의 원칙은 감정평가에서 중요한 지침이 된다. 그러나 부동산은 그 특성의 하나인 개별성이 있어서 대체성은 제한될 수밖에 없는데 그 제한을 완화시켜주는 역할을 하는 것이 인간의 토지이용을 통한 대체성의 인정이다. 즉, 대체성은 인간의 토지이용을 통한 효용증진과정에서 만들어지며, 대체성의 변화를 통하여 부동산의 최유효이용과 부동산가격이 변화한다. 이 문제는 감정평가과정에서 항상 지침으로 삼고 있는 대체의 원칙에 대한 기본적인 질문에 초점을 두고 있다. 감정평가이론을 공부하는 과정에서 기초가 되는 대체의 원칙에 대한 문제이므로 수험생이라면 누구나 알고 있는 내용이기 때문에 어렵지 않게 답할 것으로 기대하고 출제를 하였다. 기본적이고 평이한 문제이므로 문제에서 요구하는 내용을 논리적으로 일목요연하게 서술하는 것이 관건이다.

이 문제에서는 두 가지 사항을 묻고 있다. 하나는 대체의 원칙이 중요한 지침이 되는 이유를 개별성과 관련하여 설명하는 것이고, 또 하나는 이 원칙이 협의의 가격을 구하는 감정평가 3방식에서 어떻게 활용되는지 하는 것이다.

이 문제에 대한 답안은 대체의 원칙과 개별성에 대한 설명, 대체의 원칙과 개별성의 관계, 감정평가 과정에서 중요한 지침이 되는 이유, 협의의 가격을 구하는 감정평가 3방식에 대한 설명, 대체의 원칙이 협의의 가격을 구하는 3방식에서의 활용내용 등에 대하여 서술하면 될 것이다.

평이한 문제이고 누구나 기본적으로 준비하는 문제이므로 전반적인 답안은 무난하였고 우수한 답안도 가끔 눈에 띄었다. 그러나 내용은 무리가 없으나 목차를 제대로 정한 답안은 극소수였다. 아직도 답안작성 시 자신이 알고 있는 내용을 만연체로 서술만 하면 된다는 식의 답안이 많았는데 이는 경쟁력이 떨어질 수밖에 없다.

서론과 결론은 대부분의 수험생이 목차로 정하고 있었다. 그러나 서론과 결론의 내용은 만족할만한 것이 못되었다. 서론만 읽어도 구체적인 내용은 모르더라도 본문에서 어떠한 내용을 기술할 것인가를 한 눈에 알아볼 수 있어야 한다. 결론도 마찬가지로 결론만 읽어도 이 답안은 어떠한 내용들이 서술되었으며 가장 중요시되는 것은 어떠한 것인가를 한 눈에 알 수 있어야 한다. 서론과 결론은 많은 내용을 서술할 필요가 없고 짧고 함축적인 내용을 담고 있는 것이 좋다.

대체의 원칙은 개별성이 있기 때문에 제한을 받고 토지이용을 통한 개별성의 완화를 통하여 비로소 성립될 수 있는 원칙이기 때문에 개별성과 그 완화과정을 설명해주고 대체의 원칙을 설명하는 것이 순서일 것이다. 목차로 그런 순서로 잡는 것이 순리이다. 대부분의 답안이 대체의 원칙을 먼저 설명하고 개별성을 나중에 설명함으로써 논리적인 설명력이 떨어지고 있었다. 이는 큰 감점요인은 아니나 경쟁이 심할 때는 영향을 미치지 않을 수 없다. 협의의 가격을 구하는 감정평가 3방식에서의 활용을 설명하기 전에 먼저 협의의 가격의 개념과 3방식에서의 활용도 언급한 답안이 있었는데 이는 문제에서 요구하는 내용이 아니고 문제를 제대로 읽지 않은 것이 되므로 불필요한 설명이다.

서론은 비교적 무난하게 작성하고 있다. 대체의 원칙이 감정평가과정상 지침이 되는 이유에서는 소목차를 개별성과 대체의 원칙 및 지침이 되는 이유로 잡았다면 더 좋았을 것이다. 그리고 지침이 되는 이유에 대한 설명이 불명확하다. 부동산은 개별성 때문에 대체성이 제한되나 토지이용측면에서 대체성이 인정되고 대체성이 인정된다면 대체성 있는 유사부동산 간에는 상호 경쟁이 있을 수밖에 없고 경쟁이 있다면 상호 가격 간 영향을 미친다. 따라서 부동산의 가치를 감정평가하는 과정에서 대체 부동산의 가격은 대상 부동산의 가치에 영향을 미치므로 대체의 원칙은 감정평가과정에서 중요한 지침이 되는 것이다.

본 답안의 지침이 되는 이유에서 서술하고 있는 지역분석 과정이나 개별분석 과정에서는 감정평가 3방식에의 활용에서 설명하였으면 더 좋았을 것이다. 대체의 원칙이 감정평가 3방식에서의 활용부분에서 협의의 가격을 구하는 3방식에 대한 개념 정리가 득점요인이 된다. 그러나 많은 분량은 차지할 필요가 없으므로 소목차는 생략해도 별 문제가 없을 것이다. 본 답안에서 3방식에의 활용은 본 문제에서 요구하고 있는 중요한 두 가지 상황 중 하나이므로 소목차를 조금 더 세분화하였다면 좋았을 것이다. 즉, 거래사례비교법에서는 거래사례의 수집, 지역요인의 비교, 개별요인의 비교로 목차를 구성하고, 원가법에서는 재조달원가와 감가수정으로, 수익환원법에서는 순수익과 자본환원율로 세목차를 정하여 설명하는 것이 출제 취지에 맞는 답안이 된다. 많이 안다고 하더라도 논리적이지 못한 설명이라면 불충분한 답안이 될 것이다.

2 기출문제 논점분석

A를 B와 관련하여 설명하지만 각각이 세분화되지 않는 경우라면 전체적인 체계도를 활용해야 합니다. 특히 문제에서 감정평가과정이라고 제시하고 있으므로, 구체적인 경제적 가치를 판정하는 과정에서 어떤 부분과 연결되는지를 확인해야 합니다. 또한, 감정평가 3방식에서 활용되는 내용에 대해서는 각각의 방식마다 구체적인 절차를 나눠서 설명하는 것이 유리합니다.

3 예시답안 목차

Ⅰ. 서

Ⅱ. 개별성과 관련하여 대체의 원칙이 중요한 지침이 되는 이유

1. 개별성과 대체의 원칙의 의의

2. 개별성과 관련하여 대체의 원칙이 중요한 지침이 되는 이유
   1) 부동산의 특성과 관련한 이유
   2) 개별분석과 관련한 이유
   3) 최유효이용의 분석과 관련한 이유

Ⅲ. 대체의 원칙의 감정평가 3방식에서의 활용

1. 감정평가 3방식의 의의
2. 대체의 원칙의 감정평가 3방식에서의 활용
   1) 원가방식에서의 활용
   2) 비교방식에서의 활용
   3) 수익방식에서의 활용

Ⅳ. 결

4 예시답안

Ⅰ. 서

부동산가격은 독자적으로 형성되는 것이 아니라 대체 재화의 가격의 영향을 받아 형성되기 때문에 이와 관련된 대체의 원칙은 중요하다. 이하에서는, 감정평가과정에서 대체의 원칙이 중요한 지침이 되는 이유를 개별성과 관련하여 설명하고, 이 원칙이 협의의 가격을 구하는 감정평가 3방식에서 어떻게 활용되는지를 기술한다.

Ⅱ. 개별성과 관련하여 대체의 원칙이 중요한 지침이 되는 이유

1. 개별성과 대체의 원칙의 의의

개별성이란 지구상에 물리적으로 동일한 복수의 토지는 존재하지 않는다는 부동산의 자연적 특성을 말한다. 또한, 대체의 원칙이란 부동산의 가치는 대체관계에 있는 다른 부동산 또는 재화의 영향을 받아서 결정된다는 원칙을 말한다.

2. 개별성과 관련하여 대체의 원칙이 중요한 지침이 되는 이유

1) 부동산의 특성과 관련한 이유

부동산은 개별성이 있기 때문에 물리적으로 동일한 재화는 존재하지 않는다. 다만, 이용상황에 있어서 유사한 재화는 존재하며, 용도가 유사하기 때문에 서로 대체·경쟁관계를 통해 영향을 미치게 된다. 즉, 용도적 유사성으로 인해 대체의 원칙이 고려되며, 이는 물리적으로 동일한 재화는 없다는 개별성이라는 특성과 관련이 있다.

2) 개별분석과 관련한 이유

개별분석 시에는 개별적·구체적 가치에 미치는 영향을 판정하게 된다. 이 경우 개별적인 요인을 파악하는 데 있어 대체성이 있는 재화도 고려하게 되고, 대체성이 인정된다면 유사부동산 간

에는 상호경쟁이 발생하며 이를 개별요인에 반영하게 된다. 즉, 개별분석 시 대체의 원칙이 고려되며 이는 개별성이라는 특성과 관련이 있다.

3) 최유효이용의 분석과 관련한 이유
최유효이용 분석 시에는 여러 대안 중에서 최고의 수익을 올릴 수 있는 이용으로 결정하게 된다. 다만, 대안적 용도 중에서 무조건 수익이 높다고 최유효이용이 되는 것은 아니고 대체자산의 수익률과도 비교하여 결정하게 된다. 즉, 이 과정에서 대체의 원칙이 고려되며, 이는 부동산의 개별성이라는 특성과 관련이 있다.

Ⅲ. 대체의 원칙의 감정평가 3방식에서의 활용

1. 감정평가 3방식의 의의
감정평가 3방식은 원가법, 적산법 등 비용성의 원리에 기초한 감정평가방식인 원가방식, 거래사례비교법, 임대사례비교법 등 시장성의 원리에 기초한 감정평가 방식인 비교방식, 수익환원법, 수익분석법 등 수익성의 원리에 기초한 감정평가방식인 수익방식이 있다. 이하에서는, 협의의 가격을 구하는 원가법, 거래사례비교법, 수익환원법을 중심으로 설명한다.

2. 대체의 원칙의 감정평가 3방식에서의 활용

1) 원가방식에서의 활용
① 재조달원가 산정 시에 효용의 동일성을 중시하는 대체원가 적용 시에 대체의 원칙이 활용되며, ② 대체관계에 있는 다른 부동산과의 비교를 통해 기능적인 측면에서 감가요인이 있는 경우 기능적 감가를 적용하는 감가수정의 단계에서 대체의 원칙이 활용된다.

2) 비교방식에서의 활용
① 거래사례를 선정하는 과정에서 용도적·기능적인 측면에서 대체관계에 있는 사례를 선정하게 되며, ② 해당 거래사례와 지역요인 및 개별요인을 비교하는 과정에 있어서도 대체의 원칙이 적용된다.

3) 수익방식에서의 활용
① 순수익을 산정하는 과정에 있어서도 유사한 수익성 부동산의 수익을 고려하여 공실률을 고려하는 데 있어서도 인근의 표준적인 부동산의 공실률을 적용하는 과정에서 대체의 원칙이 적용된다. ② 또한, 환원율을 산정하는 과정에 있어서도 대체 투자자산의 수익률을 고려한다는 점에서 대체의 원칙이 적용된다.

Ⅳ. 결

부동산의 가치를 평가하는 과정에 있어서는 가치형성과정의 법칙성인 가격제원칙에 대한 고려가 중요하다. 특히 부동산의 개별성이라는 특성으로 인해 감정평가과정에서 대체의 원칙에 대한 고려를 하기 때문에 이에 대한 이해를 통해 정확한 경제적 가치를 판정할 수 있도록 해야 한다.

02 **토지시장에서 발생하는 불합리한 거래사례는 감정평가 시 이를 적정하게 보정하여야 한다. 현실적으로 보정을 요하는 요인은 어떠한 것이 있으며 이에 대한 의의와 그 보정의 타당성 여부를 논하시오.** 20점

1 출제위원 채점평

사정보정이란 시장가치를 도출하기 위한 감정평가방식을 적용할 경우에 사용되는 작업의 하나로서 비정상적인 요인을 제거하는 작업이다. 즉, 가격산출기초로 제공되는 거래사례나 순수익, 재조달원가에 비정상적인 요인이 개입되어 있을 경우 비정상적인 요인을 제거한 후 비교작업, 수익환원작업, 감가수정작업을 행함으로써 감정평가의 적정화를 기하기 위한 것이다.

이 문제에서는 거래사례에 관련된 문제이므로 그 범위를 3방식으로 넓히지 말고 거래사례비교법을 중심으로 사정보정을 설명하면 될 것이다. 서론에서는 거래사례비교법의 산정과정을 설명하고 산정 과정에서 사정보정이 차지하는 위치를 명백히 한 다음 세 가지 질문에 대하여 간략히 언급하면 된다. 본론에서는 세 가지 질문을 답하도록 요구하고 있다.

첫째는 보정을 요하는 요인을 나열하여 약술하는 것이고, 둘째는 보정요인의 의의를 설명하는 것이고, 셋째는 보정의 타당성 여부를 논하는 것이다. 당연히 이 세 가지 질문은 상호 밀접한 연관성을 가지고 있다.

보정을 요하는 요인은 매수인과 매도인의 정보부재에서 나오는 거래, 부당한 압력에 의한 거래, 정상을 벗어나는 금융조건에 의한 거래, 우연적 개발이익과 관련된 거래, 투기성 거래, 공공사업적 제한으로 인한 거래, 친인척 간의 거래 등을 설명한다.

이에 대한 의의, 즉 거래사례가 비정상적으로 이루어질 수밖에 없는 이유는 부동산의 특성상 불완전경쟁시장이라는 점에서 찾아볼 수 있고, 비정상적 요인을 제거하는 이유는 감정평가가 시장가치를 추구하고 있기 때문이다. 시장가치의 개념을 설명해주어야 보정해주는 의의를 찾을 수 있을 것이다.

이들 보정요인들은 반드시 비정상적인 요인이라고 단정 지을 수는 없으며, 비정상적이라는 점을 제시하면서 보정의 타당성 여부를 논하여야 할 것이다. 특히 사정보정 시에는 감정평가사의 주관성이 개입될 여지가 많으므로 이에 대한 언급도 필요하다.

이 문제의 서술을 논리적으로 하기 위하여는 서론과 결론을 언급하여야 함을 물론이다. 서론에서는 거래사례비교법의 산정과정을 설명하고 산정과정에서 사정보정이 차지하는 위치를 명백히 한 후 다음 세 가지 질문에 대하여 간략히 언급하면 된다.

결론에서는 앞에서 설명한 내용을 간략히 언급한 다음 사정보정을 최소화 또는 적정화시키기 위한 방안(예를 들면 가능한 다수의 거래사례를 수집하여 특별한 사정이나 동기가 개입되어 있지 않은 사례를 채택한다든가 또는 거래사례를 그 지역에 적합하게 표준화보정을 하는 등 여러 가지가 있을 것임)을 한두 가지 논하는 것이 적합한 답안이 될 것이다.

보정요인과 비교요인을 구분하지 못하고 있는 답안이 상당수 있었다. 보정요인은 정상화하는 요인이고 비교요인은 정상화된 상태에서 비교하는 것이다. 예를 들면 지역요인 비교와 개별요인 비교는 적정한 보정이 이루어지고 난 이후에 이루어지는 작업으로서 정상화가 전제되지 않고는 비교하는 것이 무의미하다. 다음으로 보정요인을 나열했으면 그에 대한 최소한의 설명은 해야 하는데 그렇지 못한 답안이 꽤 있었으며 특히 보정요인의 의의와 타당성 여부는 제대로 서술한 답안을 찾아보기 힘들었다.

보정요인은 나타나는 형태가 너무나 다양하고 많기 때문에 수험생들이 그동안 공부한 지식을 최대한도로 동원하여 찾아내야 한다. 대부분의 답안에서 교과서에서 나열하고 있는 천편일률적이고 암기에 의존한 보정요인을 접하다가 간혹 창의적인 보정요인을 설명하는 답안을 볼 때 사막에서 오아시스를 만난 느낌이었다. 대부분의 답안이 목차가 미숙했으며, 그에 대한 설명 또한 미흡했다. 이 문제가 전체 문제 중에서 가장 점수가 저조했다. 보정요인이 생길 수 밖에 없는 이유를 부동산시장 특성에서 찾았다는 것은 득점요인이나, 이 부분을 보정요인의 의의 부분에서 설명하였더라면 보다 논리적인 서술이 되었을 것이다. 거래사례비교법의 한계를 별도의 목차로 삼을 만큼 지면의 여유가 없을 것인데, 이는 시간의 낭비이고 정작 문제에서 요구하는 내용을 제대로 언급하는 데 시간적 어려움이 따를 것이다.

문제의 취지가 사정보정의 요인, 그 의의, 그 타당성 여부인 점에 비추어 이 부분에 대한 설명이 너무 적어 목차구성을 잘못하였을 뿐만 아니라 내용구성도 정밀하지 못하다. 보정의 각 요인을 목차로 잡아 설명한 후 그 의의와 타당성 여부를 설명하는 순서로 목차를 잡는 것이 좋았을 것이다. 이는 시험 답안이 자칫 잘못하면 동문서답이 될 가능성이 커진다. 이럴 경우 당연히 좋은 점수를 얻기는 어려울 것이다.

결론에서도 보정요인을 최소화시키는 방안 또는 보정을 잘하기 위한 방안 등을 언급하는 것이 논하라는 문제의 취지에 맞지 않나 생각한다. 물론 어떻게 보정요인을 최소화시킬 것인가 또는 보정을 잘하기 위한 방안을 구체적으로 제시하는 것은 수험답안에서 쓰기는 무리이기 때문에 성의표시만으로 충분하다.

2 기출문제 논점분석

현실적으로 보정을 요하는 요인은 일종의 사례를 제시하는 문제입니다. 이 경우는 단순히 사례를 제시하는 것이 아닌 왜 보정을 요하는 요인에 해당하는지를 포섭해주어야 합니다. 특히 보정의 타당성 여부는 부동산의 특성 및 시장 등 체계도를 활용하여 관련되는 내용을 찾는 연습을 해야 합니다.

3 예시답안 목차

Ⅰ. 서

Ⅱ. 현실적으로 보정을 요하는 요인

1. 사정보정의 의의

2. 현실적으로 보정을 요하는 요인

   1) 감액해야 할 특수한 사정

   2) 증액해야 할 특수한 사정

   3) 감액 또는 증액해야 할 특수한 사정

Ⅲ. 이에 대한 의의와 보정의 타당성 여부

1. 보정에 대한 의의
   1) 부동산의 개별적인 특성 측면
   2) 부동산시장의 특성 측면
2. 보정의 타당성 여부
   1) 시장가치 개념 측면
   2) 감정평가의 기능적인 측면

Ⅳ. 결

4 예시답안

Ⅰ. 서

사정보정이란 거래사례비교법 적용 시 거치는 절차를 말하며, 거래사례비교법이란 대상물건과 가치형성요인이 같거나 비슷한 물건의 임대사례와 비교하여 대상물건의 현황에 맞게 사정보정, 시점수정, 가치형성요인 비교 등의 과정을 거쳐 대상물건의 가액을 산정하는 감정평가방법을 말한다. 이하에서는, 사정보정과 관련된 물음에 답한다.

Ⅱ. 현실적으로 보정을 요하는 요인

1. 사정보정의 의의

사정보정이란 거래사례에 특수한 사정이나 개별적 동기가 반영되어 있거나 거래당사자가 시장에 정통하지 않은 등 수집된 거래사례의 가격이 적절하지 못한 경우에, 그러한 사정이 없었을 시의 가격수준으로 사례가격을 정상화하는 작업을 말한다.

2. 현실적으로 보정을 요하는 요인

1) 감액해야 할 특수한 사정

영업장소의 한정 등 특수한 이용방법을 전제로 거래한 경우, 극단적인 공급부족 또는 장래에 대한 과도한 낙관적인 견해 등이 반영된 경우, 업자 또는 계열회사 간의 중간이익 취득을 목적으로 거래한 경우, 매수인이 정보의 부족상태에서 과다한 금액으로 거래한 경우 등이 감액해야 할 특수한 사정에 해당한다.

2) 증액해야 할 특수한 사정

매도인이 정보부족으로 과소한 금액으로 거래한 경우 또는 상속 등으로 인해 급매 거래한 경우가 증액해야 할 특수한 사정에 해당한다.

3) 감액 또는 증액해야 할 특수한 사정

인간관계에 의한 은혜적인 거래 시 또는 부적당한 조성비, 수선비 등을 고려하여 거래하거나 조정, 청산, 경매, 공매 등으로 가격이 성립된 경우가 감액 또는 증액해야 할 특수한 사정에 해당한다.

> ✱ 현실적으로 보정을 요하는 사례
>
> 합병을 이유로 후면부의 토지를 매입하는 경우에는 전면부의 토지와 합필을 하겠다는 특수한 사정이 반영되어 있거나, 병합 이후 신축건물을 세우는 등의 개별적인 동기가 반영되어 있는 거래가격일 수 있다. 이는, 병합이라는 사정으로 인해 결정된 적절하지 못한 가격이기 때문에 현실적으로 보정을 요하는 사례에 해당한다.

Ⅲ. 이에 대한 의의와 보정의 타당성 여부

1. 보정에 대한 의의

1) 부동산의 개별적인 특성 측면

토지는 물리적으로 동일한 재화가 없는 개별적인 특성을 지닌다. 따라서 개별성으로 인해 거래 시 개별적인 조건들이 반영되는 경우가 존재한다. 사정보정은 이러한 개별성으로 인한 개별적인 조건들을 정상화한다는 측면에서 의의가 있다.

2) 부동산시장의 특성 측면

부동산시장은 토지의 특성으로 인해 거래가 비공개되거나 사정이 개입된 거래사례가 많이 발생한다. 즉, 부동산시장의 불완전성으로 인해 적절하지 않은 사례가 발생하며, 사정보정은 이러한 부동산시장의 불완전성을 보완한다는 측면에서 의의가 있다.

2. 보정의 타당성 여부

1) 시장가치 개념 측면

감정평가 시에는 원칙적으로 시장가치를 기준가치로 하며, 이때 시장가치란 "감정평가의 대상이 되는 토지 등이 통상적인 시장에서 충분한 기간 동안 거래를 위하여 공개된 후 그 대상물건의 내용에 정통한 당사자 사이에 신중하고 자발적인 거래가 있을 경우 성립될 가능성이 가장 높다고 인정되는 대상물건의 가액"을 의미한다. 개념요소 중에서 신중하고 자발적인 거래란 사정이 개입되지 않은 경우를 의미하므로, 시장가치 개념 측면에서 사정보정은 타당하다.

2) 감정평가의 기능적인 측면

감정평가사에 의한 감정평가액은 시장참여자들의 행동지표로서 기능을 수행하여 종국적으로 수요와 공급이 서로 같아지도록 유도하는 기능을 한다. 이때 사정보정이 되지 않은 사례를 사용하면, 정상적인 행동지표로서의 기능을 수행하지 못하기 때문에 감정평가의 기능적인 측면에서 사정보정은 타당하다.

Ⅳ. 결

감정평가는 결국 정확한 경제적 가치를 판정하는 것을 목적으로 한다. 다만, 분석의 대상이 되는 부동산시장은 부동산의 특성으로 인해 사정이 개입된 거래사례가 많으므로, 이에 대한 적절한 사정보정이 필요하다. 즉, 사정보정은 정확한 경제적 가치 판정을 위한 과정이므로 이에 대한 이해는 중요하다.

03 다음 사항을 약술하시오. 40점

1) 경제적 감가수정 10점

2) 감정평가 시 기준시점의 필요성 10점

3) 자본회수율과 자본회수방법 10점

4) 인근지역의 Age-Cycle의 단계별 부동산 감정평가 시 유의점 10점

1 출제위원 채점평

Ⅰ. 『물음 1』

약술형 문제는 감정평가이론에서 가장 기본적이고 일정기간 공부한 수험생이라면 누구나 알 수 있는 내용을 가지고 출제하였다. 그러나 약술형이라고 해서 단순히 단어의 해설만 해서는 안 되고 그동안 배운 지식을 총동원하여 출제한 문제를 포괄적으로 안다는 사실을 나타내야 한다. 오히려 약술형일수록 문제와 밀접한 관련성이 있는 여러 사항을 짧게 서술해야 하기에 이해를 제대로 한 수험생과 암기를 위주로 공부한 수험생이 확연히 차이가 나게 된다.

경제적 감가수정은 비용성의 사고에서 감정평가기법을 적용할 때, 재조달원가 감소분을 반영하는 수정법의 하나이다. 이 문제는 경제적 감가수정의 성립논리 및 경제적 감가수정이 감정평가방식 중 어느 기법을 적용할 때 사용되는 방법인가 하는 것과 경제적 감가수정의 원인이 되는 경제적 감가 요인은 어떠한 것들이 있으며 수정방법은 무엇인가 하는 것 등을 물어보고자 함이다.

약술형 문제는 양과 질의 차이는 있었지만 다수의 수험생이 어느 정도는 서술할 수 있다. 기본적인 공부만 되어 있어도 생소한 용어는 하나도 없을 것이다. 약간의 차이는 있었지만, 비교적 많은 수험생이 문제에서 요구하는 내용은 서술하고 있었다. 경제적 감가수정을 설명하는 데 있어서 경제적 감가수정이 어디에서 사용되는지 언급하지도 않고 감가수정의 내용부터 적어나간 경우들이 눈에 많이 띄었다. 어떤 용어를 설명할 때 최소한 그 용어가 감정평가의 어느 부분에서 어떻게 쓰이는지를 설명하는 것은 답안의 기본이다. 아쉬운 점이 있다면 경제적 감가수정을 하는 이유가 부적합으로 인한 가치감소분을 반영하여 감정평가액의 적정화를 기하기 위함에 있다는 점을 언급하면 좋았을 것이다.

Ⅱ. 『물음 2』

감정평가 시 기준시점의 필요성에 대한 문제는 가격시점의 개념과 기준시점의 필요논리 그리고 기준시점의 종류 등을 물어보고자 했다. 기준시점의 필요성에서는 기준시점의 개념과 가치형성요인의 변동으로 인한 필요 논리 등은 비교적 잘 적고 있는데, 가격시점이 현재분이 아니고 과거나 심지어 미래도 있을 수 있으며 따라서 감정평가 시 소급평가와 기한부평가가 가능하다는 사실을 등한시한 답안이 많았다. 기준시점은 시점수정의 기본이 되며, 기준시점을 기준으로 과거나 미래로 나누어지고 소급평가나 기한부평가를 할 수 있다는 점이 보완되었다면 더 좋았을 것이다.

Ⅲ. 『물음 3』

자본회수율과 자본회수방법은 자본회수율의 개념과 자본회수율이 어디에서 적용되는지 그리고 자본회수방법은 무엇인가를 물어보는 문제이다. 자본회수율에 관해서도 자본회수율의 성격 규명을 명확히 하지 않은 채 자본회수방법 위주로 설명하는 경우가 많았다. 이 문제는 자본회수방법만 적는 것이 아니라, 자본회수율에 대한 언급도 요구하고 있다.

Ⅳ. 『물음 4』

Age-Cycle 문제는 각 단계별 특징은 생략한 채 감정평가 시 유의점만 서술한다든가 아니면 각 단계별 특징 위주로 설명하면서 정작 감정평가 시 유의점은 적는 둥 마는 둥 한 답안이 제법 있었는데 이들 양자를 잘 조화시켜 썼으면 좋은 점수를 받을 수 있을 것이다.

Age-Cycle은 건축주기를 기준으로 지역성쇠를 각 단계별로 설명하는 이론이므로 성장기와 성숙기에서도 재조달원가와 감가수정에 대한 약간의 언급이라도 있었으면 좋았을 것이다. 재조달원가에 대한 감가수정은 쇠퇴기 이후에만 나타나는 것은 아니기 때문이다. 또한 쇠퇴기는 경제적 내용연수가 다 되어가는 시기라고 설명하고 있으나, 이는 잘못된 설명이다. 쇠퇴기는 경제적 내용연수가 지난 후부터 나타나는 단계이고 경제적 내용연수가 다 되어가는 시기는 성숙기 말이기 때문이다.

Ⅴ. 『물음 1』

1. 감가수정의 의의

감가수정이란 대상물건에 대한 재조달원가를 감액하여야 할 요인이 있는 경우에 물리적 감가, 기능적 감가 또는 경제적 감가 등을 고려하여 그에 해당하는 금액을 재조달원가에서 공제하여 기준시점에 있어서의 대상물건의 가액을 적정화하는 작업을 말한다.

2. 경제적 감가요인

(1) 의의 및 발생원인

경제적 감가요인이란 인근지역의 경제적 상태, 주위환경, 시장상황 등 대상물건의 가치에 영향을 미치는 경제적 요소들의 변화에 따른 감가요인으로서, 인근지역의 쇠퇴, 주위환경의 부적합, 시장성 감퇴, 지역지구제, 최유효이용의 변화 등에 의해 발생한다.

(2) 비상각자산 발생 여부 및 관련 가격제원칙

경제적인 감가는 비상각자산에서도 발생하며 주위환경이나 시장상황 등의 변화에 의해 발생한다는 점에서 외부 측면의 원칙과 관련된다.

(3) 치유가능성 및 유의사항

경제적인 감가는 치유가 불가능한 감가의 성격을 지니며, 경제적 감가는 외부적인 요인 및 시장상황에 의해 큰 영향을 받게 되므로 다양한 외부요인의 파악, 시장의 확인, 시장특성 및 시장변화의 추세 파악 등에 유의해야 한다.

Ⅵ. 『물음 2』

1. 기준시점의 의의

기준시점이란 대상물건의 감정평가액을 결정하는 기준이 되는 날짜를 의미한다. 감정평가 시에는 기본적 사항의 확정단계에서 기준시점을 정하게 되며, 이는 감정평가에 관한 규칙 제9조에서 규정하고 있다.

2. 감정평가 시 기준시점의 필요성

1) 부동산의 특성 측면

부동산은 영속성이라는 자연적 특성을 지니며, 사회·경제·행정적인 측면에서 가변성을 지니는 재화의 성격을 지닌다. 즉, 부동산은 끊임없이 변동하는 특성을 지니기 때문에 감정평가 시점에 따라 가치가 달라질 수 있어 감정평가 시 기준시점이 필요하다.

2) 가치의 개념적인 측면

피셔의 정의에 따르면 가치란 "장래 기대되는 편익을 현재가치로 환원한 값"을 의미한다. 즉, 감정평가의 목적인 경제적 가치를 판정하기 위해서는 현재가치로 편익을 환원하기 위한 기준점이 존재해야 한다. 기준시점은 이러한 기준점이 된다는 점에서 감정평가 시 기준시점이 필요하다.

3) 가치형성요인의 변동성 측면

부동산은 자연적·사회적·경제적·행정적 요인과 같은 가치형성요인의 영향을 받으며, 이러한 가치형성요인은 끊임없이 변하는 특성을 지니고 있다. 기준시점이 언제인지에 따라 영향을 주는 가치형성요인이 달라질 수 있고, 이는 부동산의 가치에 영향을 미치기 때문에 감정평가 시 기준시점이 필요하다.

4) 부동산 가격제원칙 측면

감정평가 시에는 부동산 가격형성과정의 법칙성인 가격제원칙을 고려하게 되며, 이때 앞으로 어떻게 이용될지에 대해 고려하는 예측의 원칙과 향후 시장상황의 변동성을 반영하기 위해 변동의 원칙을 고려하게 된다. 즉, 기준시점이 언제인지에 따라 향후 예측·변동 사항이 달라지며, 이는 부동산가치에도 영향을 미친다는 점에서 감정평가 시 기준시점이 필요하다.

5) 부동산 경기변동 측면

부동산 역시 일반재화와 마찬가지로 상승과 하락을 반복하며 변동하게 되는데 이를 부동산 경기변동이라고 한다. 기준시점이 확장국면인지 또는 수축국면인지에 따라 부동산과 관련된 거래량 및 가격이 달라지며, 이는 부동산가치에 영향을 미치게 된다. 따라서 감정평가 시 기준시점이 필요하다.

Ⅶ. 『물음 3』

1. 자본회수율의 의의

자본회수율은 매기 회수해야 하는 자본의 크기를 나타내는 비율이다. 상각자산은 시간의 경과에 따라 가치가 소모되므로 그 자산의 가치가 만료되는 경우 투자한 자금은 소멸된다. 따라서 자산의 내용연수 동안 매기에 투자한 자금을 적립하여 회수하여야 한다.

2. 자본회수방법

(1) 직접환원법을 적용하는 경우 자본회수방법

1) 직선법

직선법은 상각전 순수익을 상각후 환원율에 상각률을 가산한 상각전 환원율로 환원하여 수익가액을 구하는 방법이다. 직선법은 순수익과 상각자산의 가치가 동일한 비율로 일정액씩 감소하고 투자자는 내용연수 말까지 자산을 보유하며, 회수자본은 재투자하지 않는다는 것을 전제한다.

2) 상환기금법

상환기금법은 상각전 순수익을 상각후 환원율과 축적이율 및 내용연수를 기초로 한 감채기금계수를 더한 상각전 환원율로 환원하여 수익가액을 구하는 방법이다. 상환기금법은 순수익은 유지되나 상각자산의 가치가 일정액씩 감소하고, 자본회수분을 안전하게 회수할 수 있는 곳에 재투자하는 것을 가정하여 해당 자산에 대한 상각후 환원율보다 낮은 축적이율에 의해 이자가 발생하는 것을 전제한다. 상각자산의 내용연수 만료 후 재투자를 통해 수익력을 유지할 수 없는 광산 등에 적용된다.

3) 연금법

연금법은 상각전 순수익을 상각후 환원율과 상각후 환원율 및 내용연수를 기초로 한 감채기금계수를 더한 상각전 환원율로 환원하여 수익가액을 구하는 방법이다. 연금법은 순수익은 유지되나 상각자산의 가치가 일정액씩 감소하고, 매년의 상각액을 해당 사업이나 유사사업에 재투자한다는 가정에 따라 상각후 환원율과 동일한 이율에 의해 이자가 발생한다는 것을 전제한다. 상각자산의 내용연수 만료 후 재투자를 통해 수익력을 유지할 수 있는 어장 등에 적용된다.

(2) 할인현금흐름분석법을 적용하는 경우 자본회수방법

할인현금흐름분석법을 적용하는 경우에는 전형적인 보유기간 동안 보유한 이후 매각을 전제하므로 매각을 통해서 얻을 수 있는 기말복귀가액으로 자본을 회수하게 된다. 이러한 기말복귀가액을 산정하는 방법에는 내부추계법과 외부추계법이 있다.

Ⅷ. 『물음 4』

1. 인근지역의 Age-Cycle의 의의

인근지역의 Age-Cycle이란 어떤 지역이 새로 생성되어 물리적, 사회적, 경제적 기능을 다하기까지의 연한으로 생태학적 개념에서 착안한 것이다.

2. 단계별 부동산 감정평가 시 유의점

1) 성장·성숙기의 경우

(1) 부동산 가격제원칙 적용 시 유의점

성장기와 성숙기는 부동산의 가격이 상승하는 시기이므로, 시장에서 공실률이 감소하는 등 변동이 발생하고(변동의 원칙), 향후 시장에서 수요가 증가할 것이라는 점(수요·공급의 원칙)을 감정평가 시 유의해야 한다.

(2) 감정평가방법 적용 시 유의점

① 원가방식 적용 시에는 재조달원가 산정과 관련한 건축비가 상승할 수 있으며, ② 수익방식 적용 시에는 수익상승 및 공실률의 감소, ③ 비교방식 적용 시에는 투기적인 거래로 인해 사정보정이 필요하다는 점에 유의해야 한다.

2) 쇠퇴 · 천이 · 악화기의 경우

(1) 부동산 가격제원칙 적용 시 유의점

노후화로 인해 주변환경 및 시장수요와 일치하지 않을 수 있다는 점(적합의 원칙)과 향후 개선의 노력이 있다면 재개발 · 재건축이 가능하지만, 그렇지 않다면 노후화되어 슬럼화가 될 것이 예상된다는 점(예측의 원칙)을 감정평가 시 유의해야 한다.

(2) 감정평가방법 적용 시 유의점

① 원가방식 적용 시에는 노후화에 따른 물리적 감가뿐만 아니라 기능적 · 경제적 감가를 고려해야 하며, ② 수익방식 적용 시에는 노후화에 따른 위험 정도를 반영하여 환원율을 높게 산정해야 한다. ③ 비교방식 적용 시에는 거래가 부족하다는 점을 고려하여 사례수집 범위를 유사지역 및 동일수급권으로 확대해야 함에 유의해야 한다.

제11회 기출문제 답안

01 감정평가와 부동산컨설팅과의 관계를 설명하시오. 10점

1 기출문제 논점분석

A와 B의 관계를 물어보는 유형에 해당합니다. 따라서 기본적으로는 A와 B의 개념을 각각 세분화하는 것이 필요합니다. 다만, 세분화가 어려운 경우라면 전체적인 감정평가 체계도에서 어떤 관련성이 있는지 파악해야 합니다.

2 예시답안 목차

Ⅰ. 서

Ⅱ. 감정평가와 부동산컨설팅의 의의

Ⅲ. 감정평가와 부동산컨설팅의 관계

1. 시장분석 측면의 관계
2. 최유효이용 측면의 관계
3. 적용 방법 측면에서의 관계

3 예시답안

Ⅰ. 서

기존에는 감정평가업무의 주된 영역이 가치추계 영역이었으나, 최근 업무영역의 확장으로 인해 부동산컨설팅의 중요성이 증가하고 있다. 이하에서는, 감정평가와 부동산컨설팅의 관계에 대해 설명한다.

Ⅱ. 감정평가와 부동산컨설팅의 의의

감정평가란 토지 등의 경제적 가치를 판정하여 그 결과를 가액으로 표시하는 것을 말한다. 부동산컨설팅이란 부동산과 관련한 제반문제를 해결하기 위해 자료를 분석하고 합리적인 대안이나 결론을 제안하는 행위를 말한다.

Ⅲ. 감정평가와 부동산컨설팅의 관계

1. 시장분석 측면의 관계

과거에는 감정평가 수행과정에서 지역분석과 개별분석만 수행하면 충분했지만, 최근에는 우리 경제사회의 급속한 발전과 서비스 수요의 고도화에 따라 수요・공급 측면에서 시장분석과 시장성분석이 중요해지고 있다. 즉, 기존의 감정평가에서 컨설팅으로 업무영역이 확대됨에 따라 시장분석의 관점도 다양해지고 있다는 관계가 있다.

2. 최유효이용 측면의 관계

감정평가 시에는 시장가치를 판정하게 되며, 이때는 최유효이용을 전제로 미달되는 부분을 반영하게 된다. 반면, 부동산컨설팅 시에는 특정 투자자가 요구하는 용도를 우선적인 전제로 파악해야 되기 때문에 반드시 최유효이용을 전제로 하지는 않는다. 즉, 최유효이용 전제 측면에서 차이가 있다는 관계가 있다.

3. 적용 방법 측면에서의 관계

일반적인 감정평가 시에는 원칙적인 기준가치로 시장가치를 규정하고 있다. 반면, 컨설팅 시에는 조건에 따라 특정한 투자자가 투자목적에 부여하는 내용에 따라 투자대상물건이 발휘하게 되는 투자가치를 기준으로 할 수 있다. 즉, 감정평가 시에는 시장가치를 기준으로 하나, 컨설팅 시에는 시장가치 외의 가치인 투자가치를 기준으로 할 수 있다는 관계가 있다.

02 감정평가에 있어 지역분석의 의의 및 필요성을 설명하고, 개별분석과의 상관관계를 기술하시오. 20점

1 출제위원 채점평

문제 2번에서는 감정평가에 있어 지역분석 및 개별분석이 반드시 선행되어야 한다는 것을 지적하고 있다. 왜냐하면 부동산에는 개개의 부동산이 지니고 있는 지역성이 있기 때문에 가격현상이나 기능발휘 등은 단독으로 이루어지는 것이 아니기 때문이다. 본 문제에서는 지역분석의 의의와 지역분석의 필요성에 대한 정리도 중요하지만, 수험생이 지역분석과 개별분석의 상관관계를 어느 정도 파악하느냐가 중요한 관건이 된다. 그 예를 제시하면 다음과 같다.

구분	지역분석	개별분석
범위	지역적	해당 부동산
분석방법	전반적 분석	개별적 분석
절차	선행분석	후행분석
이용관계	표준적이용	최유효이용
가격관련	가격수준	가격판정
주요 가격제원칙	적합의 원칙	균형의 원칙

그러한 개별분석과 지역분석과의 그 상관관계에 대해 파악하고 있는가, 부동산 감정평가에 있어 각 분석의 중요성을 정확히 파악하고 있는가에 대한 문제이다.

2 기출문제 논점분석

지역분석의 필요성은 이후 개별분석의 선행절차에 해당합니다. 따라서 개별분석에서 활용할 수 있는 표준적 이용과 가격수준을 파악하기 위해 필요하다는 점은 누락하면 안 됩니다. 또한, 개별분석과의 상관관계는 분석과 분석의 관계이므로 목적, 범위, 내용(절차) 측면에서의 관계를 활용하면 됩니다.

3 예시답안 목차

Ⅰ. 서

Ⅱ. 지역분석의 의의 및 필요성

1. 지역분석의 의의
2. 지역분석의 필요성
   1) 부동산의 지역성
   2) 최유효이용에 대한 판정방향
   3) 가격수준의 파악

Ⅲ. 지역분석과 개별분석의 상관관계

1. 개별분석의 의의
2. 지역분석과 개별분석의 상관관계
   1) 목적 측면에서의 관계
   2) 범위 측면에서의 관계
   3) 내용 측면에서의 관계

Ⅳ. 결

4 예시답안

Ⅰ. 서

감정평가에 있어서 시장분석은 중요하다. 특히 부동산은 고정성과 지역성을 지니고 있는 재화이기 때문에, 지역적인 측면에서 시장을 분석하는 것이 필요하다. 이하에서는, 이러한 지역분석의 의의 및 필요성을 설명하고, 지역분석이 개별분석과 어떤 상관관계가 있는지에 대해 설명하고자 한다.

Ⅱ. 지역분석의 의의 및 필요성

1. 지역분석의 의의

지역분석이란 대상물건이 속한 지역범위를 파악하고, 가치형성요인을 분석함으로써 지역 내 토지의 표준적 이용과 가격수준을 판정하는 작업을 말한다.

2. 지역분석의 필요성

1) 부동산의 지역성

지역성이란 부동산이 그가 속한 지역의 구성분자로서 그 지역과 의존·보완관계 및 그 지역 내 타 부동산과 대체·경쟁 등의 상호관계를 통해서 그 사회적, 경제적, 행정적 위치가 결정된다는 것이다. 부동산은 이러한 지역성이 있기 때문에 지역분석이 필요하다.

2) 최유효이용에 대한 판정방향

지역분석을 통해 파악한 표준적 이용은 최유효이용을 판정하는 유력한 기준이 된다. 따라서 개별부동산의 최유효이용 판정의 방향을 제시하고 그에 따른 최유효이용을 파악하기 위해 인근지역에 대한 분석이 필요하다.

3) 가격수준의 파악

부동산의 가격은 독립적으로 형성되는 것이 아니라 지역 내 다른 부동산과 상관관계 속에서 일정한 가격수준을 형성하게 된다. 즉, 지역분석을 통하여 지역 내 일정한 가격수준을 파악하게 되고, 이는 개별·구체적 가격판정에 기초가 되기 때문에 지역분석이 필요하다.

Ⅲ. 지역분석과 개별분석의 상관관계

1. 개별분석의 의의

지역분석에 의해 파악된 지역의 표준적 이용과 가격수준을 기준으로 부동산의 개별성에 근거하여 가격형성의 개별적 제 요인을 분석하여 최유효이용을 판정하고 구체적 가격에 영향을 미치는 정도를 분석하는 작업을 말한다.

2. 지역분석과 개별분석의 상관관계

1) 목적 측면에서의 관계

지역분석은 대상지역의 표준적 이용과 가격수준을 파악하는 것을 주된 목적으로 하고, 개별분석은 최유효이용과 구체적 가격에 미치는 영향의 정도를 파악하는 것을 주된 목적으로 한다는 관계에 있다.

2) 범위 측면에서의 관계

지역분석은 대상지역에 대한 광역적, 전체적, 거시적 분석인 반면, 개별분석은 대상부동산에 대한 개별적, 부분적, 미시적 분석으로 분석범위에 차이가 있다는 관계에 있다.

3) 내용 측면에서의 관계

지역분석에서는 인근지역을 확정하고, 지역요인의 분석을 한 뒤에 표준적 이용 및 가격수준을 판정하는 과정을 거치게 된다. 반면, 개별분석은 대상부동산의 확정을 거치고 개별요인을 분석한 뒤에 최유효이용의 판정 및 구체적 가격에 미치는 영향의 정도를 분석하는 과정을 거친다는 관계에 있다.

Ⅳ. 결

감정평가 시에는 최유효이용을 전제로 가치를 판정하며, 이는 정확한 경제적 가치 추계와도 연관된다. 이를 위해서는 선행과정으로서 지역분석 및 개별분석의 절차가 필요하기 때문에 양자의 관계에 대한 이해는 중요하다.

[지역분석과 개별분석의 관계]

1. **부동산의 종별과 유형**

지역분석은 부동산의 종별에 의한 지역의 관점에서 표준적 이용과 가격수준을 파악하는 것이고, 개별분석은 부동산의 유형에 의한 개별부동산의 관점에서 최유효이용을 판정하고 구체적 가격에 미치는 영향을 분석하는 작업이다.

2. **분석범위**

지역분석은 대상지역에 대한 광역적, 전체적, 거시적 분석인 반면, 개별분석은 대상부동산에 대한 개별적, 부분적, 미시적 분석으로 분석범위에 차이가 발생한다.

3. **분석순서**

일반적으로 분석의 순서는 지역분석이 먼저 이루어지게 되고, 그 후에 개별분석이 행해진다. 그러나 반드시 선후관계가 있다고 단정할 수는 없음에 유의해야 한다. 경우에 따라서는 개별분석을 먼저 하고 그 다음에 지역분석을 할 수도 있을 것이다.

4. **분석목적**

지역분석은 대상지역의 표준적 이용과 가격수준을 파악하는 것을 주된 목적으로 하고, 개별분석은 최유효이용과 구체적 가격에 미치는 영향의 정도를 파악하는 것을 주된 목적으로 한다.

5. **관련 가격제원칙**

지역분석은 적합의 원칙을 비롯한 외부 측면의 원칙과 관련이 깊고, 개별분석은 균형의 원칙을 비롯한 내부 측면의 원칙과 관련이 깊다.

제10회 기출문제 답안

01 **자본시장에서 시장이자율의 상승이 부동산시장에 미치는 영향을 장·단기별로 구분하여 설명하시오.** 20점

1 출제위원 채점평

2번 문항에 대해서도 앞에서와 같은 지적을 먼저 하고 싶다. 실제 채점에서는 내용적 깊이에 차이가 없다면 형식 논리가 우선한다. 따라서 숫자로 단락을 짓는다고 모든 게 해결되는 것은 아니다.

내용적으로 보면 자본시장의 이자율은 부동산시장에 영향을 주는 여러 가지 요인들 중의 하나임에도 서로를 직접적으로 영향을 주고받는 관계로 서술하고 있어서 설득력이 약하다. 따라서 부동산시장의 영향 요인들과 특성을 전체적으로 서술하고 그 속에서 자본시장의 이자율을 강조해야 할 것이다. 그리고 부동산시장을 수요와 공급 그리고 다시 전체 시장으로 구분한 것도 설득력이 미약하다.

2 기출문제 논점분석

A가 B에 미치는 영향이기 때문에 A에 해당하는 금리가 경제적 요인에 해당한다는 점과 금리의 역할에 대한 설명이 필요합니다. 또한, B는 부동산시장이며, 금리의 변동성이 제시되었기 때문에 4사분면 모형을 활용하는 것이 적절합니다.

3 예시답안 목차

Ⅰ. 서

Ⅱ. 가치형성요인으로서 시장이자율의 의의 및 역할

Ⅲ. 시장이자율의 상승이 부동산시장에 미치는 영향

1. 4사분면 모형의 의의 및 내용
   1) 4사분면 모형의 의의
   2) 4사분면 모형의 내용
2. 시장이자율의 상승이 부동산시장에 미치는 영향
   1) 단기의 부동산시장에 미치는 영향
      (1) 환원율의 상승
      (2) 자산가격의 하락

2) 장기의 부동산시장에 미치는 영향

(1) 신규건설량의 감소

(2) 부동산재고의 감소

Ⅳ. 결

4 예시답안

Ⅰ. 서

부동산의 가치는 다양한 가치형성요인에 의해 영향을 받게 된다. 감정평가 시 정확한 경제적 가치를 도출하기 위하여 이러한 가치형성요인에 대한 이해는 중요하다. 이하에서는 금리인상이 부동산시장에 미치는 영향에 관해 설명한다.

Ⅱ. 가치형성요인으로서 시장이자율의 의의 및 역할

시장이자율이란 화폐에 대한 수요와 공급을 통해 결정되는 화폐의 가격이다. 이는 부동산시장과 자본시장을 직접적으로 연결해주는 매개체 역할을 하기 때문에 중요하며, 부동산의 가치에 영향을 미치는 요인 중 경제적 요인에 해당한다.

Ⅲ. 시장이자율의 상승이 부동산시장에 미치는 영향

1. 4사분면 모형의 의의 및 내용

1) 4사분면 모형의 의의

4사분면 모형은 부동산시장을 자산시장과 공간시장으로 구분하고 이를 다시 단기시장과 장기시장으로 나누어 전체 부동산시장의 작동을 설명하는 모형이다. 이 모형은 임대료, 자산가격, 신규건설, 공간재고 등의 4개 변수가 어떻게 결정되는지를 보여준다.

2) 4사분면 모형의 내용

1사분면에서는 공간시장에서 결정되는 임대료를 설명해준다. 2사분면에서는 정해진 임대료를 기준으로 자산가치와 비교하며, 이때 기울기는 환원율을 의미한다. 3사분면은 주어진 부동산의 가격과 건설량의 관계를 보여주며, 4사분면은 공간시장의 임대료와 재고량과 관련하여 장기적 통합이 완성되는 곳이다.

2. 시장이자율의 상승이 부동산시장에 미치는 영향

1) 단기의 부동산시장에 미치는 영향

(1) 환원율의 상승

2사분면의 그래프에서 기울기는 부동산시장에서의 환원율을 의미한다. 시장이자율의 상승은 환원율이 상승하도록 영향을 미치기 때문에 기울기가 시계방향으로 회전하게 되도록 영향을 미친다.

(2) 자산가격의 하락

환원율이 상승하게 되면, 부동산의 가격이 하락하게 된다. 즉, 주어진 임대료에서 단기적으로는 자산가격이 하락하도록 영향을 미친다.

2) 장기의 부동산시장에 미치는 영향

(1) 신규건설량의 감소

자산가격이 하락하게 되면, 건물공급에 대한 수익성이 낮아지게 된다. 따라서 신규건설량이 감소하도록 영향을 미친다.

(2) 부동산재고의 감소

신규공급량이 감소하게 되면 이는 곧 재고시장에 있어서 공간재고도 감소하도록 영향을 미친다. 공간재고가 감소하게 되면 임대 시장에서 공급이 감소한 것과 같은 효과가 발생하게 되므로, 최초에 비하여 임대료가 상승하도록 영향을 미친다.

Ⅳ. 결

4사분면 모형은 공간시장과 자산시장이 어떻게 작용하며, 두 시장의 관계를 설명하는 데 유용하다. 하지만 그래프를 통해 장기균형점을 찾기 위해서는 시행착오를 거쳐야 하고 조정과정에서 나타나는 특징을 구체적으로 보여주지 못하는 한계가 있다.

02 **수익환원법을 적용함에 있어서 순수환원이율에 추가되는 투자위험도의 유형과 반영방법에 대하여 설명하시오.** 10점

1 출제위원 채점평

수익환원법은 많은 변형이 있겠지만, 한동안 논의가 지속될 것으로 보인다. 수익환원법에 여러 가지 논쟁거리가 있지만, 가장 많은 관심은 아무래도 환원이율에 두어진다. 그것은 환원되는 수익을 결정하는 열쇠가 환원이율이 될 것이기 때문이다. 그리고 이 환원이율의 결정에서는 투자에 따른 위험을 고려할 수 있어야만 의사 결정에 이용할 수가 있다. 따라서 논리전개는 수익환원법의 간단한 개념 그리고 수익환원법에서 환원이율이 갖는 의미를 설명한 다음에 위험을 유형화하고 이를 계산에 산입하는 방법을 논해야 할 것이다. 일반적으로 의사결정에 위험을 고려하는 방법은 크게 주먹구구식과 체계적인 방법으로 나눌 수 있다.

2 기출문제 논점분석

해당 물음에서는 순수환원이율에 추가되는 투자위험도의 유형과 반영방법 두 가지에 대해서 물어보고 있습니다. 이는 'A와 B를 설명하시오'에 해당하는 문제유형이기 때문에 우선적으로 투자위험도의 유형과 반영방법에 대해서 설명해주시고, 가능하다면 양자의 관련성에 대해서도 언급해주신다면 추가적인 득점이 가능합니다.

3 예시답안 목차

Ⅰ. 서

Ⅱ. 순수환원이율에 추가되는 투자위험도의 유형

1. 위험성 및 비유동성
2. 관리의 난이성 및 자금의 안전성

Ⅲ. 투자위험도의 반영방법

1. 요소구성법의 의의
2. 요소구성법의 장단점

Ⅳ. 투자위험도의 유형과 반영방법의 관련성

4 예시답안

Ⅰ. 서

과거와 같이 양도차익 중심에서 정기적 현금흐름을 중시하게 되면서 수익방식에 대한 중요성이 올라가

고 있으므로, 이에 대한 이해는 중요하다. 특히 자본환원율은 대상물건의 수익가액에 영향을 미치는 요인 중 하나이므로, 이하 물음에 답한다.

Ⅱ. 순수환원이율에 추가되는 투자위험도의 유형

1. 위험성 및 비유동성

부동산에 발생하는 위험성은 수익발생의 불확실성, 시장성의 감퇴에 따라 수익의 발생이 불완전하다는 것을 말한다. 또한, 부동산은 다른 금융자산에 비해 규모가 크고 비공개된 시장을 가지므로 매수인을 찾기 위해서는 장시간이 요구된다. 따라서 환금성이 약한 특징을 지닌다.

2. 관리의 난이성 및 자금의 안전성

관리의 난이성이란 예금, 주식 등에 비해 관리에 많은 시간, 비용이 소요된다는 것을 말한다. 또한, 부동산은 타재산에 비해 도난, 멸실, 화폐가치의 하락 등에 따른 원본가치 감소의 위험성이 적다는 특징이 있다.

Ⅲ. 투자위험도의 반영방법

1. 요소구성법의 의의

요소구성법이란 무위험률을 바탕으로 대상부동산에 관한 여러 가지 구성요소로 분해하고, 개별적인 위험에 따라 위험할증률을 더해감으로써 환원율을 구하는 방법이다. 무위험률로는 일반적으로 은행의 정기예금이자율, 3년・5년 만기 국채수익률 등을 사용할 수 있으며, 다양한 위험요소를 고려한 위험할증률은 시장에서의 표준적인 것을 적용하되, 대상물건의 지역적, 개별적 상태를 고려하여 결정해야 할 것이다. 위험할증률은 위험성, 비유동성, 관리의 난이성, 자금의 안정성 등을 참작한 것이라고 할 수 있다.

2. 요소구성법의 장단점

1) 이 방법은 구성요소를 분해하여 위험할증률을 가산하므로 이론적으로는 타당성을 가진다. 특히 우리나라와 같이 불안정한 금융 및 저당대부가 일반적이지 못한 시장상황에서 유용하다.
2) 그러나 환원율 결정과정에서 감정평가사의 주관개입 가능성이 지나치게 높고, 저당금융이 환원율에 미치는 영향을 전혀 고려하지 않고 있으며, 일반투자자들의 투자행태와 부합하지 못하다는 비판이 있다.

Ⅳ. 투자위험도의 유형과 반영방법의 관련성

요소구성법이란 개별적인 위험에 따라 위험할증률을 더해가는 방식으로 위험성, 비유동성, 관리의 난이성 및 자금의 안전성을 위험할증률로 고려한다. 이때 위험성과 비유동성 및 관리의 난이성은 환원율에 (+) 요인으로 작용하며, 자금의 안전성을 위험성이 적다는 것으로 환원율에 (−) 요인으로 작용한다는 관계가 있다.

03 감정평가에 있어서 시장분석과 시장성분석의 목적과 내용을 설명하시오. 10점

1 출제위원 채점평

과거의 감정평가에서는 시장분석이 형식적 요건이었으나 시장 환경의 변화로 수익을 결정하는 요인들이 복잡해지고 다양해짐에 따라 그 중요성이 더욱 높아지고 있다. 따라서 이 문항에서 묻고자 하는 것도 시장분석을 어떤 측면에서 이해하고 있는가이므로 논술 속에 이를 펼쳐 보여야 한다. 답안에서는 시장분석과 시장성분석이 마치 별개인 것처럼 기술되고 있으나 실제로는 시장성분석이 시장분석에 기초하고 있으므로 이들 간의 관계를 명확히 해주는 논리 전개가 있었어야 할 것이다. 그리고 시장분석이나 시장성분석이 대상 부동산의 종류에 따라 달리 접근되어야 한다는 점도 언급이 필요하다. 또 부동산시장분석이 부지에서 먼 국가적 추세로 시작하여 대상 부동산으로 공간적 범위가 축소되어 가는 특성도 강조해 줄 필요가 있을 것이다.

2 기출문제 논점분석

'A와 B를 설명하시오' 유형에 해당합니다. 각각 묻는 내용에 대한 정확한 서술이 필요하며, 특히 시장분석과 시장성분석의 관련성에 대하여 설명하면 추가 득점이 가능합니다.

3 예시답안 목차

Ⅰ. 서

Ⅱ. 시장분석의 목적과 내용

1. 시장분석의 목적
2. 시장분석의 내용

Ⅲ. 시장성분석의 목적과 내용

1. 시장성분석의 목적
2. 시장성분석의 내용

Ⅳ. 시장분석과 시장성분석의 관련성

4 예시답안

Ⅰ. 서

시장분석이란 대상부동산에 대한 수요와 공급을 분석하는 과정을 말하며, 시장성분석이란 대상부동산이 시장에서 매매되거나 임대차될 수 있는 가능성을 분석하는 과정을 말한다. 감정평가는 3방식의 적용을 통해, 시장가치를 추계하는 것을 목적으로 하는 바, 시장상황을 파악할 수 있는 시장분석은 중요하다. 이하, 물음에 답한다.

Ⅱ. 시장분석의 목적과 내용

1. 시장분석의 목적

시장분석은 대상부동산의 가격에 영향을 미치는 수요와 공급을 분석하는 것을 목적으로 한다. 이를 통해 부동산시장에서 거래되는 재화의 가격수준이나 거래량 및 시장관행 등을 파악하는 것을 목적으로 한다.

2. 시장분석의 내용

시장분석은 대상부동산의 특성과 용도를 파악하는 생산성분석과 이에 따른 시장획정을 거치고, 각각의 획정된 시장마다 수요와 공급 및 양자의 균형을 분석하게 된다. 이때 생산성분석을 차별화, 시장획정을 세분화라고 한다.

Ⅲ. 시장성분석의 목적과 내용

1. 시장성분석의 목적

시장성분석은 대상부동산이 시장에서 매매되거나 임대될 수 있는 가능성을 분석하는 것을 목적으로 한다. 즉, 시장성분석은 포착률을 통해 시장에서 대상부동산의 경쟁력을 파악하는 것을 목적으로 한다.

2. 시장성분석의 내용

시장성분석은 매매 및 임대차 가능성을 분석하는 것으로, 흡수율과 흡수시간을 분석하는 흡수분석을 통해서 포착률을 예측하게 된다. 이때 포착률이란 특정 유형의 부동산의 전체가능시장에서 대상부동산이 차지하고 있거나 차지할 것으로 예상되는 비율을 말한다.

Ⅳ. 시장분석과 시장성분석의 관련성

시장분석과 시장성분석은 최종적으로 부동산시장에 있어서 수요와 공급 및 매매·임대차 가능성을 분석하는 것으로 최종적으로 최유효이용 판정에 그 목적이 있다. 즉, 양자는 감정평가 시 전제가 되는 최유효이용 판정을 위한 절차라는 점에서 관련성이 있다.

제09회 기출문제 답안

> **01** 최근 부동산시장이 개방되면서 상업용 부동산의 가치평가방법이 수익방식으로 변화하는 추세이다. 자본환원이론의 발전과정을 설명하고, 저당지분환원법의 본질과 장점 및 문제점을 논술하시오. 30점

1 기출문제 논점분석

Ⅰ. 연결어의 파악 및 문제유형 분석

해당 문제에서는 크게 자본환원이론의 발전과정을 설명하고, 저당지분환원법의 본질과 장점 및 문제점으로 4가지를 물어보고 있습니다. 각각의 물음은 'A를 설명하시오'에 해당하는 문제유형이기 때문에 기본적으로 암기가 되어있는 내용을 활용하셔야 합니다. 저당지분환원법의 문제점은 'A의 문제점을 설명하시오'에 해당하는 문제유형이며, 구체적인 감정평가방법과 감정평가 대상인 상업용 부동산이 제시되었기 때문에 감정평가 각론 단원부터 찾아주시면 됩니다. 특히 장점을 물어봤다는 점에서 문제점으로는 단점에 해당하는 내용을 활용하시면 됩니다.

Ⅱ. 전제조건 파악 및 목차작성

문제풀이 시에는 감정평가 대상과 목적 · 시장상황 및 구체적인 감정평가방법과 관련된 내용이 제시되었는지 반드시 확인을 해주셔야 합니다. 해당 문제에서는 감정평가 대상으로 상업용 부동산이 제시되었으며, 구체적인 감정평가방법으로는 수익방식이 제시되었습니다. 또한, 목차 역시 연결어로 구분되어 있는 각각의 물음을 목차로 잡으시고, 균등한 배점을 부여해 주시는 게 형식적으로 좋습니다.

2 예시답안 목차

Ⅰ. 서

Ⅱ. 자본환원이론의 발전과정

1. 자본환원방법의 의의
2. 직접환원법
3. 할인현금흐름분석법

Ⅲ. 저당지분환원법의 본질

1. 저당지분환원법의 의의
2. 저당지분환원법의 본질
    1) 저당대부에 대한 고려

2) 지분수익률에 대한 고려

3) 가치구성요소에 대한 고려

Ⅳ. 저당지분환원법의 장점

1. 시장가치 추계 목적

1) 시장 참가자의 행태 반영 및 자료의 수집 가능성

2) 연금법의 논리 발전 및 전형적 보유기간 설정

2. 투자분석 목적

1) 투자결정 지원

2) 지분수익률의 변동 및 중요도 분석

Ⅴ. 저당지분환원법의 문제점

1. 시장가치 추계 목적의 문제점

1) 투자자의 신용에 따른 왜곡 및 평가자의 주관 개입

2) 안정화 과정에서 가치 왜곡 가능성

2. 투자분석 목적의 문제점

Ⅵ. 결

3 예시답안

Ⅰ. 서

과거와 달리 보유와 관리 목적 투자에서 적정한 정기소득 확보를 위한 투자가 중심을 이루고 있다. 이에 따라 매기 적정한 정기소득에 해당하는 임대료를 환원하거나 할인하는 수익방식의 중요성 역시 증가하고 있으므로, 이에 대한 이해가 중요하다. 이하, 이러한 수익방식 중 자본환원이론의 발전과정을 설명하고 저당지분환원법과 관련한 물음에 답한다.

Ⅱ. 자본환원이론의 발전과정

1. 자본환원방법의 의의

자본환원이란 주식·채권 또는 부동산과 같은 자산에서 정기적으로 들어오는 배당금·이자 또는 임대료와 같은 예상수익을 일정한 율을 바탕으로 현재가치로 환산하고 그 현재가치를 모두 더함으로써 의제자본을 산출하는 절차를 말한다. 자본환원방법에는 직접환원법과 할인현금흐름분석법이 있다.

2. 직접환원법

직접환원법은 단일기간의 순수익을 적절한 환원율로 환원하는 방법으로 전통적인 직접환원법과 잔여환원법으로 구분한다. 전통적인 직접환원법은 직접법과 자본회수방법에 따라 직선법, 상환기금법, 연금법으로 세분되며, 토지와 건물의 개별적인 특성을 고려하는 잔여환원법은 토지잔여법, 건물잔여법, 부동산잔여법 등으로 구분된다.

3. 할인현금흐름분석법

자본환원법은 일반적인 시장참가자들이 고려하는 보유기간과 부동산 가치 변동에 대한 내용을 반영하기 위하여 직접환원법에서 할인현금흐름분석법으로 발전해왔다. 할인현금흐름분석법은 미래의 현금흐름과 보유기간 말의 복귀가액에 적절한 할인율을 적용하여 현재가치로 할인한 후 대상물건의 수익가액을 산정하는 방법으로, NOI모델, BTCF모델, ATCF모델 등이 있다.

Ⅲ. 저당지분환원법의 본질

1. 저당지분환원법의 의의

저당지분환원법은 1959년 Ellwood에 의해 개발된 평가기법으로 대상부동산에 대한 연간 지분수익과 저당대부의 원리금상환으로 인한 지분형성, 보유기간 말의 복귀가격을 고려한 환원이율을 통해 구한 지분가치와 저당가치의 합으로 부동산의 현재가치를 구하는 방식을 말한다.

2. 저당지분환원법의 본질

1) 저당대부에 대한 고려

투자자들은 자기자본만으로 부동산을 매수하는 것이 아니라, 자기자본과 타인자본을 혼합해서 부동산을 매수한다. 저당조건은 부동산에 따라 차이가 나기 때문에 평가사들은 대상부동산에 대한 가장 전형적인 저당조건을 상정하고 시장가치를 평가한다.

2) 지분수익률에 대한 고려

일반 투자자들은 대상부동산 전체가 창출하는 전체수익률보다 투자자 자신이 받는 지분수익률에 더 많은 관심을 가지며, 순영업소득을 환원하는 것이 아니라 세전/세후현금흐름을 환원한다.

3) 가치구성요소에 대한 고려

지분투자자가 향유하는 수익은 ① 매 기간 순수익에서 지분투자자의 몫으로 돌아오는 지분수익, ② 보유기간 말 예상되는 부동산 가치 증감, ③ 보유기간 동안 원금 상환에 의한 지분형성분의 세 가지로 이루어진다고 가정한다.

Ⅳ. 저당지분환원법의 장점

1. 시장가치 추계 목적

1) 시장 참가자의 행태 반영 및 자료의 수집 가능성

① 시장 참가자의 행태에 잘 부합하고 있다. 부동산을 매매하거나 임대차하고 담보부 융자를 받는 투자자들의 일반적인 행태와 일치할 뿐만 아니라 투자자들이 대상 부동산의 가치를 추계하는 방식이 일치한다. ② 저당지분환원법에서 필요한 자료를 시장에서 객관적으로 수집 가능하다는 장점이 있다.

2) 연금법의 논리 발전 및 전형적 보유기간 설정

① 과거로부터 계속 사용되어온 연금법의 논리를 발전시킨 것으로 과거의 방법보다는 진보한 방법이다. ② 전형적 보유기간의 순수익을 추계하기 때문에 부동산 가치추계의 정확성을 기할 수 있다는 장점이 있다.

2. 투자분석 목적

1) 투자결정 지원

개별투자자가 지불가능한 투자가치를 산정하여 이를 매도가격과 비교하여 투자결정이 가능하도록 지원할 수 있다는 장점이 있다.

2) 지분수익률의 변동 및 중요도 분석

① 주어진 조건하에서 지분수익률 변동의 파악이 가능하다. ② 어떤 요인이 시장가치, 지분수익률에 특히 중요한지 분석가능하다는 장점이 있다.

Ⅴ. 저당지분환원법의 문제점

1. 시장가치 추계 목적의 문제점

1) 투자자의 신용에 따른 왜곡 및 평가자의 주관 개입

① 시장가치가 대출금 이자율이나 대출비율 등의 융자조건, 즉 투자자의 신용도에 따라 달라질 수 있다. ② 지분수익률, 예상매도가격 및 안정소득의 추계과정에서 평가자의 주관이 개입될 여지가 높다는 문제점이 있다.

2) 안정화 과정에서 가치 왜곡 가능성

순수익 및 가치의 변동을 J계수 및 K계수를 이용하여 안정화시키는 과정에서 대상부동산의 가치가 오히려 왜곡될 수도 있다는 점 등의 문제점이 있다.

2. 투자분석 목적의 문제점

① 부동산 투자에 대해 세금이 미치는 행태를 무시하고 있다. ② 순수익의 변동을 안정화시킴으로써 가치의 왜곡가능성을 남겨놓고 있다는 점 등의 문제점이 있다.

Ⅵ. 결

환원 방법은 평가이론의 발달 과정에 있어서 시장 거래의 특성 및 투자자의 행태를 보다 더 적절히 반영하기 위하여 직접환원법이 할인현금흐름분석법으로 발전하여 왔다. 각 방식은 모두 전제된 가정과 장단점이 있는바, 부동산시장의 특성, 부동산의 특성, 순수익의 창출의 지속성, 행태 등을 적절히 고려하여 선택 적용하여야 할 것이다.

02 **기업평가에 있어 영업권 가치와 지식재산권 가치를 설명하고, 이와 관련된 발생수익의 원천 및 평가방법을 서술하시오.** 20점

1 기출문제 논점분석

영업권과 지식재산권의 수익성은 결국 초과수익 및 독점적 권리라는 대상물건의 특징에서부터 파악이 가능합니다. 또한, 각각의 평가방법은 전통적인 3방식 중심으로 작성하면 되고, 다만, 대상물건의 특징을 고려한다면 수익방식을 주된 방식으로 먼저 설명해주면 됩니다.

2 예시답안 목차

Ⅰ. 서

Ⅱ. 기업평가에 있어 영업권 가치와 지식재산권 가치

1. 기업평가에 있어 영업권 가치
2. 기업평가에 있어 지식재산권 가치

Ⅲ. 발생수익의 원천

1. 영업권의 발생수익의 원천
2. 지식재산권의 발생수익의 원천

Ⅳ. 영업권과 지식재산권의 평가방법

1. 영업권의 평가방법
   1) 원칙적인 평가방법(감정평가에 관한 규칙 제23조)
   2) 예외적인 평가방법
      (1) 거래사례비교법
      (2) 원가법
2. 지식재산권의 평가방법
   1) 원칙적인 평가방법(감정평가에 관한 규칙 제23조)
   2) 예외적인 평가방법
      (1) 거래사례비교법
      (2) 원가법

Ⅴ. 결

3 예시답안

Ⅰ. 서

최근 지식정보사회의 급속한 전개에 따라 기업의 보유자산 가운데 가장 중요한 것은 유형자산이 아니라 지식재산권이나 영업권 등 무형자산이 되고 있다. 특히 영업권은 무형자산임에도 불구하고 회사의 수익성과 기업가치에 결정적인 영향을 미치는 자산으로 꼽힌다. 이하에서는, 이러한 영업권 및 지적재산권에 관한 물음에 답한다.

Ⅱ. 기업평가에 있어 영업권 가치와 지식재산권 가치

1. 기업평가에 있어 영업권 가치

영업권이란 대상 기업이 경영상의 유리한 관계 등 배타적 영리기회를 보유하여 같은 업종의 다른 기업들에 비하여 초과수익을 확보할 수 있는 능력으로서 경제적 가치가 있다고 인정되는 권리를 말한다. 즉, 초과수익을 확보할 수 있는 능력이 영업권의 가치에 해당한다.

2. 기업평가에 있어 지식재산권 가치

지식재산권이란 특허권·실용신안권·디자인권·상표권 등 산업재산권 또는 저작권 등 지적창작물에 부여된 재산권에 준하는 권리를 말한다. 이러한 지식재산권을 독점적으로 사용할 수 있는 권리가 지식재산권의 가치에 해당한다.

Ⅲ. 발생수익의 원천

1. 영업권의 발생수익의 원천

영업권은 같은 업종의 다른 기업들에 비하여 초과수익을 확보할 수 있는 효용이 있으며, 대상 기업이 가지는 차별적인 우수한 경영능력, 효율적 인적 구성, 대외적 신인도로 인한 상대적 희소성이 발생수익의 원천이 된다.

2. 지식재산권의 발생수익의 원천

지식재산권은 법적으로 보호를 받는다는 점에서 상대적 희소성이 있으며, 이에 대한 독점적 권리를 주장하여 수익을 창출할 수 있다는 점에서 효용이 발생수익의 원천이 된다.

Ⅳ. 영업권과 지식재산권의 평가방법

1. 영업권의 평가방법

1) 원칙적인 평가방법(감정평가에 관한 규칙 제23조)

대상 기업의 영업 관련 기업가치에서 영업투하자본을 차감하는 방법이 있다. 이때 영업투하자본은 영업자산에서 영업부채를 차감하여 산정하며, 영업부채는 영업 관련 부채로서 이자지급부 부채를 제외한 부채를 말한다. 또한, 대상 기업이 달성할 것으로 예상되는 지속가능기간의 초과수익을 현재가치로 할인하거나 환원하는 방법으로 산정이 가능하다.

2) 예외적인 평가방법

(1) 거래사례비교법

영업권이 다른 자산과 독립하여 거래되는 관행이 있는 경우에는 같거나 비슷한 업종의 영업권만의 거래사례를 이용하여 대상 영업권과 비교하는 방법 또는 같거나 비슷한 업종의 기업 전체 거래가격에서 영업권을 제외한 순자산 가치를 차감한 가치를 영업권의 거래사례가격으로 보아 대상 영업권과 비교하는 방법이 있다. 또한 대상 기업이 유가증권시장이나 코스닥시장에 상장되어 있는 경우에는 발행주식수에 발행주식의 주당가격을 곱한 가치에서 영업권을 제외한 순자산가치를 차감하는 방법이 있다.

(2) 원가법

기준시점에서 새로 취득하기 위해 필요한 예상비용에서 감가요인을 파악하고 그에 해당하는 금액을 공제하는 방법과 대상 무형자산의 취득에 든 비용을 물가변동률 등에 따라 기준시점으로 수정하는 방법이 있다.

2. 지식재산권의 평가방법

1) 원칙적인 평가방법(감정평가에 관한 규칙 제23조)

해당 지식재산권으로 인한 현금흐름을 현재가치로 할인하거나 환원하여 산정하는 방법이 있다. 이때 지식재산권으로 인한 현금흐름은 해당 지식재산권으로 인해 절감 가능한 사용료 기준・증가된 현금흐름 기준・기업의 총이익 중에서 해당 지식재산권에 일정비율을 배분하여 산정하는 방법이 있다. 또한, 기업 전체에 대한 영업가치에 해당 지식재산권의 기술기여도를 곱하여 산정하는 방법이 있으며, 이때 기술기여도는 기업의 경제적 이익창출에 기여한 유・무형의 기업 자산 중에서 해당 지식재산권이 차지하는 상대적인 비율을 말한다. 기술기여도는 비슷한 지식재산권의 기술기여도를 해당 지식재산권에 적용하는 방법과 산업기술요소・개별기술강도・기술비중 등을 고려한 기술요소법이 있다.

2) 예외적인 평가방법

(1) 거래사례비교법

비슷한 지식재산권의 거래사례와 비교하는 방법 및 매출액이나 영업이익 등에 시장에서 형성되고 있는 실시료율을 곱하여 산정된 현금흐름을 할인하거나 환원하여 산정하는 방법이 있다. 이때 실시료율은 지식재산권을 배타적으로 사용하기 위해 제공하는 기술사용료의 산정을 위한 것으로, 사용기업의 매출액이나 영업이익 등에 대한 비율을 말한다. 이 경우 실시료율을 산정할 때에는 지식재산권의 개발비・지식재산권의 특성・지식재산권의 예상수익에 대한 기여도・실시의 난이도・지식재산권의 사용기간 등을 고려하여야 한다.

(2) 원가법

기준시점에서 새로 취득하기 위해 필요한 예상비용에서 감가요인을 파악하고 그에 해당하는 금액을 공제하는 방법과 대상 지식재산권을 제작하거나 취득하는 데 들어간 비용을 물가변동률 등에 따라 기준시점으로 수정하는 방법이 있다.

Ⅴ. 결

영업권과 지적재산권은 기업의 수익성과 가치를 좌우하기 때문에 중요하다. 하지만 문제는 이렇듯 기업가치에 결정적인 영향을 미치면서도, 영업권의 형태는 그 자체가 객관적으로 드러나지 않은 채 매우 추상적이고 복합하다는 것이다. 따라서 정확한 가치 판정을 위해 영업권과 지적재산권의 특징 및 평가방법에 대한 이해가 필요하다.

03 **복성식평가법(원가법)에 있어서 감가수정의 방법은 내용연수를 표준으로 하는 방법과 관찰감가법이 있다. 이러한 감가수정을 하는 이론적 근거를 관련 원칙을 들어 서술하고, 두 방법의 장단점과 실무상 양자를 병용하는 이유를 설명하시오.** 20점

1 기출문제 논점분석

감가수정을 하는 이유는 최유효이용에 미달하기 때문이며, 최유효이용에 미달한다고 볼 수 있는 이유는 부동산가격제원칙의 내용에 부합하지 않기 때문입니다. 따라서 감가수정을 하는 이론적 근거 역시 부동산가격제원칙에서 찾을 수 있습니다. 또한, 실무상 여러 가지 감가수정방법이 있지만, 병용을 하는 이유는 최종적으로 정확한 시장가치의 산정을 위한 목적에 있다는 점 역시 활용이 가능합니다.

2 예시답안 목차

Ⅰ. 서

Ⅱ. 관련 원칙을 근거로 한 감가수정을 하는 이론적 근거

1. 변동의 원칙을 근거로 하는 경우
2. 기여의 원칙을 근거로 하는 경우
3. 적합의 원칙을 근거로 하는 경우

Ⅲ. 두 방법의 장 · 단점

1. 내용연수법의 장 · 단점
2. 관찰감가법의 장 · 단점

Ⅳ. 실무상 양자를 병용하는 이유

1. 부동산의 개별적인 특성 측면
2. 부동산시장의 불완전성 측면
3. 감정평가의 기능 측면

Ⅴ. 결

3 예시답안

Ⅰ. 서

감가수정이란 대상물건에 대한 재조달원가를 감액하여야 할 요인이 있는 경우에 물리적 감가, 기능적

감가 또는 경제적 감가 등을 고려하여 그에 해당하는 금액을 재조달원가에서 공제하여 기준시점에 있어서의 대상물건의 가액을 적정화하는 작업을 말한다. 이는 최유효이용에 미달하는 부분을 적정화하는 단계라는 점에서 중요하다. 이하, 물음에 답한다.

Ⅱ. 관련 원칙을 근거로 한 감가수정을 하는 이론적 근거

1. 변동의 원칙을 근거로 하는 경우

변동의 원칙이란 부동산의 가치는 끊임없이 변하는 상황에 의해 영향을 받아 변동한다는 원칙을 말한다. 즉, 부동산의 가치는 시간이 흐름에 따라서 감가하게 되고, 노후화되는 정도에 따라서 변동하기 때문에 이를 가치에 반영해야 한다. 이는 물리적 감가수정의 근거가 된다.

2. 기여의 원칙을 근거로 하는 경우

기여의 원칙이란 부동산의 가치는 부동산을 구성하고 있는 생산요소가 부동산에 기여하는 공헌도의 영향을 받아 결정된다는 원칙을 말한다. 경과연수가 오래된 부동산의 경우는 용도적으로 유사한 다른 부동산에 비해 내부 구성요소가 기여하는 공헌도가 낮고, 이를 가치에 반영해야 한다. 이는 기능적 감가수정의 근거가 된다.

3. 적합의 원칙을 근거로 하는 경우

적합의 원칙이란 부동산의 이용이나 특성이 주위환경이나 시장수요와 일치할 때 최고의 가치가 창출되며 이것이 유지될 수 있다는 원칙이다. 노후화가 오래된 부동산의 경우에는 주위환경과 맞지 않을 수 있으며, 수요가 미달할 수 있기 때문에 이를 가치에 반영해야 한다. 이는 경제적 감가수정의 근거가 된다.

Ⅲ. 두 방법의 장·단점

1. 내용연수법의 장·단점

내용연수법은 실무상 적용이 간편하고 객관적이라는 장점을 가진다. 반면에 개별성이 있는 부동산의 실제 감가액과 괴리될 수 있다는 단점을 가지기도 하며, 경제적 감가수정을 제대로 반영하는데 한계가 있다는 단점도 있다.

2. 관찰감가법의 장·단점

시장자료가 충분하게 존재하는 경우에 유용하고, 감가의 개별성이 반영되므로 현실에 부응할 뿐만 아니라 기능적, 경제적 감가도 동시에 반영하므로 보다 정교하고 신뢰성 있는 가격을 도출할 수 있다는 장점이 있다. 반면 달관적인 방법으로 주관개입의 소지가 크기에 보조적인 검증수단으로서 의미가 있다는 단점이 있다.

Ⅳ. 실무상 양자를 병용하는 이유

1. 부동산의 개별적인 특성 측면

부동산은 개별적인 특성을 지니기 때문에 한 가지 방법만 적용해서는 대상물건의 구체적인 특성을 반영하기 어렵다. 리모델링을 한 경우 등은 단순히 내용연수법을 적용할 시에 리모델링을 했다는 개별적 특성을 반영하기 어렵기 때문에 실무상 양자를 병용한다.

2. 부동산시장의 불완전성 측면

부동산의 개별성과 같은 특성으로 인해 부동산이 거래되는 시장은 불완전한 특성을 지니게 된다. 따라서 한 가지 방식만 적용하는 경우는 평가의 정확성을 담보하기 어렵기 때문에, 정확한 시장가치 도출을 위해서 실무상 양자를 병용한다.

3. 감정평가의 기능 측면

감정평가는 부동산자원의 효율적인 배분과 타당성분석, 투자결정 등과 같은 의사결정에 판단기준을 제시하는 기능을 한다. 즉, 각각의 기능에 있어서 정확한 시장가치를 제시하기 위해 실무상 양자를 병용한다.

Ⅴ. 결

감가수정은 최유효이용을 전제로 형성되는 부동산가치에 있어서 미달되는 부분을 적정화하는 작업으로 정확한 시장가치 도출에 있어서 중요한 역할을 한다. 다만, 한 가지 방법만을 사용할 경우 이에 대한 반영이 어려울 수 있어 양자를 병용하는 것이 정확한 경제적 가치를 추계하는 데 유용하다는 점에 유의해야 한다.

04 계량적 부동산평가기법인 회귀분석법의 개념, 결정계수 및 유의수준에 관하여 각각 약술하시오. 10점

1 기출문제 논점분석

해당 문제에서는 크게 세 가지를 물어보고 있습니다. 회귀분석법의 개념과 결정계수 및 유의수준에 대하여 물어보고 있으므로, 각각의 물음마다 목차를 구분해 주시는 게 형식적으로 좋습니다. 또한, 이는 'A를 설명하시오'에 해당하는 문제유형이기 때문에 결정계수 및 유의수준에 관한 내용을 설명해주시면 됩니다. 다만, 유의수준은 생소한 개념일 수 있지만, 이는 결정계수와 반대되는 개념으로 일종의 오차 가능성이라고 생각해주시면 됩니다.

2 예시답안 목차

Ⅰ. 서

Ⅱ. 회귀분석법의 개념

Ⅲ. 결정계수

1. 의의
2. 통계치의 의미

Ⅳ. 유의수준

1. 의의
2. 통계치의 의미

3 예시답안

Ⅰ. 서

부동산 평가에서는 3가지 접근법이 전통적으로 활용되었다. 그러나 컴퓨터의 보급이 일반화되고 부동산 평가에 있어서도 객관화의 방안으로 통계적 기법이 도입되었다. 통계적 기법으로 대표적인 것이 회귀분석법이다. 이하, 회귀분석법과 관련한 물음에 답하고자 한다.

Ⅱ. 회귀분석법의 개념

회귀분석법은 부동산의 시장가치에 영향을 주는 여러 가지 변수들을 통계적으로 분석, 변수들과 부동산가치와의 관련성을 종합적으로 고찰하여 대상부동산의 시장가치를 추계하는 방법을 말한다.

Ⅲ. 결정계수

1. 의의

결정계수란 주어진 자료로부터 독립변수가 종속변수를 얼마나 정확하게 설명해 줄 수 있느냐 하는 것을 나타내는 지표로서 추정된 회귀식의 전체적인 설명력 또는 회귀식의 적합도를 의미하며, 보통 R^2으로 표시된다. 즉, 결정계수는 분석에 포함된 부동산의 특성이 시장가치를 얼마나 정확하게 추계할 수 있느냐를 나타내는 것이다.

2. 통계치의 의미

결정계수는 회귀분석 시 컴퓨터프로그램에 의해 자동적으로 계산된다. 여기서 결정계수는 0에서 1 사이의 값을 가지는데, 결정계수의 값이 높으면 높을수록 회귀모형은 종속변수를 보다 더 정확하게 산정한다는 것을 의미한다. 그런데 일반적으로 회귀모형이 분석의 목적으로 사용되기 위해서는 결정계수의 값이 높아야 한다. 만약, 결정계수의 값이 높지 못할 경우에는 적절한 방법을 동원하여 회귀모형을 수정해야 한다.

Ⅳ. 유의수준

1. 의의

가설검증에서 가설이 실제로 참일 때 가설에 대한 판단의 오류수준을 말하며, 오류의 위험성을 부담할 최대 확률을 가설의 유의수준이라고 한다. 일반적으로 표본통계치가 나올 확률이 0.05 또는 0.01인 점을 유의수준으로 설정한다.

2. 통계치의 의미

가설검증 절차에서 5%의 유의수준을 선택한다면, 그것은 실제 채택하여야 하는데도 불구하고 기각할 경우는 100번 중 5번 정도임을 의미한다. 즉, 올바른 의사결정을 할 것을 약 95% 확신한다는 것을 의미하며, 잘못된 의사결정을 내릴 확률이 0.05라는 것을 의미한다.

제08회 기출문제 답안

01	**부동산가격의 발생요인을 분석하여 특히 상대적 희소성의 역할관계를 논술하시오.** 30점

1 출제위원 채점평

서에서 부동산은 일반재화와 구별되는 특징이 있다고 강조하면서도 구체적, 추상적 개념 구별이 설명되지 않고 바로 부동산의 특징을 논한 것은 다소 성급한 것이다. '자유시장 및 균형가격 성립을 방해한다'라고 표현한 것이 좋은 예이다. 질문에 대한 답안의 핵심을 간단히 요약하면, 부동산가격발생요인에 대한 분석, 효용의 본질적인 의미, 유효수요의 본질적인 의미, 상대적 희소성의 발생원인, 상대적 희소성은 부동산가격수준형성과 어떠한 관계를 가지고 있는가? 등을 알고 있는지의 여부를 묻고자 하는 것이 문제의 핵심이라고 할 수 있다.

효용은 다룰 때 수익성 부동산의 효용은 수익성을, 주거용 부동산의 효용은 쾌적성을, 공공용 부동산의 효용은 공익성을 내포하는 것으로서 부동산학에서 명확히 구별됨을 분명하게 기술하는 것이 좋았을 것이고 분설한 쾌적성에서 건물의 위치, 방위 등이 누락되었음은 감점의 요인이 아닐까?

수익성을 분설한 내용이 감정평가방식 중 수익방식의 토대임을 기술하였다면 더 좋은 점수를 받았을 것이고 유효수요는 수요와 대비되는 논리전개가 필요했고 부동산에 대한 구매력이 왜 존재하여야 하는지를 기술하였으면 하는 생각이며 공익성에 대한 언급이 없는 것이 약간의 흠이라 생각한다. 또 유효수요가 부동산의 가격수준이 높고 낮음에 의해서도 영향을 받는 특징을 지니고 있다는 점이 누락되기도 하였다. 희소성의 원인에서 토지의 절대량이 부족하다고 하였으나 우리나라의 경우 가용면적이 부족하다는 점을 구별하였어야 했고 토지에 대한 수요는 사회적, 경제적 측면에서 비롯된다는 점과 토지에 대한 희소성은 일반경제재와 같이 물리적 측면만 생각해서는 안 된다는 점이 더 뚜렷하게 기술되었으면 한다.

부동산가격발생요인에 있어 상대적 희소성의 역할관계에서는 상대적 희소성의 발생원인과 상대적희소성이 부동산가격수준형성에 어떠한 관계를 가지고 있는가를 좀 더 설명하였다면 완벽한 답안이 되었을 것이다.

2 기출문제 논점분석

부동산가격의 발생요인은 효용, 상대적 희소성, 유효수요 3가지로 구성되며 이는 일반재화의 성격과 비교됩니다. 또한, 상대적 희소성의 역할관계를 물어보고 있으나 각 개념은 세분화하기 어려운 형태에 해당합니다. 따라서 이 부분은 난이도가 어렵지만 전체적인 감정평가의 체계도상 다른 단원들과 어떤 관계를 가지는지를 설명해야 합니다.

3 예시답안 목차

Ⅰ. 서

Ⅱ. 부동산가격의 발생요인

1. 효용
   1) 의의
   2) 일반재화와 비교
2. 상대적 희소성
   1) 의의
   2) 일반재화와 비교
3. 유효수요
   1) 의의
   2) 일반재화와 비교

Ⅲ. 상대적 희소성의 역할관계

1. 부동산의 특성 측면에서의 역할관계
2. 가치발생요인 측면에서의 역할관계
3. 가치형성요인 측면에서의 역할관계
4. 가치형성과정 측면에서의 역할관계
5. 부동산시장 측면에서의 역할관계
6. 최유효이용 측면에서의 역할관계

Ⅳ. 결

4 예시답안

Ⅰ. 서

가치의 결정에 대해 시장참가자들이 재화에 가치를 부여했기에 재화고유의 가치가 결정되게 된다. 이때 시장참가자들의 외연적인 가치부여행위로 가치가 생기기 위해 어떤 요소가 필요한 것인가에 대한 의문을 해결하기 위해 도입된 것이 효용, 상대적 희소성, 유효수요이며 이를 부동산가격발생 3요인이라고 한다. 이하에서는, 부동산가격의 발생요인을 설명하고 특히 상대적 희소성의 역할관계에 대해 설명하고자 한다.

Ⅱ. 부동산가격의 발생요인

1. 효용

1) 의의

인간의 욕구나 필요를 만족시킬 수 있는 재화의 능력으로, 수요 측면에 영향을 미치는 가치발생요인이다. 부동산의 효용은 용도의 차이에 따라 주거지는 쾌적성, 편리성, 즉 도심으로의 통근가능성 등으로, 공업지는 비용절감과 입지선정에서 오는 생산성으로, 상업지와 농업지는 수익성 등으로 표현된다.

2) 일반재화와 비교

일반재화는 비내구재로서 하나의 용도로만 제작되기에 소멸적, 단일적 효용을 가지지만, 부동산은 영속성과 다양성으로 인해 영속적, 다용도적 효용을 가진다. 그리고 일반재화는 향유적 효용을 가지지만 부동산을 투자자산으로 인식할 경우 보유적 효용을 가진다.

2. 상대적 희소성

1) 의의

희소성이란 인간의 욕구에 비해 그 수나 양이 부족한 상태를 말하는 것으로, '상대적'이라는 의미는 부동산의 물리적 측면이 아닌 지역적, 용도적 측면과 같은 상대적 측면에서 부족하다는 의미와 수요에 비하여 공급이 상대적으로 부족하다는 의미로 해석할 수 있다.

2) 일반재화와 비교

일반재화는 이동가능하고 물리적 생산이 가능하므로 절대적인 양의 측면에서 절대적 희소성이 문제되지만, 부동산은 공급 측면에서 볼 때 지역적, 용도적 측면에서 희소성 문제가 발생하는 상대적 희소성이 문제가 된다.

3. 유효수요

1) 의의

유효수요는 실질적인 구매능력을 의미하는 것으로, 살 의사와 지불능력을 갖춘 수요를 말한다.

2) 일반재화와 비교

일반재화의 경우 금액의 규모가 상대적으로 적기에 살 의사만 있으면 언제든지 구매할 수 있다. 그러나 부동산은 고가성으로 인해 지불능력이 없으면 시장에서 수요가 이루어지지 않는다. 따라서 시장참여자의 수가 제한되고 부동산금융의 역할이 중요시된다.

Ⅲ. 상대적 희소성의 역할관계

1. 부동산의 특성 측면에서의 역할관계

부동산은 물리적으로 양을 늘릴 수 없다는 부증성이라는 특성을 지닌다. 이로 인해, 부동산은 물리적 대체가 불가능하기 때문에 절대적 희소성이 아닌 상대적 희소성을 지니게 된다. 즉, 부동산의 부증성이라는 특성으로 인해 상대적 희소성이 발생한다는 측면에서 관계가 있다.

2. 가치발생요인 측면에서의 역할관계

부동산가치발생요인은 독자적으로 작용하는 것이 아니라 3요소가 상호 복합적으로 관련하여 부동산가치를 발생시키게 된다. 즉, 상대적으로 희소하다면 지불의사를 증가시켜 유효수요를 변화시키는 등 다른 가치발생요인에도 영향을 미친다는 관계가 있다.

3. 가치형성요인 측면에서의 역할관계

자연적·사회적·경제적·행정적인 가치형성요인에 의해서도 상대적 희소성은 영향을 받는다. 국토개발·인구증가·핵가족화·소득수준 향상 및 용도지역·건폐율과 같은 요인에 의해 대상 부동산이 상대적으로 희소해질 수 있다. 즉, 여러 가지 가치형성요인에 의해 상대적 희소성 여부가 변화할 수 있다는 측면에서 관계가 있다.

4. 가치형성과정 측면에서의 역할관계

부동산은 가치형성과정을 통해 가격수준과 구체적·개별적 가격이 형성되게 된다. 이때 상대적 희소성이 높을수록 가격수준이 높아지거나, 구체적·개별적 가격 측면에서 상승요인이 발생하게 된다. 즉, 상대적 희소성의 정도에 따라 가치형성과정에서 가격수준과 구체적·개별적 가격에 영향을 미친다는 측면에서 관계가 있다.

5. 부동산시장 측면에서의 역할관계

부동산시장에서는 가격이 결정되게 되고, 이때 가격은 매수자와 매도자에 의한 수요와 공급에 따라 영향을 받게 된다. 이때 상대적 희소성은 공급 측면에 영향을 미치는 요인이다. 즉, 상대적 희소성이 높을수록 공급자 입장에서는 공급을 증가시키려는 유인이 존재하게 된다. 따라서 상대적 희소성은 부동산시장 측면에서 공급에 영향을 미친다는 관계가 있다.

6. 최유효이용 측면에서의 역할관계

최유효이용이란 객관적으로 보아 양식과 통상의 이용능력을 가진 사람이 부동산을 합법적이고 합리적이며 최고최선의 방법으로 이용하는 것을 말한다. 부동산은 부증성이 있는 재화이기 때문에 제한된 자원의 효율적 이용이 강조된다. 즉, 상대적으로 희소하기 때문에 최유효이용이라는 개념의 이론적 근거가 된다는 점에서 관계가 있다.

Ⅳ. 결

감정평가는 부동산의 가치형성과정을 파악하는 것을 목적으로 한다. 따라서 각각의 가치발생요인에 대한 이해가 필요하다. 또한, 각각의 가치발생요인은 개별적으로 작용하는 것이 아닌, 감정평가과정에 전반적으로 영향을 미치기 때문에 이를 반영하여 정확한 경제적 가치를 추계할 수 있도록 유의해야 한다.

02 부동산 경기변동으로 인한 부동산시장의 동향을 분석하고, 부동산 감정평가의 유의점을 기술하시오. 20점

1 출제위원 채점평

답안이 대체적으로 잘 작성된 것으로 생각한다. 좀 더 욕심을 낸다면, 답안작성의 논리를 부동산시장분석의 필요성을 설명한 후, 부동산시장의 개념과 특성, 부동산 경기변동과 부동산시장의 동향, 부동산시장의 동향에 따른 감정평가 시 유의할 점 등의 순서로 결론을 맺었다면 더 좋았다는 생각이다. 부동산시장분석의 필요성을 언급하지 않은 것은 아쉬운 점이다.

2 기출문제 논점분석

부동산 경기변동으로 인한 부동산시장의 동향은 크게 확장국면과 수축국면으로 구분할 수 있습니다. 이때 각각의 국면을 설명하는 변수는 가격, 거래량, 금리, 공실률을 활용하면 됩니다. 또한, 감정평가 시 유의점을 물어보고 있으므로 단순한 감정평가방법이 아닌 전체적인 판정의 과정이 제시되어야 합니다.

3 예시답안 목차

Ⅰ. 서

Ⅱ. 부동산 경기변동으로 인한 동향

1. 부동산 경기변동의 의의
2. 부동산 경기변동으로 인한 동향
   1) 확장국면인 경우
   2) 수축국면인 경우

Ⅲ. 부동산 감정평가의 유의점

1. 가격제원칙 고려 시 유의점
2. 지역분석 및 개별분석 시 유의점
3. 최유효이용 판정 시 유의점
4. 감정평가방법 적용 시 유의점
5. 시산가액 조정 시 유의점

Ⅳ. 결

4 예시답안

Ⅰ. 서

부동산은 영속성 및 가변성이 있는 재화이기 때문에 시간적인 측면에서 부동산이 거래되는 시장을 분석하는 것은 중요하다. 특히 경기변동을 통해 앞으로 상황을 예측하여 감정평가 시 반영해야 된다는 점에서 이에 대한 이해가 필요하다. 이하, 경기변동과 관련한 물음에 답한다.

Ⅱ. 부동산 경기변동으로 인한 동향

1. 부동산 경기변동의 의의

부동산 경기변동이란 부동산도 경제재의 하나로서 일반경기변동과 마찬가지로 일정기간을 주기로 하여 호황과 불황을 반복하면서 변화하는 것을 말한다.

2. 부동산 경기변동으로 인한 동향

1) 확장국면인 경우

확장국면인 경우는 금리가 하락함에 따라 유효수요가 증가하게 되고, 이로 인해 거래량이 상승함에 따라 부동산가격 역시 상승하게 된다. 따라서 전반적으로 부동산시장에 있어 공실률이 감소하는 동향을 지니게 된다.

2) 수축국면인 경우

수축국면인 경우는 금리가 상승함에 따라 유효수요가 감소하게 되고, 이로 인해 거래량이 감소함에 따라 부동산가격 역시 하락하게 된다. 따라서 전반적으로 부동산시장에 있어 공실률이 증가하는 동향을 지니게 된다.

Ⅲ. 부동산 감정평가의 유의점

1. 가격제원칙 고려 시 유의점

부동산시장은 시간의 흐름에 따라 다양한 요인들의 복합적인 작용에 따라 끊임없이 변화하므로 현재의 시장이 어디에 위치하고 있는지를 합리적이고 정확하게 판단하기 위해서는 변동의 원칙과 예측의 원칙에 유의해야 한다. 특히 예측 시에 투기적 요인 등 일시적이고 비정상적인 요소를 배제하고 가까운 장래에 확실하게 실현될 범위 내에서 객관성, 현실성, 논리성에 입각해야 한다.

2. 지역분석 및 개별분석 시 유의점

일반적으로 전체 부동산 경기변동과 지역적 차원, 개별부동산의 가격은 같은 방향으로 움직인다. 그러나 부동산시장의 지역성, 개별성으로 인해 전체 부동산 경기변동과 특정지역 개별부동산의 상황이 상반될 수 있기에 유의해야 한다. 따라서 지역분석에 있어서는 전반적인 부동산경기와 더불어 인근지역의 생애주기를, 개별분석에 있어서는 개별성에 따라 전반적인 시장변화가 대상부동산에 미치는 작용에 대해 면밀히 분석해야 한다.

3. 최유효이용 판정 시 유의점

확장국면과 같이 일시적으로 초과수익을 누리고 있는 상황을 마치 계속될 것으로 오해하여 판단해서는 안 된다. 또한, 최유효이용 분석은 해당 용도에 대한 충분한 수요가 있는지 여부를 확인하는 작업인바, 특히 수축국면의 경우 수요 분석에 유의해야 한다.

4. 감정평가방법 적용 시 유의점

① 비교방식 적용 시에는 경기변동 국면에 따른 사례 수가 풍부한지 여부와 거래사례에 투기적 거래 혹은 급매와 같은 사정개입 여부에 유의해야 한다. ② 원가방식 적용 시에는 각 국면에 따른 건축비 지수 및 기능적·경제적 감가와 관찰감가 가능성에 있어 유의해야 한다. ③ 수익방식 적용 시에는 경기변동 국면에 따른 수익 증·감분 및 위험 정도에 따른 환원율의 상향·하향 조정 가능성에 유의해야 한다.

5. 시산가액 조정 시 유의점

안정국면에서는 비준가액의 신뢰도가 높아지므로 상대적으로 높은 비중을 두어야 한다. 극단적인 호황 혹은 불황 시에는 사례가 불안정하므로 비준가액보다 적산가액 또는 수익가액에 비중을 두고 타당성 검토를 해야 한다.

Ⅳ. 결

경기변동은 현재 상황을 파악하여, 앞으로 시장이 확장국면이 될지 수축국면이 될지에 대한 예측이 중요하다. 따라서 감정평가 시에는 다양한 시장상황 및 가치형성요인을 분석하여, 변동하는 시장상황을 반영한 정확한 경제적 가치를 추계할 수 있도록 유의해야 한다.

Chapter

09 제07회 기출문제 답안

01 최근 부동산시장에서 임대료의 감정평가가 점차 중요시되고 있다. 이에 있어 다음 사항을 논하시오. 40점

1) 가격과 임대료의 관계

2) 신규임대료와 계속임대료의 평가방법과 유의점

3) 부가사용료와 공익비의 차이점과 이들의 실질임대료 산정 시 처리방법

4) 임대료의 시산가액 조정 시 유의점

1 출제위원 채점평

Ⅰ. 『물음 1』

가격과 임료 관계의 핵심은 가격은 내용연수 전 기간에 대한 교환의 대가인 반면 임료는 임대차기간의 단기간에 대한 용익의 대가라는 점과 가격과 임료는 원본과 과실관계 및 정확한 임료를 구하기 위해서는 적정가격이 선행되어야 한다는 점이다. 마지막으로 결론에서 자기의 생각과 판단을 밝히거나 내용을 요약 정리한다. 이와 같이 각 문제에 대한 답안작성 요령이 매우 중요하다.

Ⅱ. 『물음 2』

신규임료와 계속임료의 평가방법과 유의점에 대해서는 의의, 방법, 유의점을 적절히 배분하여 기술하면 되는데 어떤 수험생은 신규임료와 계속임료의 평가방법만 대부분 기술하고 유의점은 몇 줄 안 쓰는 사람이 많았다. 유의점은 신규임료와 계속임료의 각 방법에 대한 특이사항 및 장 · 단점을 알고 있는지를 살펴보기 위한 문제였다.

Ⅲ. 『물음 3』

사실 평이한 문제였는데 의의와 차이를 정확히 파악한 사람은 그리 많지 않았다. 부가사용료 및 공익비는 실비적, 생활비적 성격을 갖고 있기에 필요제경비에 포함되지 않는다. 즉, 실질임료에 포함되지 않는다. 그러나 실비초과분은 실질임대료에 포함되며, 실질임료를 상승시키기 위한 방법으로 부가사용료와 공익비를 초과 징수하는 경우도 있다는 좋은 답안도 있었다.

Ⅳ. 『물음 4』

시산가격 조정은 감정평가 전반을 파악할 수 있는 문제로 아무리 강조해도 지나치지 않다. 1990년과 1993년 및 1996년 유사한 문제가 출제되었다. 3방식을 종합한 시산가격 조정 문제는 40점 문제로까지 출제하자는 위원도 있을 정도였다. 중요하면서도 평이한 문제이었으나, 매끄럽게 작성된 답안은 별로 없었다. 임료의 시산가격 조정이나 가격의 시산가격 조정은 내용이 유사하다고 보고 기술하면 된다.

2 기출문제 논점분석

전반적인 임대료와 관련된 문제입니다. 특히 계속임대료는 일본기준과 관련된 내용이므로 향후 출제가능성은 낮은 내용에 해당합니다. 또한, 임대료의 시산가액 조정 역시 일반적인 가치 판정 시의 시산가액 조정 내용과 달라질 부분이 없기 때문에 해당 내용을 그대로 작성해도 무방합니다.

3 예시답안 목차

Ⅰ. 서

Ⅱ. 『물음 1』

1. 부동산의 특성 측면 관계
2. 원본과 과실 측면 관계
3. 가격의 3면성 측면 관계
4. 기간 측면 관계

Ⅲ. 『물음 2』

1. 신규임대료와 계속임대료의 의의
2. 신규임대료와 계속임대료의 평가방법
   1) 신규임대료의 평가방법
   2) 계속임대료의 평가방법(차 · 이 · 슬 · 임)
3. 평가 시 유의점
   1) 신규임대료 평가 시 유의점
   2) 계속임대료 평가 시 유의점

Ⅳ. 『물음 3』

1. 부가사용료와 공익비의 의의
2. 부가사용료와 공익비의 차이점
3. 실질임대료 산정 시 처리방법

Ⅴ. 『물음 4』

1. 시산가액 조정의 의의
2. 시산가액 조정 시 유의사항
   1) 자료의 선택 및 활용의 적부
   2) 부동산가격에 관한 제 원칙의 활용 적부

3) 일반요인의 분석과 지역 · 개별분석의 적부

Ⅵ. 결

4 예시답안

Ⅰ. 서

가격이란 피셔의 정의에 따르면 장래 기대되는 편익을 현재가치로 환원한 값을 말하며, 이는 비내구재인 부동산의 특성에 적합한 개념이다. 임대료란 임대차 계약에 기초한 대상물건의 사용대가로서 지급하는 금액을 말한다. 양자는 서로 관련성이 있는 바, 이하 물음에 답한다.

Ⅱ. 『물음 1』

1. 부동산의 특성 측면 관계

부동산은 물리적인 측면에서 볼 때 시간의 경과나 이용 등에 의해 마모되거나 소멸되지 않는다는 영속성이라는 특성을 지닌다. 이로 인해, 소유와 이용의 분리가 가능하여 가격과 임대료로 구분할 수 있다는 측면에서 양자는 영속성 측면에서 관계가 있다.

2. 원본과 과실 측면 관계

부동산은 내구재로 영속성, 고가성, 병합 · 분할가능성으로 인해 시간적, 금액적 차원에서 분할하여 임대차 대상이 될 수 있다. 따라서 부동산은 교환의 대가인 가격과 용익의 대가인 임대료로 구분되며 둘은 원본과 과실의 관계에 있다.

3. 가격의 3면성 측면 관계

일반적으로 물건의 가치를 판정할 때는 시장에서 어느 정도의 가격으로 거래되고 있는가(시장성), 그 물건을 만드는 데 얼마만큼의 비용이 투입되었는가(비용성), 그 물건을 이용함으로써 어느 정도의 이익 또는 편익을 얻을 수 있는가(수익성)를 고려하며 이를 가격의 3면성이라고 한다. 가격과 임대료는 모두 이러한 가격의 3면성을 반영하여 산정한다는 측면에서 관계에 있다.

4. 기간 측면 관계

가격은 부동산이 경제적으로 소멸하기 전까지의 전 기간에 걸쳐 사용 · 수익하는 것을 전제로 하여 산출되는 경제적 대가이다. 반면, 임대료는 전체기간의 일부인 계약기간에 한정하여 사용 · 수익할 것을 기초로 산정되는 경제적 대가라는 관계가 있다.

Ⅲ. 『물음 2』

1. 신규임대료와 계속임대료의 의의

신규임대료란 기준시점 현재 임차인이 대상부동산을 최초로 사용 · 수익하기로 하고 그에 상응하는 경제적 대가를 임대인에게 지불하기로 한 경우의 임대료를 말한다. 계속임대료란 임대차계약이 계속적으로 갱신되어 임대료를 개정해야 하는 경우 다시 조정된 임대료를 말한다.

2. 신규임대료와 계속임대료의 평가방법

1) 신규임대료의 평가방법

대상물건과 가치형성요인이 같거나 비슷한 물건의 임대사례와 비교하여 대상물건의 현황에 맞게 사정보정, 시점수정, 가치형성요인 비교 등의 과정을 거쳐 대상물건의 임대료를 산정하는 임대사례비교법(감정평가에 관한 규칙 제22조), 대상물건의 기초가액에 기대이율을 곱하여 산정된 기대수익에 대상물건을 계속하여 임대하는 데에 필요한 경비를 더하여 대상물건의 임대료를 산정하는 적산법, 일반기업 경영에 의하여 산출된 총수익을 분석하여 대상물건이 일정한 기간에 산출할 것으로 기대되는 순수익에 대상물건을 계속하여 임대하는 데에 필요한 경비를 더하여 대상물건의 임대료를 산정하는 수익분석법이 있다.

2) 계속임대료의 평가방법(차 · 이 · 슬 · 임)

계속임대료 체결에 의한 차액 중 임대인에게 귀속되는 부분을 적정하게 배분하여 실제의 계약임대료에 반영하여 계속임대료를 구하는 차액배분법, 기초가액에 계속임대료율을 곱하여 구한 금액에 필요제경비를 가산하여 계속 임대료를 구하는 이율법, 임대료수준의 변동, 필요제경비의 변동 등을 적절하게 나타낼 수 있는 슬라이드 지수를 파악하여 계약임대료에 곱하는 슬라이드법, 동 유형 임대사례의 계속임대료를 기초로 하여 사정보정, 시점수정, 지역 · 개별요인 비교와 임대차계약 내용 및 조건의 비교를 통해 계속임대료를 구하는 임대사례비교법이 있다.

3. 평가 시 유의점

1) 신규임대료 평가 시 유의점

임대사례비교법 적용 시 계약내용 및 개별적 유사성이 있는 사례를 선정해야 함에 유의해야 한다. 적산법 적용 시 임대차계약의 내용 및 대상물건의 종류에 따라 포함하여야 할 필요제경비 항목의 세부적인 내용이 달라질 수 있다는 점에 유의해야 한다. 수익분석법 적용 시 대상부동산에 귀속하는 순수익은 수익배분의 원칙에 의해 타 생산요소에 적정배분된 후 잔여수익의 성질을 갖는다는 점에 유의해야 한다.

2) 계속임대료 평가 시 유의점

차액배분법 적용 시 시장임대료를 상한선으로 하여 차액을 임대인과 임차인에게 적절히 배분해야 함에 유의해야 한다. 이율법 적용 시 계약의 내용 및 조건, 계약체결 경위 등에 따른 개별성을 이율에 반영해야 함에 유의해야 한다. 슬라이드법 적용 시 임대료 수준, 물가수준, 소득수준의 변동을 지속적으로 반영해야 함에 유의해야 한다. 임대사례비교법 적용 시 계약조건과 같은 가치형성요인이 유사한 사례를 선정해야 함에 유의해야 한다.

Ⅳ. 『물음 3』

1. 부가사용료와 공익비의 의의

부가사용료란 임차인 전용공간의 가스료, 전기료, 수도료, 냉난방비 등 임차인이 공급회사에 직접 지불하지 않고 임대인에게 지불한 것을 말한다. 공익비란 공용공간에 소요되는 공통비나 공용부분 관리비를 말한다. 공용부분의 청소비, 승강기비용, 주차비 등이 있다.

2. 부가사용료와 공익비의 차이점

부가사용료는 전용공간에 대한 비용이므로 임차인이 단독으로 부담하는 개념에 속한다. 반면, 공익비는 공용공간에 대한 비용이므로 임차인이 다른 임차인과 함께 공동으로 부담하는 개념에 속한다는 점에서 차이점이 존재한다.

3. 실질임대료 산정 시 처리방법

부가사용료와 공익비 중 실비에 해당하는 부분은 경비로 취급하고, 실비 초과분은 임대료로 취급한다. 임대인이 받은 전체 수입 중 어느 부분까지가 경비로 취급되느냐는, 세금계산에 있어 구분실익이 있다. 부가사용료와 공익비 중 실비를 초과하는 부분은 임대료에 속하므로 다른 필요제경비 항목과는 별도로 처리할 필요가 있다.

Ⅴ. 『물음 4』

1. 시산가액 조정의 의의

시산가액의 조정이란 각 시산가액을 비교・분석하여 그들 사이에 존재하는 유사점과 차이점을 찾아내어 통일적이고 일관된 가액이 도출될 수 있도록 조화시키는 작업이라 할 수 있다. 이러한 시산가액의 조정을 통해 각 방식의 평가과정의 객관성과 정당성을 확인하고 평가과정을 비판적으로 재검토함으로써 시산가액 간에 차이가 나는 이유를 발견하고 적절한 가액을 도출할 수 있게 된다.

2. 시산가액 조정 시 유의사항

1) 자료의 선택 및 활용의 적부

평가에 있어서 수집・선택된 자료가 적절한가 그리고 그 검토와 평가과정에서의 활용방법은 어떠했는가를 체크하여야 한다. 즉, 어떤 평가방법에 의한 자료가 가장 잘되었는가에 따라 각 방법의 비중이 달라지는 것이다.

2) 부동산가격에 관한 제 원칙의 활용 적부

부동산가격제원칙은 부동산가격의 형성과정에 있어서의 기본원칙으로 평가의 과정에 있어 제원칙 활용의 적정성 여부는 평가액의 정확성과 합리성에 크게 영향을 미친다. 따라서 감정평가의 전 과정에 영향을 미치는 부동산가격에 관한 제원칙이 적절하게 활용되었는지를 재검토하여야 한다. 특히 최유효이용원칙은 가장 중심적이고 중요한 원칙으로서의 위치를 차지하고 있다는 점에 주목해야 한다.

3) 일반요인의 분석과 지역・개별분석의 적부

가격수준에 영향을 미치는 일반요인과 지역요인 그리고 개별요인이 어떠한 것이 있으며 그것의 영향관계를 제대로 파악하고 분석하여 적용했는지를 확인해야 한다. 감정평가를 통해 얻고자 하는 가액은 결국 현실의 객관적인 시장에서의 가격형성 메커니즘과 일치해야 하기 때문에 결국 시장분석의 결과를 조정의 지침으로 활용해야 한다. 즉, 시산가액이 현실 시장의 수급동향을 정확하게 반영하고 있는지, 시장참가자의 행동원리를 제대로 반영하고 있는지를 파악해야 한다.

Ⅵ. 결

최근 임대소득에 대한 관심이 증가함에 따라 시장에서 임대료에 대한 수요 역시 늘어나고 있다. 감정평가 시에는 항상 시장상황을 반영하는 존재가치로서의 시장가치를 추계해야 하는 바, 임대료에 대한 시장참가자들의 인식을 반영하여 정확한 임대료를 추계할 수 있도록 하여야 할 것이다.

02 **복성식평가법에 관하여 다음 사항을 설명하시오.** 15점

1) 발생감가의 의의와 구하는 방법

2) 회복불가능한 기능적 감가의 감가액을 구하는 방법

3) 중고주택의 감정평가상 현실적 모순점

1 출제위원 채점평

Ⅰ. 『물음 1』

발생감가의 의의는 미국의 부동산 감정평가에서 사용되고 있는 용어로 우리나라의 감가누계약과 유사하다. 발생감가를 구하는 방법에서는 우리나라의 감가수정방법과 미국의 발생감가를 구하는 방법과 혼동한 사람이 많았다. 우리나라와 미국의 경우에 대한 정확한 인식을 한 후 우리나라의 감가수정방법의 개선방향을 제시했으면 하였는데 제대로 쓴 수험생이 그리 많지는 않았다.

Ⅱ. 『물음 2』

회복 불가능한 기능적 감가의 감가액을 구하는 방법은 대체로 이렇게 세부적으로 이해하는 수험생은 별로 없을 줄 알았는데 의외로 결핍과 설비과잉으로 구분하여 정확히 이해한 수험생도 있었다.

Ⅲ. 『물음 3』

중고주택의 감정평가상 현실적인 모순점은 감정평가 실무를 접하지 않은 경우 이해하기 쉽지 않은 문제였다. 그러나 몇몇 수험생은 출제의도와 맞는 답안구성을 하기도 하였다. 중고주택의 감정평가의 경우 토지는 공시지가를 기준으로 한 나지상정의 정상가격을 구하고 건물은 정액법을 기준한 복성가격을 구하여 합산하고 계산하고 있다. 그러나 실제 부동산거래 시장에서는 10년 이상 지난 중고주택은 건물가격을 별도로 계산하지 않고 토지에 화체하여 거래하는 것이 관행이다. 따라서 감정평가액과 실제거래액은 차이가 날 수 있다. 그러므로 중고주택에 대한 감가수정방법은 감정평가액과 실제거래가액과 일치하는 쪽으로 개선되어야 할 것이다. 토지와 건물을 일체로 평가하는 방법 또는 건물의 감정평가 시 감가수정방법으로서 정액법보다는 정률법이 현실에 더 접근할 것으로 판단되며 미국의 발생감가이론을 접목하여 구성부분별로 구분하여 감가수정이론을 재정립할 필요성이 있다.

2 기출문제 논점분석

A에 대한 사례를 제시하는 문제의 경우는 단순히 여러 사례를 나열하면 안 되고, 항상 왜 해당 사례에 해당하는지 구체적으로 포섭하는 것이 필요합니다. 사안의 경우는 어떤 점에서 치유가 불가능하고, 기능적 감가에 해당하는지를 반영해주어야 합니다. 또한, 감정평가 시 유의사항이기 때문에 배점이 부족하기는 하지만, 2개 이상의 감정평가 절차를 목차로 작성하는 것이 좋습니다.

3 예시답안

Ⅰ. 서

복성식평가법(원가법)은 투입된 비용을 고려하는 비용성의 원리에 근거한 감정평가방법에 해당한다. 특히 물리적 감가, 기능적 감가, 경제적 감가로 구분하여 정확한 시장가치를 구할 수 있기 때문에 이에 대한 정확한 이해가 필요하다. 이하, 복성식평가법과 관련된 물음에 답하고자 한다.

Ⅱ. 『물음 1』

1. 발생감가(감가수정)의 의의

감가수정이란 대상물건에 대한 재조달원가를 감액하여야 할 요인이 있는 경우에 물리적 감가, 기능적 감가 또는 경제적 감가 등을 고려하여 그에 해당하는 금액을 재조달원가에서 공제하여 기준시점에 있어서의 대상물건의 가액을 적정화하는 작업을 말한다.

2. 발생감가를 구하는 방법

감가수정을 할 때에는 경제적 내용연수를 기준으로 한 정액법, 정률법 또는 상환기금법 중에서 대상물건에 가장 적합한 방법을 적용하여야 한다. 또한, 물리적・기능적・경제적 감가요인을 고려하여 관찰감가 등으로 조정하거나 다른 방법에 따라 감가수정할 수 있다.

Ⅲ. 『물음 2』

1. 회복불가능한 기능적 감가

기능적 감가란 대상물건의 기능적 효용 변화에 따른 감가요인을 말하며, 회복불가능하다는 의미는 물리적 또는 경제적으로 치유가 불가능한 것을 말하며, 치유로 인한 편익보다 치유비용이 더 크기 때문에 경제적 타당성이 없는 경우를 의미한다.

2. 회복불가능한 기능적 감가액을 구하는 방법

과소로 인한 기능적 감가액은 가치손실액 또는 추가비용환원액을 합산한 후 신축 시 설치비용을 차감하여 구한다. 부조화로 인한 기능적 감가액은 기존항목의 비용에서 기부과된 감가상각액을 차감하고 가치손실액 또는 추가비용환원액을 합산한 후 신축 시 설치비용을 차감하여 구한다. 과잉으로 인한 기능적 감가액은 기존항목의 비용에서 기부과된 감가상각액을 차감하고 가치손실액 또는 추가비용환원액을 합산하여 구한다.

Ⅳ. 『물음 3』

1. 원가법의 감가수정 절차 측면

감가수정은 원칙적으로 대상물건의 내용연수를 기준으로 한 정액법을 적용하고 있다. 하지만 중고주택의 경우는 증축・개축・리모델링이 이루어진 경우가 있어 경과연수가 동일하더라도, 잔존가치가 상이할 수 있다. 하지만 감가수정방법 중 정액법은 이러한 특성을 반영하기 어렵다는 문제점이 있다.

2. 부동산시장의 거래관행 측면

부동산시장에서는 교환기능을 수행하며, 이때 대상물건을 일괄로 거래하는 관행이 존재한다. 하지만 중고주택을 토지와 건물로 개별평가를 하게 되면, 이러한 거래관행을 반영한 적절한 시장가치 산정에 어려움이 있다는 문제점이 있다.

3. 최유효이용의 관점 측면

감정평가 시에는 최유효이용을 전제로 평가하며, 최대효용이 발생하는 용도를 기준으로 감정평가하게 된다. 토지와 건물은 일체의 효용을 발생하므로, 일괄평가가 타당하나, 원가법을 적용하여 개별평가를 하게 되면, 이러한 일체의 효용을 반영하기 어렵다는 문제점이 있다.

Ⅴ. 결

복성식평가법은 공급자의 관점에서 투입된 비용을 고려하는 감정평가방법에 해당한다. 이는 객관적인 비용을 파악할 수 있는 경우 신뢰도가 높으나, 시장상황을 적절히 반영하기 어렵다는 측면에서 한계가 존재하는 방식이다. 따라서 비교방식이나 수익방식과의 병용을 통한 정확한 시장가치 추계가 필요하다고 판단된다.

03	구분소유부동산의 감정평가에 대하여 다음 사항을 설명하시오. 20점 1) 구분소유권의 특징, 성립요건과 대지권 2) 구분소유부동산의 평가방법

1 출제위원 채점평

Ⅰ. 『물음 1』

구분소유권에 대한 문제는 모든 평가의 기초가 되는 평이한 문제로서 좋은 답안을 기대하고 있었는데 명확히 이해하고 기술한 수험생은 그리 많지 않았다. 구분소유권의 특징은 의의, 전유부분과 공유부분, 대지사용권의 일체성을 기술하고 성립요건은 구조적, 기능적으로 구분되어야 성립하고 건물의 대지는 법정대지, 규약상 대지, 간주규약상 대지로 구분하고 있다.

Ⅱ. 『물음 2』

구분소유권의 평가방법은 일반적인 평가이론에 명시된 것과 같이 거래사례비교법, 수익환원법, 원가법으로 평가할 수 있으며, 특히 원가법에 의한 가격배분방법으로 통상의 경우에는 층별효용비율에 의한 방법과 지가배분율에 의한 방법이 있으며 간편적인 배분방법, 특수한 경우(노후화 맨션 등)로 나눌 수 있다.

그러나 일부 수험생은 구분소유권의 평가는 토지와 건물의 전유부분, 공유부분으로 구분평가하여 합산하는 옛 방식을 아주 편한 마음으로 기술한 경우도 있었다. 연립주택, 복합상가, 오피스텔과 같은 건물은 집합건물의 소유 및 관리에 관한 법률에 의해 법률구성이 되고 있다. 앞으로 구분소유권에 대한 평가는 가격이나 임대료의 감정평가에서 매우 중요시되고 있으므로 정확한 개념 파악과 전반적인 이해는 감정평가이론 및 감정평가실무에서 아무리 강조해도 지나치지 않을 것이다. 특히 일본에서는 최근 매년 출제되는 경향도 있었다.

2 기출문제 논점분석

감정평가에 관한 규칙 제16조의 구분소유부동산과 관련된 내용입니다. 특히 감정평가방법은 대상물건의 특징과 관련되므로, 구분소유부동산을 일괄평가하는 이유로 대지권과 일체로 거래되는 특징이 있다는 점을 설명해주는 것이 필요합니다.

3 예시답안 목차

Ⅰ. 서

Ⅱ. 『물음 1』

1. 구분소유권의 의의

2. 구분소유권의 특징

3. 구분소유권의 성립요건

4. 대지권

Ⅲ. 『물음 2』

1. 구분소유부동산의 일괄평가

2. 구분소유부동산의 평가방법

1) 일괄 거래사례비교법(감정평가에 관한 규칙 제16조)

2) 수익환원법

3) 원가법

Ⅳ. 결

4 예시답안

Ⅰ. 서

구분소유부동산이란 「집합건물의 소유 및 관리에 관한 법률」에 따라 구분소유권의 대상이 되는 건물부분과 그 대지사용권을 말한다. 최근 건축기술의 발달로 고층빌딩과 관련하여 구분소유부동산에 대한 관심이 증가하고 있다. 이하, 물음에 답한다.

Ⅱ. 『물음 1』

1. 구분소유권의 의의

구분소유권이란 1동의 건물에 구조상 구분되는 2개 이상의 부분이 있어서 그것들이 독립하여 주거・점포・사무실 등으로 사용되는 경우에 그 부분을 각각 다른 사람의 소유로 사용할 수 있을 때 이러한 전용부분에 대한 권리를 말한다.

2. 구분소유권의 특징

구분소유권은 전유부분・공용부분・대지권이 일체성을 이루고 있다. 공용부분에 대한 공유자의 지분은 그가 가지는 전유부분의 처분에 따르며, 공유자는 그가 가지는 전유부분과 분리하여 공용부분에 대한 지분을 처분할 수 없다.

3. 구분소유권의 성립요건

구분소유권이 성립하기 위해서는 구조상・이용상 독립성이 있어야 할 뿐만 아니라, 구분행위도 존재해야 한다. 이때 '구조상 독립성'이란 일반적으로 각 부분이 건물의 구성부분인 바닥이나 천장, 벽, 출입문 등에 의하여 다른 건물부분과 차단된 경우를 말하며, '이용상 독립성'이란 해당 부분이 주거, 점포, 사무소 등 건물로서의 용도에 제공될 수 있어야 함을 의미한다.

4. 대지권

'건물의 대지'란 전유부분이 속하는 1동의 건물이 있는 토지 및 「집합건물의 소유 및 관리에 관한 법률」 제4조에 따라 건물의 대지로 된 토지를 말한다. 대지권이란 구분소유자가 전유부분을 소유하기 위하여 건물의 대지에 대하여 가지는 권리를 말한다.

Ⅲ. 『물음 2』

1. 구분소유부동산의 일괄평가

일반적으로 특별한 경우를 제외하고 구분소유부동산은 전유부분과 공유부분에 대한 지분의 일체성, 전유부분과 대지사용권의 일체성에 따라 건물과 대지사용권이 일체로 거래된다. 또한, 용도상 불가분의 관계가 있다고 볼 수 있으므로, 구분소유권의 목적이 되는 건물 및 그 부지에 대한 감정평가는 일괄평가를 적용한다(감정평가에 관한 규칙 제7조 제2항).

2. 구분소유부동산의 평가방법

1) 일괄 거래사례비교법(감정평가에 관한 규칙 제16조)

구분소유부동산에 대한 감정평가는 건물 및 부지를 일체로 한 거래사례가 있을 경우는 거래사례비교법에 의한다. 이때 대상 구분소유부동산과 유사한 사례를 선정한 뒤 사정보정 · 시점수정 · 가치형성요인의 비교를 거쳐 가액을 산정한다. 가치형성요인 비교 시에는 층별 · 위치별 효용비를 반영하며, 층별 효용비란 한 동의 건물 내에서 층과 층간에 파악되는 가격격차를, 위치별 효용도란 동일층 내 위치별 효용 차이를 말한다.

2) 수익환원법

수익환원법이란 대상물건이 장래 산출할 것으로 기대되는 순수익이나 미래의 현금흐름을 환원하거나 할인하여 대상물건의 가액을 산정하는 감정평가방법을 말한다. 대상 구분소유부동산의 임대를 통한 임대수익이 있다면 이를 환원하여 수익가액을 산정할 수 있다.

3) 원가법

구분소유부동산을 원가법으로 감정평가하는 방법은 전체 1동의 토지 및 건물 부분의 가액을 구하고, 층별 · 위치별 효용비율을 적용하여 대상물건의 감정평가액을 구하는 것이다. 이때 토지는 감정평가에 관한 규칙 제14조에 따라 공시지가기준법을 적용하며, 건물은 제15조에 따라 원가법을 적용하여 산정한다.

Ⅳ. 결

구분소유부동산은 기존의 복합부동산과 구별되는 특징으로 인해 일괄 거래사례비교법과 같은 별도의 평가방법을 규정하고 있다. 대상물건의 특성에 부합하는 평가방식을 적용해야 정확한 시장가치가 도출될 수 있으므로, 감정평가 시에는 이러한 점에 유의해야 한다.

04 부동산 감정평가제도의 기능과 감정평가사의 직업윤리에 관하여 설명하시오. 10점

1 출제위원 채점평

부동산 감정평가제도의 기능과 감정평가사의 직업윤리에 관한 10점 문제는 사실상 쓸 내용이 많다. 얼마나 내용을 함축적으로 요약하느냐가 중요하다. 기능, 윤리, 기능과 윤리와의 관계로 구분하여 기술하면 된다. 목차 공부의 중요성을 실감나게 하는 문제이다. 평이한 문제인 듯하지만 만족한 답안은 그리 많지 않았다.

2 예시답안 목차

Ⅰ. 서

Ⅱ. 부동산 감정평가제도의 기능

1. 정책적인 기능
2. 경제적인 기능
3. 사회적인 기능

Ⅲ. 감정평가사의 직업윤리

1. 직업윤리의 개념
2. 감정평가사의 직업윤리

Ⅳ. 감정평가 기능과 직업윤리의 관련성

3 예시답안

Ⅰ. 서

감정평가는 단일적인 기능을 수행하는 것이 아니라 여러 가지 기능을 수행하는 만큼 다양한 기능에 대한 이해가 필요하다. 특히 이 과정에서 직업윤리가 요구되는바, 이하 부동산 감정평가제도의 기능과 직업윤리에 관한 물음에 답한다.

Ⅱ. 부동산 감정평가제도의 기능

1. 정책적인 기능

감정평가의 정책적인 기능은 공적 부동산 활동과 관련이 깊다. 이러한 정책적인 기능으로는 부동산의 효율적 이용과 관리 지원, 적정한 가격형성 유도, 표준지공시지가 감정평가를 통한 과세의 합리화 및 보상 감정평가 시 손실보상의 적정화가 있다.

2. 경제적인 기능

감정평가의 경제적인 기능은 주로 사적 부동산활동과 관련이 많은데 거래에 있어서 파라미터적 기능과 자원의 효율적 배분 지원, 의사결정의 지원 및 거래질서의 확립과 유지가 있다.

3. 사회적인 기능

감정평가의 사회적인 기능은 사회 구성원들 간의 관계에서 발생하는 다양한 갈등 및 대립과 관련이 있다. 사회구성원들 간에 이해관계 조정과 재산권 보호를 통해 국가경제 발전에 기여한다.

Ⅲ. 감정평가사의 직업윤리

1. 직업윤리의 개념

직업윤리란 감정평가사가 감정평가활동을 수행할 때 준수하여야 할 관계법령에 의한 제 규정은 물론이고 자율적으로 준수해야 할 전문 직업인으로서의 행위규범을 의미한다.

2. 감정평가사의 직업윤리

『감정평가 실무기준』에서는 기본적으로 준수하여야 할 기본윤리와 감정평가업무를 하면서 준수해야 하는 업무윤리로 나누어져 있다. 최근에는 AVM 사용과 관련된 윤리 규정이 신설되었다.

Ⅳ. 감정평가 기능과 직업윤리의 관련성

감정평가는 공적과 사적인 영역에서 정책적 및 경제적인 기능만이 아니라 사회구성원들 사이의 갈등을 조정하는 사회적인 기능도 한다는 점에서 직업윤리가 높게 요구되므로 양자는 관련성이 있다.

Chapter 10

제06회 기출문제 답안

01	부동산가격의 발생원인을 일반재화의 가격과 비교하여 논하시오. 40점

1 출제위원 채점평

서론 첫 부분부터 부동산가격이 시장의 수급에 따라 결정된다는 것인지 아니면 어쩐다는 것인지 불분명하게 두리뭉실 넘어가고 있다. 이 답안지를 어찌 탓하랴. 시중의 부동산 관련 서적들이 거의 다 이 모양이니 말이다.

Ring 교수를 밝히는 것은 공부의 양은 밝혀서 좋으나, 비판은 없으니 질은 드러나 있지 못하다. 왜냐하면 누가 이 이론을 소개하고 있는지는 모르지만 부동산의 절대지대를 받아들인다면 부동산이 거래되어 이전될 때에만 가격이 있다는 논리가 되기 때문이다. 그러면 일반적으로 공공부동산은 거래할 수 없는 것이 보통인바, 이 부동산은 가격이 발생될 수 없고, 가치도 없다는 말인가. 부동산의 이전은 부동산가격이 유용성과 유효수요에 의해 발생하고 나서, 존재되고 그 다음에 그 가치와 가격이 내용을 구성하고 형성하고 꾸미는 조건이라도 봄이 타당하다고 생각된다.

이는 상대적 희소성과 마찬가지이다. 사실은 이전성은 유효수요의 전제이니 또 거론해서 어쩌겠다는 것인가. 그리고 또 회사의 자산재평가는 또 어찌할 것인가?

동산과 부동산의 효용이 갖는 그 질과 양, 곧 효용의 외연과 내포에 대해서는 비교가 안 되어 있을 뿐만 아니라 그에 따라 그 효용들의 작용관계도 밝혀져 있지 않다. 역시 이 답안지를 탓할 것이 아니고 감정평가 서적들에 물어 볼 일이다.

2 기출문제 논점분석

부동산가격 발생요인에는 크게 두 가지 논점이 있습니다. 첫 번째는 일반재화의 가격발생요인과 어떤 차이점이 있는지와 두 번째는 각각의 가격발생요인은 시장에서 수요와 공급 중 어느 부분과 연관되는지 입니다. 해당 문제는 첫 번째 논점에 대해서 물어보고 있으며, 구체적으로 부동산의 어떤 특성으로 인해 차이가 발생하는지를 설명해주는 것이 좋습니다.

3 예시답안 목차

Ⅰ. 서

Ⅱ. 부동산가격의 발생원인

1. 효용

1) 의의

2) 일반재화와의 비교

2. 상대적 희소성

1) 의의

2) 일반재화와의 비교

3. 유효수요

1) 의의

2) 일반재화와의 비교

Ⅲ. 일반재화의 가격과 비교

1. 효용으로 인한 비교

2. 상대적 희소성으로 인한 비교

3. 유효수요로 인한 비교

Ⅳ. 결

4 예시답안

Ⅰ. 서

가격의 형성은 재화 자체의 내재적인 것이 아니라 시장참가자들의 행동에 따라 가격이 형성되게 된다. 이때 시장참가자들이 어떤 물건에 대하여 기꺼이 대가를 지불하고 거기에 합당하는 가격이 생기기 위해 필요한 요인을 가격발생요인이라고 한다. 이하에서는, 가격발생요인에 대해서 설명하고, 일반재화와의 비교에 대해 설명하고자 한다.

Ⅱ. 부동산가격의 발생원인

1. 효용

1) 의의

인간의 욕구나 필요를 만족시킬 수 있는 재화의 능력으로 수요 측면에 영향을 미치는 가격발생요인이다. 부동산의 효용은 용도의 차이에 따라 주거지는 쾌적성, 편리성, 즉 도심으로의 통근가능성 등으로, 공업지는 비용절감과 입지선정에서 오는 생산성으로, 상업지와 농업지는 수익성 등으로 표현된다.

2) 일반재화와의 비교

일반재화는 비내구재로서 하나의 용도로만 제작되기에 소멸적, 단일적 효용을 가지지만, 부동산은 영속성과 다양성으로 인해 영속적, 다용도적 효용을 가진다. 그리고 일반재화는 향유적 효용(취득해서 소비함)을 가지지만, 부동산을 투자자산으로 인식할 경우 보유적 효용(취득해서 보유함)을 가진다.

2. 상대적 희소성

1) 의의

희소성이란 인간의 욕구에 비해 그 수나 양이 부족한 상태를 말하는 것으로 '상대적'이라는 의미는 부동산의 물리적 측면이 아닌 지역적・용도적 측면과 같은 상대적 측면에서 부족하다는 의미와 수요에 비하여 공급이 상대적으로 부족하다는 의미로 해석할 수 있다.

2) 일반재화와의 비교

일반재화는 이동이 가능하고 물리적 생산이 가능하므로 절대적인 양의 측면에서 절대적 희소성이 문제되지만, 부동산은 공급 측면에서 볼 때 지역적, 용도적 측면에서 희소성 문제가 발생하는 상대적 희소성이 문제가 된다.

3. 유효수요

1) 의의

유효수요는 실질적인 구매능력을 의미하는 것으로 살 의사와 지불능력을 갖춘 수요를 말한다. 유효수요는 부동산가치에 큰 영향을 미치고 영향의 정도는 시기와 지역, 부동산가격의 절대적인 수준 등에 따라 변화한다.

2) 일반재화와의 비교

일반재화의 경우 금액의 규모가 상대적으로 적기에 살 의사만 있으면 언제든지 구매할 수 있다. 그러나 부동산은 고가성으로 인해 지불능력이 없으면 시장에서 수요가 이루어지지 않는다. 따라서 시장참여자의 수가 제한되고 부동산금융의 역할이 중요시된다.

Ⅲ. 일반재화의 가격과 비교

1. 효용으로 인한 비교

일반재화는 비내구재로 존속기간이 단기이므로 가격 또한 단기적인 측면에서 형성되지만, 부동산은 영속성과 사회적・경제적・행정적 위치의 가변성 때문에 가격이 과거, 현재, 미래라는 시계열적 측면의 장기적인 고려하에 형성된다.

2. 상대적 희소성으로 인한 비교

일반재화는 필요에 따라 공급이 가능하므로 시장에서 수요・공급의 상호작용에 따라 가격이 결정되나, 부동산은 고정성, 부증성, 개별성으로 인해 공급에 한계와 제약이 많으므로 단기적으로는 수요요인에 의해 가격이 결정된다.

3. 유효수요로 인한 비교

부동산은 고가성으로 인해 다양한 금융조건 또는 사정이 개입되는 경우가 많다. 즉, 시장참여자의 개별적 동기나 특수한 사정이 개입되어 가격이 형성되는 경우가 많고, 일반재화와 달리 부동산의 개별적인 특성으로 인해 일물일가의 법칙이 적용되지 않고 개별적인 가격이 형성되게 된다.

Ⅳ. 결

감정평가사는 부동산의 가격형성과정을 파악하여 시장가치를 도출하는 것을 목적으로 한다. 따라서 정확한 시장가치 도출을 위해서는 가격발생요인에 대한 이해가 필요하며, 특히 일반재화와의 특성과는 다르다는 점에 유의해야 할 것이다.

02 정상가격(시장가치)과 부동산 가격공시법상 규정한 적정가격의 개념을 비교하여 논하시오. 30점

1 출제위원 채점평

시장가치와 적정가격이 일원론이냐 이원론이냐는 다 아는 사실이다. 그런데 토지공개념이 더욱 강화되면서 감정평가 개념도 공인평가에서 공적평가로, 시장가치에서 적정가격으로 바뀌어 버린 것이다. 일원론인가 이원론인가는 여러분들이 알아서 할 일이다. 다 얘기한 셈이다. 역시 참으로 안타까운 것은 평가론서는 물론이고 정작 부동산공법서들, 원론서들에서도 이런 얘기는 한 마디도 없다는 데 있는 것이다.

2 기출문제 논점분석

A와 B를 비교하여 설명하는 문제유형에 해당합니다. 따라서 원칙적으로는 공통점과 차이점으로 목차를 구분해서 서술해야 합니다. 또한, 비교 유형에 해당하지만 가치와 가치 사이의 비교에 해당하기 때문에 시장가치와 공정가치 혹은 투자가치와 비교하는 목차들을 적절히 활용하는 방식으로 접근하면 됩니다.

3 예시답안 목차

Ⅰ. 서

Ⅱ. 시장가치와 적정가격의 개념

1. 시장가치의 개념(감정평가에 관한 규칙 제2조 제1호)
2. 적정가격의 개념(부동산 가격공시에 관한 법률 제2조 제5호)

Ⅲ. 시장가치와 적정가격의 공통점

1. 시장의 전제 여부 측면
2. 가치의 3면성의 반영 측면
3. 가치의 기능적인 측면
4. 추계방법 측면

Ⅳ. 시장가치와 적정가격의 차이점

1. 당사자의 정통성 측면
2. 정상적인 거래의 의미 측면
3. 개념의 다원성 측면
4. 개념의 성격적 측면

Ⅴ. 결

4 예시답안

Ⅰ. 서

시장가치는 평가이론에서 가장 중요한 개념 중의 하나라고 할 수 있다. 왜냐하면 역사적으로 감정평가에서 사용하고 있는 수많은 이론과 기법들은 시장가치를 기준으로 전개되어 왔기 때문이다. 다만, 개념과 관련하여 부동산공시법상 적정가격과 동일성 논란이 존재한다. 이하에서는, 시장가치의 개념이 이러한 적정가격과 어떠한 점에서 공통점이 있고 차이점이 있는지에 대해 설명하고자 한다.

Ⅱ. 시장가치와 적정가격의 개념

1. 시장가치의 개념(감정평가에 관한 규칙 제2조 제1호)

시장가치란 대상물건이 통상적인 시장에서 충분한 기간 동안 거래를 위하여 공개된 후 그 대상물건의 내용에 정통한 당사자 사이에 신중하고 자발적인 거래가 있을 경우 성립될 가능성이 가장 높다고 인정되는 대상물건의 가액을 말한다.

2. 적정가격의 개념(부동산 가격공시에 관한 법률 제2조 제5호)

적정가격이란 토지, 주택 및 비주거용 부동산에 대하여 통상적인 시장에서 정상적인 거래가 이루어지는 경우 성립될 가능성이 가장 높다고 인정되는 가격을 말한다.

Ⅲ. 시장가치와 적정가격의 공통점

1. 시장의 전제 여부 측면

시장가치는 통상적인 시장을 전제로 하고 있으며, 이때 통상적인 시장이란 일반재화가 거래되는 시장과는 특성이 다르나, 현실에 존재하지 아니하는 시장이 아니고 통상적인 부동산거래가 이루어질 수 있는 시장을 의미한다. 적정가격 역시 그 개념상 통상적인 시장을 전제로 하고 있다는 측면에서 공통점이 있다.

2. 가치의 3면성의 반영 측면

시장가치 산정 시에는 가치의 3면성에 따라 비용성・시장성・수익성을 모두 고려한다. 적정가격 역시 산정 과정에서 거래사례・조성사례・수익사례 등을 고려한다는 점에서 가치의 3면성을 반영한다는 공통점이 있다.

3. 가치의 기능적인 측면

부동산시장은 불완전시장이므로 시장가치와 적정가격은 균형가격의 역할을 대신하여 자원분배와 수급조정기능을 수행한다. 즉, 양자는 모두 가격정보를 제공하는 가치의 기능적인 측면을 수행한다는 공통점이 있다.

4. 추계방법 측면

시장가치는 가치의 3면성에 따라 원가방식・비교방식・수익방식과 같은 전통적인 감정평가 3방식에 의해 추계된다. 적정가격 역시 거래사례비교법, 원가법 또는 수익환원법의 3방식 중에서 해당 표준지의 특성에 가장 적합한 평가방식 하나를 선택하여 행하되, 다른 평가방식에 따라 산정한 가격과 비교하여 그 적정여부를 검토한 후 평가가격을 결정한다는 점에서 3방식을 활용한다는 공통점이 있다.

Ⅳ. 시장가치와 적정가격의 차이점

1. 당사자의 정통성 측면

적정가격 개념은 시장성을 강조한 개념으로 개정되었으나, 적정가격은 시장가치조건인 당사자의 정통성이 충족되지 못한다. 즉, 시장가치는 시장에서 행동하는 주체인 수요자와 공급자의 행태에 초점을 두고 있는 반면, 적정가격은 시장에서 거래가 없더라도 거래가 이루어지는 경우를 상정하라는 뜻을 내포하고 있기 때문에 이론적 측면에서의 시장가치와 차이점이 있다.

2. 정상적인 거래의 의미 측면

적정가격의 정상적인 거래가 의미하는 것이 시장가치의 조건을 충족한다고 보기 어려우며 이는 투기적인 거래나 비정상적인 거래를 배제한다는 의미로 이해하여야 한다는 차이점이 있다.

3. 개념의 다원성 측면

적정가격은 부동산 관련법규에서 다양한 개념으로 설명되나, 시장가치는 순수한 가치를 반영하는 평가의 행위기준으로서 하나의 가격개념이라는 부분에서 차이점이 있다.

4. 개념의 성격적 측면

적정가격은 법률목적상의 가격이고, 시장가치는 시장성을 중시하는 개념이다. 또한 적정가격은 가치지향적 · 정책적 가격이지만, 시장가치는 현실적 · 객관적 가격이라는 차이점이 있다.

Ⅴ. 결

적정가격은 과세의 형평성을 위한 개념으로 내용이 추상적인 부분이 많다. 또한, 시장가치는 시장에서 행동하는 주체인 수요자와 공급자의 행태에 초점을 두고 있는 반면, 적정가격은 그것보다는 "시장에서 거래가 없더라도 거래가 이루어지는 경우"를 상정하는 뜻을 내포하기에 시장가치와 다르다고 보는 것이 타당하다 판단된다.

[표준지공시지가 조사 · 평가기준]

제7조(가격자료의 수집 및 정리)

① 표준지의 적정가격을 조사 · 평가할 때에는 인근지역 및 동일수급권 안의 유사지역에 있는 거래사례, 평가선례, 보상선례, 조성사례, 분양사례, 수익사례 등과 세평가격 등 가격결정에 참고가 되는 자료(이하 "가격자료")를 수집하여 이를 정리한다.

② 제1항에 따른 가격자료는 다음 각 호의 요건을 갖춘 것으로 한다.

1. 최근 3년 이내의 자료인 것
2. 사정보정이 가능한 것
3. 지역요인 및 개별요인의 비교가 가능한 것
4. 위법 또는 부당한 거래 등이 아닌 것
5. 토지 및 그 지상건물이 일체로 거래된 경우에는 배분법의 적용이 합리적으로 가능한 것

제21조(평가방식의 적용)

① 표준지의 평가는 거래사례비교법, 원가법 또는 수익환원법의 3방식 중에서 해당 표준지의 특성에 가장 적합한 평가방식 하나를 선택하여 행하되, 다른 평가방식에 따라 산정한 가격과 비교하여 그 적정여부를 검토한 후 평가가격을 결정한다. 다만, 해당 표준지의 특성 등으로 인하여 다른 평가방식을 적용하는 것이 현저히 곤란하거나 불필요한 경우에는 하나의 평가방식으로 결정할 수 있으며, 이 경우 제14조에 따른 조사・평가보고서에 그 사유를 기재하여야 한다.

② 일반적으로 시장성이 있는 토지는 거래사례비교법으로 평가한다. 다만, 새로이 조성 또는 매립된 토지는 원가법으로 평가할 수 있으며, 상업용지 등 수익성이 있는 토지는 수익환원법으로 평가할 수 있다.

③ 시장성이 없거나 토지의 용도 등이 특수하여 거래사례 등을 구하기가 현저히 곤란한 토지는 원가법에 따라 평가하거나, 해당 토지를 인근지역의 주된 용도의 토지로 보고 거래사례비교법에 따라 평가한 가격에 그 용도적 제한이나 거래제한의 상태 등을 고려한 가격으로 평가한다. 다만, 그 토지가 수익성이 있는 경우에는 수익환원법으로 평가할 수 있다.

03 표준적 이용의 의의 및 특성을 최유효이용과 대비하여 설명하고 상호관계를 논하시오. 20점

1 출제위원 채점평

2 기출문제 논점분석

최유효이용은 일반적으로 표준적 이용의 제약하에 있기 때문에 연관성이 높은 개념에 해당합니다. 특히 대비하여 설명하라고 요구하는 부분은 차이점을 중심으로 서술하면 됩니다. 또한, 해당 내용은 지역분석과 개별분석의 관계를 설명하는 데 있어서도 활용될 수 있기 때문에 반드시 암기해주기 바랍니다.

3 예시답안 목차

Ⅰ. 서

Ⅱ. 최유효이용과 대비한 표준적 이용의 의의 및 특성

1. 최유효이용과 대비한 표준적 이용의 의의
   1) 표준적 이용의 의의
   2) 최유효이용과 대비
2. 표준적 이용의 특성
   1) 표준적 이용의 특성
   2) 최유효이용과 대비

Ⅲ. 표준적 이용과 최유효이용의 상호관계

1. 부동산의 특성 측면 관계
2. 부동산가격제원칙 측면 관계
3. 지역분석・개별분석 측면 관계
4. 최유효이용 판정 관계

Ⅳ. 결

4 예시답안

Ⅰ. 서

부동산 가치발생요인에 의해 발생한 가격은 가치형성요인의 영향을 받아 변동하며, 이러한 과정에서 부동산의 특성 중 고정성과 지역성으로 인해 지역적 차원의 가격수준이 형성되며 이의 제약하에 개별부동산마다 개별적·구체적 가격이 형성된다. 이는 경제적 가치를 판정하는 감정평가에 영향을 미치기 때문에 중요하다. 이하, 표준적 이용 및 최유효이용에 관한 물음에 답한다.

Ⅱ. 최유효이용과 대비한 표준적 이용의 의의 및 특성

1. 최유효이용과 대비한 표준적 이용의 의의

1) 표준적 이용의 의의

대상지역에 속하는 개개의 부동산의 최유효이용의 집약적, 평균적 이용방법으로 대상지역의 특성과 위치를 나타내 주는 것을 말한다.

2) 최유효이용과 대비

최유효이용이란 객관적으로 보아 양식과 통상의 이용능력을 가진 사람이 부동산을 합법적이고 합리적이며 최고·최선의 방법으로 이용하는 것을 말한다.

2. 표준적 이용의 특성

1) 표준적 이용의 특성

표준적 이용은 대상지역의 평균적인 이용방법으로 가격형성과정에서 가격수준을 나타내준다는 특성이 있다.

2) 최유효이용과 대비

반면, 최유효이용은 대상부동산의 개별적인 이용방법으로 가격형성과정에서 개별 부동산 자체의 구체적·개별적인 것을 나타내준다는 특성이 있다.

Ⅲ. 표준적 이용과 최유효이용의 상호관계

1. 부동산의 특성 측면 관계

고정성은 부동산은 물리적인 측면에서 지리적 위치가 고정되어 있다는 특성을 말하며, 개별성이란 물리적으로 동일한 부동산은 존재하지 않는다는 특성을 말한다. 표준적 이용은 고정성으로 인한 지역성에서 파생된 특성이며, 최유효이용은 개별성에서 파생된 특성이라는 관계가 있다.

2. 부동산가격제원칙 측면 관계

부동산가격제원칙이란 부동산의 가격이 어떻게 형성되고 유지되는가에 관한 법칙성을 추출하여 부동산 평가활동의 지침으로 삼으려는 행위기준으로, 부동산의 가치가 외부 환경과 내부 환경의 영향을 받아 결정된다는 외부·내부의 원칙 등으로 구성되어 있다. 표준적 이용은 주변환경 및 지역의 평균적인 이용으로 외부 측면의 원칙과 관련되며, 최유효이용은 개별 부동산의 이용으로 내부 측면의 원칙과 관련된다는 관계가 있다.

3. 지역분석・개별분석 측면 관계

감정평가 시에는 정확성을 위해 시장분석을 하게 되는데, 부동산의 고정성과 개별성에 따라 지역분석과 개별분석 과정을 거치게 된다. 이때 표준적 이용은 지역의 평균적인 이용으로 지역분석의 결과에 해당하며, 최유효이용은 개별적인 부동산 측면으로 개별분석의 결과에 해당한다는 관계가 있다.

4. 최유효이용 판정 관계

부동산의 가치는 최유효이용을 전제로 형성되기 때문에, 최유효이용에 대한 판정은 중요하다. 또한, 이러한 최유효이용은 일반적으로 표준적 이용의 범위 내에서 결정되게 된다. 즉, 표준적 이용은 결국 최유효이용의 판정 범위를 결정해준다는 측면에서 관계가 있다.

Ⅳ. 결

대상물건의 가치는 최유효이용을 전제로 형성되며, 일반적으로 이는 표준적 이용의 제약하에 있게 된다. 감정평가는 이러한 가치형성과정을 분석하여 정확한 경제적 가치를 판정하는 것을 목적으로 하기 때문에 양자의 관계에 대한 정확한 이해가 요구된다.

[표준적 이용과 최유효이용의 관계]

1. 일치성 여부

일반적으로 표준적 이용에 적합한 것이 최유효이용이지만, 최유효이용은 부동산의 개별성에 의해 결정되므로 반드시 일치하는 것은 아니다.

2. 창조적 토지이용 영향

창조적 토지이용이 침입, 계승된 경우 새로운 최유효이용의 형태가 형성되고, 이는 표준적 이용의 변화를 초래한다.

3. FEED－BACK(피드백) 관계

지역의 표준적 이용은 개별 부동산의 최유효이용에 영향을 미치고, 개별 부동산의 최유효이용이 바로 표준적 이용이 되므로 양자는 피드백 관계에 있다.

4. 피결정성에 따른 관계

지역분석의 결과 판정된 지역의 표준적 이용의 영향하에서 개별분석을 통해 대상부동산의 최유효이용을 판정하게 되므로 기본적으로 최유효이용은 표준적 이용의 영향하에 있는 피결정성의 관계에 있다.

04 다음 용어를 간략하게 설명하시오. 10점

1) 임대료의 기준시점

2) 임대료의 실현시점

3) 임대료의 산정기간

4) 임대료의 지불시기

1 기출문제 논점분석

해당 문제에서는 임대료와 관련한 전반적인 사항을 물어보고 있습니다. 해당 문제는 'A를 설명하시오'에 해당하는 문제유형으로 기본적으로 암기하고 계신 내용을 활용해주시면 됩니다. 임대료의 기준시점은 임대차 개시일이 되지만 실현시점은 임대기간이 종료한 시점이 됩니다. 임대료의 산정기간은 일반적으로 1년을 기준으로 산정하며, 지불시기는 이론상 임대차 기간 말이 되어야 할 것입니다.

2 예시답안 목차

Ⅰ. 임대료의 기준시점

Ⅱ. 임대료의 실현시점

Ⅲ. 임대료의 산정기간

Ⅳ. 임대료의 지불시기

3 예시답안

Ⅰ. 임대료의 기준시점

임대료의 기준시점은 임대료를 평가하는 경우 임대료 결정의 기준이 되는 날로서 임대차 기간에 있어 수익발생 개시시점으로 그 기간의 초일이 된다. 즉, 임대료의 시초시점이 기준시점이 된다.

Ⅱ. 임대료의 실현시점

임대료의 실현시점이란 임대차기간에 있어 수익이 종국적으로 실현되는 시점으로서 임대차에 있어서는 기간 말에 모든 수익이 실현되므로 임대차기간의 종료시점이 된다. 즉, 임대차기간이 월로 되어 있는 경우에는 매월의 말일이, 연 단위로 되어 있는 경우에는 매년의 말일이 임대료의 실현시점이 된다.

Ⅲ. 임대료의 산정기간

임대료의 산정기간은 임차인과 임대인이 합의하여 대상 부동산을 사용・수익하기로 약정한 기간으로 일반적으로 1년을 기준으로 하여 산정한다. 다만, 택지와 건물 및 그 부지의 경우는 1개월 단위로 산정하는 경우도 존재한다.

Ⅳ. 임대료의 지불시기

임대료의 지불시기는 임차인이 임대인에게 임대료를 지불하는 시점이다. 일반적으로 재화나 서비스의 제공과 그에 대한 대가의 지불은 동시이행관계이므로 임대료는 통상적으로 임대차기간이 종료되는 시점, 즉 실현시점에 지불하게 된다. 그러나 현실의 임대차계약에서는 시초시점에 임대료 지불이 이루어지기도 하는데, 이때 임대인은 지불받은 임대료에 대하여 기간 내 운용수익을 추가적으로 얻는다. 추가적인 운용수익은 임대인 입장에서는 실질적으로 임대료의 성격을 가진다.

제05회 기출문제 답안

01 Marshall의 가치이론을 논하고, 감정평가 3방식과의 관련성을 논급하시오. 40점

1 출제위원 채점평

감정평가란 가치를 평가하는 것이므로 가치가 무엇인가에 대한 이해가 중요하다. 또 감정평가는 3방식에 의하므로 그 근거를 확실히 알아야 할 것은 자명하다. 기존의 감정평가저서들은 빠짐없이 언급하고 있기는 하나 그 중요성에 비추어 설명의 깊이에 아쉬움이 있는 분야이다. 그러나 경제원론을 공부한 사람이면 쉽게 그 깊이를 채울 수 있는 문제이다. 일부 출제위원은 혹시 수험생들이 못쓰지 않을까 우려는 하였으나, 채점한 결과 이는 기우였음이 드러났다.

서론에서 문제의 출제 포인트를 쓰는 것은 좋은 방법이다. 그러나 문제가 Marshall의 가치이론과 감정평가 3방식과의 관계가 아닌데도 너무 여기에만 그것도 서론에서 장황하게 언급하고 있는 것 같다. 문제는 Marshall의 가치이론을 논하라는 것이다.

Marshall의 가치이론을 논하라는 부분에 대한 제목을 가치이론의 전개라고 하였다. 주어진 문제대로 가치이론이라고 하는 것이 더 나을 듯 싶다. 주어진 문제인 Marshall의 가치이론에 대해서 답안은 불과 6줄로 답하고 있다. 40점짜리 배점을 준 문제에 대해서 6줄의 답안을 기대하지는 않았을 것이다. 하기야 답안은 3방식과 관련하여 논급하라는 데 거기서 더 자세히 설명하고 있다. 그러나 주어진 문제는 Marshall의 가치이론을 논하라는 것이고 3방식과의 관계를 논급, 즉 논하는 김에 빠트리지 말고 논하라는 것이다. 답안이 주종을 혼동한 것이다.

Marshall의 가치이론은 문제의 핵심이므로 아는 것을 전부 털어놓아야 한다. 앞의 고전파가치론 등은 문제의 핵심이 아니라. 따라서 리카르도의 지대론을 이야기 안 할 수도 있고 하물며 토지잔여법을 언급 안 한다고 감점을 하지는 않는다. 그러나 여기선 달라진다. 문제 자체가 Marshall의 가치이론을 논하는 것이므로 이것과 관련된 것은 전부 써야 한다.

특히 여기서 강조하고 싶은 것이 수급곡선이 나타나는 도표의 설명이다. 도표 내지 수식은 답안의 이해를 분명히 하고 그 깊이를 더해준다. 따라서 알고 있는 경우에는 반드시 사용토록 할 것이다. 대신 틀리지 않도록 주의할 일이다. 보통 감정평가저서에서는 생산비에 의한 공급가격이 수익가격을 매개로 하여 시장가격이 결정된다고 하는데, 그 의미도 그림을 통해서 더 분명히 드러난다. 문제 자체가 그것을 묻고 있으므로 그림을 사용하여 어떤 구조로 그렇게 되는지 분명히 설명하면 막연히 말로만 하는 것보다 득점에 크게 유리할 것임은 물론이다.

Ⅱ.2.(2) 제목을 Marshall과 평가방법이라 할 것이 아니라 (2)의 제목과 비교해 거래사례비교법이라 해야 할 것이다. 그리고 수익법과 비용법의 결합에 의해서 비교법이 나오므로 수익법 뒤에 언급해야 할 것이다.

Ⅲ.2.(1)의 제목도 원가법이라고 해야 할 것이다. 그리고 여기 문제는 Marshall의 가치이론과 감정평가의 3방식이다. 따라서 고전학파와 평가방법의 관계를 써서는 안되고, Marshall과 평가방법의 관계를 논해야 할 것이다.

Ⅲ.2. 안에서 원가법, 지역요인, 개별요인 등을 자세히 쓰고 있는데, 이것은 문제인 3방식과 Marshall의 가치이론의 관계와 무관한 것이다.

Ⅳ. 결에서 '따라서'라고 하면서 가격의 다원성이 3면 등가원칙과 관계되는 것처럼 쓰고 있는데, 이것은 전혀 무관한 것이다. 여기서 답안지는 적산가격의 조정이 필요한 이유를 쓰려고 하는 것 같은데 전혀 무관한 내용을 쓰고 있다. 아마도 결론 부분에서 쓴 것이 진짜로 수험생이 이해한 수준이 아닌가 하는 의심을 받을 만하다. 따라서 결론을 쓸 때에는 주의해서 자기의 느낌에 따라 피상적인 글을 쓰는 것을 피하도록 할 것이다.

2 기출문제 논점분석

Marshall의 가치이론과 감정평가 3방식과의 관련성을 묻는 문제입니다. 따라서 각각의 내용을 우선적으로 세분화하는 작업이 필요합니다. 특히 Marshall의 가치이론은 시간적인 개념을 도입하여 단기와 장기로 내용을 설명하고 있다는 점을 누락하면 안 됩니다. 감정평가 3방식은 원가, 비교, 수익으로 구분될 수 있기 때문에 Marshall의 가치이론 중 어느 부분과 연관되는지를 찾아야 합니다.

3 예시답안 목차

Ⅰ. 서

Ⅱ. 가치이론 발달사

1. 고전학파
   1) 생산비가치설
   2) 가격형성과정
2. 한계효용학파
   1) 한계효용가치설
   2) 가격형성과정

Ⅲ. Marshall의 가치이론

1. Marshall의 가치이론
   1) Marshall의 균형이론
   2) 단기와 장기의 개념
2. 단기에서의 시장가격
   1) 수요 중심의 가격결정

2) 단기에서의 시장가격

3. 장기에서의 시장가격

1) 공급 중심의 가격결정

2) 장기에서의 시장가격

Ⅳ. 3방식과의 관련성

1. 3방식의 의의

2. 수익방식과의 관련성

3. 원가방식과의 관련성

4. 비교방식과의 관련성

Ⅴ. 결

4 예시답안

Ⅰ. 서

부동산평가의 가장 핵심적인 사항은 대상부동산의 가치를 추계하는 일이다. 따라서 평가이론은 가치추계이론을 중심으로 발달해왔다. 오늘날 일반적인 평가방법으로 비교방식, 원가방식, 수익방식의 세 가지 방법이 널리 쓰이게 된 것은, 가치의 본질이 무엇이냐에 대한 경제학자들의 가치이론을 반영한 것이다. 즉, 가치이론은 감정평가 3방식의 논리적 근거를 제공함으로써, 감정평가이론의 발전에 공헌을 하였는바, 이하 그중에서 Marshall의 가치이론을 논하고, 3방식과의 관련성을 논급한다.

Ⅱ. 가치이론 발달사

1. 고전학파

1) 생산비가치설

아담스미스를 대표한 고전학파 경제학자들은 재화의 가치는 재화의 생산에 투입된 생산요소의 대가로 보고, 생산비가 가치를 결정한다고 주장하였다.

2) 가격형성과정

시장의 수요와 공급에 의해 성립된 교환가치가 그 재화의 생산비에 못 미치면 공급의 감소로 가격이 상승하고, 교환가치가 생산비를 초과하면 공급의 증가로 가격이 하락한다. 결국, 생산비와 가격이 일치하는 선에서 균형을 이룬다. 즉, 재화의 교환가치는 생산비에 의해 결정된다는 것이다.

2. 한계효용학파

1) 한계효용가치설

고전학파의 생산비가치설에 반대하면서, 재화의 가치는 한계효용에 의해 결정되는 것이라고 주장하였다. 한계효용이란 재화를 한 단위 더 소비했을 때 획득되는 효용의 증분을 의미한다.

2) 가격형성과정

재화의 효용은 시장에서 매수자가 기꺼이 지불하려는 가격에 의해서 측정되며, 부동산가격은 단기적으로 수요에 의해 결정된다. 장기적으로는 수요증가가 가격상승을, 가격상승이 공급증가를 유도하고, 공급에 제한이 없다면 가격과 생산비가 일치하는 수준이 된다. 생산비와 가치는 아무 상관이 없다는 것이 아니라 생산비가 가격을 결정하는 요인이 아니라는 것이다. 즉, 생산비와 가치 사이에 어떤 인과관계가 존재하는 것이 아니라, 가격에 따라 수요와 공급이 변동하므로 시장의 힘에 의해 단지 비용과 가격이 같아지는 경향이 있을 뿐이다.

Ⅲ. Marshall의 가치이론

1. Marshall의 가치이론

1) Marshall의 균형이론

Marshall은 가격을 결정하는 수요와 공급이 가위의 양날과 같아서 어느 것도 가치결정에서 도외시될 수 없으며, 단기와 장기라는 시간개념을 도입하여 고전학파와 한계효용학파의 견해를 조정하였다.

2) 단기와 장기의 개념

단기란 기존의 생산시설이 확장되지 않을 정도의 짧은 시간을 의미하며, 장기란 새로운 시설과 공급자가 시장에 진입할 정도의 긴 시간을 의미한다. Marshall은 단기에서는 시장이나 수요의 힘이 재화의 가치에 영향을 미치지만, 장기에서는 생산비가 가치에 영향을 미친다고 주장하였다.

2. 단기에서의 시장가격

1) 수요 중심의 가격결정

공급조건이 주어져 있을 때 재화의 가치는 시장에서 사람들이 기꺼이 지불하려는 가격에 의해 결정된다. 사람들이 지불하려는 가격은 그 재화에 대한 욕구와 금융자원의 유용성에 의해 영향을 받고 있다.

2) 단기에서의 시장가격

단기에는 공급이 상대적으로 고정되어 있으므로, 수요가 가격을 결정하는 주요요인으로 작용한다. 이는 평가사가 부동산의 가치를 평가할 때 시장가치를 지지할 수 있는 증거를 현재의 시장에서 확보해야 한다는 것을 의미한다.

3. 장기에서의 시장가격

1) 공급 중심의 가격결정

시간의 범위가 확장되어 생산양식이 변화하게 되면 상황이 달라진다. 일반적으로 기간이 짧을수록 수요가 가치에 미치는 영향은 커지나 기간이 길어질수록 생산비가 공급에 미치는 영향이 커진다.

2) 장기에서의 시장가격

재화의 가치는 단기적으로는 수요의 함수이나 장기적으로는 공급의 함수가 된다. 부동산의 시장가격이 생산비에도 미치지 못한다면, 장기적으로 공급이 감소하게 된다. 공급의 감소는 시장가격을 상승시키게 되며, 시장가격의 상승은 다시 공급을 증가시키게 된다. 공급의 증가는 시장가격과 생산비가 일치하는 선까지 이루어진다.

Ⅳ. 3방식과의 관련성

1. 3방식의 의의

감정평가 3방식은 수익방식・원가방식・비교방식으로 구분되며, 이때 수익방식은 수익환원법, 수익분석법 등 수익성의 원리에 기초한 감정평가방식을, 원가방식은 원가법, 적산법 등 비용성의 원리에 기초한 감정평가방식을, 비교방식은 거래사례비교법, 임대사례비교법 등 시장성의 원리에 기초한 감정평가방식을 의미한다.

2. 수익방식과의 관련성

단기적으로는 부동산의 부증성으로 인해 수요의 영향을 받아 가격이 형성되게 된다. 즉, 재화의 가치는 생산비가 아닌 효용의 영향을 받아 형성된다는 것을 의미한다. 이는 효용으로서 대상부동산을 통해 얻는 수익을 기준으로 평가하는 수익방식에 영향을 미쳤다는 점에서 관련성이 있다.

3. 원가방식과의 관련성

장기적으로는 부동산의 부증성이 완화되어 공급이 가능해지고 이에 따라 가격이 형성되게 된다. 즉, 장기적으로는 생산비의 영향을 받아 가격이 형성된다는 것을 의미한다. 이는 비용으로서 대상부동산에 투입되는 생산비를 기준으로 평가하는 원가방식에 영향을 미쳤다는 점에서 관련성이 있다.

4. 비교방식과의 관련성

Marshall의 가위의 양날이론은 토지의 수요・공급의 논리를 가능하게 하여 비교방식의 성립근거를 제기하게 되었다. 즉, 최종적으로는 수요와 공급 모두의 영향을 받게 되고, 이는 시장에서의 거래사례를 활용하는 비교방식에 영향을 미쳤다는 점에서 관련성이 있다.

Ⅴ. 결

가격의 본질로서 가치의 소재 원인을 파악하고자 한 경제학의 가치이론은 감정평가이론의 정립과 발달에 크게 기여하였다. 그러나 각 가치이론은 단독으로는 완전하지 못하며, 동적인 현실의 부동산시장을 감안할 때, 감정평가 3방식에 의한 시산가액이 일치할 수 없다는 것이 일반적인 견해이다. 특히 각각의 가치추계이론은 상호보완관계로서 대상물건의 특성과 평가 조건에 부합하는 방법을 중심으로 접근・사용함이 바람직하다.

02 공장재단의 감정평가방법을 서술하시오. 20점

1 출제위원 채점평

앞의 문제가 이론에 치중한 것이고 깊이를 요하는 것이라면 이 문제는 감정평가에 관해서 전반적인 내용을 물을 수 있는 문제라고 생각해서 물은 것이다. 따라서 공장평가에 관한 감정평가규칙을 중심으로 토지 및 건물 등에 대해서 적어가다 보면 득점을 할 수 있는 문제이다. 그런데 정작 공장평가와 관련해서 실무상 중요한 내용은 빠지고 어느 일부분에 관해서 아는 것을 장황하게 늘려 쓰기가 쉬운데, 본 답안은 이런 우를 범하지 않았다. 요령 좋게 중요사항이 정리된 답안이다. 다만, 감정평가규칙에 관한 이야기가 한마디쯤 있었다면 더 좋았을 것이다. 수험생들 중에는 유형고정자산 중에 원료를 함께 설명해서 유형고정자산의 개념을 모르는 것으로 크게 감점을 당한 사람들이 적지 않았다.

2 기출문제 논점분석

공장재단의 감정평가방법에 대해서는 감정평가에 관한 규칙 제19조에서 규정하고 있습니다. 특히 감정평가방법을 물어보는 경우 개별평가와 일괄평가의 가능성까지도 설명이 가능하며, 공장재단 역시 이에 대해 규정하고 있기 때문에 목차로 개별 및 일괄평가의 가능성 관련 내용을 설명해주면 좋습니다.

3 예시답안 목차

Ⅰ. 서

Ⅱ. 개별평가하는 경우

1. 개별 물건별 감정평가원칙

2. 개별 물건별 감정평가방법

   1) 토지(감정평가에 관한 규칙 제14조)

   2) 건물(감정평가에 관한 규칙 제15조)

   3) 구축물

   4) 기계기구

   5) 과잉유휴시설

   6) 무형자산

Ⅲ. 일괄평가하는 경우

Ⅳ. 결

4 예시답안

Ⅰ. 서

공장재단이란 공장에 속하는 일정한 기업용 재산으로 구성되는 일단의 기업재산으로서 소유권과 저당권의 목적이 되는 것을 말한다. 공장재단은 공장재단등기부에 소유권보존등기를 통하여 설정되며, 이 공장재단 목록은 공장재단을 구성하는 물건 또는 권리의 표시를 기재한 것으로서, 공장재단이 어떠한 것들로 구성되는 것인가를 명확히 하기 위하여 작성되는 것이다. 또한, 소유권보존등기에 따라 성립된 공장재단은 독립한 1개의 부동산으로 간주된다.

Ⅱ. 개별평가하는 경우

1. 개별 물건별 감정평가원칙

공장의 감정평가는 각 자산의 물건별 감정평가액을 합산하는 것을 원칙으로 한다. 공장의 유형자산은 토지, 건물, 기계・기구, 구축물 또는 과잉유휴시설로 구분하여 감정평가한다. 이 경우 각 자산별 규모 및 감정평가액이 적절한 비율로 구성되는지, 업종, 생산규모, 지역적 경제 수준 등에 공장의 감정평가액 수준이 적정한지에 대한 충분한 검토가 이루어져야 한다.

2. 개별 물건별 감정평가방법

1) 토지(감정평가에 관한 규칙 제14조)

토지의 경우는 원칙적으로 공시지가기준법을 적용하며, 이때 공시지가기준법이란 감정평가의 대상이 된 토지와 가치형성요인이 같거나 비슷하여 유사한 이용가치를 지닌다고 인정되는 표준지의 공시지가를 기준으로 대상토지의 현황에 맞게 시점수정, 지역요인 및 개별요인 비교, 그 밖의 요인의 보정을 거쳐 대상토지의 가액을 산정하는 감정평가방법을 말한다. 특히 공장에 적합한 부지의 규모 여부와 일단으로 이용 중인 일단지 판단의 적정성 여부 등도 충분히 고려하여야 한다.

2) 건물(감정평가에 관한 규칙 제15조)

건물의 경우는 원가법을 적용하며, 이때 원가법이란 대상물건의 재조달원가에 감가수정을 하여 대상물건의 가액을 산정하는 감정평가방법을 말한다. 특히 공장 건물로서의 생산공정의 특성에 따라 건물 규모, 배치, 부대설비 등이 달라질 수 있으므로, 재조달원가 혹은 감가수정 시 기능적・경제적 감가 및 관찰감가를 통해 반영해야 한다.

3) 구축물

구축물은 주로 토지에 정착된 정착물이 대부분으로 자체로서 거래가 되거나 자체로서의 수익발생이 이루어지지 않으므로, 대부분 원가법을 적용하여 감정평가한다. 또한, 구축물이 주된 물건의 부속물로 이용 중인 경우에는 주된 물건에 대한 기여도 및 상관관계 등을 고려하여 주된 물건에 포함하여 감정평가할 수 있다.

4) 기계기구

기계기구류를 감정평가할 때에는 원가법을 적용하여야 한다. 다만, 대상물건과 현상・성능 등이 비슷한 동종물건의 중고상태로서의 적절한 거래사례나 시중시가를 확실히 파악할 수 있는 경우(외국으로부터의 도입기계를 포함한다)에는 그 중고가격을 기초로 하여 거래사례비교법으로 감정평가할 수 있다.

5) 과잉유휴시설

다른 사업으로 전용이 가능한 과잉유휴시설은 정상적으로 감정평가하되, 전환 후의 용도와 전환에 드는 비용 및 시차 등을 고려하여야 한다. 다만, 다른 사업으로 전용이 불가능하여 해체처분을 하여야 하는 과잉유휴시설은 해체·철거에 드는 비용 및 운반비 등을 고려하여 처분이 가능한 금액으로 감정평가한다.

6) 무형자산

무형자산의 감정평가는 감정평가에 관한 규칙 제23조 제3항에 근거하여 수익환원법을 적용하며, 공장재단 내 유형자산과 같이 개별자산별로 합산한다. 다만, 무형자산만 단독으로 감정평가가 의뢰되는 경우에는 해당 무형자산이 독립적, 배타적 권리인지의 여부, 해당 무형자산으로부터 발생하는 현금흐름이 사업체 전체의 현금흐름에서 분리가 가능한지, 전체의 수익가격에서 해당 무형자산으로의 배분이 가능한지에 대한 판단 등이 선행되어야 한다.

Ⅲ. 일괄평가하는 경우

계속기업의 원칙에 의거 해당 공장이 영속적으로 생산 및 기업활동을 영위한다는 전제하에 계속적인 수익이 예상되는 경우에는 개별 물건별 감정평가의 예외로서 일괄감정평가할 수 있으며, 이 경우에는 수익환원법을 적용하여 평가한다.

Ⅳ. 결

공장재단은 하나의 사업체로 다양한 개별자산으로 구성되어 있다. 특히 「공장 및 광업재단 저당법」으로의 통합을 통해 중요성이 증가한 만큼, 감정평가 시 개별 자산의 특성 및 수익성을 목적으로 한다는 점을 고려하여 정확한 경제적 가치를 도출할 수 있도록 유의해야 한다.

03 다음 사항을 약술하시오. 40점

1) 담보가격과 처분가격 10점

2) 소지가격 10점

3) 감정평가에서 최유효이용의 원칙이 강조되는 이론적 근거 10점

4) 예측의 원칙 10점

1 출제위원 채점평

Ⅰ. 『물음 1』

'담보가격과 처분가격에 대해서 약술하시오'는 처분가격의 개념을 확실히 하는지 물은 것이다. 처분가격에 대해서 모의 답안은 잘 쓰고 있으나 대부분의 수험생들 답안은 그렇지 못했다. 그리고 모의 답안은 처분가격에 대해서 본론에서는 처분 시에 감정평가를 새로이 하는 가격이라고 잘 설명하고 의의에서는 실제 낙찰된 가격이라고 하여서 혼동을 일으키고 있음을 보여준다.

Ⅱ. 『물음 2』

'소지가격에 대하여 약술하시오'는 소지가격의 개념을 확실히 아는지 물은 것이다.

Ⅲ. 『물음 3』

'최유효이용의 원칙'은 이 원칙이 경제학적으로 깊이가 있기 때문에 출제된 것이다. 최유효이용사용이란 개념은 이윤을 추구하는 경제인들이 정보가 완전 공개된 완전경쟁시장에서 입찰에 참가하면 토지는 최유효사용이 될 수밖에 없다는 경제학의 추상적이고 당위적 개념이다. 다만 이러한 설명이 명백히 들어가지 않았다 하더라도 이것은 여러 논점 중의 하나이므로 모의답안지 정도로 관련 내용을 쓴 경우에는 후한 점수를 받았다.

Ⅳ. 『물음 4』

예측의 원칙에 관해서는 최유효이용의 원칙과 함께 이들 원칙이 경제학적으로 깊이가 있기 때문에 출제된 것이다. 예측의 원칙에 관해서는 Marshall에서 언급된 바가 있다.

2 예시답안 목차

Ⅰ. 『물음 1』

1. 담보가격
2. 처분가격
3. 담보가격과 처분가격의 관계

Ⅱ. 『물음 2』

1. 소지가격의 의의

2. 감정평가와의 관련성

(1) 조성원가법

(2) 소지가액의 기준시점

(3) 소지가액의 감정평가방법

Ⅲ. 『물음 3』

1. 최유효이용의 원칙의 의의

2. 최유효이용의 원칙이 강조되는 이론적 근거

(1) 인간의 합리성 추구

(2) 토지 할당

(3) 최유효이용의 강제

Ⅳ. 『물음 4』

1. 예측의 원칙의 의의

2. 감정평가와의 관련성

(1) 부동산의 특성과의 관련성

(2) 가치형성요인의 특징과의 관련성

(3) 감정평가방법과의 관련성

3 예시답안

Ⅰ. 『물음 1』

1. 담보가격

담보가치란 부동산에 대한 담보대출이 이루어지는 경우 담보물로서의 안정성과 환가성을 고려하여 감정평가한 금액을 의미한다.

2. 처분가격

처분가격이란 담보대출을 통한 대출금이 회수되지 않는 경우 담보물을 처분하기 직전에 다시 그 담보물의 가격을 평가하는 것을 말한다.

3. 담보가격과 처분가격의 관계

담보가격은 일반적으로 처분가격을 감정평가하는 것보다 먼저 이루어지며 가치다원론이라는 점에서 대출실행과 채권회수라는 감정평가 목적을 가지고 있다는 관계가 있다.

Ⅱ. 『물음 2』

1. 소지가격의 의의

소지가격이란 택지화와 같은 개발행위가 일어나기 전의 토지로 일반적으로 조성 공사 전 상태인 개발 이전 원래 상태의 토지의 가격을 의미한다.

2. 감정평가와의 관련성

(1) 조성원가법

조성원가법이란 조성 택지의 가격을 감정평가하는 경우 소지가액에 조성공사비를 가산하는 감정평가방법을 말한다. 따라서 소지가격은 조성원가법을 적용하는데 있어서 가장 기본이 되는 토지가격이라는 점에서 관련성이 있다.

(2) 소지가액의 기준시점

소지가액을 감정평가하는 기준점과 관련해서는 원시취득 시점과 공사준공시점 및 기준시점이 될 수 있으나 일반적으로는 원시취득 시점을 기준으로 소지가액을 감정평가하게 된다.

(3) 소지가액의 감정평가방법

소지도 토지에 해당하는 개념이므로 원칙적으로는 소지를 감정평가하는 경우에는 『감정평가에 관한 규칙』 제14조에 의하여 공시지가기준법을 적용하고 난 이후 합리성 검토로 거래사례비교법을 적용할 수 있다.

Ⅲ. 『물음 3』

1. 최유효이용의 원칙의 의의

최유효이용의 원칙이란 대상물건의 경제적 가치는 최유효이용을 전제로 형성된다는 원칙을 말한다. 이 경우 최유효이용이란 객관적으로 보아 양식과 통상의 이용능력을 가진 사람이 부동산을 합법적이고 합리적이며 최고최선의 방법으로 이용하는 것을 말한다.

2. 최유효이용의 원칙이 강조되는 이론적 근거

(1) 인간의 합리성 추구

부동산은 부증성으로 인하여 제한된 자원의 효율적 이용이 강조되므로, 다양한 용도 중 가장 효용성 있는 이용방법을 생각하게 된다. 즉, 경제주체의 합리성 추구는 결국 토지의 이용을 최유효이용으로 귀착시킨다.

(2) 토지 할당

부동산의 인문적 특성인 용도의 다양성으로 인해 이용의 방법, 주체, 규모에 있어서 대체・경쟁관계가 발생하게 되므로, 이러한 대체・경쟁의 과정을 통해 최유효이용자에게 토지가 할당된다.

(3) 최유효이용의 강제

부동산은 개별성으로 인하여 오용되기 쉬운 데 반해 악화성향, 지속성, 비가역성 등의 성질이 있으므로 가치창조 및 사회성・공공성의 최대발휘를 위하여 최유효이용이 필요하다. 따라서 국가나 사회는 공적 규제 등을 통하여 사용자에게 최유효이용을 강제한다.

Ⅳ. 『물음 4』

1. 예측의 원칙의 의의

예측의 원칙이란 부동산의 가치가 과거와 현재 이용 상태에 의하여 결정되는 것이 아니라 장래에 어떻게 이용될 것인가에 대한 예측을 근거로 결정된다는 원칙을 말한다.

2. 감정평가와의 관련성

(1) 부동산의 특성과의 관련성

부동산은 영속성과 사회 · 경제 · 행정적인 요인의 가변성이 있는 재화이므로 끊임없이 변화한다는 특성을 가진다. 따라서 감정평가하는 경우에 있어서도 이러한 부동산의 특성을 고려하여 예측의 원칙을 적용해야 한다는 점에서 관련성이 있다.

(2) 가치형성요인의 특징과의 관련성

부동산의 경제적 가치에 영향을 미치는 가치형성요인은 고정적인 것이 아니라 지속적으로 변화하는 유동성의 특징을 지닌다. 따라서 감정평가 시에는 이러한 가치형성요인의 특징을 고려하여 예측의 원칙을 적용해야 한다는 점에서 관련성이 있다.

(3) 감정평가방법과의 관련성

감정평가방법을 적용하는 경우 거래사례비교법에 있어서는 가치형성요인 중 기타요인에 있어서 장래동향을 고려해야 하며, 원가법에 있어서 경제적 감가수정을 하는 경우에는 시장상황이나 경제적 상황의 변화를 판단해야 한다. 또한 수익환원법을 적용하는 경우에는 장래 수익을 예측하는 과정에서 예측의 원칙을 고려해야 한다는 점에서 관련성이 있다.

Chapter 12

제04회 기출문제 답안

01	감정평가는 비교방식, 원가방식, 수익방식 중에서 대상물건의 성격 또는 평가조건에 따라 적정한 평가방식을 선택하여 결정하여야 한다. 이 경우 다음 사항에 관하여 논하시오. 40점 1) 각 평가방식의 이론적 근거를 설명하고 이를 토대로 각 방식을 적용한 토지의 평가방식을 약술하시오. 20점 2) 3가지 평가방식을 병용하는 경우 각 시산가액을 조정하는 방법과 시산가액 조정 시 유의사항을 기술하시오. 20점

1 출제위원 채점평

문제 1번은 본 과목에서 가장 점수 비중이 크기 때문에 다른 문제에 비하여 논리적이고 내용이 충실해야 한다는 점에 유의해야 한다.

『물음 1』의 답안에서 3방식의 이론적 근거를 작성함에 있어서 우선 3방식의 의의를 서술한 다음 가격의 3면성인 시장성/비용성/수익성 등을 서술한 것은 논점 파악이 명확하다는 것을 알 수 있다. 더구나 각 이론을 제시한 학파를 거론한 것은 우수한 답안으로의 평가를 받는 데 손색이 없었다. 그런가 하면 3방식에 의한 토지의 평가방법에서도 각 방식별로 토지의 평가방법을 항목별로 답안을 작성한 것은 훌륭하였다.

『물음 2』의 시산가격 조정하는 방법에서도 수준 있는 답안작성이었다. 그러나 시산가격 조정의 의의에서 의의와 필요성 및 제 견해 등으로 지나치게 세분화한 것은 내용이 중복되어 초점을 흐리게 할 우려가 있었다. 그리고 시산가격 조정 시 유의사항에서 재검토항목을 간략하게 적당히 기술한 것은 감점의 요인이 되었을 것이라는 점에도 유의해야 할 것이다.

2 기출문제 논점분석

『물음 1』에서 각 평가방식의 이론적 근거를 설명하는 경우에는 비용성의 원리, 시장성의 원리, 수익성의 원리와 관련된 내용은 누락하면 안 됩니다. 또한, 각 방식을 적용한 감정평가방법을 물어보고 있으며, 구체적인 대상물건으로 "토지"가 제시되었기 때문에 이를 반영해야 합니다. 특히 공시지가기준법 역시 규정상으로는 비교방식에 해당한다는 점도 기억해두기 바랍니다.

『물음 2』는 시산가액 조정과 관련된 내용입니다. 전형적인 일반론을 작성해주면 되지만, 중간중간 대상물건이 토지로 주어졌다는 점 역시 반영해주는 것이 유리합니다.

3 예시답안 목차

Ⅰ. 서

Ⅱ. 『물음 1』

1. 의의
2. 각 평가방식의 이론적 근거
   1) 비교방식의 이론적 근거
   2) 원가방식의 이론적 근거
   3) 수익방식의 이론적 근거
3. 각 방식을 적용한 토지의 평가방식
   1) 비교방식
      (1) 공시지가기준법(감정평가에 관한 규칙 제14조)
      (2) 거래사례비교법
   2) 원가방식
      (1) 조성원가법
      (2) 공제방식 및 개발법
   3) 수익방식

Ⅲ. 『물음 2』

1. 시산가액 조정의 의의
2. 시산가액 조정의 방법(가·종·최·통)
   1) 가중평균에 의한 방법
   2) 종합적인 판단에 의한 방법
   3) 최적정 평가방법에 의한 방법
   4) 통계적 분석기법
3. 시산가액 조정 시 유의사항
   1) 일반적 유의사항
   2) 구체적 유의사항(자·칙·분·단)
      (1) 자료의 선택 및 활용의 적부
      (2) 부동산가격에 관한 제 원칙의 해당 조건에 부응한 활용의 적부
      (3) 일반요인의 분석과 지역, 개별분석의 적부
      (4) 단가와 총액과의 관계 적부

Ⅳ. 결

4 예시답안

Ⅰ. 서

감정평가의 궁극적인 목적은 결국 정확한 가치의 판정에 있다. 이러한 가치를 판정하기 위해서는 구체적인 수단이나 도구가 필요한데, 감정평가 3방식이 대표적이다. 감정평가 3방식은 현재가치를 판정하는데 사용되는 가장 기본적이고 전통적인 기법으로 작용하고 있다. 컴퓨터의 등장과 각종 의사결정기법의 발전 등으로 새로운 평가기법들이 많이 개발되고 있으나 그 내용을 들여다보면 결국은 감정평가 3방식에 기초하고 있으므로, 중요성이 높다고 할 수 있다. 이하, 물음에 답한다.

Ⅱ. 『물음 1』

1. 의의

비교방식이란 거래사례비교법, 임대사례비교법 등 시장성의 원리에 기초한 감정평가방식 및 공시지가기준법에 따르는 방식이다. 원가방식이란 원가법 및 적산법 등 비용성의 원리에 기초한 감정평가방식을, 수익방식이란 수익환원법 및 수익분석법 등 수익성의 원리에 기초한 감정평가방식을 말한다.

2. 각 평가방식의 이론적 근거

1) 비교방식의 이론적 근거

비교방식은 시장의 동향을 파악하여 시산가액을 구하는 방법으로 시장참가자는 수요·공급의 상호작용에 의해 결정되는 가격을 기준으로 행동한다. 즉, 대상물건이 시장에서 어느 정도의 가격으로 거래되고 있는가 하는 시장성에 근거하고 있다. 또한, 수요·공급의 상호작용에서 재화의 가치를 파악한 신고전학파의 수요공급이론에 근거하고 있다.

2) 원가방식의 이론적 근거

대상물건이 어느 정도의 비용이 투입되었는가 하는 비용성에 근거한다. 또한 공급 측면에서 비용과 가격과의 상호관계를 파악하는 것으로 공급자가격의 성격, 재화의 가치를 비용에서 구하는 고전학파의 생산비가치설에 근거를 둔다.

3) 수익방식의 이론적 근거

소득을 많이 창출하는 부동산일수록 가치는 크고, 그렇지 못한 부동산일수록 가치는 작아진다. 즉, 대상물건에서 향후 어느 정도의 수익이 발생할 것인가 하는 수익성에 근거하고 있다. 또한, 수요 측면에서 효용과 가격과의 상호관계를 파악하므로 수요자가격의 성격, 재화의 가치는 수요자의 주관적 효용에 의해서 결정된다는 한계효용학파의 한계효용가치설에 근거를 둔다.

3. 각 방식을 적용한 토지의 평가방식

1) 비교방식

(1) 공시지가기준법(감정평가에 관한 규칙 제14조)

감정평가의 대상이 된 토지와 가치형성요인이 같거나 비슷하여 유사한 이용가치를 지닌다고 인정되는 표준지의 공시지가를 기준으로 대상토지의 현황에 맞게 시점수정, 지역요인 및 개별요인 비교, 그 밖의 요인의 보정을 거쳐 대상토지의 가액을 산정하는 감정평가방법을 말한다.

(2) 거래사례비교법

대상물건과 가치형성요인이 같거나 비슷한 물건의 거래사례와 비교하여 대상물건의 현황에 맞게 사정보정, 시점수정, 가치형성요인 비교 등의 과정을 거쳐 대상물건의 가액을 산정하는 감정평가방법을 말한다.

2) 원가방식

(1) 조성원가법

소지가액에 개발비용을 더하여 조성택지의 가치를 평가하는 방법이다. 소지가액은 비교방식이나 원가방식으로, 개발비용은 원가방식으로 구하는 면에서 3방식의 논리를 혼용한다. 하지만 근본적으로는 토지를 가공하여 부가가치를 창출한다는 점에 착안한 것으로 원가방식의 사고를 바탕으로 한다.

(2) 공제방식 및 개발법

공제방식이란 분양예정가격에서 개발비용을 뺌으로써 택지예정지의 가치를 평가하는 방법이다. 또한, 개발법이란 대상획지를 개발하였을 때 예상되는 분양예정가격의 현재가치에서 개발비용의 현재가치를 뺌으로써 가치를 평가하는 방법이다.

3) 수익방식

토지에서 발생하는 순수익을 활용하는 토지잔여법이 있으며, 복합부동산의 순수익에서 건물에 귀속되는 순수익을 공제한 후 토지에 귀속되는 순수익을 토지환원율로 환원하여 토지의 수익가치를 구하는 방법이다.

Ⅲ. 『물음 2』

1. 시산가액 조정의 의의

시산가액 조정이란 각 시산가액을 비교・분석하여 그들 사이에 존재하는 유사점과 차이점을 찾아내어 통일적이고 일관된 가액이 도출될 수 있도록 조화시키는 작업이라 할 수 있다.

2. 시산가액 조정의 방법(가・종・최・통)

1) 가중평균에 의한 방법

가중평균에 의한 방법은 각 시산가액에 대하여 가중치를 부여한 후 평균하는 방법이다. 이 방법은 단순한 산술평균이 아니라 대상물건의 특성과 용도, 평가의 목적과 조건, 자료의 신뢰성과 대상물건이 속한 지역적 특성을 전반적으로 참작하여 가중치를 부여하는 것으로, 조정과정에 대한 객관적인 근거를 둘 수 있다는 장점이 있는 반면, 가중치 결정에 있어서 일정한 기준이 없는 경우 평가자의 주관개입 여지가 있는 것이 단점이다.

2) 종합적인 판단에 의한 방법

종합적인 판단에 의한 방법은 평가목적, 평가대상물건의 특성, 시장의 상황 등을 고려하여 시산가액의 수치상의 차이점을 수학적 계산방법을 동원하지 않고 종합적인 판단에 의하여 조정하는 방법을 말한다. 이 방법은 시산가액 조정의 근본적인 의의에 부합하는 방법이기는 하지만, 상대적으로 평가자의 주관적 판단의 개입이 클 여지가 있다는 단점을 가지고 있다.

3) 최적정 평가방법에 의한 방법

최적정 평가방법에 의한 방법은 가장 적절하다고 판단되는 감정평가방식에 의한 시산가액을 중심으로 다른 감정평가방식에 의한 시산가액과의 검토를 통하여 결론을 내리는 방법으로서, 금액적인 조정의 과정이 없이 최종 감정평가금액은 가장 적절한 감정평가방식의 결과로 결정된다. 결과적으로 금액적인 조정이 이루어지지 않기 때문에 시산가액 조정으로 볼 수 없다는 의견도 있지만, 넓은 의미에서의 시산가액 조정에 포함될 수 있을 것이다.

4) 통계적 분석기법

최근에는 감정평가의 과정이 전산화되면서 통계적 분석기법을 도입하자는 주장도 제기되고 있다. 감정평가액도 부동산가격의 하나이므로 감정평가액이 복수가 된다는 이른바 '감정평가액은 일정범위의 가격'이라는 주장에 근거하는 것으로서, 일정범위 내에 분포할 확률분석기법을 통하여 최종적인 감정평가액을 구하는 방법이다. 이 방법은 컨설팅 분야나 투자분석 등에 활용함으로써 감정평가 영역의 확장을 가능하게 한다는 장점을 지니고 있다.

3. 시산가액 조정 시 유의사항

1) 일반적 유의사항

산가액의 조정이 각 시산가액을 단순히 기계적으로 산술평균하거나 작위적으로 차이를 없애는 것이 아님에 유의해야 한다. 또한 각각의 가격 차이가 발생한 원인과 근거를 명백히 밝히기 위해 감정평가방식과 채용한 자료가 가진 특성을 파악한 후 이를 바탕으로 감정평가의 각 단계에서 제대로 적용되었는지 객관적, 비판적으로 반복하면서 재검토해야 한다.

2) 구체적 유의사항(자・칙・분・단)

(1) 자료의 선택 및 활용의 적부

평가에 있어서 수집・선택된 자료가 적절한가 그리고 그 검토와 평가과정에서의 활용방법은 어떠했는가를 체크하여야 한다. 즉, 어떤 평가방법에 의한 자료가 가장 잘되었는가에 따라 각 방법의 비중이 달라지는 것이다.

(2) 부동산가격에 관한 제 원칙의 해당 조건에 부응한 활용의 적부

부동산가격제원칙은 부동산가격의 형성과정에 있어서의 기본원칙으로 평가의 과정에 있어 제원칙 활용의 적정성 여부는 평가액의 정확성과 합리성에 크게 영향을 미친다. 따라서 감정평가의 전 과정에 영향을 미치는 부동산가격에 관한 제 원칙이 적절하게 활용되었는지를 재검토하여야 한다. 특히 최유효이용원칙은 가장 중심적이고 중요한 원칙으로서의 위치를 차지하고 있는 점에 주목해야 한다.

(3) 일반요인의 분석과 지역, 개별분석의 적부

가격수준에 영향을 미치는 일반요인과 지역요인 그리고 개별요인이 어떠한 것이 있으며 그것의 영향관계를 제대로 파악하고 분석하여 적용했는지를 확인해야 한다. 감정평가를 통해 얻고자 하는 가액은 결국 현실의 객관적인 시장에서의 가격형성 메커니즘과 일치해야 하기 때문에 결국 시장분석의 결과를 조정의 지침으로 활용해야 한다. 즉, 시산가액이 현실 시장의 수급동향과 시장참가자의 행동원리를 제대로 반영하고 있는지를 파악해야 한다.

(4) 단가와 총액과의 관계 적부

부동산 규모의 대소는 시장성과 최유효이용, 가격에 영향을 미친다. 일반적으로 대규모의 부동산은 인근의 일반적이고 표준적인 부동산에 비하여 이용의 활용도가 낮고 이에 따라 시장성 또한 높지 않아 감가요인이 되는 것이 보통이다. 그러나 최근에는 대규모 토지의 부족으로 인한 희소성으로 인하여 광평수의 토지라는 점이 증가요인으로 작용하기도 한다. 따라서 단순히 단가를 기준으로 하여 가액을 산정하고 비교하게 되면 정확한 평가에 이르지 못할 위험성이 있으므로 단가를 기준으로 거래사례, 수익사례를 파악한 경우와 총액을 기준으로 파악한 경우 등을 면밀히 비교·검토하여 최종적인 가액을 결정해야 한다.

Ⅳ. 결

감정평가방식은 대상물건의 가치를 판정하기 위하여 적용되는 기법으로서 제반 가치형성요인의 구체적인 영향관계를 바탕으로 그 가치를 화폐액으로 계산해내는 방법이다. 이는 감정평가활동에 있어 가장 핵심적인 위치를 차지하고 있는 부분인 만큼, 감정평가 시 이에 유의하여 정확한 시장가치를 판정할 수 있도록 유의해야 한다.

02 부동산 경기변동의 제 국면에서 거래사례비교법을 채택할 경우의 유의점에 관하여 설명하시오. 20점

1 출제위원 채점평

부동산 경기변동의 제 국면의 의의에서 경기변동의 제 국면을 그림으로 표시한 것은 답안작성의 길잡이가 되었을 것이다. 즉, 각 경기 국면별로 나타날 부동산거래의 현상과 제 국면에서 거래사례 자료를 상한선 또는 하한선이 되느냐 하는 판단을 용이하게 하는 지침이 되었을 것이다. 이를 바탕으로 거래사례비교법을 채택하는 데 유의할 점을 서술한 것은 금상첨화격의 답안작성을 완성하였다고 하겠다.

그러나 후술부분에서 사정보정과 시점수정, 지역 및 개별요인의 비교, 시산가액 조정 등을 지나치게 상술한 것은 문제의 핵심을 필요이상으로 과대 포장함으로써 논점을 다소 흐리게 하였다는 데 유의해야 할 것이다.

2 기출문제 논점분석

부동산 경기변동의 제 국면이라고 제시하고 있으므로, 확장국면과 수축국면을 모두 고려해야 합니다. 또한, 구체적인 감정평가방법으로 거래사례비교법을 제시하고 있으므로, 해당 문제는 거래사례의 선정, 사정보정 및 가치형성요인 비교 등 거래사례비교법의 구체적인 절차를 목차로 작성해야 합니다.

3 예시답안 목차

Ⅰ. 서

Ⅱ. 부동산 경기변동의 의의 및 특징

1. 부동산 경기변동의 의의
2. 부동산 경기변동의 특징

Ⅲ. 거래사례비교법 적용 시 유의사항

1. 거래사례비교법의 의의
2. 거래사례비교법 적용 시 유의사항
   1) 사례선정
      (1) 확장국면인 경우
      (2) 수축국면인 경우
   2) 사정보정
      (1) 확장국면인 경우
      (2) 수축국면인 경우

3) 가치형성요인의 비교

(1) 확장국면인 경우

(2) 수축국면인 경우

Ⅳ. 결

3 예시답안

Ⅰ. 서

부동산은 영속성 및 사회・경제・행정적 위치의 가변성이 있는 재화이다. 따라서 부동산시장을 분석하는 경우 시간적인 측면에서 바라보는 부동산 경기변동에 대한 이해는 중요하다. 이하에서는, 부동산 경기변동의 제 국면에서 거래사례비교법을 채택할 경우의 유의점에 관해 설명하고자 한다.

Ⅱ. 부동산 경기변동의 의의 및 특징

1. 부동산 경기변동의 의의

일반적으로 경기변동이란 각 경제변수들이 일정한 주기를 가지고 변화하는 경제학적 현상을 말하는데, 부동산 경기변동이란 부동산도 경제재의 하나로서 일반경기변동과 마찬가지로 일정기간을 주기로 하여 호황과 불황을 반복하면서 변화하는 것을 말한다. 그런데 부동산은 일반재화와 다른 여러 가지 특성으로 인하여 일반경기변동의 흐름과 형태와는 다른 모습을 나타내게 된다.

2. 부동산 경기변동의 특징

확장국면인 경우에는 금리가 하락하며, 이에 따라 가격과 거래량이 증가하여 공실률이 감소하게 된다. 반면, 수축국면인 경우에는 금리가 상승하며 가격과 거래량이 감소하여 공실률이 증가하는 특징을 가지고 있다.

Ⅲ. 거래사례비교법 적용 시 유의사항

1. 거래사례비교법의 의의

거래사례비교법이란 대상물건과 가치형성요인이 같거나 비슷한 물건의 거래사례와 비교하여 대상물건의 현황에 맞게 사정보정, 시점수정, 가치형성요인 비교 등의 과정을 거쳐 대상물건의 가액을 산정하는 감정평가방법을 말한다.

2. 거래사례비교법 적용 시 유의사항

1) 사례선정

(1) 확장국면인 경우

사례자료는 경기순환국면에 따라 의미가 다르므로 기준시점에서 가장 최근의 사례를 수집해야 한다. 특히 확장국면에서는 거래량이 증가하기 때문에, 가치형성요인이 가장 유사한 사례를 선정해야 함에 유의한다.

(2) 수축국면인 경우

수축국면에서는 거래량이 감소하기 때문에, 사례수집이 어렵다. 따라서 사례수집 범위를 인근지역뿐만 아니라 유사지역 및 동일수급권의 범위까지 확장해야 함에 유의한다.

2) 사정보정

(1) 확장국면인 경우

현실의 거래사례에는 특수한 사정과 개별적인 동기가 개입되는 경우가 많은데, 특히 경기순환의 각 국면마다 어떠한 사정과 동기가 개입될 수 있는지를 파악해야 한다. 특히 확장국면의 경우는 투기적인 거래가 발생할 가능성이 있기 때문에 사정보정을 통해 거래가격을 하향보정해야 함에 유의한다.

(2) 수축국면인 경우

수축국면의 경우는 거래량이 감소하고, 향후 부동산의 가치가 하락할 것이 예상되기 때문에 정상적인 거래가격보다 낮은 급매가 발생할 가능성이 높다. 따라서 수축국면인 경우에는 사정보정을 통해 거래가격을 상향보정해야 함에 유의한다.

3) 가치형성요인의 비교

(1) 확장국면인 경우

확장국면인 경우 금리가 낮아짐에 따라, 타인자본의 활용이 용이해지고 이에 따라, 더 높은 수익을 줄 수 있는 수익성 부동산으로 용도가 변하며, 표준적 이용이 달라질 수 있으므로, 지역요인 비교 시 이를 반영해야 한다. 또한, 거래량이 증가하고 공실률이 감소하는 경우 이는 개별적 요인으로 부동산의 가치가 상승하도록 영향을 미칠 수 있음에 유의한다.

(2) 수축국면인 경우

수축국면인 경우 부동산에 대한 관리가 미흡해지고 이에 따라, 부동산의 노후화가 급격히 진행되어, 낙후될 수 있으므로 지역요인 비교 시 이를 반영해야 한다. 또한, 거래량이 감소하고 공실률이 증가하여 부동산의 가치가 하락하도록 영향을 미칠 수 있음에 유의한다.

Ⅳ. 결

감정평가는 현실의 시장상황을 반영하여 통상적인 시장을 전제로 한 시장가치를 판정하는 작업이다. 따라서 부동산 경기변동에 따라 확장국면인지 수축국면인지를 확인하여 정확한 경제적 가치를 판정해야 함에 유의한다.

03 지역분석 및 개별분석의 필요성과 그 상호관계를 설명하시오. 10점

1 출제위원 채점평

이 문제에서 후술부분인 지역분석과 개별분석의 상호관계는 자세하게 서술하여 비교적 양호하였으나 전술부분에서 지역분석의 필요성과 개별분석의 필요성을 구분하여 서술하였다면 논점 정리가 보다 잘 되었을 것이다.

특히 문제 3번은 10점에 불과하다는 점에서 수험생들이 가볍게 생각할지 모르나 합・불합격이 이러한 데서 결정된다는 데 유의하여 답안작성에 최선을 다하여야 할 것이다.

2 기출문제 논점분석

지역분석 및 개별분석과 관련된 전형적인 문제입니다. 각 분석의 필요성과 관련해서는 최종적인 목표는 표준적인 이용과 최유효이용을 파악한다는 점은 누락되어서는 안되며 가격수준과 가치의 개별화 · 구체화는 같이 작성해주셔야 합니다.

3 예시답안 목차

Ⅰ. 서

Ⅱ. 지역분석 및 개별분석의 필요성

1. 지역분석의 필요성
   (1) 지역분석의 의의
   (2) 지역분석의 필요성
2. 개별분석의 필요성
   (1) 개별분석의 의의
   (2) 개별분석의 필요성

Ⅲ. 지역분석과 개별분석의 상호관계

1. 분석범위와 선후관계
2. 부동산의 종별과 유형에 따른 관련성
3. 분석목적 및 관련 가격제원칙

Ⅳ. 결

4 예시답안

Ⅰ. 서

감정평가는 대상물건의 가치형성과정을 추적하는 과정이므로 이러한 가치형성과정에 대한 분석이 중요하다. 특히 부동산은 고정성과 개별성으로 인해 이러한 공간적인 측면에서의 분석이 필요하므로 이와 관련된 지역분석 및 개별분석에 관한 물음에 답한다.

Ⅱ. 지역분석 및 개별분석의 필요성

1. 지역분석의 필요성

(1) 지역분석의 의의

지역분석이란 대상 부동산이 속하는 지역의 범위를 확정하고, 그 지역 내 부동산의 가격형성에 영향을 미치는 지역요인의 분석을 통해 지역특성과 장래동향을 명백히 함으로써 대상 부동산의 지역 내 전반적 위치와 표준적 사용을 파악하여 가격수준을 가늠하는 작업을 말한다.

(2) 지역분석의 필요성

지역의 특성은 그 지역의 일반적이고 표준적인 사용에 의하여 구체적으로 나타나며, 표준적 사용은 그 지역부동산의 최유효사용을 판정하는 유력한 기준이 된다. 또한, 부동산 가격형성이나 기능발휘는 고립적으로 전개되는 것이 아니므로 지역 내 부동산 집단의 가격수준을 판정하여야 개별부동산의 구체적 가격 판정 시 그 적정성을 인식할 수 있기 때문에 지역분석이 필요하다.

2. 개별분석의 필요성

(1) 개별분석의 의의

개별분석이란 지역분석에 의해 판정된 지역의 표준적 사용과 가격수준을 전제로 부동산의 개별성에 근거하여 가격형성의 개별적 요인을 분석하여 대상 부동산의 최유효이용을 판정하고 대상 부동산의 가격을 개별화·구체화시키는 작업을 말한다.

(2) 개별분석의 필요성

부동산의 가격은 최유효이용을 전제로 형성되므로 이러한 최유효이용을 판단하기 위해 개별분석을 하게 된다. 또한 다양한 가격형성요인들이 개별부동산 차원의 구체적 가격에 어떠한 영향을 얼마나 미치는지 분석하기 위해 개별분석이 필요하다.

Ⅲ. 지역분석과 개별분석의 상호관계

1. 분석범위와 선후관계

지역분석은 대상지역에 대한 전체적·광역적·거시적 분석인 반면, 개별분석은 대상 부동산에 대한 부분적·국지적·구체적·미시적 분석이다. 개별분석은 고립적인 분석이 아니며, 작업의 선후관계로는 지역분석이 선행되고 그 결과에 따라 개별분석이 행해진다.

2. 부동산의 종별과 유형에 따른 관련성

부동산의 종류는 용도에 따른 종별과 유형적 이용 및 권리관계의 태양에 따른 유형이 있다. 지역분석이 부동산의 종별에 의한 지역의 표준적 사용·가격수준의 관점이라면, 개별분석은 부동산의 유형에 의한 대상 부동산의 최유효이용을 판정하여 가격을 개별화·구체화하는 작업이다.

3. 분석목적 및 관련 가격제원칙

지역분석은 표준적 이용과 가격수준을 파악하고, 개별분석은 대상 부동산의 개별요인을 분석하여 최유효이용과 구체화·개별화된 가격을 산정하는 것이다. 지역분석은 적합의 원칙과 관련이 있고, 개별분석은 균형의 원칙과 관련이 있다.

Ⅳ. 결

이러한 공간적인 측면의 지역분석과 개별분석은 실질적인 수급상황과 같은 시장참가자들의 거래관행 분석에 미흡하다는 비판이 있다. 따라서 수급상황에 대한 분석을 병행한다면 보다 정확한 시장가치에 접근할 수 있을 것이다.

Chapter 13

제03회 기출문제 답안

01 우리나라 토지평가방법과 거래사례비교법과의 관계를 설명하시오. 30점

1 출제위원 채점평

본 문제는 우리나라 토지평가방법과 거래사례비교법과의 관계를 설명하고 있는 것으로 감정평가 및 보상법규 과목과도 관련이 있는 문제이다. 본 문제에 대해 설명하려면 먼저 우리나라 토지평가방법에 대한 설명이 필요하다. 토지의 일반적 감정평가방법은 법적 평가방법과 이론적 평가방법으로 분류할 수 있다. 법적 평가방법이 표준지의 감정평가방법이고 이론적 평가방법은 거래사례비교법, 배분법, 도출법, 분양개발법, 토지잔여법, 지대수익환원법 등의 6방법이 있다. 이러한 내용을 먼저 설명한 뒤 거래사례비교법 등에 대한 문제제기와 함께 정리하면 더 좋은 답안지가 될 것이라고 본다.

2 기출문제 논점분석

A와 B의 관계를 묻는 유형입니다. 따라서 원칙적으로는 A와 B 각각에 대한 세분화가 필요합니다. 특히 구체적인 감정평가방법의 경우는 세부적인 감정평가 절차로 그 내용을 세분화할 수 있다는 점에서 절차 사이에 어떤 관련성이 있는지부터 설명해주면 됩니다. 또한, 오래전 문제로 표현이 애매하기는 하지만 우리나라 토지평가방법은 공시지가기준법을 의미한다고 보면 됩니다.

3 예시답안 목차

Ⅰ. 서

Ⅱ. 우리나라 토지평가방법

1. 주된평가방법(공시지가기준법)
2. 부수적인 평가방법
   1) 비교방식(거래사례비교법)
   2) 원가방식(가산방식과 공제방식)
   3) 수익방식(토지잔여법)

Ⅲ. 거래사례비교법과의 관계

1. 비교표준지와 거래사례의 관계
2. 그 밖의 요인 보정과 사정보정의 관계
3. 대체의 원칙 측면의 관계

4. 최유효이용 전제 측면의 관계

5. 비교방식 측면의 관계

6. 합리성 검토 측면의 관계

Ⅳ. 결

4 예시답안

Ⅰ. 서

감정평가 시에는 대상물건의 경제적 가치를 판정하기 위해 감정평가 3방식을 적용하게 된다. 특히 대상물건의 특성에 따라 주된 평가방법이 존재하며, 다른 방식으로 합리성 검토를 하는 바 일정한 관계가 있다고도 볼 수 있다. 이하에서는, 우리나라의 토지평가방법에 대해 설명하고, 거래사례비교법과의 관계에 대해 설명한다.

Ⅱ. 우리나라 토지평가방법

1. 주된평가방법(공시지가기준법)

감정평가에 관한 규칙 제14조에서는 토지를 감정평가할 때에는 원칙적으로 공시지가기준법을 적용하도록 규정하고 있다. 이때 공시지가기준법이란 감정평가의 대상이 된 토지와 가치형성요인이 같거나 비슷하여 유사한 이용가치를 지닌다고 인정되는 표준지의 공시지가를 기준으로 대상토지의 현황에 맞게 시점수정, 지역요인 및 개별요인 비교, 그 밖의 요인의 보정을 거쳐 대상토지의 가액을 산정하는 감정평가방법을 말한다.

2. 부수적인 평가방법

1) 비교방식(거래사례비교법)

대상토지와 가치형성요인이 같거나 비슷한 물건의 거래사례와 비교하여 대상물건의 현황에 맞게 사정보정, 시점수정, 가치형성요인 비교 등의 과정을 거쳐 대상토지의 가액을 산정하는 감정평가방법을 말한다.

2) 원가방식(가산방식과 공제방식)

원칙적으로 토지는 재생산이 불가능하므로 원가법을 적용하기 어렵다. 다만, 조성지 또는 매립지의 경우에는 개발 전 토지가격에 개발에 소요된 공사비와 부대비용 등을 가산하여 개발 후 토지가격을 구할 수 있다. 또한, 택지후보지의 경우 조성완료 후 택지가격에서 조성에 소요되는 비용을 차감하고 성숙도 수정을 하여 토지가격을 구할 수 있다.

3) 수익방식(토지잔여법)

토지에서 발생하는 수익을 환원율로 환원하여 토지가격을 구하는 전통적 직접환원법이 있다. 또한, 복합부동산에서 발생하는 수익 중 토지만의 수익을 구분하여 토지환원율로 환원하여 토지가격을 구하는 토지잔여법이 있다.

Ⅲ. 거래사례비교법과의 관계

1. 비교표준지와 거래사례의 관계

공시지가기준법은 비교표준지를 기준으로 하여 감정평가액을 산정하지만, 거래사례비교법은 시장에서 매수자와 매도자에 의해 결정된 거래사례의 가격을 기준으로 감정평가액을 산정한다. 즉, 평가절차적인 측면에서 공시지가기준법은 비교표준지를, 거래사례비교법은 거래사례를 기준으로 활용한다는 관계가 있다.

2. 그 밖의 요인 보정과 사정보정의 관계

공시지가기준법에서 기준으로 삼는 비교표준지는 정책적・당위적 성격을 지니기에 시가와 괴리되게 된다. 따라서 이를 보정해주기 위해 그 밖의 요인 보정 절차를 거치게 된다. 거래사례비교법은 거래사례의 개별성으로 인한 사정개입가능성이 있기 때문에 이를 보정하기 위한 절차로 사정보정을 거치게 된다. 즉, 각각 감정평가액의 적정화를 위해 그 밖의 요인 보정과 사정보정을 활용한다는 관계가 있다.

3. 대체의 원칙 측면의 관계

공시지가기준법은 대상토지와 용도지역, 이용상황 및 도로조건 등 가치형성요인에서 대체・경쟁관계가 있는 비교표준지를 선정하게 된다. 또한, 거래사례비교법 역시 대상토지와 용도적・기능적 측면에서 유사한 거래사례를 기준으로 하여 감정평가액을 산정한다. 즉, 양자의 방법은 모두 감정평가과정 시 대체의 원칙을 고려한다는 관계가 있다.

4. 최유효이용 전제 측면의 관계

공시지가기준법은 대상토지와 대체・경쟁관계가 있는 비교표준지를 기준으로 하여 최유효이용을 전제로 평가하며, 미달되는 부분이 있는 경우에 가치형성요인 비교 과정에서 이를 반영한다. 거래사례비교법 역시 최유효이용을 전제로 하나, 미달되는 부분을 가치형성요인에서 반영한다. 즉, 양 방법은 모두 최유효이용을 전제로 평가한다는 점에서 관계가 있다.

5. 비교방식 측면의 관계

공시지가기준법은 대상토지와 유사한 비교표준지를 기준으로 비교하는 방식이며, 거래사례비교법 역시 대상토지와 유사한 거래사례를 기준으로 비교하는 방식이다. 즉, 양 방법은 모두 유사한 비교표준지 혹은 사례를 기준으로 비교하여 감정평가액을 산정한다는 점에서 관계가 있다.

6. 합리성 검토 측면의 관계

감정평가에 관한 규칙 제14조에서는 원칙적인 평가방법으로 공시지가기준법을 규정하고 있다. 또한, 적절한 실거래가가 있는 경우에 거래사례비교법을 통해 합리성 검토를 적용할 수 있도록 규정하고 있다. 즉, 양 방법은 주된 평가방법과 합리성 검토 측면에서 부수적인 평가방법이라는 관계가 있다.

Ⅳ. 결

각각의 평가방법은 모두 감정평가 결과로서 정확한 시장가치를 판정하기 위함에 그 목적이 있다. 따라서 감정평가 시에는 다양한 평가방법을 적용하여 합리성 검토를 함으로써, 적정한 가액을 도출할 수 있도록 해야 함에 유의해야 할 것이다.

02 **다음 사항을 약술하시오.** 30점

1) 계속임료의 각 평가방법에 대한 특질과 그 문제점을 설명하시오. 10점

2) 부동산의 최유효이용의 의의에 있어 특수사항을 설명하시오. 10점

3) 감정평가방법에 있어 통계적 평가방법의 의의와 활용상의 문제점을 설명하시오. 10점

1 기출문제 논점분석

Ⅰ. 『물음 1』

해당 문제에서는 계속임료의 평가방법에 대한 특질과 그 문제점 두 가지를 물어보고 있습니다. 계속임대료는 일본의 감정평가기준과 관련되어 있는 내용이며 현행 「감정평가에 관한 규칙」에서는 별도로 계속임대료의 평가방법에 대해서는 규정하고 있지 않습니다. 각각의 물음은 A를 설명하시오와 A의 문제점을 설명하시오에 해당하는 문제유형이며, 계속임대료라는 대상물건이 제시되었기 때문에 감정평가 각론 측면부터 접근해주시면 됩니다. 평가방법에 대한 특질은 계속임대료의 평가방법의 절차를, 문제점은 단점을 활용해주시면 됩니다.

Ⅱ. 『물음 2』

Ⅲ. 『물음 3』

2 예시답안 목차

Ⅰ. 『물음 1』

1. 차액배분법
   (1) 특질
   (2) 문제점
2. 이율법
   (1) 특질
   (2) 문제점
3. 슬라이드법
   (1) 특질
   (2) 문제점
4. 임대사례비교법
   (1) 특질
   (2) 문제점

Ⅱ. 『물음 2』

1. 최유효이용의 원칙과 판단기준

2. 최유효이용의 의의에 있어 특수상황

(1) 단독이용

(2) 중도적이용

(3) 비최유효이용

(4) 비적법적이용

Ⅲ. 『물음 3』

1. 통계적 평가방법의 의의

(1) 통계적 평가방법의 개념

(2) 통계적 평가방법의 의의

2. 통계적 평가방법의 활용상의 문제점

(1) 가치형성요인의 복잡성 측면

(2) 최유효이용의 전제 측면

(3) 가치의 3면성 반영 측면

3 예시답안

Ⅰ. 『물음 1』

1. 차액배분법

(1) 특질

차액배분법은 시장임대료와 실제 임차인이 부담하게 되는 임대료 간에 발생한 차액에 대하여 계약의 내용과 조건, 계약체결 경위 등을 종합적으로 판단하여 차액 중 임대인에게 귀속되는 부분을 적정하게 배분 후 이를 실제의 계약임대료에 반영하여 계약임대료를 구하는 방법을 말한다. 이 방법은 임대료 상승에 따른 차액은 임대인과 임차인의 경제적 기여도에 따라 배분할 수 있다는 것에 근거한다는 특질이 있다.

(2) 문제점

배분비율의 결정에 있어 주관이 개입될 여지가 있으며, 원본가치의 변동이 심한 경우에는 임대료의 편차가 심하게 날 가능성이 있다는 문제점이 있다.

2. 이율법

(1) 특질

이율법은 투하된 자본(기초가액)에 계속임대료이율을 곱하여 구한 금액에 임대를 계속하는 데 필요한 필요제경비를 가산하여 계속임대료를 구하는 방법이다, 이는 재계약시점의 기초가액에 기대이율을 조정하여 계속임대료를 산정하는 것으로 적산법의 논리에 따른다는 특질이 있다.

(2) 문제점

임대인의 입장에 치우친 방법으로 임차인의 지불능력이나 영업권적 특수성을 반영하기 어렵다. 또한, 부동산시장이 급변하는 경우에는 기초가액 및 계속임대료이율의 파악 및 보정이 곤란하다는 문제점이 있다.

3. 슬라이드법

(1) 특질

슬라이드법은 임대료 수준의 변동, 필요제경비의 변동 등을 적절하게 나타낼 수 있는 슬라이드지수를 파악하여 이를 계약임대료에 곱함으로써 계속임대료를 산정하는 방법이다. 여기서 슬라이드지수는 토지 및 건물가격의 변동, 물가수준의 변동, 소득수준의 변동 등을 나타내는 각종 지수를 종합적으로 참작하여 구한다는 특질이 있다.

(2) 문제점

지수 자체가 일반적으로 표준적인 것으로 대상물건의 지역성이나 개별성을 반영하기 곤란하다. 또한, 계약 당시의 임대료가 불합리한 경우에는 그것을 기준으로 한 계속임대료 또한 불합리해진다는 문제점이 있다.

4. 임대사례비교법

(1) 특질

임대사례비교법은 인근지역 또는 동일수급권 내 유사지역에 소재하는 동 유형의 계속임대료의 사례를 기초로 하여 사정보정, 시점수정, 지역요인 및 개별요인의 비교와 임대차 계약내용 및 조건을 비교하여 계속임대료를 산정하는 방법이다. 이 방법은 전통적인 임대사례비교법의 논리에 따른다는 특질이 있다.

(2) 문제점

거래가 잘 이루어지지 않는 농촌 등의 지역에 소재하는 물건과 거래사례가 부족한 대저택 및 거래가 거의 없는 사찰, 학교와 같은 특수목적 부동산에 적용하기 곤란하며, 임대사례 선택 및 비교 과정에서 평가사의 주관이 개입될 여지가 많아 경험이나 숙련도 정도에 따라 편차가 크다. 또한, 경기변동이 심한 경우에는 적정한 임대사례의 수집이 곤란하고 수집된 사례의 경우에도 시점수정 등에 있어 어려움이 있다는 문제점이 있다.

Ⅱ. 『물음 2』

1. 최유효이용의 원칙과 판단기준

최유효이용의 원칙이란 대상물건의 경제적인 가치는 최유효이용을 전제로 형성되는 것을 의미한다. 이러한 최유효이용을 판단하는 경우에는 물리적 · 법적 허용성과 경제적 타당성 및 최대수익성을 고려해야 한다.

2. 최유효이용의 의의에 있어 특수상황

(1) 단독이용

일반적으로 특정토지의 최유효이용은 주위의 용도와 일치하거나 유사한 용도가 되지만, 인근지역의 용도와는 전혀 다른 데도 불구하고 최유효이용이 되는 경우가 있는데 이를 단독이용이라 한다. 예컨대 아파트 단지 내 상가가 이에 해당한다.

(2) 중도적이용

가까운 미래에 대상부지나 개량 부동산에 대한 최고최선이용이 도래할 것으로 예측될 때, 그 이용을 대기하는 과정상 현재에 할당되는 이용을 의미한다. 시가지 내의 주차장, 화원, 오래된 건물, 가건물 등 비집약적인 토지이용이나, 외곽지역의 공터, 논과 밭들의 상당수가 중도적 이용이다.

(3) 비최유효이용

비최고최선의 이용이란 현재의 복합부동산의 이용과 나지를 상정한 토지의 최유효이용이 상호 부합하지 않는 경우 현재의 복합부동산의 이용을 말한다.

(4) 비적법적이용

과거에는 적법하게 건축되어 이용되던 부동산이 현재의 법적 규제에 부합하지 않는 경우를 적법적 이용(legally nonconforming) 또는 '부적법 이용'이라고 한다. 이는 규제 변경 시 기득권 보호차원에서 법이 허용한 것으로서 법이 허용하지 않는 불법적 이용과는 구별된다.

Ⅲ. 『물음 3』

1. 통계적 평가방법의 의의

(1) 통계적 평가방법의 개념

통계적 평가방법이란 컴퓨터를 기반으로 한 IT기술의 발달을 통해 합리적이고 실증적인 결과를 얻기 위한 방법으로 HPM, CVM 등이 있다. 이는 다양한 평가방법의 적용을 통해 정확한 시장가치를 판정하는 데 도움을 준다는 의의가 있다.

(2) 통계적 평가방법의 의의

통계적 평가방법은 많은 자료에 기반함으로써 객관적이고, 설득력이 있다. 또한, 대량으로 평가해야 하는 경우 신속하고 공정하게 평가할 수 있도록 도움을 준다는 점에 의의가 있다.

2. 통계적 평가방법의 활용상의 문제점

(1) 가치형성요인의 복잡성 측면

대상물건의 경제적 가치에 영향을 미치는 가치형성요인은 매우 다양하며 복잡한 특성을 지니고 있다. 통계적 평가방법의 경우에는 다양한 가치형성요인을 변수로 활용하고 있지만, 그 밖에 다양한 가치형성요인의 존재 및 가치형성요인 간의 상호관련성을 고려하지 못한다는 문제점이 있다.

(2) 최유효이용의 전제 측면

대상물건의 가치는 최유효이용을 전제로 형성되며, 감정평가 시에는 최유효이용 판정 이후 미달되는 부분을 감정평가 3방식을 통하여 반영한다. 하지만 통계적 평가기법에서는 최유효이용에 대한 고려가 미흡하여, 적절한 시장가치 산정이 어려울 수 있다는 문제점이 있다.

(3) 가치의 3면성 반영 측면

감정평가 시에는 비용성・시장성・수익성의 가치의 3면성을 고려해야 하는데, 이는 대상물건의 가치가 하나의 측면이 아닌 세 가지의 측면에서 형성되기 때문이다. 하지만 대부분의 통계모형은 기존의 자료를 수치화하여, 유사한 대상물건의 가치를 판정하는 방법을 채택하고 있기 때문에 사실상 비교방식에 해당하는 경우가 많으므로, 가치의 3면성을 반영하기 어렵다는 문제점이 있다.

Chapter 14

제02회 기출문제 답안

01	부동산가격의 형성원리를 설명하라. 30점

1 출제위원 채점평

부동산가격은 본질적으로는 의제자본적 성격을 가지는 경제재이지만 일반재화와는 다른 특성을 가지고 있기 때문에 단순한 수요공급에 의하여 가격이 결정되는 것이 아니고, 자연적・사회적・경제적・행정적 환경조건에 따른 가격이 발생하고 경제원칙에 의하여 가격이 형성된다.

평가과정이란 가격형성요인을 어떻게 과학적으로 분석하고 분석된 요인을 잘 조합하는가의 작업이라고 볼 수 있으며 또한 부동산의 경제원칙을 행위기준으로 잘 응용하는 것이라고 한다면 부동산 가격형성요인・원리도 이제 재정립할 때가 되지 않았나 이해되고, 형성요인・원리를 논의하는 범위는 상당히 넓게 보인다.

지금까지의 부동산평가 과정에서 가격형성요인의 파악과 분석이 달관적으로 이루어져 왔다. 그러나 요즈음은 '부동산가격형성요인'으로 가장 중요한 접근요인과 함께 입지조건 등의 요소와 지가 사이의 상호 관계를 하나의 지가구성 체계로 이해하고 특성가격(Hedonis Price)의 개념을 통하여 지가형성요인을 과학적으로 분석하려는 노력이 많아지고 있다. 때문에 지가형성요인의 체계적 분류, 지가형성 요인과 지역구분의 관계, 지가형성요인과 지가와의 관계, 요인의 비교와 평가 등과 연계시켜 가격형성 체계를 구성하는 것도 새로운 시각에서 이 문제를 접근하는 태도 중 하나가 되지 않을까 생각된다.

2 기출문제 논점분석

02 다음 사항을 약술하시오. 20점

1) 대체의 원칙과 기회비용의 원칙의 관계 10점

2) 구분지상권의 감정평가방법 10점

1 출제위원 채점평

Ⅰ. 『물음 1』

이미 선택한 것의 비용 또는 선택하지 않은 기회는 대체원칙의 영향을 받아 가격이 형성된다. 이미 평가된 물건에 대한 자본회수율은 선택적인 투자기회에서 자본회수율을 분석·비교함으로써 기회비용에 대한 추정을 할 수 있으며, 기회비용원칙의 기능을 투자기회의 경제성 판단에 활용할 수 있다. 그리고 기회비용 분석을 통한 대체의 원칙을 근거로 한 가격수준을 판단함에 있어 유익하다고 이해된다. 본 문제는 각각의 의의뿐만 아니라 대체의 원칙과 부동산평가기법의 관계와 사회·경제적 환경에서 중요성에 대한 검토와 기회비용에 관한 상실비용인 효용의 언급이 요구된다.

Ⅱ. 『물음 2』

구분지상권은 일종의 부분재산권으로 사용가치가 있으므로 이 가치를 평가하는 것이 핵심이다. 따라서 이 구분지상권의 경제가치의 형성에 관한 언급과 실제로 구분지상권이 발생하는 사례의 예시 등을 들어야 할 것이다. 평가방법은 구분지상권을 설정하여 나타난 사례가격, 전체 완전소유권의 이용에서 발생하는 수익에서 구분지상권에 의하여 이용을 제한받는 만큼의 수익을 차감하고, 이 수익을 자본환원하여 구할 수 있다. 그리고 설정형태가 많은 사례를 수집하여 구분지상권 가격에 대한 완전소유권 가격비율의 승수를 구분하여 GRM기법의 예와 같이 활용할 수 있다. 그리고 입체이용률 가격으로도 산정할 수 있다.

2 기출문제 논점분석

『물음 1』에서 대체의 원칙과 기회비용의 원칙은 모두 부동산 가격제원칙에 해당하는 내용입니다. 특히 양자의 관계를 물어보지만 세분화가 어려운 경우라면 감정평가 이론의 전체적인 체계도 측면에서 각 단원마다 어떤 연관성이 있는지를 설명해주는 것이 필요합니다.

『물음 2』는 구분지상권의 감정평가방법을 물어보고 있습니다. 별도로 보상이라는 목적이 제시되지 않았기 때문에 토지보상법 시행규칙에 있는 내용보다는 일반적인 구분지상권의 감정평가방법을 설명하면 됩니다.

3 예시답안 목차

Ⅰ. 『물음 1』

1. 대체의 원칙과 기회비용의 원칙의 의의
2. 대체의 원칙과 기회비용의 원칙의 관계
   1) 부동산의 개별성 측면의 관계
   2) 외부적인 원칙 측면의 관계
   3) 최유효이용 판단 측면의 관계

Ⅱ. 『물음 2』

1. 거래사례비교법
2. 설정사례비율비교법
3. 토지잔여법
4. 입체이용률에 의한 지가배분율

4 예시답안

Ⅰ. 『물음 1』

1. 대체의 원칙과 기회비용의 원칙의 의의

대체의 원칙이란 부동산의 가격은 대체 · 경쟁관계에 있는 유사한 부동산 또는 다른 재화의 영향을 받아 형성된다는 원칙이다. 기회비용의 원칙이란 어떤 대안을 선택함으로써 선택하지 않는 다른 기회 중 가장 큰 비용인 기회비용이 요구수익률 등에 영향을 미쳐 부동산가격을 형성한다는 원칙을 말한다.

2. 대체의 원칙과 기회비용의 원칙의 관계

1) 부동산의 개별성 측면의 관계

개별성이란 물리적으로 동일한 복수의 부동산은 존재하지 않는다는 특성을 말한다. 이러한 개별성으로 인해 용도적 · 기능적 측면에서 대체관계에 있는 재화를 고려하게 되며, 기회비용의 원칙 역시 선택상 대체관계에 있는 다른 투자대상과 비교하게 된다. 즉, 양 원칙은 모두 부동산의 개별성 측면에서 기인한다는 관계에 있다.

2) 외부적인 원칙 측면의 관계

외부적인 원칙이란 최유효이용 여부에 대해서 외부적인 판단기준이 되는 원칙이다. 대체의 원칙과 기회비용의 원칙은 모두 최유효이용을 판단하는 데 있어서 외부적인 원칙에 해당한다는 관계에 있다.

3) 최유효이용 판단 측면의 관계

최유효이용 판단 시에는 최고의 수익성에서 대체투자자산의 수익률을 고려하게 되며, 이러한 과정에서 대체의 원칙이 고려된다. 또한, 그 범위를 금융시장으로 넓히는 경우 수많은 투자상품과 경쟁관계에 있으며, 이들의 기회비용까지 감안하여 최유효이용을 전제로 가치가 형성되기 때문에 기회비용의 원칙도 고려된다. 즉, 최유효이용 판단에 있어서 양자가 모두 고려된다는 관계에 있다.

Ⅱ. 『물음 2』

1. 거래사례비교법

인근 유사지역 내 유사한 구분지상권 설정사례를 수집하여 이를 사정보정, 시점수정과 요인비교를 통해 비준가격을 구하는 방법으로서 구분지상권 전체와 관련하여 평면적, 입체적 분할 상태를 판단해야 한다.

2. 설정사례비율비교법

다수 설정사례를 수집하여 일정시점에 있어 토지 시장가치에 대한 설정대가의 비율을 판정하고 이를 해당 구분지상권 설정지의 시장가치에 곱하여 얻어진 금액으로 평가하는 방법이다.

3. 토지잔여법

설정 전 설정지 순수익에서 설정 후 순수익을 차감한 차액 순수익을 환원율로 환원한 금액을 기준으로 구분지상권 계약내용에 따른 수정을 가하는 방법이나 현실적으로 환원율 및 순수익의 추정이 곤란하다는 단점이 있다.

4. 입체이용률에 의한 지가배분율

최유효이용 상태의 입체이용률을 기초로 해당 구분지상권 설정에 따른 입체이용저해율을 산정하고 이를 시장가치에 곱하여 구분지상권의 가격을 구하는 방법이다. 이는 토지의 입체사용에 관한 개념인 입체이용률을 적용, 응용한 방법으로 일반적이며 가장 현실에 잘 부합하는 방법이라 할 수 있다.

Chapter 15

제01회 기출문제 답안

01 **부동산의 특성이 부동산가격과 부동산시장에 작용하는 관계를 설명하고, 그에 따른 부동산 감정평가의 필연성에 대하여 논하시오.** 50점

1 출제위원 채점평

본 문제는 부동산 특성의 내용이나 설명을 묻는 것이 아니라 '작용관계'나 '작용현상'과 같은 특성이 공급과 수요에 어떠한 작용과 기능을 해서 시장이 운행·운용된 결과로 나타난 부동산 활동현상과 가격현상을 묻고자 했던 것이다. 그 예들이 누구나 알고 있는 일물일가법칙의 불발생, 임장활동의 요구, 가격의 일원론과 다원론, 수요·공급의 본질적 의미와 내용, 스태크플레이션 현상, 인플레이션, 중개활동의 요구 등등 전부 열거할 수가 없다. 그러나 특성의 내용만을 잔뜩 작성해 놓은 경우가 많아 채점하는데 정말 혼이 났다. 글씨는 또 왜 그렇게 개발새발인고 …. 글씨 때문에 평가 절하된 일은 절대 없었으니 오해 없기 바란다.

2 기출문제 논점분석

부동산의 특성과 부동산가격 및 부동산시장과의 관계를 묻는 문제입니다. 따라서 각각의 내용을 세분화한 뒤 서로 어느 부분과 연결이 되는지를 보여주어야 합니다. 또한, 부동산 감정평가의 필연성은 "그에 따른"이라는 문구가 있기 때문에, 앞서 설명한 부동산의 특성이 작용하는 관계를 설명해주면 답안에 좋은 인상을 줄 수 있습니다.

3 예시답안 목차

Ⅰ. 서

Ⅱ. 부동산의 특성

1. 자연적인 특성
2. 인문적인 특성

Ⅲ. 부동산의 특성이 부동산가격에 작용하는 관계

1. 부동산가격의 의의
2. 부동산의 특성이 부동산가격에 작용하는 관계
   1) 교환의 대가인 가격과 용익의 대가인 임대료로 표시
   2) 소유권 및 기타 권리이익의 가격
   3) 장기적 고려하에 형성된 가격

4) 단기적으로 수요요인에 의한 가격형성

5) 개별적으로 가격형성

Ⅳ. 부동산의 특성이 부동산시장에 작용하는 관계

1. 부동산시장의 의의

2. 부동산의 특성이 부동산시장에 작용하는 관계

1) 시장의 국지성

2) 수급조절의 어려움

3) 상품의 비표준화성

4) 거래의 비공개성

5) 시장의 불완전성

Ⅴ. 그에 따른 부동산 감정평가의 필연성

1. 부동산가격에 작용하는 관계에 따른 필연성

1) 부동산가격형성의 복잡성 및 변동성

2) 부동산거래의 특수성

2. 부동산시장에 작용하는 관계에 따른 필연성

1) 합리적 시장의 결여

2) 가격형성의 기초

Ⅵ. 결

4 예시답안

Ⅰ. 서

부동산은 자연적 특성과 인간 간의 관계에 의해 형성되는 인문적 특성을 지니고 있다. 이는 부동산의 가격이 형성되는 과정에 영향을 미칠 뿐만 아니라, 재화로서의 부동산이 거래되는 시장에도 영향을 미치게 된다. 또한, 이로 인해 부동산가격과 시장을 분석하는 감정평가의 필요성도 발생시키게 된다. 이하에서는 이와 관련한 물음에 답한다.

Ⅱ. 부동산의 특성

1. 자연적인 특성

토지는 물리적인 측면에서 지리적 위치가 고정되어 있다는 고정성, 노동이나 자본을 투입하더라도 그 절대량이 늘어나지 않는다는 부증성, 물리적인 측면에서 볼 때 시간의 경과나 이용 등에 의해 마모되거나 소멸되지 않는다는 영속성, 지구상에 물리적으로 동일한 복수의 토지는 존재하지 않는다는 개별성이 있다.

2. 인문적인 특성

토지는 여러 가지 용도로 이용될 수 있다는 용도의 다양성, 이용목적에 따라 인위적으로 병합하거나 분할할 수 있다는 병합・분할의 가능성, 인문적 환경의 영향에 의해 토지의 사회적・경제적・행정적 위치가 시간의 흐름에 따라 변화한다는 위치의 가변성이 있다.

Ⅲ. 부동산의 특성이 부동산가격에 작용하는 관계

1. 부동산가격의 의의

부동산가격이란 피셔의 정의에 따르면 장래 기대되는 편익을 현재가치로 환원한 값으로 표현할 수 있다. 이는 부동산과 같은 내구재에 대한 가치의 정의로 적합하다.

2. 부동산의 특성이 부동산가격에 작용하는 관계

1) 교환의 대가인 가격과 용익의 대가인 임대료로 표시

일반재화는 일반적으로 비내구재로 존속기간이 단기이므로 임대차 대상이 되지 않지만, 부동산은 내구재로 영속성, 고가성, 병합 및 분할가능성으로 인해 시간적, 금액적 차원에서 분할하여 임대차 대상이 될 수 있다. 따라서 부동산은 교환의 대가인 가격과 용익의 대가인 임대료로 구분되며 둘은 원본과 과실의 관계에 있다.

2) 소유권 및 기타 권리이익의 가격

일반재화는 그 자체가 거래되는 데 반해 부동산은 고정성으로 인해 권리의 형태로 순환한다. 따라서 부동산가격은 부동산에 기반한 소유권, 기타 권리이익의 가격이며, 두 개 이상의 권리, 이익이 동일 부동산에 존재하는 경우에는 병합・분할의 가능성에 따라 각각의 권리, 이익마다 가격이 형성될 수 있다.

3) 장기적 고려하에 형성된 가격

일반재화는 비내구재로 존속기간이 단기이므로 가격 또한 단기적인 측면에서 형성되지만, 부동산은 영속성과 사회적・경제적・행정적 위치의 가변성 때문에 가격이 과거, 현재, 미래라는 시계열적 측면의 장기적인 고려하에 형성된다.

4) 단기적으로 수요요인에 의한 가격형성

일반재화는 필요에 따라 공급이 가능하므로 시장에서 수요, 공급의 상호작용에 따라 가격이 결정되나, 부동산은 고정성, 부증성, 개별성으로 인해 공급에 한계와 제약이 많으므로 단기적으로는 수요요인에 의해 가격이 결정된다.

5) 개별적으로 가격형성

일반재화는 인위적인 생산물로 동질적인 상품이 되어 일물일가의 법칙이 적용되지만, 부동산은 개별성으로 일물일가의 법칙이 적용되지 않고 개별적인 가격이 형성된다. 특히 시장참여자의 개별적 동기나 특수한 사정이 개입되어 가격이 형성되는 경우가 많다.

Ⅳ. 부동산의 특성이 부동산시장에 작용하는 관계

1. 부동산시장의 의의

부동산시장은 부동산의 고정성이라는 자연적 특징을 가지고 있기에 일반재화시장과는 달리 지리적 공간을 수반한다. 부동산시장은 질, 양, 위치 등 여러 가지 측면에서 유사한 부동산에 대해 가치가 균등해지는 경향이 있는 지리적 구역이라고 정의될 수 있다.

2. 부동산의 특성이 부동산시장에 작용하는 관계

1) 시장의 국지성

부동산시장은 부동산의 지리적 위치의 고정성으로 인해 고도로 국지화된다. 이때 지역성에 의해 지역에 따라 여러 부분시장으로 나눠질 수 있다. 또한 같은 지역이라 할지라도 부동산의 위치, 용도, 규모 등에 따라 다시 여러 개의 부분시장으로 세분된다.

2) 수급조절의 어려움

부동산시장은 고정성, 부증성, 개별성 등으로 시장상황이 변한다고 하더라도 수요, 공급의 조절이 쉽지 않고 설사 조절이 된다고 하더라도 많은 시간이 소요된다. 특히 공급 측면에서 그 현상이 두드러지는데 이에 따라 단기적으로 '가격의 왜곡'이 발생할 가능성이 높다.

3) 상품의 비표준화성

부동산은 고정성 및 개별성으로 인해 표준화가 불가능한 이질적인 상품이다. 따라서 부동산시장에서는 일반재화처럼 일물일가의 법칙이 적용되지 않는다. 다만, 아파트와 같이 규격화된 건물은 어느 정도의 규격화 및 표준화가 가능하다.

4) 거래의 비공개성

부동산의 개별성과 부동산에 대한 사회적 통제, 부정적 인식, 관행 등으로 인해 부동산거래는 고도의 사적인 경향을 띤다. 이런 거래의 비공개성으로 부동산시장은 불완전경쟁시장이 되기 쉽고 정보의 수집이 어려우며 정보탐색비용 또한 많이 든다.

5) 시장의 불완전성

부동산시장의 가장 근본적이고 핵심적인 특성은 바로 시장이 불완전하다는 것이다. 부동산의 지리적 위치의 고정성, 부증성, 영속성, 고가성 등은 시장의 자율조정 기능을 저하시켜 결국 부동산시장을 불완전하게 만든다.

Ⅴ. 그에 따른 부동산 감정평가의 필연성

1. 부동산가격에 작용하는 관계에 따른 필연성

1) 부동산가격형성의 복잡성 및 변동성

부동산은 고정성을 갖고 있기 때문에 환경적인 요인에 의하여 많은 영향을 받게 된다. 이에 따라 부동산가격은 자연적・사회적・경제적・행정적 요인 등 복잡하고 다양한 가치형성요인에 의해 가격이 형성된다. 또한, 그러한 요인들이 시시각각 변해감에 따라 부동산가격 또한 항상 변동의 과정에 있게 된다. 따라서 일반인들은 파악하기 힘든 복잡한 가격형성의 과정을 전문가인 감정평가사가 파악하게 되는 것이다.

2) 부동산거래의 특수성

부동산은 개별성과 고가성으로 인해 일반재화와 달리 거래당사자 간 사정개입이 이루어지고 특수한 관계가 형성되며 정보가 비공개된다. 이에 따라 정확한 가치를 지적해줄 전문가의 도움이 필요하다.

2. 부동산시장에 작용하는 관계에 따른 필연성

1) 합리적 시장의 결여

일반재화는 시장에서 수요와 공급이라는 상호작용에 의하여 가격이 결정된다. 그러나 부동산은 일반재화와는 다른 여러 가지 특성으로 인하여 보편적이고 합리적인 시장이 결여되어 가격형성 메커니즘이 제대로 작동하기 어려운 특성을 가지고 있다. 이에 전문가인 감정평가사에게 합리적인 시장을 바탕으로 한 적정가격의 판단을 하게 함으로써 시장기능을 보완할 수 있도록 제도화하고 있는 것이다.

2) 가격형성의 기초

부동산가격은 본질적으로 시장에서의 수요와 공급의 논리에 의해 형성되는 적정가격의 성립이 어렵게 되고 이는 곧 가격의 본질적인 기능인 시장참가자의 행동지표로서의 기능을 수행할 수 없게 만든다. 따라서 시장참가자의 행동지표로서의 기능이 제대로 발휘될 수 있도록 하고 새로운 수요와 공급에 의한 가격형성의 기초가 될 수 있도록 하기 위해서는 전문가에 의한 적정가격의 평가업무가 필요하게 된다.

Ⅵ. 결

부동산의 가격이 형성되는 과정과 부동산이 거래되는 시장의 특징은 결국 부동산의 특성에서 파생되어 나온 현상이라고 볼 수 있다. 감정평가 과정은 결국 대상부동산의 가격형성과정과 시장에서의 거래관행을 분석하는 작업이기 때문에 이에 대한 이해는 중요하다고 볼 수 있다. 또한, 가격형성과정의 복잡성과 시장의 특징을 일반인들은 파악하기 어렵다는 측면에서 감정평가의 필요성도 강조할 수 있다.

합격까지 박문각

출제위원 강평 및 감정평가에 관한 규칙

출제위원 강평

1. 논점파악의 중요성

어느 시험에 있어서도 다 같은 맥락이기는 하지만, 문제를 기술하기에 앞서서 그 문제의 핵심이 무엇인가의 판단이 가장 중요한 것일 것이다. 특히 감정평가이론문제를 기술하는 데 있어서는 그 범위가 일반적으로 광범위하다는 것을 우선 염두에 두어야 할 것이다(98.12.이론 김태훈 교수님).

2. 기초이론의 중요성

(1) 필자가 항상 강조하는 것은 부동산감정평가분야는 부동산학의 응용제분야의 한 측면이라는 것이다. 부동산학의 기초분야를 총론분야라 한다면 응용제분야는 각론분야라 하겠다. 기초분야에는 학문의 정의, 학문적 요건, 주변과학, 연구방법과 지도이념, 부동산의 문제, 부동산의 의의와 분류, 본질, 부동산학의 연구대상인 부동산현상과 부동산활동 등의 내용으로 구성되어 있다. 부동산감정평가분야는 연혁적으로 보나 이론적으로 보나 부동산학의 기초분야와 매우 밀접한 관계에 있다. 이는 서로 독립적이거나 봉쇄적인 관계에 있는 것이 아니라 마치 수레의 양바퀴 모양으로 항상 긴밀한 관계에 있다고 하겠다. 그러므로 부동산감정평가론의 과목을 공부하기 전에 부동산학개론의 과목에 대한 충분한 숙지가 필요함을 강조하고 싶다(94.4.이론 이창석 교수님).

(2) 모든 면에서 기초가 중요하다. 그래서 사상누각이란 말도 나온 것이다. 출제는 감정평가에 대한 기본이론을 충분히 이해하고 있는 지를 검증할 수 있는 것이어야 한다. 따라서 수준 이상의 부동산평가 이론서들이 공통으로 다루고 있는 내용 중에서 중요도가 높고 감정평가사가 반드시 알아야 할 사항을 대상으로 한다. 열심히 공부하여 기초가 튼튼한 수험생이 합격할 수 있도록 하고자 한 것이다. 중요도가 낮거나 특정인이 주장하는 바를 문제로 선정함으로써 운세에 따라 합격과 불합격이 결정되어서는 안 된다는 원칙이다. 다만, 필요하다면 기초이론을 다소 응용한 문제는 출제할 수 있다(99.3.이론 박병식 교수님).

3. 논리전개

(1) 시험답안을 채점하면서 몇 가지 점을 강조하고 싶다. 시험문제에 대한 해답은 단순히 암기에 의한 정리보다 얼마만큼 제대로 이해하고 있으며 제반문제와의 관련성 판단이 어느 정도 이루어지는가가 중요하다고 본다. 그리고 내용을 전개함에 있어 논리성을 지녀야 하므로 논점에 따른 기승전결에 의한 체계적인 전개가 이루어져야 하며 또한 용어구사도 정확하게 정리되고 있느냐에 대한 것도 중요하다. 따라서 수험생들은 이점을 각별히 유의하여야 할 것이다(94.4.이론 이창석 교수님).

(2) 국가에서 실시하는 각종 자격고시에서 고득점을 위한 방법을 터득하는 것도 중요하다. 답안지를 작성한 수험생이 정답을 알고 있음은 채점자도 감지는 할 수 있는 경우가 있으나, 작성자가 알고 있는 내용을 충분하게 글로서 표현하는 기술력 부족으로 소기의 목적을 달성하지 못하는 것이 안타까울 때가 있다.

문제의 논점이 무엇인지를 정확히 파악하지 못하고, 성급하게 형식적인 틀에 의한 서론·본론·결론이라는 단순 논리만을 맞추다 보면, 출제자가 요구한 문제의 본질을 벗어나는 경우가 많다. 주관식 답안작성의 기본적인 요령은 주관적 판단에 의한 주장을 피하면서, 시종일관 논지의 일관성을 유지하는 것이 바람직하다(98.12.이론 김태훈 교수님).

(3) 이론에 대한 문제들은 내용에 대한 이해의 깊이와 아울러 논리적 서술 능력을 검증하고자 한다. 이 경우 주어진 주제에 대한 지식이 가장 중요한 전제가 될 것임은 자명하다. 그러나 논술에서 항상 지적되듯이 어떤 문제에 대해 알고 있다는 것과 알고 있는 것을 올바르게 서술하여 남에게 전달하고 납득시키는 것은 서로 다른 문제이므로 아는 것에 못지않게 서술의 형식논리를 이해하는 것이 논술에서는 중요하다. 더구나 수험생 대부분이 주어진 문제에 대한 지식에서 큰 차이가 없다고 할 경우에는 형식 논리가 결과를 좌우하게 될 수도 있으므로 더욱 중요해지는 것이다.
물론 시간제약하에서 작성된 답안들은 충분한 시간을 두고 작성한 글에 비해 논리적 약점이 노출될 수밖에 없다. 그러나 이는 논리력 배양과 함께 글쓰는 연습을 통해 극복될 수 있을 것이다. 제한된 시간 내에 주어진 주제를 중심으로 논리적 서술을 하기 위해서는 형식논리를 이해하고 이에 맞추어 글의 분량을 조절할 수 있어야 한다.
먼저 논리가 가장 잘 표출되는 것이 목차이므로 목차의 논리적 맥락을 유지하는 것이 중요하다. 목차의 설정이 흐트러지게 되면 결과적으로 본인의 의도와는 다른 방향으로 논리가 전개될 개연성이 있기 때문이다. 다음에는 설정한 목차에 맞추어 항목별 서술의 길이를 정하는 기술이 요구된다. 여기에는 문항별 배점도 고려하여 답안 작성에 소요되는 시간과 서술분량을 정하는 지혜가 필요하다. 목차와 서술의 길이에 대한 감각이 없이 작성에만 몰두하다 보면 본인이 잘 알고 있다고 생각하는 부분에서 불필요하게 서술이 길어져 핵심이 되는 중요한 부분에서는 미처 하고 싶은 말을 다 하지 못하는 경우가 발생할 수 있을 것이기 때문이다.
다음으로는 각 장별로 내용 간 연결 내지 일관성이 유지될 수 있도록 함으로써 어느 부분을 읽더라도 주어진 문제에 대한 이해력이 강조될 수 있도록 하는 요령도 필요하다. 대부분의 논술 답안에서는 각 장별 주제에 심취하여 서술함으로써 전체적으로는 연결성이 부족한 글들을 보게 된다. … 내용적 측면과 더불어 형식 논리를 특히 강조한 것은 최근의 수험 환경 변화로 수험생들 간의 지적 수준에 큰 차이가 없는 상황에서는 후자가 더 중요하게 당락에 영향을 줄 수 있음을 말하고 싶었기 때문이다. … 따라서 답안 작성도 그만큼 아는 것을 서술하는데 그치는 것이 아니라 다른 사람들과 차별화될 수 있도록 하는 노력이 필요해지고 있는 것이다(98.5.이론 노태욱 교수님).

(4) 일반적으로 논술의 가장 일반적인 형식 논리는 서론, 본론, 결론의 삼단 논법이다. 그러나 단순한 삼단 논법의 전개만으로 소기의 성과를 거둘 수는 없다. 삼단의 형식 논리가 틀로 기능하기 위해서는 문제의 주변에서 핵심으로 접근하는 역삼각형 논리 전개가 이루어져야만 한다. 즉, 서론에서는 해당 문제가 전체적 틀, 이를테면 관련 이론이나 사조 혹은 분야 내에서 어떤 위치를 차지하고 있는가를 밝혀 줌으로써 차후에 전개될 논리를 미리 예고하는 역할을 해야 한다. 여기에서는 짧은 분량 속에 많은 것을 포괄적으로 담을 수 있는 능력이 요구된다. 다음 본론에서는 서론에서의 포괄적 서술을 바탕으로 범위를 점점 좁혀가면서 문제의 핵심으로 접근한다. 여기서는 포인트마다 문제의 핵심을 반복하면서 자신의 이해력을 최대한 보여 주는 노력이 있어야 할 것이다. 결론에서는 그동안의 논리전개를 요약하면서 끝맺는다. 그러나 이때에도 요약에만 그치지 말고 문제에 대한 본인의 비판적 시각을 보여 줌으로써 자신이 문제를 제대로 이해하고 있음을 확인시켜 줄 수 있어야 할 것이다.

논술에서 형식 논리가 중요하다는 것은 앞에서도 지적하였다. 이러한 형식 논리는 목차로 결정된다. 따라서 목차의 중요성은 아무리 강조하여도 지나치지 않는다. 목차는 전체적인 흐름을 유도하는 틀이 되므로 논리적이지 못한 목차는 논술의 질을 떨어뜨리게 될 것이다. 목차가 중요한 보다 현실적인 이유는 많은 답안을 동시에 비교하는 경우 내용의 질적 비교에 들어가기도 전에 목차를 통해 선험적으로 내용의 질에 대한 선별이 이루어질 수 있다는 점이다.

또, 이론에 대한 설명의 경우에는 단순히 그 이론 혹은 문제를 알고 있는가를 묻고 있는 것이 아니라 왜 그 이론 혹은 방법에 대한 질문을 하게 되었는가를 이해하고 있는지를 알고자 한다. 따라서 문제와 그 주변을 연결시켜 주는 서술이 되어야 할 것이다.

모든 시험은 짧은 시간적 제약 속에서 이루어지므로 알고 있는 것보다 쓰는 능력이 더 중요한, 그래서 수단과 목적이 도치될 위험도 도사리고 있다. 그러나 이 문제는 부단한 노력과 연습을 통해 극복될 수 있을 것이다. 강평이 그러한 노력에 보탬이 되었으면 하는 바람이다.

마지막으로 논술에 대한 채점에는 채점자의 주관적 판단이 개재될 소지가 항상 있으므로 앞에서 강조된 자신의 주장 피력이 보다 객관적일 수 있도록 하는 노력도 있어야 한다는 점을 지적하면서 마무리하고자 한다(98.1.이론 노태욱 교수님).

4. 답안작성요령

(1) 답안지 전체의 틀에 있어서는 내용적으로 꽉찬 느낌을 줄 수 있는 균형유지와 정확한 띄어쓰기・맞춤법에 입각한 문장이라면 고득점을 위한 방법이 될 수 있을 것이다. 답안지를 작성하는 사람의 지나친 주관적 판단에 의한 기술이 시종일관 논지의 일관성을 결여하는 경우가 있으므로 주의하여야 하며, 너무 세분된 분설 방법은 산만한 감을 줄 수도 있으니 각별한 주의가 요망된다. 응시자가 알고 있는 지식을 논리 정연한 표현방법으로 글로 나타내는 것이 스킬인 것이다. 각 문항마다의 문제핵심을 빨리 파악하고 판단하여 차분하게 서술하는 것이 무엇보다도 중요하다는 점을 다시 한번 강조하는 바이다(98.12.이론 김태훈 교수님).

(2) 끝으로 시험에 있어서 답안작성의 요령을 익혀둘 필요가 있지 않을까. 특히 일목요연한 제목의 정리라든가, 중요 논점에 관련되는 용어 정도는 한자로 기술하여 입체적인 실력의 과시가 있었으면 하는 바람이다. 또한 글씨를 잘 쓰고 못 쓰고의 문제는 전혀 채점에 가감되는 것은 아니나, 무성의하고 난삽한 날림체의 글씨는 결코 수험자에게 득이 될 수 없음은 자명하다. 정성스러운 마음이 만사의 근본임을 명심하여야 할 것이다.

(3) 답안은 실력과 기술의 조화를 요구한다. 아무리 많이 알고 있더라도, 그것을 답안지에 옮기는 과정에서 고도의 기술을 요하기 때문이다. 정확한 논점의 파악과 정확한 개념의 기술 및 논리성과 체계성의 유지 등은 실력의 문제이다. 한편, 각 문항당 시간의 배정, 보기 좋고 균형잡힌 글씨, 독창적인 자기표현, 오자나 탈자의 최소화 등은 모두 기술적 사항이라고 할 수 있다. 문항당 시간배정은 대체로 해당 점수만큼의 배정이 무난하다. 글씨는 예쁘지 않더라도 지나치게 알아보기 힘들 정도면 곤란하다(97.12.이론 박창수 교수님).

(4) 시험에 임하는 수험생의 3대원칙을 구상해 본다면,

첫째, 실력은 있어야 한다. 가장 기본적인 것을 가장 정확하게 알지 못하면 산문을 쓰게 될 것이다. 목차공부의 중요성은 아무리 강조해도 지나치지 않다.

둘째, 답안작성은 요령이다. 아무리 많이 알아도 서론, 본론, 결론을 구분하여 채점위원이 쉽게 파악될 수 있도록 요령 있게 자기의 실력을 짧은 시간에 유감없이 표현해야 할 것이다.

셋째, 글씨는 가능한 알기 쉽게 써야 한다. 명필은 아니더라도 채점위원이 알아볼 수 있도록 써야 한다. 일부 학생들은 알아보기 어려울 정도로 글씨를 쓰는 경우도 자주 있다. 물론 한정된 시간에 많은 글씨를 쓰려면 어렵긴 하다. 그러기에 사전에 답안을 작성해보는 것이 중요하다. 한자를 꼭 써야 하는 것이 문제로 제기되기도 한다. 사실 한자를 많이 쓰는 것이 중요한 것은 아니다. 쓰고 싶다면 중요한 부분을 채점위원에게 쉽게 눈에 들어오도록 쓰는 것이 도움이 될 수도 있다. 그러나 많이 쓰자면 시간도 많이 걸리고 아차 하면 실수할 수도 있으므로 한자는 꼭 필요한 것 이외에는 안 쓰는 것만 못하다(97.2.이론 백일현 감정평가사님).

(5) 끝으로 주관식 문제의 답안작성에서 특히 유의해야 할 사항을 점검해 보기로 한다.

첫째, 출제자가 바라는 문제의 핵심을 파악하여 짧은 시간 내에 제한된 답안지에 요령 있게 기술하는 것이 고득점의 지름길이다. 이를 위해서는 출제자의 의도를 적확하게 짚어내어 각 문항이 요구하는 Key Word를 중심으로 논리적이고 체계 있게 답안지를 작성해야 한다. 분량이 많은 주관식 답안지의 채점은 주로 Key Word의 기재 여부가 중요한 변수로 작용하고 있음을 수험자는 명심하여야 한다.

둘째, 아는 것을 모두 기록하는 것은 비효율적이며 득점과도 큰 관련이 없음을 알아야 한다. 출제자가 묻는 핵심은 파악하지 못하면서 주변의 난삽한 기초이론을 장황하게 나열하는 것은 바람직하지 않다. 누구든지 쓸 수 있는 기초이론이나 설명은 대담하게 절제하여 기술하는 것이 필요하다.

셋째, 서론 또는 개요를 되도록 간략하게 하고 답안은 본론에 해당하는 부분을 구체적으로 체계 있게 기술하는 요령이 필요하다. 이를 위해서는 국내 또는 일본의 감정평가이론 교재에 실려 있는 똑같은 내용을 암기하여 그대로 옮겨 적기보다는 국내 외의 새로운 이론이나 대립되는 이론을 수험자 나름대로 소화하여 간략하게나마 소개하는 것이 고득점을 위한 비결이다. 동일한 문형의 답안지를 놓고 우열을 가리기 어려울 때 좀 더 폭넓게 공부한 수험자의 개성 있는 답안지에 눈길이 가는 것은 당연한 일이라 할 수 있다. 순서는 물론 글자 하나 바뀌지 않은 똑같은 내용의 답안지들 속에서 문득 간결하면서도 개성적인 내용의 답안지가 나타난다면 보다 높은 득점을 얻을 가능성은 그만큼 커지는 것이다. 이 점을 수험자는 특히 유념해야 한다(96.8.이론 이건세 감정평가사님).

(6) 대체로 무난한 글이다. 20% 안에는 들어갈 것 같다. 다만 아쉬운 것은 너무 수험식의 답이 되어 교과서를 요약 정리한 듯한 인상이 들며, 자기의 논점이 없는 것 같다. 문제에 접근하는 논리의 전개가 조금 미약하다. 논술은 큰 제목이든 작은 제목이든 제목에 맞게 논리적으로 기술하는 것이 좋은 점수를 받는 비결이다. 답안을 의도적으로 작성하더라도 한번쯤은 생각해 보고 자기 목소리를 내어 작성하는 것이 어떨까? 공부하면 그쯤의 의견은 나오기 마련이다. 그러니까 높은 점수와 낮은 점수 차이가 나게 된다.

또한, 문장기술이 명쾌하지 못하다. 문장이 어법에 맞지 않는 부분이 많으며, 단어를 중복하여 나열함으로써 읽는 사람으로 하여금 혼동을 일으키게 하고 짜증나게 한다. 이런 점은 채점자에게는 중요하다. 읽다가 문장이 어법과 어순에 맞지 않으면 기초를 의심하게 되고 후한 점수를 주지 않게 된다. 수험생은 이 점을 유의해야 한다(96.1.이론 방경식 교수님).

(7) 주관식시험은 몇 가지 요령을 가지고 접근하여야 한다. 가장 기본적인 것은 아는 것은 최대로 발표하고 모르거나 애매모호한 것은 최소로 줄여야 한다. 시험장에서는 스스로 긴장을 풀어야 하고 문제당 시간배분과 시간통제를 잘해야 한다. 또한 문제를 충분히 숙독하고 전체적으로 설계해야 한다. 이 설계의 중요성은 문제의 포인트 파악과 답안작성의 진행에 절대적으로 도움을 주게 된다.

답안작성 요령은 문제의 포인트와 Framing을 재검토하면서 문장을 작성해야 하고 문자는 간결하고 쉽게 작성하고 채점자가 읽기 쉽게 해야 한다. 문단은 서론, 본론, 결론으로 정리하고 전체적인 마무리를 하는 것이 이상적이라 할 수 있다. 문장을 작성하는 도중에 잘못된 것이 발견되는 경우에는 '그러나', '그렇지만', '보다 중요한 것은' 식으로 진행하는 것이 좋을 것이다. 문제가 지나치게 광범위할 경우 답안을 간결하게 작성하는 기술이 필요하다. 이 경우 문제의 의미, 주된 내용, 파생문제, 실익을 조리 있게 설명해야 한다. 아울러 6회시험과 같이 학설과 수험자의 견해를 요구하는 문제는 되도록 학설을 가볍게 전개하는 것이 좋다. 한 단어가 지나치게 긴 경우는 약칭을 써서 시간을 줄여야 하고 여러 가지 순서를 나타낼 때는 Numbering을 하면 이상적인 답안이라고 할 수 있다(96.5.이론 문영기 교수님).

Chapter

02 감정평가에 관한 규칙

[시행 2023.9.14.] [국토교통부령 제1253호, 2023.9.14, 일부개정]

» 제1조(목적)

이 규칙은 「감정평가 및 감정평가사에 관한 법률」 제3조 제3항에 따라 감정평가법인등이 감정평가를 할 때 준수해야 할 원칙과 기준을 규정함을 목적으로 한다. 〈개정 2016.8.31, 2022.1.21.〉

» 제2조(정의)

이 규칙에서 사용하는 용어의 뜻은 다음 각 호와 같다. 〈개정 2014.1.2, 2016.8.31, 2022.1.21.〉

1. "시장가치"란 감정평가의 대상이 되는 토지등(이하 "대상물건"이라 한다)이 통상적인 시장에서 충분한 기간 동안 거래를 위하여 공개된 후 그 대상물건의 내용에 정통한 당사자 사이에 신중하고 자발적인 거래가 있을 경우 성립될 가능성이 가장 높다고 인정되는 대상물건의 가액(價額)을 말한다.
2. "기준시점"이란 대상물건의 감정평가액을 결정하는 기준이 되는 날짜를 말한다.
3. "기준가치"란 감정평가의 기준이 되는 가치를 말한다.
4. "가치형성요인"이란 대상물건의 경제적 가치에 영향을 미치는 일반요인, 지역요인 및 개별요인 등을 말한다.
5. "원가법"이란 대상물건의 재조달원가에 감가수정(減價修正)을 하여 대상물건의 가액을 산정하는 감정평가방법을 말한다.
6. "적산법(積算法)"이란 대상물건의 기초가액에 기대이율을 곱하여 산정된 기대수익에 대상물건을 계속하여 임대하는 데에 필요한 경비를 더하여 대상물건의 임대료[(賃貸料), 사용료를 포함한다. 이하 같다]를 산정하는 감정평가방법을 말한다.
7. "거래사례비교법"이란 대상물건과 가치형성요인이 같거나 비슷한 물건의 거래사례와 비교하여 대상물건의 현황에 맞게 사정보정(事情補正), 시점수정, 가치형성요인 비교 등의 과정을 거쳐 대상물건의 가액을 산정하는 감정평가방법을 말한다.
8. "임대사례비교법"이란 대상물건과 가치형성요인이 같거나 비슷한 물건의 임대사례와 비교하여 대상물건의 현황에 맞게 사정보정, 시점수정, 가치형성요인 비교 등의 과정을 거쳐 대상물건의 임대료를 산정하는 감정평가방법을 말한다.
9. "공시지가기준법"이란 「감정평가 및 감정평가사에 관한 법률」(이하 "법"이라 한다) 제3조 제1항 본문에 따라 감정평가의 대상이 된 토지(이하 "대상토지"라 한다)와 가치형성요인이 같거나 비슷하여 유사한 이용가치를 지닌다고 인정되는 표준지(이하 "비교표준지"라 한다)의 공시지가를 기준으로 대상토지의 현황에 맞게 시점수정, 지역요인 및 개별요인 비교, 그 밖의 요인의 보정(補正)을 거쳐 대상토지의 가액을 산정하는 감정평가방법을 말한다.
10. "수익환원법(收益還元法)"이란 대상물건이 장래 산출할 것으로 기대되는 순수익이나 미래의 현금흐름을 환원하거나 할인하여 대상물건의 가액을 산정하는 감정평가방법을 말한다.
11. "수익분석법"이란 일반기업 경영에 의하여 산출된 총수익을 분석하여 대상물건이 일정한 기간에 산출할 것으로 기대되는 순수익에 대상물건을 계속하여 임대하는 데에 필요한 경비를 더하여 대상물건의 임대료를 산정하는 감정평가방법을 말한다.

12. “감가수정”이란 대상물건에 대한 재조달원가를 감액하여야 할 요인이 있는 경우에 물리적 감가, 기능적 감가 또는 경제적 감가 등을 고려하여 그에 해당하는 금액을 재조달원가에서 공제하여 기준시점에 있어서의 대상물건의 가액을 적정화하는 작업을 말한다.

12의2. “적정한 실거래가”란 「부동산 거래신고 등에 관한 법률」에 따라 신고된 실제 거래가격(이하 “거래가격”이라 한다)으로서 거래 시점이 도시지역(「국토의 계획 및 이용에 관한 법률」 제36조 제1항 제1호에 따른 도시지역을 말한다)은 3년 이내, 그 밖의 지역은 5년 이내인 거래가격 중에서 감정평가법인등이 인근지역의 지가수준 등을 고려하여 감정평가의 기준으로 적용하기에 적정하다고 판단하는 거래가격을 말한다.

13. “인근지역”이란 감정평가의 대상이 된 부동산(이하 “대상부동산”이라 한다)이 속한 지역으로서 부동산의 이용이 동질적이고 가치형성요인 중 지역요인을 공유하는 지역을 말한다.

14. “유사지역”이란 대상부동산이 속하지 아니하는 지역으로서 인근지역과 유사한 특성을 갖는 지역을 말한다.

15. “동일수급권(同一需給圈)”이란 대상부동산과 대체・경쟁 관계가 성립하고 가치 형성에 서로 영향을 미치는 관계에 있는 다른 부동산이 존재하는 권역(圈域)을 말하며, 인근지역과 유사지역을 포함한다.

» 제3조(감정평가법인등의 의무)

감정평가법인등은 다음 각 호의 어느 하나에 해당하는 경우에는 감정평가를 해서는 안 된다. 〈개정 2022.1.21.〉

1. 자신의 능력으로 업무수행이 불가능하거나 매우 곤란한 경우
2. 이해관계 등의 이유로 자기가 감정평가하는 것이 타당하지 않다고 인정되는 경우

» 제4조(적용범위)

감정평가법인등은 다른 법령에 특별한 규정이 있는 경우를 제외하고는 이 규칙으로 정하는 바에 따라 감정평가해야 한다. 〈개정 2022.1.21.〉

» 제5조(시장가치기준 원칙)

① 대상물건에 대한 감정평가액은 시장가치를 기준으로 결정한다.

② 감정평가법인등은 제1항에도 불구하고 다음 각 호의 어느 하나에 해당하는 경우에는 대상물건의 감정평가액을 시장가치 외의 가치를 기준으로 결정할 수 있다. 〈개정 2022.1.21.〉

1. 법령에 다른 규정이 있는 경우
2. 감정평가 의뢰인(이하 “의뢰인”이라 한다)이 요청하는 경우
3. 감정평가의 목적이나 대상물건의 특성에 비추어 사회통념상 필요하다고 인정되는 경우

③ 감정평가법인등은 제2항에 따라 시장가치 외의 가치를 기준으로 감정평가할 때에는 다음 각 호의 사항을 검토해야 한다. 다만, 제2항 제1호의 경우에는 그렇지 않다. 〈개정 2022.1.21.〉

1. 해당 시장가치 외의 가치의 성격과 특징
2. 시장가치 외의 가치를 기준으로 하는 감정평가의 합리성 및 적법성

④ 감정평가법인등은 시장가치 외의 가치를 기준으로 하는 감정평가의 합리성 및 적법성이 결여(缺如)되었다고 판단할 때에는 의뢰를 거부하거나 수임(受任)을 철회할 수 있다. 〈개정 2022.1.21.〉

» 제6조(현황기준 원칙)

① 감정평가는 기준시점에서의 대상물건의 이용상황(불법적이거나 일시적인 이용은 제외한다) 및 공법상 제한을 받는 상태를 기준으로 한다.

② 감정평가법인등은 제1항에도 불구하고 다음 각 호의 어느 하나에 해당하는 경우에는 기준시점의 가치형성요인 등을 실제와 다르게 가정하거나 특수한 경우로 한정하는 조건(이하 "감정평가조건"이라 한다)을 붙여 감정평가할 수 있다. 〈개정 2022.1.21.〉

1. 법령에 다른 규정이 있는 경우
2. 의뢰인이 요청하는 경우
3. 감정평가의 목적이나 대상물건의 특성에 비추어 사회통념상 필요하다고 인정되는 경우

③ 감정평가법인등은 제2항에 따라 감정평가조건을 붙일 때에는 감정평가조건의 합리성, 적법성 및 실현가능성을 검토해야 한다. 다만, 제2항 제1호의 경우에는 그렇지 않다. 〈개정 2022.1.21.〉

④ 감정평가법인등은 감정평가조건의 합리성, 적법성이 결여되거나 사실상 실현 불가능하다고 판단할 때에는 의뢰를 거부하거나 수임을 철회할 수 있다. 〈개정 2022.1.21.〉

» 제7조(개별물건기준 원칙 등)

① 감정평가는 대상물건마다 개별로 하여야 한다.

② 둘 이상의 대상물건이 일체로 거래되거나 대상물건 상호간에 용도상 불가분의 관계가 있는 경우에는 일괄하여 감정평가할 수 있다.

③ 하나의 대상물건이라도 가치를 달리하는 부분은 이를 구분하여 감정평가할 수 있다.

④ 일체로 이용되고 있는 대상물건의 일부분에 대하여 감정평가하여야 할 특수한 목적이나 합리적인 이유가 있는 경우에는 그 부분에 대하여 감정평가할 수 있다.

» 제8조(감정평가의 절차)

감정평가법인등은 다음 각 호의 순서에 따라 감정평가를 해야 한다. 다만, 합리적이고 능률적인 감정평가를 위하여 필요할 때에는 순서를 조정할 수 있다. 〈개정 2022.1.21.〉

1. 기본적 사항의 확정
2. 처리계획 수립
3. 대상물건 확인
4. 자료수집 및 정리
5. 자료검토 및 가치형성요인의 분석
6. 감정평가방법의 선정 및 적용
7. 감정평가액의 결정 및 표시

» 제9조(기본적 사항의 확정)

① 감정평가법인등은 감정평가를 의뢰받았을 때에는 의뢰인과 협의하여 다음 각 호의 사항을 확정해야 한다. 〈개정 2022.1.21.〉

1. 의뢰인
2. 대상물건
3. 감정평가 목적

4. 기준시점
5. 감정평가조건
6. 기준가치
7. 관련 전문가에 대한 자문 또는 용역(이하 “자문등”이라 한다)에 관한 사항
8. 수수료 및 실비에 관한 사항

② 기준시점은 대상물건의 가격조사를 완료한 날짜로 한다. 다만, 기준시점을 미리 정하였을 때에는 그 날짜에 가격조사가 가능한 경우에만 기준시점으로 할 수 있다.

③ 감정평가법인등은 필요한 경우 관련 전문가에 대한 자문등을 거쳐 감정평가할 수 있다. 〈개정 2022.1.21.〉

» 제10조(대상물건의 확인)

① 감정평가법인등이 감정평가를 할 때에는 실지조사를 하여 대상물건을 확인해야 한다. 〈개정 2022.1.21.〉

② 감정평가법인등은 제1항에도 불구하고 다음 각 호의 어느 하나에 해당하는 경우로서 실지조사를 하지 않고도 객관적이고 신뢰할 수 있는 자료를 충분히 확보할 수 있는 경우에는 실지조사를 하지 않을 수 있다. 〈개정 2022.1.21.〉

1. 천재지변, 전시·사변, 법령에 따른 제한 및 물리적인 접근 곤란 등으로 실지조사가 불가능하거나 매우 곤란한 경우
2. 유가증권 등 대상물건의 특성상 실지조사가 불가능하거나 불필요한 경우

» 제11조(감정평가방식)

감정평가법인등은 다음 각 호의 감정평가방식에 따라 감정평가를 한다. 〈개정 2022.1.21.〉

1. 원가방식 : 원가법 및 적산법 등 비용성의 원리에 기초한 감정평가방식
2. 비교방식 : 거래사례비교법, 임대사례비교법 등 시장성의 원리에 기초한 감정평가방식 및 공시지가기준법
3. 수익방식 : 수익환원법 및 수익분석법 등 수익성의 원리에 기초한 감정평가방식

» 제12조(감정평가방법의 적용 및 시산가액 조정)

① 감정평가법인등은 제14조부터 제26조까지의 규정에서 대상물건별로 정한 감정평가방법(이하 “주된 방법”이라 한다)을 적용하여 감정평가해야 한다. 다만, 주된 방법을 적용하는 것이 곤란하거나 부적절한 경우에는 다른 감정평가방법을 적용할 수 있다. 〈개정 2022.1.21.〉

② 감정평가법인등은 대상물건의 감정평가액을 결정하기 위하여 제1항에 따라 어느 하나의 감정평가방법을 적용하여 산정(算定)한 가액[이하 “시산가액(試算價額)”이라 한다]을 제11조 각 호의 감정평가방식 중 다른 감정평가방식에 속하는 하나 이상의 감정평가방법(이 경우 공시지가기준법과 그 밖의 비교방식에 속한 감정평가방법은 서로 다른 감정평가방식에 속한 것으로 본다)으로 산출한 시산가액과 비교하여 합리성을 검토해야 한다. 다만, 대상물건의 특성 등으로 인하여 다른 감정평가방법을 적용하는 것이 곤란하거나 불필요한 경우에는 그렇지 않다. 〈개정 2022.1.21.〉

③ 감정평가법인등은 제2항에 따른 검토 결과 제1항에 따라 산출한 시산가액의 합리성이 없다고 판단되는 경우에는 주된 방법 및 다른 감정평가방법으로 산출한 시산가액을 조정하여 감정평가액을 결정할 수 있다. 〈개정 2022.1.21.〉

» 제13조(감정평가서 작성)

① 감정평가법인등은 법 제6조에 따른 감정평가서(「전자문서 및 전자거래기본법」에 따른 전자문서로 된 감정평가서를 포함한다. 이하 같다)를 의뢰인과 이해관계자가 이해할 수 있도록 명확하고 일관성 있게 작성해야 한다. 〈개정 2016.8.31, 2022.1.21.〉

② 감정평가서에는 다음 각 호의 사항이 포함돼야 한다. 〈개정 2022.1.21.〉

1. 감정평가법인등의 명칭
2. 의뢰인의 성명 또는 명칭
3. 대상물건(소재지, 종류, 수량, 그 밖에 필요한 사항)
4. 대상물건 목록의 표시근거
5. 감정평가 목적
6. 기준시점, 조사기간 및 감정평가서 작성일
7. 실지조사를 하지 않은 경우에는 그 이유
8. 시장가치 외의 가치를 기준으로 감정평가한 경우에는 제5조 제3항 각 호의 사항. 다만, 같은 조 제2항 제1호의 경우에는 해당 법령을 적는 것으로 갈음할 수 있다.
9. 감정평가조건을 붙인 경우에는 그 이유 및 제6조 제3항의 검토사항. 다만, 같은 조 제2항 제1호의 경우에는 해당 법령을 적는 것으로 갈음할 수 있다.
10. 감정평가액
11. 감정평가액의 산출근거 및 결정 의견
12. 전문가의 자문등을 거쳐 감정평가한 경우 그 자문등의 내용
13. 그 밖에 이 규칙이나 다른 법령에 따른 기재사항

③ 제2항 제11호의 내용에는 다음 각 호의 사항을 포함해야 한다. 다만, 부득이한 경우에는 그 이유를 적고 일부를 포함하지 아니할 수 있다. 〈개정 2014.1.2, 2015.12.14, 2016.8.31, 2022.1.21, 2023.9.14.〉

1. 적용한 감정평가방법 및 시산가액 조정 등 감정평가액 결정 과정(제12조 제1항 단서 또는 제2항 단서에 해당하는 경우 그 이유를 포함한다)

1의2. 거래사례비교법으로 감정평가한 경우 비교 거래사례의 선정 내용, 사정보정한 경우 그 내용 및 가치형성요인을 비교한 경우 그 내용

2. 공시지가기준법으로 토지를 감정평가한 경우 비교표준지의 선정 내용, 비교표준지와 대상토지를 비교한 내용 및 제14조 제2항 제5호에 따라 그 밖의 요인을 보정한 경우 그 내용
3. 재조달원가 산정 및 감가수정 등의 내용
4. 적산법이나 수익환원법으로 감정평가한 경우 기대이율 또는 환원율(할인율)의 산출근거
5. 제7조 제2항부터 제4항까지의 규정에 따라 일괄감정평가, 구분감정평가 또는 부분감정평가를 한 경우 그 이유
6. 감정평가액 결정에 참고한 자료가 있는 경우 그 자료의 명칭, 출처와 내용
7. 대상물건 중 일부를 감정평가에서 제외한 경우 그 이유

④ 감정평가법인등은 법 제6조에 따라 감정평가서를 발급하는 경우 그 표지에 감정평가서라는 제목을 명확하게 적어야 한다. 〈개정 2022.1.21.〉

⑤ 감정평가법인등은 감정평가서를 작성하는 경우 법 제33조 제1항에 따른 한국감정평가사협회가 정하는 감정평가서 표준 서식을 사용할 수 있다. 〈개정 2022.1.21.〉

» 제13조의2(전자문서로 된 감정평가서의 발급 등)

① 감정평가법인등이 법 제6조 제1항에 따라 전자문서로 된 감정평가서를 발급하는 경우 같은 조 제2항에 따른 감정평가사의 서명과 날인은 「전자서명법」에 따른 전자서명의 방법으로 해야 한다.

② 감정평가법인등은 전자문서로 된 감정평가서의 위조·변조·훼손 등을 방지하기 위하여 감정평가 정보에 대한 접근 권한자 지정, 방화벽의 설치·운영 등의 조치를 해야 한다.

③ 감정평가법인등은 의뢰인이나 이해관계자가 전자문서로 된 감정평가서의 진본성(眞本性)에 대한 확인을 요청한 경우에는 이를 확인해 줘야 한다.

④ 제2항 및 제3항에 따른 전자문서로 된 감정평가서의 위조·변조·훼손 등의 방지조치와 진본성 확인에 필요한 세부사항은 국토교통부장관이 정하여 고시한다.

[본조신설 2022.1.21.]

» 제14조(토지의 감정평가)

① 감정평가법인등은 법 제3조 제1항 본문에 따라 토지를 감정평가할 때에는 공시지가기준법을 적용해야 한다. 〈개정 2016.8.31, 2022.1.21.〉

② 감정평가법인등은 공시지가기준법에 따라 토지를 감정평가할 때에 다음 각 호의 순서에 따라야 한다. 〈개정 2013.3.23, 2015.12.14, 2016.8.31, 2022.1.21, 2023.9.14.〉

1. 비교표준지 선정 : 인근지역에 있는 표준지 중에서 대상토지와 용도지역·이용상황·주변환경 등이 같거나 비슷한 표준지를 선정할 것. 다만, 인근지역에 적절한 표준지가 없는 경우에는 인근지역과 유사한 지역적 특성을 갖는 동일수급권 안의 유사지역에 있는 표준지를 선정할 수 있다.
2. 시점수정 : 「부동산 거래신고 등에 관한 법률」 제19조에 따라 국토교통부장관이 조사·발표하는 비교표준지가 있는 시·군·구의 같은 용도지역 지가변동률을 적용할 것. 다만, 다음 각 목의 경우에는 그러하지 아니하다.
   가. 같은 용도지역의 지가변동률을 적용하는 것이 불가능하거나 적절하지 아니하다고 판단되는 경우에는 공법상 제한이 같거나 비슷한 용도지역의 지가변동률, 이용상황별 지가변동률 또는 해당 시·군·구의 평균지가변동률을 적용할 것
   나. 지가변동률을 적용하는 것이 불가능하거나 적절하지 아니한 경우에는 「한국은행법」 제86조에 따라 한국은행이 조사·발표하는 생산자물가지수에 따라 산정된 생산자물가상승률을 적용할 것
3. 지역요인 비교
4. 개별요인 비교
5. 그 밖의 요인 보정 : 대상토지의 인근지역 또는 동일수급권내 유사지역의 가치형성요인이 유사한 정상적인 거래사례 또는 평가사례 등을 고려할 것

③ 감정평가법인등은 법 제3조 제1항 단서에 따라 적정한 실거래가를 기준으로 토지를 감정평가할 때에는 거래사례비교법을 적용해야 한다. 〈신설 2016.8.31, 2022.1.21.〉

④ 감정평가법인등은 법 제3조 제2항에 따라 토지를 감정평가할 때에는 제1항부터 제3항까지의 규정을 적용하되, 해당 토지의 임대료, 조성비용 등을 고려하여 감정평가할 수 있다. 〈신설 2016.8.31, 2022.1.21.〉

» 제15조(건물의 감정평가)

① 감정평가법인등은 건물을 감정평가할 때에 원가법을 적용해야 한다. 〈개정 2022.1.21.〉

② 삭제 〈2016.8.31.〉

» 제16조(토지와 건물의 일괄감정평가)

감정평가법인등은 「집합건물의 소유 및 관리에 관한 법률」에 따른 구분소유권의 대상이 되는 건물부분과 그 대지사용권을 일괄하여 감정평가하는 경우 등 제7조 제2항에 따라 토지와 건물을 일괄하여 감정평가할 때에는 거래사례비교법을 적용해야 한다. 이 경우 감정평가액은 합리적인 기준에 따라 토지가액과 건물가액으로 구분하여 표시할 수 있다. 〈개정 2022.1.21.〉

» 제17조(산림의 감정평가)

① 감정평가법인등은 산림을 감정평가할 때에 산지와 입목(立木)을 구분하여 감정평가해야 한다. 이 경우 입목은 거래사례비교법을 적용하되, 소경목림(小徑木林 : 지름이 작은 나무・숲)인 경우에는 원가법을 적용할 수 있다. 〈개정 2022.1.21.〉

② 감정평가법인등은 제7조 제2항에 따라 산지와 입목을 일괄하여 감정평가할 때에 거래사례비교법을 적용해야 한다. 〈개정 2022.1.21.〉

» 제18조(과수원의 감정평가)

감정평가법인등은 과수원을 감정평가할 때에 거래사례비교법을 적용해야 한다. 〈개정 2022.1.21.〉

» 제19조(공장재단 및 광업재단의 감정평가)

① 감정평가법인등은 공장재단을 감정평가할 때에 공장재단을 구성하는 개별 물건의 감정평가액을 합산하여 감정평가해야 한다. 다만, 계속적인 수익이 예상되는 경우 등 제7조 제2항에 따라 일괄하여 감정평가하는 경우에는 수익환원법을 적용할 수 있다. 〈개정 2022.1.21.〉

② 감정평가법인등은 광업재단을 감정평가할 때에 수익환원법을 적용해야 한다. 〈개정 2022.1.21.〉

» 제20조(자동차 등의 감정평가)

① 감정평가법인등은 자동차를 감정평가할 때에 거래사례비교법을 적용해야 한다. 〈개정 2022.1.21.〉

② 감정평가법인등은 건설기계를 감정평가할 때에 원가법을 적용해야 한다. 〈개정 2022.1.21.〉

③ 감정평가법인등은 선박을 감정평가할 때에 선체・기관・의장(艤裝)별로 구분하여 감정평가하되, 각각 원가법을 적용해야 한다. 〈개정 2022.1.21.〉

④ 감정평가법인등은 항공기를 감정평가할 때에 원가법을 적용해야 한다. 〈개정 2022.1.21.〉

⑤ 감정평가법인등은 제1항부터 제4항까지에도 불구하고 본래 용도의 효용가치가 없는 물건은 해체처분가액으로 감정평가할 수 있다. 〈개정 2022.1.21.〉

» 제21조(동산의 감정평가)

① 감정평가법인등은 동산을 감정평가할 때에는 거래사례비교법을 적용해야 한다. 다만, 본래 용도의 효용가치가 없는 물건은 해체처분가액으로 감정평가할 수 있다. 〈개정 2022.1.21, 2023.9.14.〉

② 제1항 본문에도 불구하고 기계·기구류를 감정평가할 때에는 원가법을 적용해야 한다. 〈신설 2023.9.14.〉

» 제22조(임대료의 감정평가)

감정평가법인등은 임대료를 감정평가할 때에 임대사례비교법을 적용해야 한다. 〈개정 2014.1.2, 2022.1.21.〉

» 제23조(무형자산의 감정평가)

① 감정평가법인등은 광업권을 감정평가할 때에 제19조 제2항에 따른 광업재단의 감정평가액에서 해당 광산의 현존시설 가액을 빼고 감정평가해야 한다. 이 경우 광산의 현존시설 가액은 적정 생산규모와 가행조건(稼行條件) 등을 고려하여 산정하되 과잉유휴시설을 포함하여 산정하지 않는다. 〈개정 2022.1.21.〉

② 감정평가법인등은 어업권을 감정평가할 때에 어장 전체를 수익환원법에 따라 감정평가한 가액에서 해당 어장의 현존시설 가액을 빼고 감정평가해야 한다. 이 경우 어장의 현존시설 가액은 적정 생산규모와 어업권 존속기간 등을 고려하여 산정하되 과잉유휴시설을 포함하여 산정하지 않는다. 〈개정 2022.1.21.〉

③ 감정평가법인등은 영업권, 특허권, 실용신안권, 디자인권, 상표권, 저작권, 전용측선이용권(專用側線利用權), 그 밖의 무형자산을 감정평가할 때에 수익환원법을 적용해야 한다. 〈개정 2022.1.21.〉

» 제24조(유가증권 등의 감정평가)

① 감정평가법인등은 주식을 감정평가할 때에 다음 각 호의 구분에 따라야 한다. 〈개정 2014.1.2, 2022.1.21.〉

1. 상장주식[「자본시장과 금융투자업에 관한 법률」 제373조의2에 따라 허가를 받은 거래소(이하 "거래소"라 한다)에서 거래가 이루어지는 등 시세가 형성된 주식으로 한정한다] : 거래사례비교법을 적용할 것
2. 비상장주식(상장주식으로서 거래소에서 거래가 이루어지지 아니하는 등 형성된 시세가 없는 주식을 포함한다): 해당 회사의 자산·부채 및 자본 항목을 평가하여 수정재무상태표를 작성한 후 기업체의 유·무형의 자산가치(이하 "기업가치"라 한다)에서 부채의 가치를 빼고 산정한 자기자본의 가치를 발행주식 수로 나눌 것

② 감정평가법인등은 채권을 감정평가할 때에 다음 각 호의 구분에 따라야 한다. 〈개정 2014.1.2, 2022.1.21.〉

1. 상장채권(거래소에서 거래가 이루어지는 등 시세가 형성된 채권을 말한다) : 거래사례비교법을 적용할 것
2. 비상장채권(거래소에서 거래가 이루어지지 아니하는 등 형성된 시세가 없는 채권을 말한다) : 수익환원법을 적용할 것

③ 감정평가법인등은 기업가치를 감정평가할 때에 수익환원법을 적용해야 한다. 〈개정 2022.1.21.〉

» 제25조(소음 등으로 인한 대상물건의 가치하락분에 대한 감정평가)

감정평가법인등은 소음·진동·일조침해 또는 환경오염 등(이하 "소음등"이라 한다)으로 대상물건에 직접적 또는 간접적인 피해가 발생하여 대상물건의 가치가 하락한 경우 그 가치하락분을 감정평가할 때에 소음등이 발생하기 전의 대상물건의 가액 및 원상회복비용 등을 고려해야 한다. 〈개정 2022.1.21.〉

» 제26조(그 밖의 물건의 감정평가)

감정평가법인등은 제14조부터 제25조까지에서 규정되지 아니한 대상물건을 감정평가할 때에 이와 비슷한 물건이나 권리 등의 경우에 준하여 감정평가해야 한다. 〈개정 2022.1.21.〉

» 제27조(조언·정보 등의 제공)

감정평가법인등이 법 제10조 제7호에 따른 토지등의 이용 및 개발 등에 대한 조언이나 정보 등의 제공에 관한 업무를 수행할 때에 이와 관련한 모든 분석은 합리적이어야 하며 객관적인 자료에 근거해야 한다. 〈개정 2016.8.31, 2022.1.21.〉

» 제28조(그 밖의 감정평가 기준)

이 규칙에서 규정하는 사항 외에 감정평가법인등이 감정평가를 할 때 지켜야 할 세부적인 기준은 국토교통부장관이 정하여 고시한다. 〈개정 2013.3.23, 2022.1.21.〉

» 제29조(규제의 재검토)

국토교통부장관은 제13조에 따른 감정평가서의 작성에 대하여 2024년 1월 1일을 기준으로 3년마다(매 3년이 되는 해의 기준일과 같은 날 전까지를 말한다) 그 타당성을 검토하여 개선 등의 조치를 해야 한다. [본조신설 2023.9.14.]

» 부 칙 〈국토교통부령 제1253호, 2023.9.14.〉

제1조(시행일)

이 규칙은 공포한 날부터 시행한다.

제2조(감정평가서의 작성에 관한 적용례)

제13조 제3항 제1호의2의 개정규정은 이 규칙 시행 이후 감정평가를 의뢰받은 경우부터 적용한다.

박문각
감정평가사

이동현
S+감정평가이론

2차 | 기출문제집

제3판 인쇄 2024. 11. 20. | **제3판 발행** 2024. 11. 25. | **편저자** 이동현
발행인 박 용 | **발행처** (주)박문각출판 | **등록** 2015년 4월 29일 제2019-000137호
주소 06654 서울시 서초구 효령로 283 서경 B/D 4층 | **팩스** (02)584-2927
전화 교재 문의 (02)6466-7202

저자와의 협의하에 인지생략

정가 32,000원
ISBN 979-11-7262-260-2

MEMO

MEMO

MEMO